Alfons Axmann, Manfred Scherer

Betrifft Wirtschaft

11. Auflage

Bestellnummer 08237

Bildungsverlag EINS
westermann

Die in diesem Produkt gemachten Angaben zu Unternehmen (Namen, Internet- und E-Mail-Adressen, Handelsregistereintragungen, Bankverbindungen, Steuer-, Telefon- und Faxnummern und alle weiteren Angaben) sind i. d. R. fiktiv, d. h., sie stehen in keinem Zusammenhang mit einem real existierenden Unternehmen in der dargestellten oder einer ähnlichen Form. Dies gilt auch für alle Kunden, Lieferanten und sonstigen Geschäftspartner der Unternehmen wie z. B. Kreditinstitute, Versicherungsunternehmen und andere Dienstleistungsunternehmen. Ausschließlich zum Zwecke der Authentizität werden die Namen real existierender Unternehmen und z. B. im Fall von Kreditinstituten auch deren IBANs und BICs verwendet.

Die in diesem Werk aufgeführten Internetadressen sind auf dem Stand zum Zeitpunkt der Drucklegung. Die ständige Aktualität der Adressen kann vonseiten des Verlages nicht gewährleistet werden. Darüber hinaus übernimmt der Verlag keine Verantwortung für die Inhalte dieser Seiten.

BiBox westermann **inkl. E-Book**

Dieses Lehrwerk ist auch als BiBox erhältlich. In unserem Webshop unter www.westermann.de finden Sie hierzu unter der Bestellnummer des Ihnen vorliegenden Bandes weiterführende Informationen zum passenden digitalen Schulbuch.

service@westermann.de
www.westermann.de

Bildungsverlag EINS GmbH
Ettore-Bugatti-Straße 6-14, 51149 Köln

ISBN 978-3-427-**08237**-8

westermann GRUPPE

Inhaltsverzeichnis

Vorwort

Liebe Schülerinnen, liebe Schüler,
ob die Preise steigen, Steuern zu zahlen sind oder der Dollar fällt – immer betreffen wirtschaftliche Fragen und Entwicklungen unser Leben. Auch bei persönlichen Entscheidungen spielen immer wieder wirtschaftliche Überlegungen eine Rolle: bei Käufen und Verkäufen, bei Kreditaufnahme und Geldanlage oder bei der beruflichen Fort- und Weiterbildung.

Ein sinnvolles und verantwortungsbewusstes Verhalten setzt voraus, dass wir die wirtschaftlichen Zusammenhänge und Sachverhalte kennen und beurteilen können. Die Wirtschaft ist ständig Veränderungen unterworfen. Deshalb ist es gerade für junge Menschen wichtig, Schlüsselqualifikationen zu erwerben. Hierzu will Ihnen „Betrifft Wirtschaft“ Hilfestellung leisten und sicherstellen, dass die an das Prüfungsfach gestellten Anforderungen von Auszubildenden und Schülern erfüllt werden können. Das Buch gliedert sich in drei Lernbereiche:

- **Der Jugendliche und seine Arbeitswelt**
- **Konsument und Produzent im Wirtschaftsleben**
- **Grundlagen und Probleme der Wirtschaft**

Die einzelnen Lektionen und Themen in den Lernbereichen sind klar gegliedert; Symbole am Seitenrand unterstützen die Gliederung auch optisch. Die Lektionen sind fast durchgängig wie folgt aufgebaut:

➔ Ein Fallbeispiel, eine Zeitungsmeldung, ein Schaubild, eine Karikatur oder ein Foto führen zum Thema hin.

? Leitfragen helfen, das Thema und seine Bedeutung zu erschließen und es zu strukturieren.

i Informationen und Materialien vermitteln Kenntnisse und Fähigkeiten. Mithilfe von Schaubildern werden Fakten zusammengefasst oder erläutert. Marginalien am Seitenrand verweisen auf wichtige Inhalte und Begriffe.

Am Ende einer Lektion oder thematisch angelehnter Lektionen kann das Wissen anhand von Fragen und Aufgaben überprüft und gefestigt werden. Zudem werden Anregungen gegeben, über strittige Fragen zu diskutieren.

Handlungsimpulse nach größeren thematischen Abschnitten bieten Ideen und Vorschläge für Projekte und handlungsorientierte Aufgabenstellungen.

Mit „Betrifft Wirtschaft“ haben Sie ein Lehr- und Arbeitsbuch erworben, das sich sowohl für den Einsatz im Unterricht als auch für die selbstständige Aufarbeitung und Nachbereitung zu Hause eignet. Wir wünschen Ihnen bei der Arbeit mit „Betrifft Wirtschaft“ viel Spaß und viel Erfolg in Ihrer beruflichen Ausbildung.

Alfons Axmann und Manfred Scherer

Der Jugendliche und seine Arbeitswelt

1 Die Rolle als Wirtschaftsbürger

Recycling und Lehrlingsmangel belasten
Trotz Rekordumsätzen gemischte Gefühle im Kraftfahrzeughandwerk

G+H steigert den Umsatz
Grünzweig + Hartmann AG (G+H), Ludwigshafen
Das Unternehmen hat von der guten Baukonjunktur profitiert.

Für dasselbe Geld länger arbeiten
HANNOVER. Nach dem Ende des Tarifkonflikts zur Sanierung bei Volkswagen muss sich die Belegschaft der deutschen Werke auf längere Arbeitszeiten einrichten.

Bundesbürger sparen wieder Milliarden
BERLIN. Die Bundesbürger werden in diesem Jahr wieder etliche Milliarden Euro sparen, wenn auch nicht ganz so viel wie letztes Jahr.

IG Metall will Lohnerhöhung von 5 %
LUDWIGSHAFEN. 5 % mehr Lohn verlangt die IG Metall in Ludwigshafen

Höchstbetrag der Sozialversicherung steigt

Niedrige Inflationsrate
WIESBADEN. Die Lebenshaltung aller privaten Haushalte hat sich im Oktober um 0,3% im Vergleich zum Vormonat verteuert.

EU und NAFTA unterzeichnen Vertrag
BRÜSSEL. Das Abkommen zwischen der EU und den Ländern der Amerikanischen Freihandelszone wurde unterzeichnet.

EU fördert die Westpfalz
MAINZ/BERLIN. Rheinland-Pfalz erhält insgesamt 5,3 Millionen €.

Deutschland ist die Umwelt teuer
KÖLN. Deutschland steht bei den Ausgaben für den Umweltschutz weltweit an der Spitze.

Debitkarte ersetzt Bargeld
Einzelhandel registriert eine deutliche Zunahme der bargeldlosen Bezahlung

Mehr Sozialwohnungen gefordert

DIE MEISTEN ÖLKONZERNE HEBEN SPRITPREISE AN
HAMBURG. Einen Tag nach der Shell Deutschland Oil haben gestern auch die meisten anderen Mineralölkonzerne die Preise für alle Benzinsorten und Diesel um 3 Cent pro Liter erhöht.

1. a) **Aus welchen Bereichen stammen die Schlagzeilen?**
   b) **Von welchen Zeitungsmeldungen sind Sie betroffen?**
2. **Wie können Sie als Bürger Einfluss auf die Gestaltung und Entwicklung in der Wirtschaftspolitik nehmen?**

2 Der Betrieb

2.1 Aufbau eines Betriebes

Der Schreinergeselle Heider wartet mit dem Verkaufsleiter des Spanplattenwerkes, Herrn Lorenz, auf den Meister, um die Bestellung durchzusprechen. Dabei kommen sie ins Gespräch.

Heider: Sie müssen sich leider noch etwas gedulden, aber der Meister ist noch bei einem Kunden. Mein Chef muss sich um fast alles selbst kümmern.

Lorenz: Bei Ihrer Betriebsgröße wird das wohl auch gar nicht anders zu machen sein. In unserem Industriebetrieb ist der Chef in erster Linie für die Geschäftsführung zuständig. Alles andere ist Aufgabe der verschiedenen Abteilungen.

Heider: Bei uns gibt's keine Abteilungen; meine Arbeit ist vor allem das Anfertigen von Einbaumöbeln.

Lorenz: Die Produktion gehört bei uns zum technischen Bereich; dieser ist auch für die Forschung und Entwicklung neuer Produkte zuständig. Zum kaufmännischen Bereich zählen die Beschaffung, also der Einkauf, der Absatz und die Verwaltung, also Buchführung, Personalwesen usw.

Heider: Für die Buchführung und den Schriftverkehr haben wir sozusagen eine eigene Abteilung. Dies erledigt nämlich die Chefin. Wer ist bei Ihnen für die Ausbildung zuständig? Bei uns machen das der Meister und ich.

Lorenz: Wir haben dafür eine Ausbildungswerkstatt. Wenn die Auszubildenden in den verschiedenen Abteilungen sind, werden sie dort von den jeweils zuständigen Ausbildern unterwiesen.

1. a) Listen Sie die einzelnen Abteilungen des Spanplattenwerkes auf.
b) Ordnen Sie die Abteilungen dem kaufmännischen und technischen Bereich zu.
2. Zu welcher Abteilung gehört Herr Lorenz?
3. Wie ist der Handwerksbetrieb aufgebaut?

In den meisten Handwerksbetrieben werden mehrere Aufgaben von einer Person übernommen; z. B. ist der Handwerksmeister zugleich für Einkauf, Fertigung und Absatz zuständig. Bei Industriebetrieben ist eine größere Arbeitsteilung und organisatorische Gliederung in Abteilungen und Stellen erforderlich.

Der Aufbau eines Betriebes ist abhängig von

- **seiner Größe,**
- **seinen Produkten oder Dienstleistungen,**
- **seiner Rechtsform (z. B. Einzelunternehmung, AG, GmbH).**

Durch die Struktur und Organisation eines Betriebes soll ein planvoller und wirtschaftlicher Einsatz der Mittel für die Produktion ermöglicht werden.

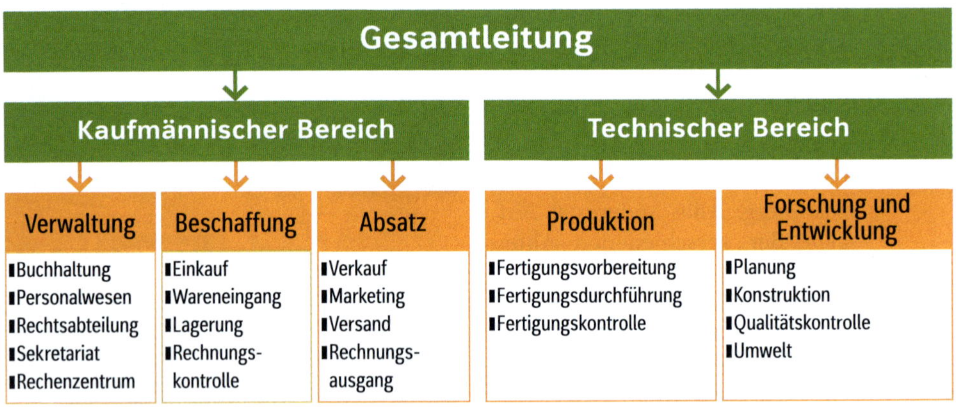

Beispiel für den Aufbau eines Industriebetriebes (Organigramm)

1. **Skizzieren und erläutern Sie den Aufbau Ihres Ausbildungsbetriebes.**
2. **Wer bzw. welche Abteilung ist in Ihrem Betrieb für Umweltschutz zuständig?**
3. **Nach welchen Gesichtspunkten richtet sich der Aufbau eines Betriebes?**
4. **Welche Probleme könnten sich für einen größeren Handwerksbetrieb ergeben, wenn der „Chef" alles allein macht?**
5. **Welche Abteilung in einem Industriebetrieb ist zuständig für**
   a) **Mahnungen?**
   b) **Angebote?**
   c) **Werbung?**
   d) **Endabnahme?**
   e) **Maschinenwartung?**
   f) **Lohn und Gehalt?**

2.2 Funktionen und wirtschaftliche Bedeutung des Betriebes

Industriestandort Thüringen

Die Stadt Ronneburg in Ostthüringen (8 km von Gera entfernt) bietet günstige Grundstücke für Industrie- und Gewerbeansiedlungen.

Kurz-Info:		
	Einwohner Stadt Ronneburg	ca. 5 000
	Einwohner umliegende Gemeinden	ca. 20 000
	Einwohner Stadt Gera	ca. 90 000

Verkehrserschließung:
Bundesautobahn 4 (Eisenach – Dresden)
Autobahnabfahrt 1,5 km bis Zentrum
Flugplatz 6 km
Bundesstraße B7
Eisenbahnanschluss vorhanden
Entfernung nach Gera 8 km

Angesiedelte Branchen
Maschinenbau
Karosserie- und Fahrzeugbau
Einkaufszentrum
Großhandel
Elektroinstallationsbetrieb
Baumarkt

Zentrale örtliche Einrichtungen: Feuerwehr, Krankenhaus, Polizei, Bahnhof, Post, Hotel, Gaststätten, Sportzentrum, Freibad, Kindergärten, Schulen, Schloskomplex, Apotheken, Ärztehäuser, Bibliothek, Einkaufszentrum, Banken.

Ausführliche Informationen erteilt die Stadt Ronneburg/Thüringen (www.ronneburg.de).

?

1. **Warum versucht die Stadt neue Betriebe anzusiedeln?**
2. **Welche Überlegungen stellt ein Unternehmer an, wenn er einen Standort für seinen Betrieb sucht?**

i

Die wirtschaftliche Entwicklung in der Bundesrepublik Deutschland zeigt, dass es für die Regionen wichtig ist, neue Betriebe anzusiedeln. Nur so können neue Arbeits- und Ausbildungsplätze geschaffen werden. Zudem sind Betriebe bedeutende Steuerzahler. Sie sind deshalb für die Regionen ein entscheidender Wirtschaftsfaktor.

Auch für die Betriebe spielt die **Standortfrage** eine wesentliche Rolle. Ein Unternehmer berücksichtigt u. a. folgende Fragen:

- **Wie groß ist die örtliche und regionale Konkurrenz?**
- **Sind ausreichend Fach- und Arbeitskräfte vorhanden?**
- **Wie sind die Verkehrswege ausgebaut?**
- **Wie schnell ist der Internetzugang?**
- **Welche Umweltschutzauflagen sind zu beachten?**
- **Wie groß sind die Absatzchancen?**
- **Welche staatlichen Fördermittel und steuerlichen Vorteile sind zu erwarten?**

Die Betriebe sind Stätten der Produktion oder von Dienstleistungen. Daneben haben sie eine Absatz- und Beschaffungsfunktion. Haushalte und Betriebe sind voneinander abhängig. Haushalte konsumieren Waren oder Dienstleistungen und stellen den Betrieben Arbeitskräfte gegen Entgelt zur Verfügung.

Vgl. Kap. 16

3 Grundlagen des Ausbildungs- und Arbeitsverhältnisses

3.1 Berufsausbildung als Investition

Lena wird im Sommer ihre Schulausbildung abschließen. Im Berufsorientierungsunterricht und im Betriebspraktikum hat sie festgestellt, dass sie sich für Technik begeistern kann. Lena sucht deshalb eine Ausbildungsstelle in einem technischen Beruf und entdeckt folgende Anzeige:

> **Ausbildung bei Breitbach-Lima AG**
>
> – eine Investition in die Zukunft.
>
> Eine qualifizierte Berufsausbildung ist heute wichtiger denn je. Wir haben darin Erfahrung. Auszubildende werden in unserem Werk ständig von erfahrenen Ausbildern betreut.
>
> Zum 1. September suchen wir
>
> **Auszubildende (m/w/d)**
>
> als
> - **Industriemechaniker/-in** (Fachrichtung Betriebstechnik)
> - **Elektroniker/-in für Betriebstechnik**
>
> Bei mittlerer Reife oder gutem Hauptschulabschluss haben Sie die Möglichkeit, in unser lernzielorientiertes Ausbildungsprogramm einzusteigen. Modernste Hydraulik, Pneumatik und elektronische Steuerungstechnik erwarten Sie. Außerdem wird die Ausbildung durch Werksunterricht und zentrale Lehrgänge begleitet.
>
> Moderne Fertigungsverfahren bieten später vielfältige Möglichkeiten der beruflichen Entfaltung und Weiterbildung zur produktionsorientierten Führungskraft. Das sind Ausbildungsmöglichkeiten und Sozialleistungen, die nur ein großes Unternehmen bieten kann. Bitte senden Sie Ihre Bewerbungsunterlagen mit Angabe Ihres Berufwunsches an uns.

1. **Warum ist eine Berufsausbildung „eine Investition in die Zukunft“?**
2. **Welche Gründe sprechen dafür, dass sich Lena bei dem Unternehmen bewerben soll?**

Wie Lena steht jeder Jugendliche am Ende seiner Schulzeit vor der wichtigen Frage, ob er eine qualifizierte Berufsausbildung – und damit ein **Ausbildungsverhältnis** – beginnen soll.

Wie in einem dichten Wegenetz gibt es verschiedene Möglichkeiten, ein Berufsziel zu erreichen: ein schulischer Berufsabschluss, eine duale Berufsausbildung oder ein Studium. Die meisten Wege sind miteinander verbunden. So ist es z. B. möglich, eine Ausbildung mit einem Studium zu kombinieren. Die Entscheidung für den Weg über eine duale Ausbildung ist keine Sackgasse, sondern bietet viele Möglichkeiten zur beruflichen Weiterqualifizierung.

Eine gute Ausbildung ist wichtig

Zu den Faktoren, die die Verdienstmöglichkeiten bestimmen, zählen allen voran die Ausbildung und der Beruf.
Dass sich Investitionen in Schule und Ausbildung lohnen, zeigt sich an den signifikanten Unterschieden in der Höhe der Verdienste zwischen den einzelnen Ausbildungsgruppen. Während Akademiker im Jahr 2017 mit 6 582,00 € brutto an der Spitze der Einkommensskala lagen, kamen Vollzeitbeschäftigte ohne Berufsausbildung und einem Schulabschluss unterhalb des Abiturs lediglich auf einen Durchschnittsbetrag von 2 129,00 €. In der größten Arbeitnehmergruppe der Personen mit einem Schulabschluss unterhalb des Abiturs und einer abgeschlossenen Berufsausbildung betrug das Durchschnittseinkommen 3 217,00 €.

Der hohe Anteil an Personen mit abgeschlossener Berufsausbildung lässt sich u. a. durch folgende Überlegungen erklären:

- **Die *Facharbeiterausbildung* bietet eine sichere Grundlage (Schlüsselqualifikation) für das gesamte Arbeitsleben.**
- ***Berufliche Aufstiegsmöglichkeiten* sind ohne Ausbildung kaum möglich.**
- **Die *berufliche Mobilität*, z. B. ein Arbeitsplatzwechsel, ist größer.**
- **Das *Arbeitsplatzrisiko* ist geringer, längerfristige Arbeitslosigkeit seltener.**

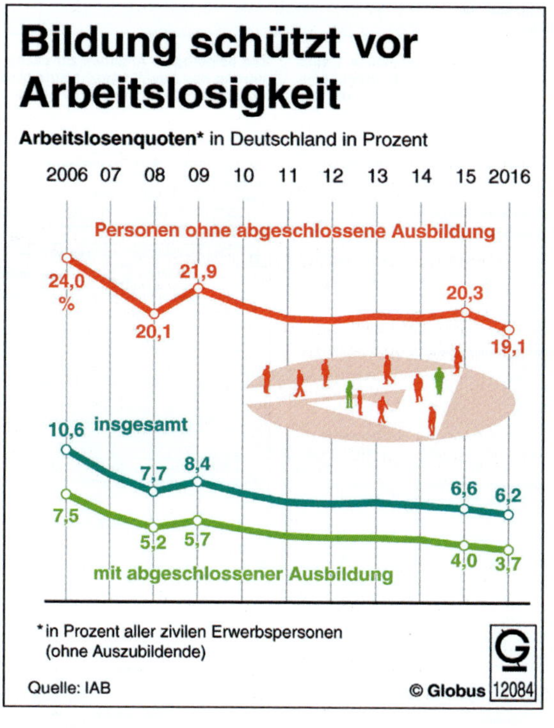

1. **„Lehrjahre sind keine Herrenjahre."**
   Finden Sie diese Aussage zutreffend? Begründen Sie Ihre Meinung.
2. **Wie lässt sich erklären, dass die Arbeitslosigkeit bei Menschen ohne Berufsausbildung wesentlich höher ist als bei Menschen mit einer beruflichen Ausbildung?**

3.2 Das Berufsausbildungsverhältnis

Berufsausbildungsvertrag

(§§ 10, 11 Berufsbildungsgesetz – BBiG)

Zwischen dem/der Ausbildenden (Ausbildungsbetrieb)
Öffentlicher Dienst ☐

KNR	IHK-Firmenident-Nr.	Tel.-Nr.
145		03643 342208

Anschrift des/der Ausbildenden (Ausbildungsbetrieb): Schwarz GmbH

Straße, Haus-Nr.: Dresdner Str. 66

PLZ: 99425 – Ort: Weimar

E-Mail-Adresse des/der Ausbildenden (Angabe freiwillig): dsch@elektro-schwarz.de

Verantwortliche/r Ausbilder/in: Dieter Scholl

und dem/der Auszubildenden
männlich ☐ **weiblich** ☒ **unbestimmt** ☐
Berufsausbildung im Rahmen eines dualen Studiums ☐

Name	Vorname
Unger	Hanna

Straße, Haus-Nr.: Mannheimer Str. 9

PLZ: 99425 – Ort: Weimar

Geburtsdatum: 06.05.2001 – Staatsangehörigkeit: deutsch

E-Mail-Adresse (Angabe freiwillig): – Mobil-/Tel.-Nr. (Angabe freiwillig):

Gesetzlicher Vertreter[1]: Eltern

Namen, Vornamen der gesetzlichen Vertreter:

Straße, Haus-Nr.: Mannheimer Str. 9

PLZ: 99425 – Ort: Weimar

wird nachstehender Vertrag zur Ausbildung im Ausbildungsberuf Elektronikerin für Geräte und Systeme

mit der Fachrichtung / dem Schwerpunkt / der/den Wahlqualifikation/en / dem/den Wahlbaustein/en etc. nach **Maßgabe der Ausbildungsordnung[2] geschlossen.**

Änderungen des wesentlichen Vertragsinhaltes sind vom/von der Ausbildenden unverzüglich zur Eintragung in das Verzeichnis der Berufsausbildungsverhältnisse bei der Industrie- und Handelskammer anzuzeigen.

Die beigefügten Angaben zur sachlichen und zeitlichen Gliederung des Ausbildungsablaufs (Ausbildungsplan) sowie die umseitigen Regelungen sind Bestandteil dieses Vertrages.

A Die Ausbildungszeit beträgt nach der Ausbildungsordnung 42 Monate.

☐ Es wird eine Verkürzung der Ausbildungszeit um ___ Monate beantragt

Verkürzungsgrund:

Das Berufsausbildungsverhältnis beginnt am 31.08.2019 und endet am 31.01.2023.

B Die Probezeit (Nr. 1.2) beträgt 4 Monate.[3]

C Die Ausbildung findet statt in [Name/Anschrift der Ausbildungsstätte(n)]

und den mit dem Betriebssitz für die Ausbildung üblicherweise zusammenhängenden Bau-, Montage- und sonstigen Arbeitsstellen statt.

D Ausbildungsmaßnahmen außerhalb der Ausbildungsstätte(n) sind für den folgenden Zeitraum in der/den folgenden Ausbildungsstätte(n) vorgesehen (hierzu zählen auch Auslandsaufenthalte) (Nr. 3.12):

E Der/Die Ausbildende zahlt dem/der Auszubildenden eine angemessene Vergütung (Nr. 5); diese beträgt zurzeit monatlich brutto

€	889,00	940,00	998,00	1055,00
im	ersten	zweiten	dritten	vierten

Ausbildungsjahr.

F Die regelmäßige Ausbildungszeit in Stunden beträgt täglich[4] 8,00 und wöchentlich ___.

Teilzeitausbildung wird beantragt (Nr. 6.2): ja ☐ nein ☐

G Es besteht ein Urlaubsanspruch

im Kalenderjahr	2019	2020	2021	2022	2023
Werktage	13,00	27,00	25,00	24,00	2,00
Arbeitstage					

H Der Ausbildungsnachweis wird wie folgt geführt: schriftlich ☐ elektronisch ☐

I Hinweise auf anzuwendende Tarifverträge und Betriebsvereinbarungen; sonstige Vereinbarungen (Nr. 11):

J Die umseitigen Bestimmungen sind Gegenstand dieses Vertrages und werden anerkannt.

Ort, Datum: Weimar, 20.01.2019

Der/Die Ausbildende:
Dieter Scholl
Stempel und Unterschrift

Der/Die Auszubildende:
Hanna Unger
Vor- und Familienname

Der/Die gesetzlichen Vertreter/in des/der Auszubildenden:
Katrin Unger Markus Unger
Vater und Mutter/Vormund

1) Vertretungsberechtigt sind beide Eltern gemeinsam, soweit nicht die Vertretungsberechtigung nur einem Elternteil zusteht. Ist ein Vormund bestellt, so bedarf dieser zum Abschluss des Ausbildungsvertrages der Genehmigung des Vormundschaftsgerichtes.
2) Solange die Ausbildungsordnung nicht erlassen ist, sind gem. § 104 Abs. 1 BBiG die bisherigen Ordnungsmittel anzuwenden.
3) Die Probezeit muss mindestens einen Monat und darf höchstens vier Monate betragen.
4) Das Jugendarbeitsschutzgesetz sowie für das Ausbildungsverhältnis geltende tarifvertragliche Regelungen und Betriebsvereinbarungen sind zu beachten.

?

1. a) **Weshalb muss der Berufsausbildungsvertrag schriftlich abgefasst werden?**
   b) **Wer hat den Vertrag unterschrieben?**
2. **Welche Stellen werden über den Berufsausbildungsvertrag informiert?**
3. **Welche Unterlagen sind dem Vertrag beizufügen?**
4. **Wie werden die Vertragspartner im Berufsausbildungsvertrag genannt?**
5. **Der Vertrag muss bestimmte Mindestangaben enthalten. Welche sind dies?**

i

Berufsbildungsgesetz

Die Berufsausbildung ist ein wichtiger Abschnitt im beruflichen Leben. Aus diesem Grund hat der Gesetzgeber die Vertragsfreiheit beim Abschluss eines Berufsausbildungsvertrages eingeschränkt. Die gesetzliche Grundlage des Berufsausbildungsverhältnisses bildet für die Bundesrepublik Deutschland das Berufsbildungsgesetz (BBiG). Für die Ausbildung im Handwerk gelten außerdem die Bestimmungen der Handwerksordnung.

Duales System

Die praktische Ausbildung erfolgt in erster Linie im Betrieb, die fachtheoretische Ausbildung vor allem in der Berufsschule. Die Ausbildung an zwei Lernorten wird als das **duale System der Berufsausbildung** bezeichnet.

Für den Ausbildungsvertrag ist die **Schriftform** zwingend vorgeschrieben. Anderenfalls ist der Vertrag ungültig. Dies unterstreicht die Bedeutung der Ausbildung. Das Berufsbildungsgesetz soll eine qualifizierte und einheitliche Berufsausbildung gewährleisten.

Der Ausbildungsvertrag muss der zuständigen Kammer durch den Ausbildungsbetrieb mit den erforderlichen Unterlagen vorgelegt werden. Dazu gehören die ärztliche Bescheinigung über die Erstuntersuchung (bei Jugendlichen) sowie eventuelle Nachweise über die Vorbildung (bei verkürzter Ausbildungsdauer). Nach Überprüfung erfolgt die Eintragung in das Verzeichnis der Berufsausbildungsverhältnisse, im Handwerk in die sogenannte Lehrlingsrolle.

Zuständige Stellen für die Berufsausbildung

Ausbildungsbetriebe	Zuständige Kammer Zuständige Stelle
Handwerk	Handwerkskammer
Industrie, Handel, Banken, Versicherungen	Industrie- und Handelskammer
Landwirtschaft	Landwirtschaftskammer
Freie Berufe, z. B. Ärzte, Apotheker, Rechtsanwälte	Ärzte-, Apotheker-, Rechtsanwaltskammer
Hauswirtschaft	Z. B. Landwirtschaftskammer, Bezirksregierung

Die Kammern überwachen die Berufsausbildung und Eignung der Ausbildungsbetriebe. Sie führen die Abschlussprüfung durch und organisieren die überbetriebliche Ausbildung. Die Kammern sind auch zuständig, wenn ein Auszubildender die Ausbildung verkürzen will oder verlängern muss.

Vertragspartner

Vertragspartner des Berufsausbildungsvertrages sind der Auszubildende und der Ausbildende. Bei Minderjährigen ist zusätzlich die Unterschrift des gesetzlichen Vertreters erforderlich. Ausbilden darf, wer die Ausbilder-Eignungsprüfung abgelegt hat. Für die Ausbildung im Handwerk ist nach der Handwerksordnung die Meisterprüfung erforderlich. Dies gilt nicht für zulassungsfreie Handwerksbetriebe.

Der Berufsausbildungsvertrag muss folgende Mindestangaben enthalten:

Mindestinhalte

1. **Art, sachliche und zeitliche Gliederung sowie Ziel der Berufsausbildung**
2. **Beginn und Dauer der Berufsausbildung**
3. **Ausbildungsmaßnahmen außerhalb der Ausbildungsstätte**
4. **Dauer der regelmäßigen täglichen Ausbildungszeit**
5. **Dauer der Probezeit**
6. **Zahlung und Höhe der Vergütung**
7. **Dauer des Urlaubs**
8. **Voraussetzungen, unter denen der Ausbildungsvertrag gekündigt werden kann**
9. **Hinweis auf die Tarifverträge, Betriebs- oder Dienstvereinbarungen, die auf das Berufsausbildungsverhältnis anzuwenden sind**

Ausbildungsordnung

Die Angaben zur sachlichen und zeitlichen Gliederung der Berufsausbildung müssen sich an der Ausbildungsordnung orientieren. In der **Ausbildungsordnung** sind für jeden staatlich anerkannten Ausbildungsberuf festgelegt:

- **das Berufsbild: Kenntnisse und Fertigkeiten**
- **der Ausbildungsrahmenplan: sachlicher und inhaltlicher Ablauf**
- **die Prüfung: Fächer und Anforderungen für die Zwischen- und Abschlussprüfung**

Der Betrieb soll nach dem Ausbildungsrahmenplan einen betrieblichen Ausbildungsplan erstellen. In der Bundesrepublik Deutschland gibt es zurzeit rund 330 anerkannte Ausbildungsberufe.

Probezeit

Das Ausbildungsverhältnis beginnt mit der **Probezeit**. Sie dauert mindestens einen, höchstens vier Monate. Während dieser Zeit können beide Vertragspartner ohne Angabe von Gründen den Vertrag schriftlich und ohne Fristen kündigen. Die Probezeit ermöglicht beiden Seiten ein gegenseitiges Kennenlernen. Der Auszubildende soll prüfen, ob er den richtigen Beruf und den richtigen Ausbildungsbetrieb gewählt hat. Andererseits kann der Betrieb feststellen, ob der Auszubildende für Beruf und Betrieb geeignet ist.

Kündigung

Eine **Kündigung** durch den Arbeitgeber nach der Probezeit ist nur aus wichtigem Grund (z. B. Diebstahl, Tätlichkeit) ohne Einhaltung einer Kündigungsfrist möglich. Der Auszubildende hingegen kann mit einer Frist von vier Wochen kündigen, wenn er die Ausbildung abbrechen oder einen anderen Beruf erlernen will. Kündigungen müssen schriftlich und begründet erfolgen.

Prüfung und Ausbildungsende

Die Ausbildung endet mit Ablauf der vereinbarten Ausbildungszeit. Findet die Abschlussprüfung vorher statt, endet das Berufsausbildungsverhältnis mit der Mitteilung über die bestandene Prüfung. Zur Prüfung zugelassen wird, wer die Ausbildung ordnungsgemäß durchlaufen, an der Zwischenprüfung teilgenommen und vorgeschriebene Ausbildungs- und Tätigkeitsnachweise geführt hat. Wenn die Prüfung nicht bestanden wird, verlängert sich auf Verlangen des Auszubildenden das Berufsausbildungsverhältnis bis zur nächsten Wiederholungsprüfung. Die Prüfung kann zweimal wiederholt werden. Während der letzten drei Monate der Ausbildung können die Vertragspartner eine Weiterbeschäftigung vereinbaren. Jugendvertreter müssen auf Wunsch weiterbeschäftigt werden.

Rechte und Pflichten

Im Berufsbildungsgesetz sind für beide Vertragsparteien die **Rechte und Pflichten** geregelt. Aus den Rechten des einen ergeben sich jeweils die Pflichten des anderen. Bereits während der Probezeit haben Auszubildender und Ausbildungsbetrieb alle Rechte und Pflichten, die für das Berufsausbildungsverhältnis gelten:

Pflichten des Ausbildenden	Pflichten des Auszubildenden
Erforderliche Kenntnisse und Fertigkeiten vermitteln	Übertragene Verrichtungen sorgfältig ausführen
Selbst ausbilden oder einen Ausbilder beauftragen	An Ausbildungsmaßnahmen, für die er freigestellt ist, teilnehmen (z. B. Berufsschulbesuch)
Ausbildungsmittel kostenlos zur Verfügung stellen	Den Weisungen von Ausbildendem und Ausbilder folgen
Zum Berufsschulbesuch anhalten und für Prüfungen freistellen	Die Betriebsordnung beachten
Charakterlich fördern, sittlich und körperlich nicht gefährden	Werkzeug, Maschinen und Einrichtungen pfleglich behandeln
Nur Verrichtungen übertragen, die dem Ausbildungszweck dienen	über Betriebs- und Geschäftsgeheimnisse Stillschweigen bewahren
Bei Beendigung der Ausbildung ein Zeugnis ausstellen	Ausbildungs- und Tätigkeitsnachweis führen, wenn dies vorgeschrieben ist

1. a) Welches Gesetz regelt die Berufsausbildung?
b) Aus welchen Gründen ist die Ausbildung gesetzlich geregelt?
2. Erläutern Sie den Begriff „duales System der Berufsausbildung“.
3. a) Welche Aufgaben haben die Kammern?
b) Welche Kammer ist für Ihre Ausbildung zuständig?
4. Nennen Sie die wichtigsten Inhalte des Berufsausbildungsvertrages.
5. Wer darf ausbilden?
6. Erklären Sie den Unterschied zwischen Ausbildungsrahmenplan und Ausbildungsplan.
7. a) Wie lange dauert die Probezeit?
b) Welchen Zweck hat sie?
8. Wann, warum und wie kann das Ausbildungsverhältnis gekündigt werden?
9. Unter welchen Voraussetzungen wird der Auszubildende zur Prüfung zugelassen?
10. Wann endet das Berufsausbildungsverhältnis?
11. Erläutern Sie folgende Pflichten der Vertragspartner:
a) Lernpflicht **b) Schweigepflicht**
c) Berufsschulpflicht **d) Fürsorgepflicht**
e) Sorgfaltspflicht **f) Weisungsgebundenheit**
g) Ausbildungspflicht **h) Vergütungspflicht**

3.3 Der Arbeitsvertrag

Vanessa hat ihre Abschlussprüfung als Tischlerin bei der Handwerkskammer mit der Note „gut" bestanden. Schon zwei Monate vor der Prüfung hat sich Vanessa erfolgreich bei der Schreinerei Wolf als Gesellin beworben. Sie soll am 1. August in der Schreinerei anfangen. Ihr neuer Arbeitgeber hat sie gebeten, nach der Gesellenprüfung ins Büro zu kommen, um „die Formalitäten zu erledigen". Vanessa soll alle erforderlichen Unterlagen gleich mitbringen.

1. a) Welches Vertragsverhältnis geht Vanessa nach ihrer Berufsausbildung ein?
b) Worin besteht der Unterschied zum Berufsausbildungsverhältnis?
2. Welche „Formalitäten" sollten vertraglich festgelegt werden?
3. Führen Sie alle Unterlagen auf, die Vanessa ihrem neuen Arbeitgeber vorlegen muss.

Gegen Ende ihrer Ausbildung stehen die Auszubildenden vor der Entscheidung, wo sie nach der Prüfung arbeiten sollen. Viele werden von ihrem Ausbildungsbetrieb übernommen, andere suchen sich einen neuen Arbeitsplatz. Jedes Arbeitsverhältnis wird durch einen **Arbeitsvertrag** begründet.

Zwischen dem **Berufsausbildungsvertrag** und einem Arbeitsvertrag bestehen mehrere Unterschiede: Im Ausbildungsverhältnis wird im Rahmen des Berufsbildungsgesetzes die Berufsausbildung geregelt. Das Arbeitsverhältnis beinhaltet die Arbeitsleistung, die der Arbeitnehmer für den Betrieb erbringen muss. Während der Auszubildende eine Vergütung erhält, bezieht der Arbeitnehmer für seine Tätigkeit Lohn oder Gehalt.

Vertragsfreiheit

Beim Abschluss eines Arbeitsvertrages gilt grundsätzlich Vertragsfreiheit. Das bedeutet auch, dass der Vertrag schriftlich oder mündlich abgeschlossen werden kann. Es empfiehlt sich jedoch, den Arbeitsvertrag immer schriftlich abzuschließen. Der Arbeitsvertrag muss alle gesetzlichen Bestimmungen und Vereinbarungen berücksichtigen; dazu zählen z. B. das Jugendarbeitsschutzgesetz, das Kündigungsschutzgesetz oder Tarifverträge und Betriebsvereinbarungen.

In einem Arbeitsvertrag kann alles vereinbart werden, was sich auf die Arbeit des Arbeitnehmers im Betrieb bezieht. In der Regel sollten folgende Vereinbarungen festgehalten werden:

Inhalte des Arbeitsvertrages

- **Art der Tätigkeit**
- **Eintrittstermin des Arbeitnehmers**
- **Probezeit**
- **Art und Höhe der Entlohnung**
- **Arbeitszeit**
- **Urlaub**
- **Kündigungsfristen**
- **Sonstige Leistungen**

Gesetzliche Mindestregelungen

Für die meisten inhaltlichen Vereinbarungen gelten gesetzliche Mindestregelungen. So regelt das Arbeitszeitrechtsgesetz, dass die Wochenarbeitszeit eines volljährigen Arbeitnehmers nicht mehr als 48 und die tägliche Arbeitszeit nicht mehr als zehn Stunden betragen darf. Außerdem muss nach sechs Stunden eine Pause von 30 Minuten gewährt werden. Der gesetzliche Mindesturlaub beträgt nach dem Bundesurlaubsgesetz 24 Werktage. Auch für die Kündigung gelten gesetzliche Mindestregelungen.

Der Arbeitnehmer muss vor Beginn des Arbeitsverhältnisses dem Arbeitgeber folgende Unterlagen vorlegen:

- **Arbeitszeugnis**
- **Steueridentifikationsnummer**
- **Sozialversicherungsnachweis**
- **Urlaubsnachweis des bisherigen Arbeitgebers**

Rechte und Pflichten von Arbeitnehmer und Arbeitgeber

Im Arbeitsverhältnis haben Arbeitgeber und Arbeitnehmer ähnliche Rechte und Pflichten wie beim Berufsausbildungsverhältnis. So muss der Arbeitgeber für die vereinbarte Leistung den vereinbarten Lohn zahlen. Im Krankheitsfall hat der Arbeitnehmer einen Anspruch auf Lohnfortzahlung für die Dauer von sechs Wochen. Zur Fürsorgepflicht des Arbeitgebers gehört es u. a., für die Sicherheit am Arbeitsplatz, für geeignete Aufenthaltsräume und für die Anmeldung der Mitarbeiter bei den gesetzlichen Sozialversicherungsträgern zu sorgen. Der Fürsorgepflicht entspricht die Treuepflicht des Arbeitnehmers. Zur Treuepflicht zählen z. B.

- **keine Schwarzarbeit zu verrichten,**
- **Verschwiegenheit über innerbetriebliche Vorgänge zu wahren,**
- **Handlungen zu unterlassen, die dem Betrieb schaden und Konkurrenz machen.**

Der Arbeitnehmer haftet für Schäden, die er grob fahrlässig oder vorsätzlich verursacht hat. Bei Beendigung des Arbeitsverhältnisses hat der Arbeitnehmer einen Anspruch auf ein Arbeitszeugnis.

Vgl. Kap. 17

Der Arbeitsvertrag ist grundsätzlich ein **Einzelvertrag** zwischen Arbeitgeber und Arbeitnehmer. Oft bilden Vereinbarungen in Tarifverträgen die Basis der Arbeitsverträge. Diese **Kollektiv-Arbeitsverträge** werden von den Tarifvertragsparteien (Gewerkschaften und Arbeitgeberverbänden) ausgehandelt.

1. **Erläutern Sie die wesentlichen Unterschiede zwischen Arbeits- und Berufsausbildungsvertrag.**
2. **a) Was bedeutet es, dass Arbeitsverträge grundsätzlich frei vereinbart werden können?**
   b) Welche Einschränkungen gelten für die Vertragsfreiheit?
   c) Erklären Sie den Unterschied zwischen Einzel- und Kollektiv-Arbeitsvertrag.
3. **Nennen Sie die Punkte, die in einem Arbeitsvertrag geregelt werden sollten.**
4. **Was sehen die gesetzlichen Mindestregelungen vor**
   a) für die Arbeitszeit?
   b) für die Pausen?
   c) für den Urlaub?
5. **a) Nennen Sie die Rechte und Pflichten der Vertragspartner.**
   b) Was ist unter der Fürsorgepflicht des Arbeitgebers zu verstehen?

A Ein Organigramm erstellen

Mithilfe eines Organigramms lassen sich die Struktur und die Organisation eines Betriebes schematisch darstellen. So werden Aufbau und Zuständigkeiten durchschaubar. Dies ist sowohl für die Mitarbeiter und Mitarbeiterinnen als auch für Besucher und Kunden eine wichtige Orientierungshilfe.
Erstellen Sie ein Organigramm Ihres Ausbildungsbetriebes.

B Ein Ablaufdiagramm erstellen

Ein Auftrag durchläuft bis zur Ausstellung der Rechnung verschiedene Abteilungen und Stellen.
Erstellen Sie für einen typischen Geschäftsvorgang Ihres Ausbildungsbetriebes ein Ablaufdiagramm.

C Eine Werbeanzeige für eine Industrieansiedlung entwerfen

In Ihrer Stadt bzw. Region soll für die Neuansiedlung von Unternehmen geworben werden.
Ermitteln Sie die wichtigsten Daten, die für eine Standortwahl der Unternehmen entscheidend sind.
Entwerfen Sie eine Anzeige für eine überregionale Tageszeitung oder eine Plakatwand für das neue Industrie- und Gewerbegebiet.

D Den Berufsausbildungsvertrag überprüfen

Das Berufsbildungsgesetz ist die gesetzliche Grundlage für den Berufsausbildungsvertrag.
Prüfen Sie, ob Ihr Ausbildungsvertrag den gesetzlichen Regelungen entspricht.

E Mithilfe einer tabellarischen Übersicht Ausbildungsinhalte überprüfen

Der betriebliche Ausbildungsplan orientiert sich an dem bundeseinheitlichen Ausbildungsrahmenplan. Das duale System sieht vor, dass sich Betriebe und Schule abstimmen und ergänzen.
Untersuchen Sie, ob der Ausbildungsrahmenplan, Ihr betrieblicher Ausbildungsplan und der Lehrplan der Schule diese Vorgaben erfüllen.
Erstellen Sie dazu eine tabellarische Übersicht für ein Ausbildungsjahr.

Ausbildungsrahmenplan	Betrieblicher Ausbildungsplan	Lehrplan der Schule

F Rollenspiel „Ich muss arbeiten“

Spielen Sie die folgende Situation in einem Rollenspiel:

Patrick, Azubi und Berufsschüler	Herr Ullemeyer, Klassenlehrer
hat letzte Woche wiederholt den Berufsschulunterricht versäumt.	will die Entschuldigung nicht mehr annehmen.
hat eine Entschuldigung des Ausbildungsbetriebes: wegen Krankheitsausfällen unabkömmlich.	weist auf das Berufsbildungsgesetz hin.
versäumt den Unterricht ungern.	ist verärgert, weil Patrick die Klassenarbeit versäumt hat.

HANDLUNGSIMPULSE

4 Arbeitsschutz

4.1 Arbeitsschutz gestern und heute

Trauriges Kapitel der Industrialisierung: Unternehmer bezahlten Arbeiter so schlecht, dass auch Kinder zur Mitarbeit gezwungen waren.

Preußisches Regulativ über die Beschäftigung jugendlicher Arbeiter von 1839	Gesetz zum Schutz der arbeitenden Jugend (Jugendarbeitsschutzgesetz)
§1 Vor zurückgelegtem neunten Lebensjahr darf niemand in einer Fabrik oder bei Berg-, Hütten- und Pochwerken zu einer regelmäßigen Beschäftigung angenommen werden.	§5 Die Beschäftigung von Kindern ist verboten. §2 Kind im Sinne dieses Gesetzes ist, wer noch nicht 15 Jahre alt ist.

1. **Warum ist Kinderarbeit gesetzlich verboten?**
2. **Vergleichen Sie die beiden Gesetze. Welche Entwicklung für Arbeitsschutzmaßnahmen lässt sich daraus ableiten?**
3. **In welchen anderen Bereichen der Arbeitswelt gab es ähnliche Entwicklungen?**

Ein großes Problem der industriellen Revolution war die Ausbeutung der Arbeiter, die kaum politische Rechte hatten. In der Fabrik waren die Arbeitnehmer in einem beinahe rechtlosen Raum der Willkür der Unternehmer ausgesetzt. Es gab nur mangelhafte Schutzmaßnahmen für sie.

Kinder mussten schon sehr früh für den Lebensunterhalt der Familie mitarbeiten, da das Einkommen der Eltern oft zu niedrig war. Häufig wurden die Kinder in Fabriken, Bergwerken oder in der Landwirtschaft als billige Hilfskräfte eingesetzt. Ein schlechter Gesundheitszustand, mangelhafte Schulbildung und frühes Altern waren die Folge. Nur allmählich setzte sich die Erkenntnis durch, dass Kinder – aber auch andere Arbeitnehmer – eines besonderen Schutzes bedürfen.

Entwicklung der Kinderarbeitsschutzgesetze

		Fabriken		Heimarbeit		Landarbeit	
		Verbot	erlaubte Höchstarbeitszeit	Verbot	erlaubte Höchstarbeitszeit	Verbot	erlaubte Höchstarbeitszeit
1839	Preußisches Regulativ	unter 9 Jahren	10 Stunden ab 9 Jahren	unbegrenzt erlaubt		unbegrenzt erlaubt	
1853	Ergänzungsgesetz	unter 12 Jahren Fabrikinspektion	6 Stunden ab 12 Jahren	unbegrenzt erlaubt		unbegrenzt erlaubt	
1869	Gewerbeordnung des Norddeutschen Bundes	wie 1853		unbegrenzt erlaubt		unbegrenzt erlaubt	
1878	Gewerbeordnung des Deutschen Reiches	wie 1853		unbegrenzt erlaubt		unbegrenzt erlaubt	
1891	Gewerbeordnungs-Novelle	unter 13 Jahren	6 Stunden ab 13 Jahren	unbegrenzt erlaubt		unbegrenzt erlaubt	
1903	Kinderschutzgesetz	unter 13 Jahren gilt auch für andere gewerbliche Betriebe	6 Stunden für 13-Jährige	unter 10 Jahren	3 Stunden ab 10 Jahren	unbegrenzt erlaubt	
1938	Jugendschutzgesetz	unter 14 Jahren		unter 12 Jahren	2 Stunden ab 12 Jahren	unbegrenzt erlaubt	
1960	Jugendarbeitsschutzgesetz	unter 14 Jahren		unter 14 Jahren		unter 12 Jahren	ab 12 Jahren gelegentl. Mitarb.
1976	Jugendarbeitsschutzgesetz	unter 14 Jahren				unter 13 Jahren	3 Stunden ab 13 Jahren
1984	Ab 2 bzw. 6 Jahren mit behördlicher Genehmigung: Theatervorstellungen, Werbung, Musikaufführung, Rundfunkaufnahmen. Ab 13 Jahren bis 2 Stunden: Zeitungen und Zeitschriften austragen, Mithilfe bei Sportveranstaltungen.						
1998	Jugendarbeitsschutzgesetz und Kinderarbeitsschutzverordnung: Generelles Beschäftigungsverbot unter 15 Jahren Ausnahmen: Von 3 bis 6 Jahren mit behördlicher Genehmigung bei Veranstaltungen bis zu 2 Stunden, bei Kindern über 6 Jahren bis 3 Stunden täglich Über 13 Jahre leichte Beschäftigung, z. B. Zeitungsaustragen, bis zu 2 Stunden, in der Landwirtschaft bis zu 3 Stunden täglich						

Was für Kinderarbeit gilt, gilt auch für andere Bereiche der Arbeitswelt. So hat sich die Arbeitszeit in Deutschland in den letzten 100 Jahren mehr als halbiert. Während im 19. Jahrhundert die Sechs-Tage-Woche und der 12- bis 16-Stunden-Tag die Regel waren, arbeiten die meisten Arbeitnehmer heute weniger als 40 Stunden die Woche. Die Verkürzung der Arbeitszeit haben sich die Arbeitnehmer und die Gewerkschaften über Jahrzehnte hinweg erkämpfen müssen.

Sozialer Arbeitsschutz

Erst gegen Ende des 19. Jahrhunderts verabschiedete der Gesetzgeber die ersten Arbeitsschutzgesetze für besondere Personengruppen. So wurde z. B. im Arbeitsschutzgesetz von 1891 die Höchstarbeitszeit für Frauen auf elf Stunden festgelegt und ein Verbot der Nachtarbeit durchgesetzt.

Technischer Arbeitsschutz

Neben sozialen Arbeitsschutzbestimmungen sind technische und medizinische Schutzmaßnahmen verbessert worden. Den Anfang machte die Einführung der Unfallversicherung 1884. In diesem Unfallversicherungsgesetz sind Vorschriften über Betriebsvorrichtungen, Maschinen und Geräte enthalten, um die Sicherheit am Arbeitsplatz zu erhöhen.

1. a) **Erläutern Sie, weshalb Kinderarbeit in den ärmeren Ländern besonders weit verbreitet ist.**
   b) **Welcher Zusammenhang besteht zwischen Armut und Kinderarbeit?**

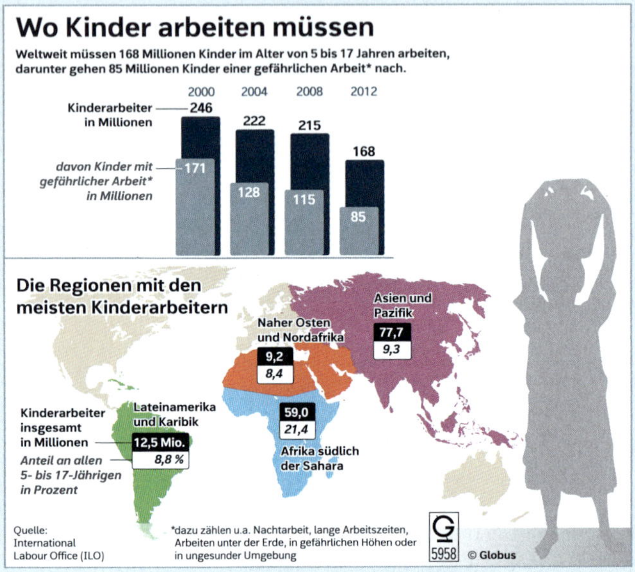

2. **Weshalb ist besonders im Bereich der Landwirtschaft die Kinderarbeit so hoch?**
3. **Welche bei uns angebotenen Produkte haben Kinder angefertigt?**
4. **Informieren Sie sich bei Kinderschutzorganisationen über Kinderarbeit und Möglichkeiten zur Hilfe.**
5. **Beurteilen Sie folgende Meldung:**
   Das Deutsche Kinderhilfswerk sagt, dass Kinderarbeit hierzulande beinahe als Massenphänomen bezeichnet werden kann. Dabei beruft sich das Hilfswerk auf Studien, nach denen bei den zwölf- bis 16-Jährigen bereits die Hälfte neben der Schule gearbeitet hat. Das an sich kann in bestimmten Grenzen noch in Ordnung sein. Die Studien haben auch gezeigt, dass mehr als die Hälfte der Kinder aus dieser Gruppe über das gesetzliche Maß gegen Bezahlung einer Arbeit nachgegangen ist. Das ist nach dem Jugendarbeitsschutzgesetz verboten [...]
   Drost, Alexander: Wo Kinderarbeit drinsteckt. Norddeutscher Rundfunk. In: www.tagesschau.de. 12.06.2017. www.tagesschau.de/inland/welttag-kinderarbeit-101.html [14.05.2018].

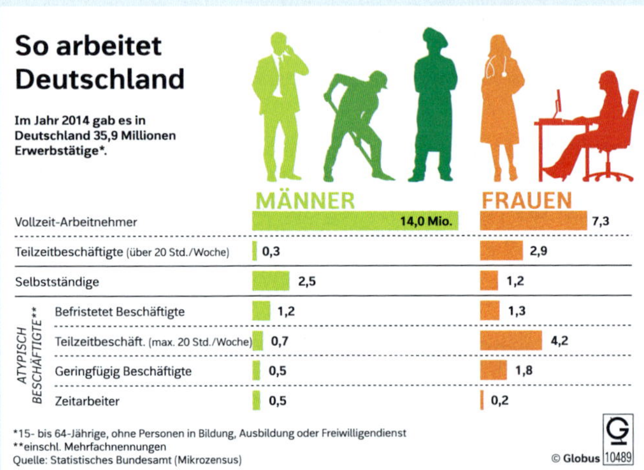

6. **Interpretieren Sie die Grafik „So arbeitet Deutschland".**
   a) **Erklären Sie den Begriff „Atypisch Beschäftigte".**
   b) **Weshalb hat die Zahl der atypisch Beschäftigten besonders in der Zeitarbeit zugenommen?**
   c) **Weshalb ist die Zahl der atypisch Beschäftigten bei den Teilzeitbeschäftigten besonders hoch?**
   d) **Weshalb ist der Frauenanteil in atypischen Beschäftigungsverhältnissen besonders hoch?**
7. **Nur noch 36 % der Unternehmen schreiben den Arbeitnehmern die Anwesenheit am Arbeitsplatz genau vor. Führen Sie Gründe für die zunehmende Flexibilisierung der Arbeitszeiten an.**

4.2 Arbeitszeitgesetz

Tödlicher Unfall auf der B 7

Fahrer wahrscheinlich am Steuer eingeschlafen

Der schwere Verkehrsunfall in der Nacht vom 23. Mai auf der B 7 ist wahrscheinlich auf Übermüdung des Fahrers zurückzuführen. Der 34-jährige Angestellte war von seiner Arbeitsstelle auf dem Weg nach Hause aus bisher unbekannter Ursache auf gerader Strecke frontal gegen einen Baum gefahren.
Die Tatsache, dass keine Bremsspuren vorhanden waren und die Fahrbahn trocken war, legt die Vermutung nahe, dass der Familienvater am Lenkrad eingeschlafen ist. Wie die Polizeidirektion mitteilte, hatte der Angestellte in letzter Zeit regelmäßig bis zu zwölf Stunden täglich in einer Spedition gearbeitet. Auch am Unfalltag war erst nach einem 14-Stunden-Tag Feierabend; das Gewerbeaufsichtsamt ist mittlerweile eingeschaltet worden.

1. **Warum ist das Gewerbeaufsichtsamt eingeschaltet worden?**
2. **Wie ist die Arbeitszeit gesetzlich geregelt?**

Arbeit kann einen Menschen körperlich und seelisch überfordern, insbesondere wenn die zeitliche Belastung zu groß wird. Deshalb regelt das Arbeitszeitrechtsgesetz die zulässige Höchstarbeitszeit. Das Gesetz gilt seit dem Jahre 1994. Es enthält Mindestregelungen, die in allen Arbeitsverträgen berücksichtigt werden müssen. Die meisten Arbeitnehmer haben aufgrund tarifvertraglicher oder betrieblicher Vereinbarungen weitaus bessere Arbeitszeitregelungen.

Das Arbeitszeitgesetz enthält u. a. folgende Bestimmungen:

- **Die normale Arbeitszeit beträgt höchstens acht Stunden täglich und 48 Stunden in der Woche. Sie kann auf bis zu zehn Stunden verlängert werden, wenn innerhalb von sechs Monaten im Durchschnitt acht Stunden werktäglich nicht überschritten werden.**
- **Zwischen Ende und Beginn der Arbeitszeit muss eine Ruhezeit von elf Stunden liegen.**
- **Bei einer täglichen Arbeitszeit von mehr als sechs Stunden ist eine Pause von mindestens 30 Minuten vorgeschrieben.**

Über die Einhaltung der Arbeitszeitregelungen wachen die Gewerbeaufsichtsämter. Die Arbeitszeitregelungen gelten nicht für Land- und Forstwirtschaft, Gartenbau, Seeschifffahrt und Luftfahrt. Auch für Beschäftigte in Krankenhäusern, Bäckereien und Konditoreien gelten besondere Bestimmungen.

Bundesurlaubsgesetz

Besonders wichtig für die körperliche und geistige Erholung des Arbeitnehmers ist der Jahresurlaub. Nach dem Bundesurlaubsgesetz müssen jedem erwachsenen Arbeitnehmer mindestens 24 Werktage Urlaub im Jahr gewährt werden. Die meisten Beschäftigten haben nach Manteltarif- oder Betriebsvereinbarung 30 und mehr Urlaubstage. Für alle jugendlichen Arbeitnehmer gelten die Bestimmungen des Jugendarbeitsschutzgesetzes.

Mit veränderten Arbeitsformen im Zusammenhang mit der Digitalisierung werden auch Reformen der Arbeitszeitregelungen diskutiert.

4.3 Kündigungsschutz

Herrn Breuer, Facharbeiter, ist heute von seinem Arbeitgeber folgendes Schreiben zugestellt worden:

Abmahnung

Sehr geehrter Herr Breuer,

trotz mündlicher Ermahnung durch Ihren Vorgesetzten, Herrn Weiland, waren Sie laut Zeiterfassungssystem im letzten Monat erst zu folgenden Zeiten an Ihrem Arbeitsplatz anwesend:

08.05. : 8:07 Uhr
09.05. : 8:21 Uhr
14.05. : 8:12 Uhr
20.05. : 8:15 Uhr

Für die Verspätungen konnten Sie keine ausreichenden Gründe angeben. Aufgrund Ihres Arbeitsvertrages sind Sie verpflichtet, arbeitstäglich pünktlich um 8:00 Uhr am Arbeitsplatz zu sein. Gegen diese Verpflichtung haben Sie verstoßen.
Im Wiederholungsfall sehen wir uns gezwungen, das Arbeitsverhältnis zu kündigen. Wir hoffen, dass dieser Schritt nicht erforderlich sein wird.

Mit freundlichen Grüßen

Prause

ppa. Prause

1. **Gegen welche Pflicht hat Herr Breuer verstoßen?**
2. **Welchem Zweck dient die Abmahnung?**
3. **Warum wird Herrn Breuer nicht sofort gekündigt?**

Wenn ein Mitarbeiter Anlass zu Beanstandungen seiner Arbeitsweise, seiner Arbeitsergebnisse oder seines Verhaltens gegenüber Kollegen, Vorgesetzten oder Kunden gibt, verstößt er gegen Vereinbarungen des Arbeitsvertrages. Diese Pflichtverletzungen können Grund für eine Beendigung des Arbeitsverhältnisses sein. Vor der Kündigung muss der Arbeitnehmer auf sein Fehlverhalten hingewiesen werden und die Möglichkeit erhalten, sein Verhalten zu ändern. Der Hinweis erfolgt oft durch die **Abmahnung**. Sie ist sozusagen die Gelbe Karte im Arbeitsleben.

Falls der Arbeitnehmer die Warnung der Abmahnung missachtet, kann der Arbeitgeber die **ordentliche Kündigung** aussprechen. Dabei hat der Betriebsrat ein Mitwirkungsrecht. Gesetzliche oder tarifliche **Kündigungsfristen** sind einzuhalten.

Ordentliche und fristgerechte Kündigung

Für Angestellte und Arbeiter gelten einheitliche Kündigungsfristen. Kündigt der Arbeitnehmer, so muss er eine vierwöchige Kündigungsfrist einhalten. Die Kündigung muss zum 15. oder zum Monatsende ausgesprochen werden.

Der Arbeitgeber muss schriftlich kündigen und hat längere Fristen einzuhalten, wenn die Mitarbeiter dem Betrieb über einen längeren Zeitraum angehören:

Betriebszugehörigkeit in Jahren	unter 2	ab 2	ab 5	ab 8	ab 10	ab 12	ab 15	ab 20
Kündigungsfrist	4 Wochen[1)]	1 Monat	2 Monate	3 Monate	4 Monate	5 Monate	6 Monate	7 Monate

[1)] zum 15. oder zum Monatsende, sonst jeweils zum Monatsende

Die Kündigung ist ein einseitiges Rechtsgeschäft. Sie kann daher auch durch den Arbeitnehmer erfolgen, z. B. wenn er sich beruflich verbessern und den Arbeitsplatz wechseln will. Eine Angabe von Gründen ist nicht erforderlich.

Das Arbeitsverhältnis kann auch in gegenseitigem Einvernehmen durch einen zweiseitigen Aufhebungsvertrag beendet werden.

Bei befristeten Arbeitsverträgen, z. B. mit Aushilfskräften oder Saisonarbeitern, endet das Beschäftigungsverhältnis mit Ablauf der vereinbarten Zeit. Eine Kündigung ist nicht erforderlich.

Bei schweren Vertragsverletzungen kann das Arbeitsverhältnis durch eine **außerordentliche Kündigung** fristlos beendet werden. Der Arbeitgeber kann fristlos kündigen, wenn der Arbeitnehmer

Außerordentliche und fristlose Kündigung

- **falsche Zeugnisse oder Bescheinigungen vorgelegt hat,**
- **Unterschlagung, Betrug oder Diebstahl begangen hat,**
- **den Arbeitsplatz ohne Erlaubnis verlässt oder die Arbeit verweigert,**
- **grobe Beleidigungen oder Tätlichkeiten begangen hat,**
- **dem Betrieb fahrlässig oder vorsätzlich Schaden zugefügt hat.**

Gründe für eine außerordentliche Kündigung durch den Arbeitnehmer sind z. B. ausstehende Lohnzahlungen oder grobe Beleidigungen, Tätlichkeiten oder sexuelle Belästigungen durch Vorgesetzte.

Für volljährige Arbeitnehmer, die mindestens ein halbes Jahr im Betrieb beschäftigt sind, gelten die Bestimmungen des **Kündigungsschutzgesetzes**. Danach muss eine Kündigung

Vgl. Kap. 17.6

- **sozial gerechtfertigt,**
- **in der Person oder im Verhalten des Arbeitnehmers**
- **oder durch betriebliche Erfordernisse begründet sein.**

Das Gesetz findet nur Anwendung bei **Betrieben mit mehr als zehn Arbeitnehmern**. Massenentlassungen sind nur unter Mitwirkung des Betriebsrates und nach Information der Arbeitsagentur zulässig. Kommt es wegen einer Kündigung zu Streitigkeiten, ist das Arbeitsgericht zuständig.

Überblick über besonderen Kündigungsschutz

Folgende Arbeitnehmergruppen genießen einen besonderen Kündigungsschutz:

Arbeitnehmergruppen	Die Kündigung ist unzulässig
Mitglieder des Betriebsrates und der Jugendvertretung	während und ein Jahr nach der Amtszeit
Schwangere und Mütter nach der Entbindung	während der Schwangerschaft und zwei Monate nach Ablauf der Mutterschutzfrist
Mütter oder Väter während der Elternzeit	während der Elternzeit
Schwerbehinderte	ohne Zustimmung des Integrationsamtes

1. Erkundigen Sie sich, welche Arbeitszeit- und Urlaubsregelung in Ihrem Ausbildungsbetrieb gilt.

2. Die Firmenleitung legt in Absprache mit dem Betriebsrat dreiwöchige Betriebsferien fest. Frau Göllner will ihren Jahresurlaub jedoch vier Wochen später nehmen. Prüfen Sie, ob Frau Göllner ihren Urlaub später nehmen kann.

3. Erklären Sie den Unterschied zwischen ordentlicher und außerordentlicher Kündigung.

4. Entscheiden und begründen Sie, ob die fristlose oder fristgerechte Kündigung gerechtfertigt ist.

a) Herr Kolovski ist seit zehn Monaten arbeitsunfähig. Laut ärztlichem Gutachten ist nicht abzusehen, wann er wieder arbeitsfähig sein wird. Der Arbeitgeber kündigt Herrn Kolovski fristgerecht.

b) Frau Söller hat bereits zweimal länger als 14 Tage auf Ihr Gehalt warten müssen. Als dies nochmals passiert, kündigt sie fristlos. Der Arbeitgeber meint, Frau Söller müsse die Kündigungsfrist von vier Wochen zum Monatsende einhalten.

c) Herr Gänger arbeitet seit fünf Monaten in einem Handwerksbetrieb, in dem außer ihm noch vier weitere Gesellen und zwei Auszubildende beschäftigt sind. Herrn Gänger wird mit vierwöchiger Kündigungsfrist gekündigt.

d) Herr Klein arbeitet im gleichen Betrieb wie Herr Gänger. Auch ihm wird wegen fehlender Arbeitsaufträge fristgerecht gekündigt.

e) Frau Winkler beteiligt sich am Warnstreik ihrer Gewerkschaft. Ihr Arbeitgeber kündigt ihr fristlos.

f) Die Firma Kroll GmbH stellt ihren Betrieb auf Schichtarbeit um. Herr Folz weigert sich, in der Nachtschicht zu arbeiten. Ihm wird daraufhin fristlos gekündigt.

g) Frau Kieser, im dritten Monat schwanger, wird bei der Firma Stamm eingestellt. Im Einstellungsgespräch wurde sie nicht gefragt, ob eine Schwangerschaft vorliegt. Als Frau Kieser ihrem Arbeitgeber bei Arbeitsantritt mitteilt, dass sie schwanger sei, spricht dieser ihr die fristlose Kündigung aus.

4.4 Jugendarbeitsschutz

Nele (17) und Luisa (18) sind bei der Firma Auto Dahlmann als Mechatronikerinnen in der Ausbildung. Sie sind beide im ersten Ausbildungsjahr und Schülerinnen der Berufsschulklasse MtK-IA. Heute ist Berufsschultag. Ein Fachlehrer ist erkrankt. Deshalb muss der Unterricht in der siebten und achten Stunde ausfallen. Luisa und Nele sind sich nicht im Klaren darüber, ob sie wegen des Unterrichtsausfalls nachmittags noch in den Betrieb müssen.

1. **Müssen Nele und Luisa am Nachmittag in den Betrieb? Begründen Sie Ihre Meinung.**
2. **Welche Regelungen gelten grundsätzlich für den Besuch der Berufsschule?**
3. **Warum werden Jugendliche im Arbeitsleben besonders geschützt?**

Junge Leute vom 15. bis zum 18. Lebensjahr gelten nach dem Jugendarbeitsschutzgesetz als Jugendliche. Jugendliche sind körperlich und geistig noch in der Entwicklung. An sie können im Arbeitsleben keinesfalls die gleichen Anforderungen gestellt werden wie an Erwachsene. Überforderungen würden zu Entwicklungsstörungen führen. Deshalb werden Jugendliche, die in einem Ausbildungs- oder Arbeitsverhältnis beschäftigt sind, durch das **Jugendarbeitsschutzgesetz** besonders geschützt.

Das „Gesetz zum Schutze der arbeitenden Jugend" enthält Vorschriften über die tägliche und wöchentliche Arbeitszeit, die Ruhepausen, die Freizeit, die Freistellung an Berufsschultagen und über Beschäftigungsverbote. Im Jugendarbeitsschutzgesetz ist festgelegt, mit welchen Arbeiten Jugendliche beschäftigt werden können, damit sie nicht in ihrer Gesundheit gefährdet werden.

Verbot von Kinderarbeit

Kinderarbeit ist in der Bundesrepublik grundsätzlich verboten. Ausnahmen sind nur bei geringer Beschäftigung gestattet, z. B. das Austragen von Zeitungen und Zeitschriften bis zu zwei Stunden am Tag oder das Mithelfen in der Landwirtschaft bis zu drei Stunden. Besondere Ausnahmen kann das Gewerbeaufsichtsamt erteilen, etwa für Werbeveranstaltungen, für Musikaufführungen oder bei Fernsehauftritten.

Aufsicht und Kontrolle

Die Gewerbeaufsichtsämter bzw. die Bergämter überwachen die Einhaltung der Vorschriften des Jugendarbeitsschutzgesetzes. Bei Verstößen sollte sich der Jugendliche zuerst an seine Ausbilder oder Vorgesetzten wenden; weitere Ansprechpartner sind die Jugendvertretung oder der Betriebsrat, die Lehrer an der Berufsschule oder die Ausbildungsberater der Kammer. Beschwerden sind auch direkt beim Gewerbeaufsichtsamt möglich. Verstöße gegen die gesetzlichen Bestimmungen sind keine „Kavaliersdelikte". Sie werden in der Regel als Ordnungswidrigkeit, in besonders schweren Fällen auch als Straftaten geahndet.

Arbeitszeit

- 6:00–20:00 Uhr (Ausnahmen: z. B. Bäcker, Gaststätten, Schichtdienst)
- 5-Tage-Woche
- 40 Stunden wöchentlich
- 8 Stunden täglich (Ausnahme: 8,5 Stunden)

Ruhepausen

- Mindestdauer 15 Minuten
- Spätestens bei 4,5 Stunden
- Bei 4,5 bis 6 Stunden Arbeitszeit: 30 Minuten
- Bei 6 Stunden Arbeitszeit: 60 Minuten

Berufsschule

- Freistellung durch Arbeitgeber
- Berufsschultag gilt als Arbeitstag
- Keine Beschäftigung, wenn der Unterricht vor 9 Uhr beginnt
- Keine Beschäftigung nach mehr als 5 Unterrichtsstunden

Freizeit

- Mind. 12 Stunden am Tag zwischen den Arbeitszeiten

Jugendarbeitsschutzbestimmungen auf einen Blick

Freistellung

- Für überbetriebliche Ausbildung
- Für Prüfungen
- Einen Arbeitstag vor der schriftlichen Abschlussprüfung

Urlaub

Wenn der Jugendliche zu Beginn des Kalenderjahres noch nicht

- 16 Jahre ist: 30 Werktage
- 17 Jahre ist: 27 Werktage
- 18 Jahre ist: 25 Werktage

Grundsätzlich während der Berufsschulferien

Beschäftigungsverbot

- Nachtarbeit
- an Samstagen, Sonn- und Feiertagen (Ausnahmen! Ausgleich durch Freistellung an einem anderen Tag)
- Akkordarbeiten
- Gefährliche und schwere Arbeiten

Ärztliche Untersuchung

- Erstuntersuchung vor Beschäftigungsbeginn
- Nachuntersuchung nach einem Jahr

Kinderarbeit

- Grundsätzlich verboten
- Ausnahmen bei geringer Beschäftigung

Nehmen Sie zur Lösung der folgenden Aufgaben auch das Jugendarbeitsschutzgesetz zu Hilfe.

1. **Wer ist im Sinne des Gesetzes Jugendlicher?**
2. **Zu welchen Bereichen enthält das Jugendarbeitsschutzgesetz (JArbSchG) Bestimmungen zum Schutze von jungen Auszubildenden und Beschäftigten?**
3. **Welche Behörde ist zuständig für die Überwachung des JArbSchG?**
4. **Was sollte ein Auszubildender tun, wenn er glaubt, dass in seinem Ausbildungsbetrieb gegen Vorschriften des Jugendarbeitsschutzgesetzes verstoßen wird?**
5. **Melina (16) ist Auszubildene als Goldschmiedin. Die Betriebsferien fallen zum Teil in die Schulzeit. Melina besucht deshalb an zwei Tagen während ihres Urlaubs die Berufsschule. Hat Melina Anspruch auf zwei zusätzliche Urlaubstage? Begründen Sie Ihre Entscheidung.**
6. **Der 13-jährige Simon trägt zweimal wöchentlich Prospekte aus. In der Regel braucht er etwa zwei Stunden. Verstößt Simons Tätigkeit gegen das Verbot von Kinderarbeit? Begründen Sie Ihre Meinung.**
7. **Tim wird heute, am 23. April, 17 Jahre alt. In diesem Jahr hat er bereits 14 Tage Urlaub genommen. Wie viele Tage Resturlaub hat Tim nach dem JArbSchG noch zur Verfügung?**
8. **Jonas (17) hat unentschuldigt den Unterricht am Berufsschultag versäumt. Die Klassenlehrerin hat den Betrieb darüber informiert. Der Meister zieht Jonas deshalb einen Tag Urlaub ab. Prüfen Sie, ob die Maßnahme des Meisters rechtens ist.**
9. **Marlene (16) erlernt den Beruf der Köchin. Normalerweise endet ihre Arbeitszeit um 20:00 Uhr. Heute muss sie jedoch wegen Krankheitsfällen zwei Überstunden machen und bis 22:00 Uhr arbeiten. Ihr Chef will Marlene die Mehrarbeit zusätzlich vergüten.**
   a) **Darf Marlene als Köchin bis 22:00 Uhr arbeiten?**
   b) **Klären Sie, ob Marlene ausnahmsweise zehn Stunden arbeiten darf.**
   c) **Wie lange darf Marlene im Betrieb beschäftigt werden, wenn sie am nächsten Morgen um 8:00 Uhr Berufsschulunterricht hat?**
   d) **Sollte Marlene das Angebot ihres Chefs, Mehrarbeit zu bezahlen, annehmen?**
10. **Hanna (17) arbeitet im Frisiersalon auch samstags.**
   a) **Warum darf Hanna als Jugendliche auch am Samstag beschäftigt werden?**
   b) **Welche Regelung über die wöchentliche Arbeitszeit muss dafür vereinbart sein?**
11. **Lea (17) ist in der Warenannahme beschäftigt. Ihre Arbeitszeit beginnt um 7:15 Uhr. Bisher hatte Lea noch keine Gelegenheit zur Pause. Kurz vor 12:00 Uhr soll Lea noch zwei Lkw-Ladungen annehmen.**
   a) **Wann hat Lea Anspruch auf eine Pause?**
   b) **Wie lange muss die erste Pause mindestens sein?**
   c) **Wie muss die Pausenregelung von Lea aussehen, wenn sie acht Stunden am Tag beschäftigt ist?**
12. **Jugendliche über 16 Jahre dürfen im Bäckerhandwerk ab 5:00 Uhr, über 17 Jahre bereits ab 4:00 Uhr beschäftigt werden.**
   a) **Warum lässt das Jugendarbeitsschutzgesetz eine solche Regelung zu?**
   b) **Finden Sie diese Ausnahmeregelung richtig?**

4.5 Mutterschutz

1. **Warum bedürfen schwangere Frauen eines besonderen Schutzes am Arbeitsplatz?**
2. **Welche Tätigkeiten dürfen werdende Mütter nicht ausüben?**
3. **a) Vor welchen Schwierigkeiten stehen Mütter oft nach der Entbindung in Bezug auf ihren Arbeitsplatz?**
   b) Wie werden sie geschützt?

Im Grundgesetz wird ausdrücklich betont: „Jede Mutter hat Anspruch auf den Schutz und die Fürsorge der Gemeinschaft" (Art. 6, IV GG). Dies hat auch Auswirkungen auf das Beschäftigungsverhältnis der Frauen. Um Mutter und Kind vor Gefahren zu schützen, sieht das Mutterschutzgesetz für schwangere und stillende Frauen folgende Regelungen vor:

Bestimmungen des Mutterschutzgesetzes

- **Beschäftigungsverbot sechs Wochen vor und acht Wochen nach der Geburt des Kindes;**
- **während dieser Zeit Mutterschaftsgeld als Lohnersatz;**
- **Verbot von schwerer körperlicher Arbeit sowie von längeren Arbeiten im Stehen, von Akkord- und Fließbandarbeit;**
- **Verbot von Arbeiten mit gesundheitsgefährdenden Stoffen;**
- **Kündigungsschutz während der Schwangerschaft und vier Monate nach der Entbindung bzw. während der Elternzeit.**

Elternzeit

Wenn berufstätige Mütter ihre Kinder zu Hause betreuen und erziehen wollten, bedeutete dies in der Vergangenheit oft die Aufgabe ihres Arbeitsplatzes. Die **Elternzeit** bietet Müttern und Vätern heute die Möglichkeit, sich bis zu drei Jahre beurlauben zu lassen. Während der Elternzeit bleibt der Anspruch auf den Arbeitsplatz erhalten. Mütter und Väter können sich die Elternzeit auch „teilen".

Mit Zustimmung des Arbeitgebers kann die Elternzeit von bis zu einem Jahr auch aufgespart werden und später (bis zum 8. Lebensjahr des Kindes) in Anspruch genommen werden. Dies gilt z. B. auch, wenn Zwillinge oder kurz nacheinander Geschwisterkinder geboren werden.

Die Elternzeit muss beim Arbeitgeber schriftlich angemeldet werden. Die Anmeldefrist beträgt sechs bzw. acht Wochen, wenn die Elternzeit nach dem Mutterschutz bzw. nach der Geburt beginnen soll. Während der Elternzeit können die Eltern in Betrieben mit mehr als 15 Mitarbeitern auch in Teilzeit bis zu 30 Stunden in der Woche arbeiten.

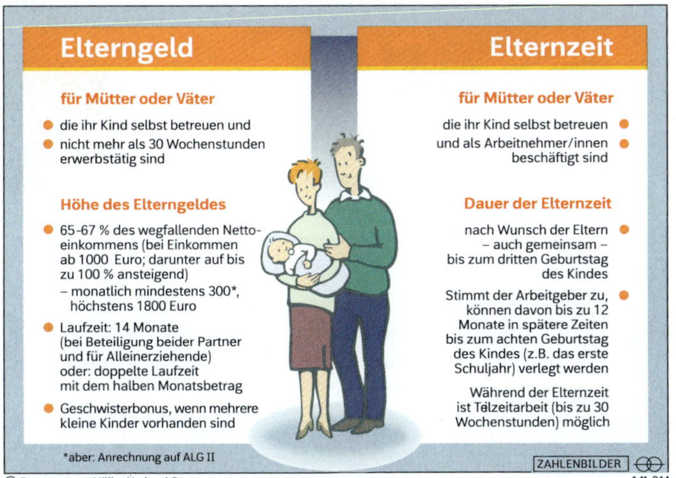

Elterngeld

Berufstätige Eltern, die sich um die Erziehung ihres Kindes kümmern und deshalb zeitweise ihre Beschäftigung ruhen lassen wollen, werden vom Staat durch das **Elterngeld** unterstützt. Das so genannte **„ElterngeldPlus"** bietet Möglichkeiten zur Flexibilisierung der Berufspause bzw. der Dauer des Elterngeldes.

Elterngeld wird nur aufgrund eines schriftlichen Antrags gezahlt. Der Antrag ist bei der zuständigen Behörde zu stellen. Unter www.familienportal.de sind die zuständigen Elterngeldstellen aufgeführt.

1. **Immer mehr Väter (ca. 23 %) nehmen die Elternzeit in Anspruch, die meisten jedoch nur für zwei Monate. Diskutieren Sie über diese Tatsache.**
2. **Die Geburtenrate steigt, wenn sich Familie und Beruf besser vereinbaren lassen. Diskutieren Sie diese Aussage.**

4.6 Schwerbehindertenschutz

Schwerbehinderte Menschen nach Ursachen der schwersten Behinderung

	in Tausend
Allgemeine Krankheiten	6 583
Sonstige, mehrere oder ungenügend bezeichnete Ursachen	586
Angeborene Behinderung	290
Arbeits-, Verkehrsunfälle, häusliche Unfälle und sonstige oder nicht näher bezeichnete Unfälle	1 307
Anerkannte Kriegs-, Wehrdienst- oder Zivildienstbeschädigung	24

Vgl. Statistisches Bundesamt. Wiesbaden. In: www.destatis.de.

?

1. **Martin Jellinek war nach seinem Autounfall schwerbehindert und zwei Jahre arbeitslos, bis er einen neuen Arbeitsplatz gefunden hat. Wie erklären Sie sich das?**
2. **Warum ist die berufliche Eingliederung von Menschen mit Behinderung besonders wichtig?**

i

Ein Blick auf die Statistik zeigt, dass niemand vor einer schweren Behinderung sicher ist. In der Bundesrepublik leben rund 7,6 Millionen Schwerbehinderte; davon sind mehr als eine Million berufstätig. Schwerbehindert ist, wem das Versorgungsamt durch einen Schwerbehindertenausweis den Grad der Behinderung von mindestens 50% bescheinigt hat. Vielen Menschen sieht man ihre Behinderung auf den ersten Blick nicht an. Der Grad der Behinderung gibt keine Auskunft über die Leistungsfähigkeit eines Schwerbehinderten am Arbeitsplatz. Vielmehr bezieht sich der Behinderungsgrad auf alle Bereiche des täglichen Lebens.

Schwerbehindert

Dennoch haben es Menschen mit Behinderung oft schwerer, einen angemessenen Arbeitsplatz zu finden, gerade wenn Arbeitsplätze knapp sind. Arbeitslosigkeit trifft jeden, aber Schwerbehinderte kann sie besonders hart treffen. Denn die Behinderung schränkt viele auch außerhalb des Berufslebens ein.

Menschen mit Behinderung brauchen oftmals auch behindertengerechte Arbeitsplätze, die für die Betriebe zusätzliche Kosten verursachen.

Schwerbehindertengesetz

Um Arbeitnehmern mit einer Schwerbehinderung einen sicheren Arbeitsplatz zu gewährleisten bzw. neue Arbeitsplätze für Schwerbehinderte zu schaffen, hat der Gesetzgeber das „Gesetz zur Sicherung der Eingliederung Schwerbehinderter in Arbeit, Beruf und Gesellschaft" beschlossen.

Im Schwerbehindertengesetz werden
- **die Arbeitgeber in die Pflicht genommen,**
- **die Rechtspositionen erwerbstätiger Schwerbehinderter gestärkt,**
- **für Schwerbehinderte umfangreiche inner- und außerbetriebliche Stützmaßnahmen durchgeführt.**

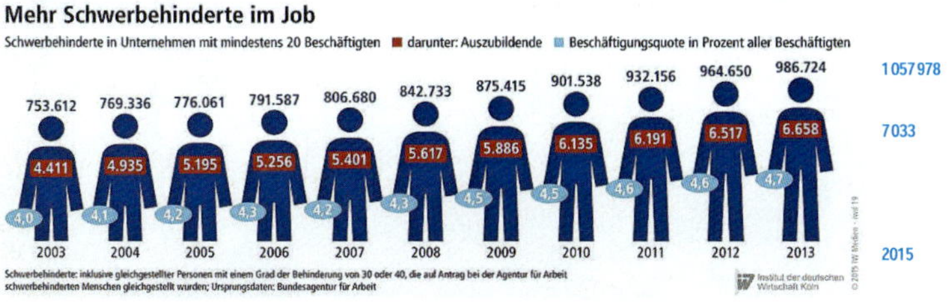

Jeder Betrieb, der mehr als 20 Arbeitsplätze hat, muss 5 % der Arbeitsplätze für Schwerbehinderte zur Verfügung stellen. Wenn die Verpflichtung nicht eingehalten wird, muss der Betrieb eine Ausgleichszahlung für jeden nicht besetzten Pflichtplatz bezahlen.

In der Vergangenheit betrug die **Ausgleichsabgabe** bundesweit jährlich über 500 Millionen Euro. An dieser Zahl lässt sich ablesen, dass viele Arbeitgeber ihrer Beschäftigungspflicht nicht oder nicht in vollem Umfang nachkommen.

Bei jeder Neueinstellung müssen die Arbeitgeber prüfen, ob die freie Stelle mit einem Schwerbehinderten besetzt werden kann.

Kündigungsschutz

Menschen mit Schwerbehinderung werden dadurch besonders rechtlich geschützt, indem für sie ein erweiterter Kündigungsschutz gilt. Will ein Arbeitgeber einem Schwerbehinderten kündigen, so benötigt er zuerst die Zustimmung des Integrationsamtes.

Mehr Urlaub

Für die Wiederherstellung und Erhaltung ihrer Arbeitskraft benötigen Menschen mit Schwerbehinderung mehr Zeit. Deshalb erhalten sie zusätzlich eine Arbeitswoche bezahlten Jahresurlaub. Zudem können Schwerbehinderte Mehrarbeit ohne Begründung ablehnen.

Nach dem Schwerbehindertengesetz sollen sich die Schwerbehindertenvertretung, der Betriebs- oder Personalrat und der Beauftragte des Arbeitgebers um die besonderen Belange der Menschen mit Behinderung kümmern. Die Hauptfürsorgestellen und Arbeitsagenturen unterstützen durch ihre Helfer und Berater die Arbeitnehmer mit Schwerbehinderung.

1. **Wie beurteilen Sie die Ausgleichsabgabe für Arbeitnehmer?**
2. **Interpretieren Sie das Schaubild „Mehr Schwerbehinderte im Job“. Worauf lässt sich die verbesserte Beschäftigung zurückführen?**
3. **Das Zusammenleben mit Menschen mit Behinderung steht unter dem Motto „Solidarität statt Mitleid“. Diskutieren Sie, ob dies auch für die Arbeitswelt gilt.**
4. **Auf welche gesetzlichen Bestimmungen können sich Menschen mit Behinderung berufen**
   a) bei Kündigung? **b) bei Urlaub?** **c) bei Mehrarbeit?**

4.7 Datenschutz

1. **Welche Daten von Mitarbeitern werden erfasst?**
2. **Wozu benötigt der Betrieb Daten und Informationen über seine Mitarbeiter?**
3. **Welche Gefahren werden in der Karikatur sichtbar?**

Für einen reibungslosen Betriebsablauf benötigen Unternehmen eine Vielzahl von Daten. Durch den Einsatz von Computern ist eine Personaldatenverwaltung, die alle wichtigen Daten über die Mitarbeiter erfasst, wesentlich erleichtert worden. Diese gespeicherten Daten werden als Personalstammdaten bezeichnet.

Personalstammdaten

Persönliche Daten
- **Personalnummer**
- **Familienname, Vorname**
- **Geburtsdatum und Geburtsort**
- **Konfession**
- **Familienstand**
- **Name und Vorname des Ehepartners**
- **Anzahl der Kinder**
- **Staatsangehörigkeit**
- **Adresse, Telefon**

Schulabschluss

Berufliche Daten
- **Ausbildungsberuf**
- **Ausgeübter Beruf**
- **Besondere Kenntnisse**

Einsatz im Unternehmen
- **Eintrittsdatum**
- **Einsatzabteilung**
- **Art der Tätigkeit**

Sozialversicherungsdaten
- **Erwerbsminderung**
- **Krankenkasse**

Entgelt
- **Entgeltgruppe**
- **Lohn- oder Gehaltshöhe**
- **Lohnpfändungen**

Austritt
- **Austrittsdatum**
- **Austrittsgrund**

Neben den Personalstammdaten können durch den Einsatz eines Personalinformationssystems (PIS) weitere wichtige Daten über die Mitarbeiter erfasst und gespeichert werden: Anwesenheit, Leistung, Krankheit oder Urlaub. So kann die Personalabteilung Lohn und Gehalt berechnen, den Personaleinsatz und die Personalbeschaffung planen.

Sind die Daten in einer Datenbank gespeichert, lassen sie sich mit anderen Daten der Mitarbeiter verknüpfen. So kann z. B. leicht ermittelt werden, wer an bestimmten Tagen krank ist und welche Arbeiten zu diesem Zeitpunkt anstanden. Die Verknüpfung beider Daten könnte zu einem Mitarbeiterprofil führen, das die Krankheit als „Blaumachen" ausweist. Diese Verknüpfung kann aber auch völlig falsch sein, etwa wenn das Fehlen auf eine chronische Erkrankung zurückzuführen ist.

Hier wird deutlich, dass Personalinformationssysteme nicht unproblematisch sind, vor allem dann, wenn sie zu Kontrollzwecken eingesetzt werden. Die automatisierte Datenverarbeitung birgt die Gefahr in sich, den Mitarbeiter und Bürger zu einem „gläsernen Menschen" werden zu lassen, der bis ins Privatleben ausgeforscht und erfasst wird.

Datenschutzgesetze

Das Bundesdatenschutzgesetz (BDSG), die Landesdatenschutzgesetze (LaDatG) sowie das Betriebsverfassungsgesetz (BetrVG) sollen die Bürger vor den nachteiligen Folgen der automatisierten Datenverarbeitung schützen. Die Gesetze gelten für personenbezogene Daten, die nach bestimmten Merkmalen mithilfe von Computern sortierbar oder auswertbar verarbeitet werden können.

Grundsätze

Die beiden wichtigsten Grundsätze des Datenschutzes sind:
- **Die Betroffenen müssen über die Datenerfassung und -verarbeitung umfassend informiert werden.**
- **Die Daten dürfen nur zu einem bestimmten Zweck erhoben und benutzt werden.**

Nach den Datenschutzbestimmungen soll jeder, der personenbezogene Daten in Datenbanken verwaltet, zum korrekten Umgang mit diesen Daten verpflichtet werden.

Das Unternehmen darf keine „geheimen" Daten, wie z. B. über Behinderung, Konfession und Familienstand, an unberechtigte „Dritte" weiterleiten.

Alle personenbezogenen Daten im Unternehmen müssen nach der Datenschutzgrundverordnung (DSGVO) besonders geschützt werden. Dazu zählen z. B Name und Adresse, E-Mail-Adresse, Geburtstag, Kontodaten oder Kfz-Kennzeichen. Das gilt sowohl für die Daten von Mitarbeiterinnen und Mitarbeitern als auch von Kunden.

Jeder Bürger hat das Recht, von jeder datenverarbeitenden Stelle Auskunft über Berichtigung, Sperrung und Löschung falscher oder unzulässiger Daten zu verlangen, die über seine Person gespeichert sind.

Datenschutz im Betrieb

Ein Datenschutzbeauftragter berichtet von seinen Aufgaben: „Seit drei Jahren bin ich in unserem Betrieb für den Datenschutz zuständig. Um den Posten habe ich mich nicht beworben, sondern bin von der Geschäftsleitung zum Datenschutzbeauftragten bestellt worden. Ausschlaggebend für die Geschäftsleitung waren meine IT-Kenntnisse und Erfahrungen im Personalbereich. Meine Aufgabe ist es, die gesetzlichen Datenschutzbestimmungen in unserem Betrieb zu überwachen. Dazu prüfe ich zum Beispiel, wie in unserem Betrieb personenbezogene Daten erfasst, verarbeitet, übermittelt oder genutzt werden. Erst neulich habe ich darauf gedrängt, Fotos von Mitarbeitern von einer betrieblichen Internetseite zu entfernen. Wichtig für meine Arbeit ist es, dass ich nicht an Weisungen der Geschäftsleitung oder Vorgesetzten gebunden bin. Durch meine Tätigkeit ist es mir gelungen, dass meine Kolleginnen und Kollegen jetzt sensibler im Umgang mit Personendaten umgehen."

1. **Welche Aufgaben hat der Datenschutzbeauftragte?**
2. **Wie kontrolliert er die Einhaltung des Datenschutzes?**

Wenn in einem Betrieb mindestens zehn Personen mit der automatisierten Datenverarbeitung beschäftigt sind oder von mindestens 20 Personen Daten erfasst werden, muss ein Datenschutzbeauftragter bestellt werden. Der Beauftragte ist der Unternehmensführung unmittelbar unterstellt und nicht weisungsgebunden. Er hat darüber zu wachen, dass u. a. folgende Maßnahmen eingehalten werden:

- **Unbefugte dürfen keinen Zugang zu den Daten und Datenverarbeitungsanlagen haben.**
- **Datenträger müssen so aufbewahrt werden, dass sie nicht unbefugt gelesen, kopiert, verändert oder entfernt werden können.**
- **Daten dürfen nur an berechtigte Stellen übermittelt werden.**
- **Übermittlung, Dateneingabe und Zugriff müssen protokolliert werden.**
- **Übermittlung und Transport von Daten und Datenträgern müssen ausreichend geschützt werden.**

Wie beim Arbeitsschutz muss jeder Arbeitnehmer auch beim Datenschutz selbst die Risiken erkennen und vermeiden. Denn nicht nur körperliche Verletzungen können Schäden verursachen, sondern auch die Verletzung des persönlichen Bereichs.

1. **Welche Grundsätze muss der Betrieb bei der Verarbeitung seiner Mitarbeiterdaten beachten?**
2. **Erläutern Sie die Rechte des Arbeitnehmers aufgrund des Datenschutzgesetzes.**
3. **Die Abteilung „Arbeitsvorbereitung" sucht betriebsintern einen Gruppenleiter. Um festzustellen, wer besonders motiviert und leistungswillig ist, lässt sich der Personalchef die Mitarbeiterliste mit den Überstunden und Krankheitstagen ausdrucken. Prüfen Sie, ob gegen Bestimmungen des Datenschutzes verstoßen wird.**
4. **Informieren Sie sich über den Datenschutz in Ihrem Betrieb.**

4.8 Humanisierung der Arbeit

Heinrich Lersch: Mensch im Eisen

Mein Tagwerk ist: im engen Kesselrohr
Bei kleinem Glühlicht kniend krumm zu sitzen,
An Nieten hämmernd, in der Hitze schwitzen,
Verrußt sind Aug und Haar und Ohr,

Nur noch ein kleiner Menschenkraftmotor
Bin ich, des' Hebel – meine Arme – flitzen,
Ich will die Adern mit dem Messer ritzen:
Dampf stößt, statt roten Blutes Strahl, hervor.

O Mensch, wo bist du? Wie ein Käfertier
Im Bernstein eingeschlossen, hockst du rings im Eisen,
Eisen umpanzert dich mit schießendem Gewirr!
Im Auge rast die Seele, arm und irr.

Heimweh heult wahnsinnswild,
Heimweh weint süße Weisen,
Nach Erde, Mensch und Licht!
Schrei lauter, Mensch im Eisen!

Lersch, Heinrich: Mensch im Eisen. In: Heinrich Lersch – Ausgewählte Werke. 2 Bände. Hrsg. v. Johannes Klein. Bd. 1. Düsseldorf, Köln: Diederichs 1965, S. 313–320.

1. **Heinrich Lersch schildert in seinem Gedicht aus dem Jahr 1925 die Arbeit eines Kesselschmieds. Welche Belastungen am Arbeitsplatz werden deutlich?**
2. **Welche Forderung wird mit der Zeile „Schrei lauter, Mensch im Eisen!" aufgestellt?**

Arbeit dient nun einmal dem Geldverdienen. Aber Arbeit soll auch Spaß machen, Zufriedenheit verschaffen und eigenverantwortliches Handeln zulassen. Konkurrenz und Arbeitsteilung haben meist das Gegenteil geschaffen: einseitige Belastung und monotone Arbeit. Die Folgen sind Stress am Arbeitsplatz, Unfälle und Krankheiten.

Grundsatz der Humanisierung der Arbeit

Der Grundsatz der Humanisierung der Arbeit lautet: Nicht der Mensch ist an die Arbeit anzupassen, sondern die Arbeit an den Menschen. Die ergonomische Gestaltung und die Strukturierung der Arbeit sind die wichtigsten Aufgabenfelder für einen menschengerechten Arbeitsplatz.

Ergonomie

Bei der Ergonomie geht es um die Anpassung der Arbeit an die Fähigkeiten und Bedingungen des Menschen, d. h., Arbeitsplatz und Arbeitsmittel müssen körpergerecht gestaltet werden. Die Ergonomie ist für die Arbeitsgestaltung und somit für die Konstruktion von Maschinen und Fertigungsanlagen von Bedeutung. Dabei sind meist folgende Arbeitsplatzbedingungen zu berücksichtigen:

- **Greifraum**
- **Sichtverhältnisse und Beleuchtung**
- **Anordnung und Gestaltung von Bedienungselementen**
- **Arbeitshöhe und Sitzgestaltung**

Für behindertengerechte Arbeitsplätze ist die Ergonomie besonders wichtig.

Durch technische Veränderungen konnten in vielen Bereichen körperliche Belastungen der Arbeitnehmer am Arbeitsplatz abgebaut werden. Dagegen haben Anspannung und Konzentration – nicht zuletzt aufgrund neuer Technologien – zugenommen.

So fühlen sich von 100 Berufstätigen belastet durch:

Vgl. www.baua.de

Termin- und Leistungsdruck	35	Multitasking	16
Unterbrechungen bei der Arbeit	25	schnelles Arbeiten	17

Die nervliche Belastung ist bei Schicht- und Nachtarbeit am stärksten. Immerhin müssen ca. 17 % aller Beschäftigten nachts gegen den Biorhythmus arbeiten.

Wie sehr heute diese Stressfaktoren zugenommen haben, belegen veränderte Krankheitsbilder. Herz- und Kreislaufbeschwerden sowie Nervenleiden stehen weit an der Spitze der Krankheiten. Wegen verminderter Erwerbsfähigkeit gehen ca. 15 Prozent der Männer und 27 Prozent der Frauen vorzeitig in Rente.

Nicht alle Krankheiten werden als Berufskrankheiten anerkannt. Es wird dann von einer Berufskrankheit gesprochen, wenn die Ursache der Krankheit eindeutig auf die berufliche Tätigkeit zurückzuführen ist. In einer von der Bundesregierung erstellten Liste sind alle anerkannten Berufskrankheiten aufgeführt.

Arbeitsstrukturierung

Der zweite Bereich der Humanisierung der Arbeit betrifft die Strukturierung der Arbeit. Arbeitsstrukturierung bedeutet, dass die Arbeitsaufgaben und -abläufe so zu organisieren sind, dass die Entfaltung der Fähigkeiten des Menschen gefördert wird. Neue Formen der Fertigung, wie z. B. Gruppenfertigung und Lean Production (schlanke Produktion), nutzen diese Aspekte der Humanisierung der Arbeit für die Erhöhung der Produktivität.

Jeder Arbeitnehmer ist nach dem Betriebsverfassungsgesetz (§ 82) berechtigt, zu Maßnahmen des Arbeitgebers, die ihn betreffen, Stellung zu nehmen sowie Vorschläge für die Gestaltung des Arbeitsablaufes zu machen.

1. **Beschreiben Sie mithilfe der Karikaturen die Situation des Schichtarbeiters.**
2. **Erstellen Sie in Gruppenarbeit einen Forderungskatalog zur Humanisierung der Nacht- und Schichtarbeit.**

4.9 Technischer Arbeitsschutz

1. **Die Auszubildenden halten sich in sieben Punkten nicht an Sicherheitsvorschriften. Was wird hier alles falsch gemacht?**
2. **Welche Gefahren erwachsen daraus?**
3. **Durch welche Arbeitsschutzmaßnahmen können diese Gefahren verringert werden?**

Beschäftigte sind im Berufsalltag verschiedenen Gefahren ausgesetzt. Um Arbeitsunfälle zu verhüten, ist es notwendig, für größtmögliche Sicherheit am Arbeitsplatz zu sorgen. Arbeitsschutz erstreckt sich auf organisatorische und technische Schutzmaßnahmen. Die beste Schutzmaßnahme nutzt aber nichts, wenn sich die Mitarbeiter nicht an die Sicherheitsvorschriften halten. Sicherheitsgerechtes Verhalten darf nicht dem Zufall überlassen bleiben.

Wegen Asbest zu Hause bleiben

Bundesarbeitsgericht: Bei Gesundheitsgefahr erlaubt

Arbeitnehmer, die am Arbeitsplatz Asbest oder anderen „besonders gefährlichen krebserregenden Stoffen" ausgesetzt sind, dürfen zu Hause bleiben, wenn der Arbeitgeber die Gefahr nicht abstellen kann. Dies hat das Bundesarbeitsgericht (BAG) in Erfurt entschieden. Es begründet dies mit der Gefahrstoffverordnung von 1993, wonach Beschäftigte die Arbeit verweigern dürfen, wenn sie einer „unmittelbaren Gefahr" für ihre Gesundheit ausgesetzt sind. Lohn und Gehalt müssen trotzdem weiterbezahlt werden. Anlass war die Klage eines Technikers der Deutschen Welle in Köln.

Vgl. Urteil des Bundesarbeitsgerichts (Aktenzeichen 5 AZR 273/93)

1. **Welcher Grundsatz wird in der Urteilsbegründung des Arbeitsgerichtes deutlich?**
2. **Auf welche Verordnung zum technischen Arbeitsschutz stützt sich das Urteil?**

Mensch und Umwelt werden durch neue Stoffe immer wieder neu gefährdet. Oft werden Gefahren erst verspätet erkannt. So ist z. B. Asbest erst 1990 in die Gefährdungsgruppe für krebserzeugende Gefahrstoffe als „sehr stark gefährdend" eingeordnet worden.

Viele Gifte und Gefahrstoffe sind vom Arbeitnehmer gar nicht unmittelbar wahrnehmbar, können aber große gesundheitliche Schäden verursachen. Die Gefahrstoffverordnung will dieser Tatsache Rechnung tragen. Sie verpflichtet den Arbeitgeber zum sorgsamen Einsatz und Umgang mit gefährlichen Stoffen. Der Arbeitgeber muss gefährliche Stoffe erfassen und Gefahren begrenzen. Dazu sind die Arbeitnehmer über Gesundheitsgefahren zu informieren. Außerdem hat der Arbeitgeber Betriebsanweisungen für die sachgerechte Entsorgung von Gefahrstoffen zu verfassen.

Gefährliche Stoffe müssen gekennzeichnet sein, damit entsprechende Schutzmaßnahmen getroffen werden können. Verpackungen sind mit folgenden Angaben zu kennzeichnen:

Kennzeichnung von Gefahrstoffen

- **Bezeichnung des Stoffes**
- **Hinweise auf besondere Gefahren**
- **Gefahrensymbol(e) und Gefahrenbezeichnung**
- **Sicherheitsratschläge**
- **Evtl. besondere zusätzliche Angaben**
- **Name und Anschrift des Herstellers, Importeurs oder Vertreibers**

Die Zahl der Unfälle ist auf den niedrigsten Wert seit Beginn der statistischen Aufzeichnungen gesunken. 2017 gab es auf 1.000 Beschäftigte nur 21,4 Arbeitsunfälle. Auch die Zahl der tödlichen Arbeitsunfälle ist gesunken – um mehr als 10 Prozent gegenüber dem Jahr 2015.

Überwachung und Kontrolle

Die **Unfallverhütungsvorschriften** werden von den Berufsgenossenschaften für die einzelnen Wirtschaftsbereiche erstellt. Ziel der Berufsgenossenschaften ist es dabei, durch vorbeugende Maßnahmen Unfälle zu verhüten.

Über die Einhaltung der Gesetze und Verordnungen wachen die Gewerbeaufsichtsämter. Sie haben jederzeit direkten Zugang zur Kontrolle in den Betrieben. Bei Verstößen gegen die geltenden Gesetze können die Gewerbeaufsichtsämter Bußgelder verhängen. Die Berufsgenossenschaften als Träger der gesetzlichen Unfallversicherung kontrollieren durch Aufsichtsbeamte in den Betrieben, dass die Unfallverhütungsvorschriften eingehalten werden.

280 010 © Bergmoser + Höller Verlag AG

Betriebsunfälle sind der Berufsgenossenschaft vom Arbeitgeber unverzüglich anzuzeigen. Dazu muss ein Unfallbericht erstellt werden.

In Betriebsanweisungen wird das Arbeiten an Maschinen oder der Umgang mit gefährlichen Stoffen im Einzelfall genau festgelegt. Betriebsanweisungen sind vom Arbeitgeber zu erstellen. Zusätzliche Arbeitsschutzmaßnahmen kann der Betriebsrat mit dem Arbeitgeber durch eine Betriebsvereinbarung regeln.

Zur Sicherheit am Arbeitsplatz kann und muss jeder selbst beitragen, auch wenn der Grundsatz gilt, dass persönliche Schutzausrüstung nur einzusetzen ist, wenn andere technische Möglichkeiten Unfallgefahren nicht oder nicht ausreichend ausschließen.

Unfallverhütungsvorschrift

Grundsätze der Prävention (BGV A1)

Vierter Abschnitt: Persönliche Schutzausrüstungen

§ 29

Bereitstellung

(1) Der Unternehmer hat gemäß § 2 der PSA-Benutzungsverordnung den Versicherten geeignete persönliche Schutzausrüstungen bereitzustellen; vor der Bereitstellung hat er die Versicherten anzuhören.

§ 30

Benutzung

(1) Der Unternehmer hat dafür zu sorgen, dass persönliche Schutzausrüstungen entsprechend bestehender Tragezeitbegrenzungen und Gebrauchsdauern bestimmungsgemäß benutzt werden.

(2) Die Versicherten haben die persönlichen Schutzausrüstungen bestimmungsgemäß zu benutzen, regelmäßig auf ihren ordnungsgemäßen Zustand zu prüfen und festgestellte Mängel dem Unternehmer unverzüglich zu melden.

§ 31

Besondere Unterweisungen

Für persönliche Schutzausrüstungen, die gegen tödliche Gefahren oder bleibende Gesundheitsschäden schützen sollen, hat der Unternehmer die nach § 3 Abs. 2 der PSA-Benutzungsverordnung bereitzuhaltende Benutzungsinformation den Versicherten im Rahmen von Unterweisungen mit Übungen zu vermitteln.

Die Beschäftigten sind im Berufsalltag verschiedenen Gefahren ausgesetzt. Um Arbeitsunfälle zu verhüten, ist es notwendig, die Sicherheit am Arbeitsplatz zu verbessern. Arbeitsschutz erstreckt sich auf organisatorische und technische Schutzmaßnahmen. Verantwortlich für den Arbeitsschutz im Betrieb ist der Arbeitgeber. Er muss dafür sorgen, dass Arbeitsstätten, Arbeitsmittel, Geräte und Anlagen so eingerichtet und unterhalten werden, dass die Arbeitnehmer gegen Gefahren für Leben und Gesundheit geschützt sind. Arbeitsunfälle und gesundheitliche Schäden sollen durch Arbeitsschutzmaßnahmen vermieden werden. Die beste Schutzmaßnahme nutzt aber nichts, wenn sich die Mitarbeiter nicht an die Sicherheitsvorschriften halten. Sicherheitsgerechtes Verhalten darf nicht dem Zufall überlassen bleiben.

Der technische Arbeitsschutz soll durch verschiedene Gesetze, Verordnungen und Vorschriften gewährleistet werden.

Die **Arbeitsstättenverordnung** regelt die Gestaltung des Arbeitsplatzes. Sie enthält u. a. Vorschriften über Lärmschutz, über Beleuchtung sowie über den Schutz vor schädlichen Dämpfen und Staub. In der Verordnung sind auch die Mindestanforderungen über Wasch- und Umkleideräume, Toiletten und Notausgänge aufgeführt.

Mehr Schutz für Nichtraucher

Der Schutz der nichtrauchenden Arbeitnehmer wird durch die Arbeitsstättenverordnung gesetzlich festgeschrieben. Danach sind die Arbeitgeber verpflichtet, die nichtrauchenden Mitarbeiterinnen und Mitarbeiter in ihren Betrieben nachhaltig vor jenen Kolleginnen und Kollegen zu schützen, die nicht vom Glimmstängel lassen wollen. Die Nichtraucher sollen nicht durch das Passivrauchen gefährdet werden. Der Schutz gilt für alle Bereiche des Betriebes.

Das **Arbeitssicherheitsgesetz** verpflichtet die Unternehmer, Betriebsärzte, Sicherheitsingenieure und andere Fachkräfte für die Arbeitssicherheit einzustellen. In Kleinbetrieben mit mehr als 20 Beschäftigten wird ein Mitarbeiter als Sicherheitsbeauftragter mit diesen Aufgaben betraut.

Das **Geräte- und Produktsicherheitsgesetz** macht den Herstellern und Importeuren zur Auflage, nur solche Maschinen und Geräte zu produzieren und zu verkaufen, welche die Sicherheit und Gesundheit von Personen nicht gefährden. Für die Einhaltung dieser Schutzvorschriften bürgen neben den staatlichen Stellen auch die Prüfzeichen und Sicherheitsregeln des VDE und TÜV.

Arbeitsschutz- und Unfallverhütungsvorschriften finden sich auch in der **Arbeitsmittelbenutzungsverordnung**, der **Gefahrstoffverordnung** und der **Biostoffverordnung**.

Über die Einhaltung der Arbeitsschutzgesetze und Unfallverhütungsvorschriften wachen die Gewerbeaufsichtsämter und die Berufsgenossenschaften, denen Arbeitsunfälle unverzüglich durch den Arbeitgeber angezeigt werden müssen.

Prüfzeichen
Schutzsymbole

Prüfstelle VDE | *GS-Prüfzeichen* | *CE-Kennzeichnung* | *Schutzisoliert* | *Strahlwassergeschützt*

1. **Welche Gesetze, Verordnungen und Vorschriften regeln den technischen Arbeitsschutz?**
2. **Nennen und erläutern Sie die Unfallverhütungsvorschriften, die für Ihren Arbeitsplatz gelten.**
3. **Erklären Sie die folgenden Sicherheitszeichen:**

4. **Wer ist zuständig für die Überwachung der Arbeitsschutzbestimmungen?**
5. **Mit welchen gefährlichen Stoffen kommen Sie in Berührung**
   a) **im Betrieb?**
   b) **zu Hause?**
6. **In Ihrem Ausbildungsbetrieb ereignet sich ein Arbeitsunfall. Schildern Sie, welche Maßnahmen ergriffen werden müssen.**
7. **Ein älterer Arbeitnehmer benutzt für die Entnahme von Werkzeugen aus dem Hochregal oftmals übereinandergestapelte Kisten. Sie sprechen ihn auf die Gefahren an. Die Antwort des Kollegen: „Es ist noch nie was passiert." Spielen Sie die Situation mit verteilten Rollen weiter.**
8. **Aus Gründen der eigenen Sicherheit sollte jeder Arbeitnehmer wichtige Gefahrensymbole kennen. Benennen Sie die unten abgebildeten neuen Symbole.**

9. **Überprüfen Sie, ob die nebenstehende Behälterkennzeichnung den Bestimmungen zur Kennzeichnung von Gefahrstoffen nach der Gefahrstoffverordnung entspricht.**
10. **Fassen Sie zusammen, inwiefern technischer und sozialer Arbeitsschutz zur Humanisierung der Arbeit beitragen.**

Salzsäure ca. 32 %

Hinweise auf die
besonderen Gefahren:
**Verursacht Verbrennungen/
Verätzungen**

Sicherheitsratschläge:
Darf nicht in die Hände von Kindern gelangen.
Behälter dicht geschlossen und kühl lagern.
Behälter vorsichtig behandeln.
Dämpfe nicht einatmen.
Berührung mit Haut, Augen und Kleidung vermeiden.
Spritzer auf die Haut oder in die Augen gründlich mit Wasser abspülen.
Fußboden und verschmutzte Gegenstände gründlich mit den vorgesehenen Mitteln reinigen.

5 Formen der Entlohnung

5.1 Lohnformen

Sabrina und Tobias arbeiten im gleichen Betrieb, Tobias in der Produktion, Sabrina im Büro. Für die Lohnabrechnung werden für beide folgende Tätigkeitsnachweise erstellt:

Steuber, Sabrina 257-5 Sachbearbeiterin EDV

Tag	Uhrzeit				Besonderheiten
01.03.	07:28	12:03	12:31	17:17	–
02.03.	07:38	12:42	13:20	16:12	–
03.03.	07:20	12:20	12:55	17:33	–
06.03.	07:35	12:22	12:43	16:10	–
07.03.	09:20	12:20	12:52	16:08	Vorsorgeuntersuchung
08.03.	07:42	12:15	13:01	16:56	–
09.03.	08:04	12:13	12:44	16:40	–
10.03.	07:33	09:58	12:50	16:33	Betriebsratssitzung
13.03.	08:22	...	...	...	

Wagner, Tobias 198-2 Arbeitsstelle 44

Kosten-stelle	Maschinen-nummer	Vorgabe-zeit in Min.	Normal-leistung
09	786	2	240

Stückzahl: 276
Arbeitszeit: 8 Stunden Tag: 1. März

1. **Wie wird die Arbeitsleistung von Tobias, wie die von Sabrina festgestellt?**
2. **Erklären Sie, wie Tobias und wie Sabrinas Lohn berechnet wird.**
3. **Wie nennt man die verschiedenen Lohnformen?**

Der Arbeitnehmer erhält für seine Arbeitsleistung Lohn. Dieser ist für die meisten Beschäftigten die wichtigste Einkommensquelle. Die Höhe des Lohnes ist von verschiedenen Faktoren abhängig, z. B. von der Qualifikation, von der Arbeitsplatzbewertung, vom Alter oder von der Dauer der Betriebszugehörigkeit. Der wichtigste Faktor für den Lohn ist die Leistung des Arbeitnehmers.

Die Leistung lässt sich entweder an der Arbeitszeit messen oder durch die erbrachte Arbeitsleistung des Arbeitnehmers erfassen. Demzufolge lassen sich bei der Entlohnung zwei Lohnformen unterscheiden: der **Zeitlohn** und der **Leistungslohn**.

Zeitlohn

Der Zeitlohn wird nach den Stunden berechnet, die der Arbeitnehmer am Arbeitsplatz anwesend ist. Der Lohn lässt sich leicht nach folgender Formel ermitteln:

Lohn = Arbeitszeit x Stundenlohn

Zuschläge und Zulagen

Daneben werden eventuell noch Zuschläge für Mehr-, Nacht-, Sonntags- oder Feiertagsarbeit gezahlt. Für besonders schwere, gesundheitsschädliche oder schmutzige Arbeiten können Erschwerniszulagen, für besondere Leistungen Leistungszulagen gezahlt werden. Die Bezahlung erfolgt entweder als Stundenlohn oder als Monatslohn (Gehalt). Stundenlöhne werden vor allem im Handwerk oder bei Facharbeitern in der Industrie gezahlt; Angestellte oder Beamte beziehen in der Regel ein monatliches Gehalt. In der Bundesrepublik gibt eine Stundenlohn-Untergrenze, den sogenannten **Mindestlohn**. Dieser wird alle zwei Jahre von der Mindestlohnkommission neu festgelegt.

Zeitlohn wird immer dann gezahlt, wenn
- **die Leistung mengenmäßig nur schwer erfasst werden kann (z. B. Reparatur);**
- **der Beschäftigte keinen Einfluss auf die anfallende Arbeit hat (z. B. Verkäufer);**
- **die Qualität der Arbeit im Vordergrund stehen soll (z. B. Kunsthandwerk).**

Nachteile des Zeitlohns

Die Entlohnung nach der Anwesenheit am Arbeitsplatz kann dazu führen, dass Leistungsanreize verloren gehen. Arbeitnehmer mit hervorragenden Leistungen werden genauso entlohnt wie Arbeitnehmer mit schlechteren Leistungen. Dies kann bei den Beschäftigten zu Unzufriedenheit führen.

Leistungslohn

Zum Leistungslohn zählen der Akkordlohn und – als Zusatzlöhne für besondere Leistungen – der Prämien- und Beteiligungslohn.

Akkordlohn

Voraussetzungen

Beim Akkordlohn wird der Arbeitnehmer nach seiner erbrachten Arbeitsleistung entlohnt. Akkordarbeit setzt voraus, dass sich ein Arbeitsgang gleichbleibend wiederholt. Die Leistung muss sich entweder in Stückzahlen oder in Zeiteinheiten messen lassen. Zudem muss es möglich sein, dass der Arbeitnehmer sein Arbeitstempo selbst beeinflussen kann. Akkordlöhne werden vor allem in der Massenproduktion gezahlt. Auch im Handwerk sind Akkordlöhne in einigen Bereichen möglich. Im Baugewerbe werden die Fliesenleger und Stuckateure oft nach Akkordlohn entlohnt.

Der Arbeitnehmer erhält zu seinem tariflichen Grundlohn einen Akkordzuschlag. Dieser Grundlohn eines Akkordarbeiters ist der sogenannte Akkordrichtsatz. In Arbeitszeitstudien des REFA (Verband für Arbeitsgestaltung, Betriebsorganisation und Unternehmensentwicklung) wird die Stückzahl ermittelt, die ein Arbeitnehmer innerhalb einer bestimmten Zeit bei normaler Leistung bearbeitet.

Geldakkord

Aufgrund der Normalleistung und des Akkordrichtsatzes wird der Lohnsatz pro Stück festgelegt:

Geldakkord = Stück x Lohnsatz

Zeitakkord

Die meisten Akkordlöhne werden nach dem Zeitakkord ermittelt, weil er bei Tarifänderungen leichter neu zu berechnen ist. Aus dem Akkordrichtsatz wird der Minutenfaktor ermittelt. Das ist der Verdienst pro Minute. In Arbeitszeitstudien stellen die REFA-Fachleute die sogenannte Vorgabezeit fest. Das ist die Zeit, die ein Arbeitnehmer bei Normalleistung für die Bearbeitung eines Stückes benötigt.

Zeitakkord = Stück x Vorgabezeit x Minutenfaktor

Beispiel

Ein Akkordarbeiter hat einen Stundenlohn (= tariflicher Grundlohn) von 12,20 €. Er erhält einen Akkordzuschlag von 20 %. Als Normalleistung wurden drei Minuten pro Stück als Vorgabezeit ermittelt, d. h., es werden 20 Stück pro Stunde bearbeitet.

Akkordrichtsatz = 12,20 € Stundenlohn + 2,44 € Akkordzuschlag
= 14,64 €

Minutenfaktor = Akkordrichtsatz : 60 Minuten
14,64 € : 60 Minuten = 0,244 €/Minute

Der Bruttostundenlohn des Akkordarbeiters beträgt z. B. bei einer Leistung von 23 Stück:

23 Stück × 0,244 €/Minute × 3 Minuten/Stück = 16,84 €

Gruppenakkord

Wenn Akkordleistungen in einer Gruppe erbracht werden (z. B. in einer Montagegruppe oder in einem Bautrupp), wird der Lohn nach einem Faktor in der Gruppe aufgeteilt. Der Faktor ergibt sich aus der Gesamtleistung der Gruppe. Für jedes Gruppenmitglied gilt der jeweilige Akkordrichtsatz gemäß seiner Tätigkeit. Akkordrichtsatz multipliziert mit dem Faktor ergibt den Akkordlohn.

Vor- und Nachteile des Akkordlohns

Die Vorteile des Akkordlohns liegen für den Arbeitnehmer darin, dass er nach seiner Leistung entlohnt wird und seinen Verdienst selbst beeinflussen kann. Die hohen Leistungsanforderungen können aber auf Dauer zu Überbeanspruchung und gesundheitlichen Schäden führen.

Für den Arbeitgeber ist bei der Akkordarbeit von Vorteil, dass die Produktionsanlagen besser ausgenutzt werden und Leistungskontrollen weitgehend wegfallen können. Allerdings sind ein erhöhter Verschleiß der Maschinen und Qualitätsminderungen Nachteile der Akkordarbeit.

Prämienlohn

Für besondere Leistungen zahlen Arbeitgeber Prämien an ihre Mitarbeiter. Solche Leistungen können z. B. darin bestehen, dass

- **Verbesserungsvorschläge gemacht werden,**
- **Material eingespart oder Ausschuss verringert wird,**
- **Termine eingehalten bzw. unterschritten werden,**
- **überdurchschnittliche Umsätze erzielt werden.**

Beteiligungslohn

Manche Betriebe, vor allem Aktiengesellschaften, beteiligen ihre Arbeitnehmer am Gewinn des Unternehmens. Dies kann z. B. in Form von Belegschaftsaktien erfolgen. Dabei wird den Arbeitnehmern angeboten, zu einem Vorzugspreis Aktien des Unternehmens zu erwerben. Andere Betriebe zahlen die Gewinnanteile direkt an die Beschäftigten aus.

Der Beteiligungslohn bindet die Arbeitnehmer stärker an ihr Unternehmen und fördert die Bereitschaft zu höheren Leistungen für den Betrieb.

1. **Nennen Sie die Faktoren, von denen die Höhe des Lohnes abhängig ist.**
2. **Worin unterscheiden sich grundsätzlich Zeit- und Leistungslohn?**
3. **Zum Zeitlohn werden oft noch Zuschläge gezahlt. Nennen Sie diese.**
4. **Nennen Sie Tätigkeiten, für die Zeitlohn bezahlt wird. Begründen Sie dies.**
5. **Welche Voraussetzungen müssen gegeben sein, damit Akkord bezahlt werden kann?**
6. **Erklären Sie die Begriffe:**
   a) Grundlohn b) Akkordrichtsatz c) Lohnsatz
   d) Akkordzuschlag e) Vorgabezeit f) Minutenfaktor
7. **Worin unterscheiden sich Geldakkord und Zeitakkord?**
8. **Errechnen Sie nach dem Tätigkeitsnachweis auf Seite 48 den Akkordlohn von Tobias Wagner vom 1. März. Der Grundlohn beträgt 16,84 €. Als Akkordzuschlag werden 15 % gezahlt.**
   a) Wie hoch ist der Lohnsatz?
   b) Errechnen Sie den Akkordlohn nach Geld- und Zeitakkordformel.
9. **Stellen Sie die Vor- und Nachteile der einzelnen Lohnformen gegenüber.**
10. **Erklären Sie folgende Begriffe.**
    a) Prämienlohn
    b) Beteiligungslohn
11. **Wie nennt man die Einkommen aus folgenden Tätigkeiten? Ordnen Sie diese auch den Lohnformen zu.**
    a) Künstler b) Soldat c) Makler d) Anwalt e) Unternehmer

5.2 Der gerechte Lohn

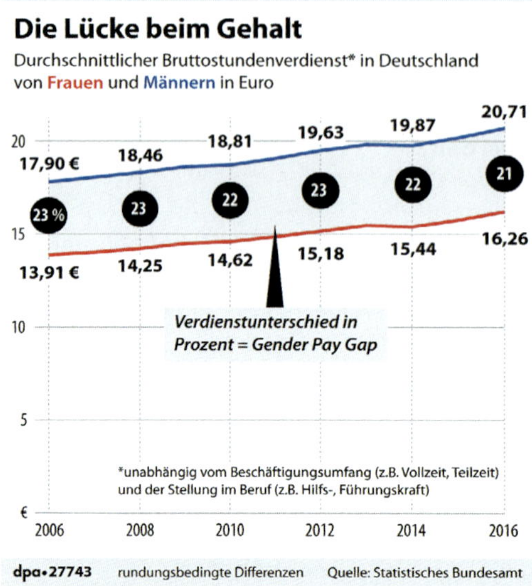

Auskunftsanspruch

Frauen und Männer in Betrieben mit mehr als 200 Beschäftigten haben ein individuelles Auskunftsrecht, um ihre eigene Entlohnung mit der Entlohnung von Kollegen beziehungsweise Kolleginnen mit gleicher Tätigkeit vergleichen zu können.

Gesetz zur Förderung von Transparenz von Entgeltstrukturen

1. **Wodurch lässt sich der Lohnunterschied erklären?**
2. **Führen Sie Gründe an, weshalb die durchschnittlichen Bruttomonatsverdienste von Frauen niedriger sind.**
3. **Diskutieren Sie, ob die Lohnunterschiede eine ungerechte Entlohnung widerspiegeln.**

Einkommensunterschiede haben verschiedene Gründe. Deshalb ist die unterschiedliche Bezahlung der Arbeitnehmer weder gleichzusetzen mit gerechter noch mit ungerechter Entlohnung. Ein gerechter Lohn lässt sich nur schwer bestimmen. Mithilfe der Instrumente **Arbeitsplatzbeschreibung** und **Arbeitsplatzbewertung** soll eine möglichst gerechte Entlohnung gefunden werden.

Arbeitsplatzbeschreibung

Die Tätigkeiten und die Anforderungen eines Arbeitsplatzes werden in einer Arbeitsplatzbeschreibung erfasst. Dabei werden z. B. folgende Merkmale berücksichtigt: Ziel der Tätigkeit, Arbeitsablauf, Entscheidungs- und Weisungsbefugnis.

Arbeitsplatzbewertung

Die Arbeitsplatzbeschreibung dient als Grundlage für die Bewertung. Bewertet werden u. a. erforderliche Ausbildung und Fachkenntnisse, geistige und körperliche Beanspruchung, Verantwortung und Entscheidungsbefugnis, Arbeitsbedingungen und Umwelteinflüsse.

Die Ergebnisse der Arbeitsplatzbeschreibungen und -bewertungen werden als Grundlage für die unterschiedlichen Lohngruppen verwendet.

Beispiel für Entgeltgruppen ERA-Tarifvertrag

Entgeltgruppe 2 (EG2):

Angelernte Arbeitskräfte

Entgeltgruppe 7 (EG7):

Mindestens drei Jahre Ausbildung und erweiterte Zusatzqualifikation oder Weiterbildung zum Meister oder Fachwirt

6 Entgelt und Steuerabzüge

Lohn- und Gehaltsabrechnung

Lohnsteuerpflichtige Bezüge	
Grundlohn (Normalarbeit)	2 990,20 €
Zulagen	
– Vermögenswirksame Leistungen	27,00 €
– Schmutzzulage	36,80 €
– Urlaubsgeld	– €
Lohnsteuerfreie Bezüge	
Zuschläge	
– Nachtarbeit	21,20 €
Bruttolohn	**3 054,00 €**
Gesetzliche Abzüge	
Lohnsteuer I, 0	430,42 €
Solidaritätszuschlag	23,67 €
Kirchensteuer	38,74 €
Krankenkasse	236,69 €
Rentenversicherung	284,02 €
Arbeitslosenversicherung	38,18 €
Pflegeversicherung	46,57 €
Nettolohn	**1 955,71 €**
Sonstige Abzüge/Zulagen	
Vorschuss	– €
Vermögen.w.L.-Vertrag	27,00 €
Kontogebühr	– €
Auszuzahlender Betrag	**1 982,71 €**

1. a) Was bedeutet Bruttolohn?
b) Woraus setzt sich der Bruttolohn zusammen?

2. a) Was bedeutet Nettolohn?
b) Nennen Sie die gesetzlichen Abzüge vom Bruttolohn.
c) Errechnen Sie die Prozentsätze der einzelnen Abzüge; vergleichen Sie diese mit den aktuellen Prozentsätzen.

3. Worin unterscheiden sich Nettolohn und auszuzahlender Betrag?

6.1 Die Lohnabrechnung

In der Regel erhält der Arbeitnehmer monatlich eine Lohnabrechnung, die seinen Verdienst sowie die Abzüge ausweist.

Die Lohnabrechnung führt den tariflich oder vertraglich vereinbarten Grundlohn, **Zulagen** sowie **Zuschläge** auf. Zu den Zulagen gehören z. B. Schmutz- und Erschwerniszulagen, Gefahrenzulagen, Urlaubs- und Weihnachtsgeld sowie vermögenswirksame Leistungen des Arbeitgebers. Zuschläge werden gezahlt für geleistete Überstunden, Nacht-, Sonntags- und Feiertagsarbeit. Manche Zuschläge und Zulagen sind ganz (Nachtarbeit) oder teilweise (Weihnachtsgeld) steuerfrei. Die Summe aus Grundlohn, Zulagen und Zuschlägen ergibt den **Bruttolohn**.

Der Arbeitgeber ist verpflichtet, für das Finanzamt und die Sozialversicherungsträger die gesetzlichen Abzüge vom Bruttolohn einzubehalten und abzuführen. Der Restbetrag bildet dann den **Nettolohn**.

Vom Brutto- zum Nettolohn

	Bruttolohn	
–	**Lohnsteuer**	**(nach Steuerklasse und Einkommen)**
–	**Solidaritätszuschlag**	
–	**Kirchensteuer**	**(8–9 % der Lohnsteuer)**
–	**Sozialversicherungen**	
–	**Krankenkasse**	**(Die Beiträge und Bemessungs-**
–	**Rentenversicherung**	**grenzen werden jedes Jahr**
–	**Arbeitslosenversicherung**	**neu festgelegt.)**
–	**Pflegeversicherung**	
=	**Nettolohn**	

Nettolohn und auszuzahlender Betrag können wegen Zulagen des Arbeitgebers oder sonstiger Abzüge für den Arbeitnehmer unterschiedlich sein. Eine solche Zulage ist z. B. der Zuschuss des Arbeitgebers zur Kontoführung. Abzüge sind z. B. Beträge, die direkt vom Lohn für vermögenswirksames Sparen vom Arbeitgeber für den Arbeitnehmer überwiesen werden.

1. **Erklären Sie den Unterschied zwischen Zulagen und Zuschlägen.**
2. **Worin unterscheiden sich die gesetzlichen von den sonstigen Abzügen?**
3. **Frau Angela Egger, ledig, katholisch, Steuerklasse 1, erhält einen Tariflohn von 2 480,00 €. Im Monat Juni wird ihr ein Urlaubsgeld in Höhe von 600,00 € ausgezahlt. An vermögenswirksamen Leistungen kommen 14,00 € hinzu. Die Lohnsteuer beträgt laut Lohnsteuertabelle 440,66 €, als Solidaritätszuschlag sind 24,23 € zu zahlen. Die Kirchensteuer beläuft sich auf 39,65 €. Die übrigen Abzüge entsprechen den gesetzlichen Beitragssätzen. Zusatzbeitrag für die Krankenkasse beträgt 0,9 %.**
   a) **Errechnen Sie den Bruttoverdienst.**
   b) **Wie hoch sind die gesetzlichen Abzüge?**
   c) **Errechnen Sie den Nettolohn.**

6.2 Die Lohnsteuer

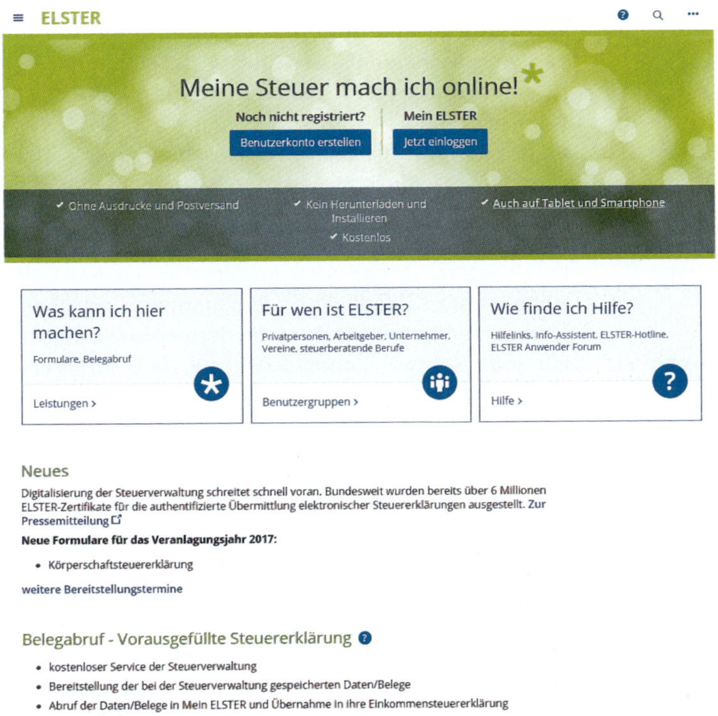

1. **Welchem Zweck dient die elektronische Lohnsteuerkarte?**
2. **Welche Angaben muss der Arbeitnehmer einem neuen Arbeitgeber mitteilen?**

Steuerpflicht

Um ihre Aufgaben erfüllen zu können, erheben Bund, Länder und Gemeinden Steuern. Eine der wichtigsten Steuerquellen ist die Lohn- und Einkommensteuer. Unbeschränkt steuerpflichtig sind alle Arbeitnehmer, die in der Bundesrepublik Deutschland einen Wohnsitz oder ihren gewöhnlichen Aufenthalt haben.

Die Grundlage für die zu zahlende Lohn- und Einkommensteuer bildet die elektronische Lohnsteuerkarte (Elster). Für sie muss der Arbeitnehmer dem Arbeitgeber seine steuerliche Identifikationsnummer und sein Geburtsdatum mitteilen. Damit kann der Arbeitgeber die notwendigen Informationen für die Lohnsteuerabzüge aus der Datenbank des zuständigen Finanzamtes elektronisch abrufen.

Treten während des Jahres Veränderungen des Familienstandes oder bei der Kinderzahl auf, werden diese automatisch von den Bürgerbüros an die Finanzverwaltung gemeldet. Nur Steuerklassenänderungen von IV/IV auf III/VI muss der Arbeitnehmer beim Finanzamt beantragen.

Freibeträge

Beim Finanzamt kann der Arbeitnehmer zudem Freibeträge eintragen lassen, die einen geringeren Lohnsteuerabzug bedeuten. Freibeträge sind z. B. Kinderfreibeträge, Kinderbetreuungskosten und erhöhte Werbungskosten.

Der Staat berücksichtigt bei der Lohnsteuer die familiäre und soziale Situation sowie die Höhe des Einkommens. Die familiäre Situation des Steuerpflichtigen wird in den sechs Steuerklassen berücksichtigt:

Steuerklassen

Steuerklasse I:	**Ledige, geschiedene, verwitwete Arbeitnehmer sowie verheiratete/verpartnerte Arbeitnehmer, die dauernd getrennt leben**
Steuerklasse II:	**Arbeitnehmer der Steuerklasse I mit mindestens einem Kind.**
Steuerklasse III:	**Verheiratete/verpartnerte Arbeitnehmer, wenn ein Ehepartner/Lebenspartner kein Einkommen hat oder in Steuerklasse V ist.**
Steuerklasse IV:	**Verheiratete Arbeitnehmer, die beide ein ähnlich hohes Einkommen beziehen.**
Steuerklasse V:	**Verheiratete/verpartnerte Arbeitnehmer, wenn beide ein in der Höhe unterschiedliches Einkommen beziehen und ein Ehepartner/Lebenspartner die Steuerklasse III gewählt hat.**
Steuerklasse VI:	**Für jede weitere Lohnsteuerkarte, falls mehrere Beschäftigungsverhältnisse bestehen.**

Steuerprogression

Durch Frei- und Pauschbeträge, die sich in der Steuertabelle steuermindernd auswirken, werden die sozialen Verhältnisse des Steuerpflichtigen berücksichtigt. Der Steuertarif ändert sich mit der Höhe des Einkommens. Je höher das Einkommen, umso höher ist der Steuersatz. Das Existenzminimum bleibt steuerfrei.

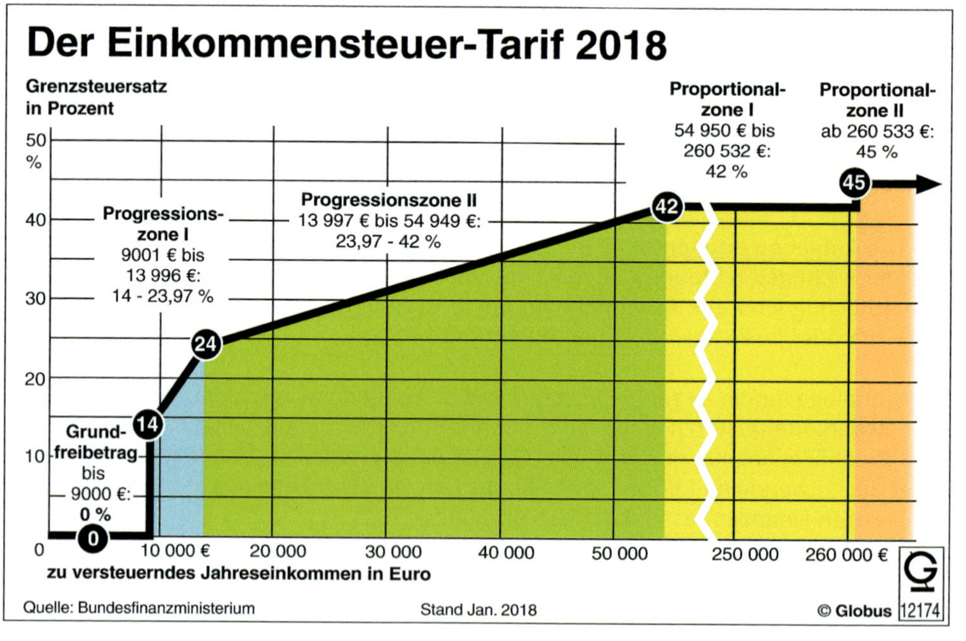

6.3 Die Einkommensteuererklärung

Matthias Trauth hat von seinem Arbeitgeber seine Jahreseinkommensbescheinigung erhalten. Sein Kollege Sebastian rät ihm, beim Finanzamt eine Einkommensteuererklärung abzugeben. Schließlich müsse er ja 48 km zur Arbeitsstätte fahren und habe sicherlich noch andere Werbungskosten, wie Arbeitskleidung oder den Mitgliedsbeitrag für die Gewerkschaft. Damit würde Matthias deutlich über den Pauschbeträgen liegen, die einheitlich für jeden Arbeitnehmer gelten. Auch Versicherungsbeiträge könne er als Vorsorgeaufwendungen angeben. Die Einkommensteuererklärung sei also bares Geld, das er dem Finanzamt nicht schenken müsse. Herr Trauth folgt dem Rat seines Kollegen und füllt die Formulare für die Einkommensteuererklärung aus:

Steuernummer, Name und Vorname

Werbungskosten – ohne Beträge lt. Zeile 91 bis 94 – 8

Wege zwischen Wohnung und erster Tätigkeitsstätte / Sammelpunkt / weiträumigem Tätigkeitsgebiet (Entfernungspauschale)

Zeile	Erste Tätigkeitsstätte in (PLZ, Ort und Straße)	vom	bis	Arbeitstage je Woche	Urlaubs- und Krankheitstage
31	Luxor GmbH, Erfurt	01.01.	31.12.	5	36
32					
	Sammelpunkt / nächstgelegener Zugang zum weiträumigen Tätigkeitsgebiet (PLZ, Ort und Straße)				
33					
34					

Zeile	Ort lt. Zeile	aufgesucht an Tagen	einfache Entfernung (auf volle Kilometer abgerundet)	davon mit eigenem oder zur Nutzung überlassenem Pkw zurückgelegt	davon mit Sammelbeförderung des Arbeitgebers zurückgelegt	davon mit öffentl. Verkehrsmitteln, Motorrad, Fahrrad o. Ä., als Fußgänger, als Mitfahrer einer Fahrgemeinschaft zurückgelegt	Aufwendungen für Fahrten mit öffentlichen Verkehrsmitteln (ohne Flug- und Fährkosten) EUR	Behinderungsgrad mind. 70 oder mind. 50 und Merkzeichen „G"
35	31	110 192	111 48 km	112 km	113 km	km	114 508 ,–	115 1 = Ja
36		130	131 km	132 km	133 km	km	134 ,–	135 1 = Ja
37		150	151 km	152 km	153 km	km	154 ,–	155 1 = Ja
38		170	171 km	172 km	173 km	km	174 ,–	175 1 = Ja

39 Arbeitgeberleistungen lt. Nr. 17 und 18 der Lohnsteuerbescheinigung und von der Agentur für Arbeit gezahlte Fahrtkostenzuschüsse – steuerfrei ersetzt 290 EUR ,– – pauschal besteuert 295 EUR 196 ,–

Beiträge zu Berufsverbänden (Bezeichnung der Verbände)

40 310 ,–

Aufwendungen für Arbeitsmittel – soweit nicht steuerfrei ersetzt – (Art der Arbeitsmittel bitte einzeln angeben.)

41 Arbeitskleidung – EUR 120 ,–

42 + ,– ▶ 320 120 ,– Berechnen

Aufwendungen für ein häusliches Arbeitszimmer

43 325 ,–

Fortbildungskosten – soweit nicht steuerfrei ersetzt –

44 330 ,–

Weitere Werbungskosten – soweit nicht steuerfrei ersetzt –

Flug- und Fährkosten bei Wegen zwischen Wohnung und erster Tätigkeitsstätte / Sammelpunkt / weiträumigem Tätigkeitsgebiet

45 ,–

Sonstiges (z. B. Bewerbungskosten, Kontoführungsgebühren)

46 Kontoführung + 18 ,–

47 + ,–

48 + ,– ▶ 380 18 ,– Berechnen

Reisekosten bei beruflich veranlassten Auswärtstätigkeiten

49 Die Fahrten wurden ganz oder teilweise mit einem Firmenwagen oder im Rahmen einer unentgeltlichen Sammelbeförderung des Arbeitgebers durchgeführt – 401 (1 = Ja, 2 = Nein)

– Falls „Ja": Für die Fahrten mit Firmenwagen oder Sammelbeförderung dürfen mangels Aufwands keine Eintragungen zu Fahrtkosten in Zeile 50 vorgenommen werden. –

Fahrt- und Übernachtungskosten, Reisenebenkosten

50 410 ,–

51 Vom Arbeitgeber steuerfrei ersetzt 420 ,–

Pauschbeträge für Mehraufwendungen für Verpflegung

Bei einer Auswärtstätigkeit im Inland:

52 Abwesenheit von mehr als 8 Stunden (bei Auswärtstätigkeit ohne Übernachtung) 470 Anzahl der Tage

53 An- und Abreisetage (bei einer mehrtägigen Auswärtstätigkeit mit Übernachtung) 471 Anzahl der Tage

54 Abwesenheit von 24 Stunden 472 Anzahl der Tage

55 Kürzungsbeträge wegen Mahlzeitengestellung (eigene Zuzahlungen sind ggf. gegenzurechnen) 473 ,–

56 Bei einer Auswärtstätigkeit im Ausland (Berechnung bitte in einer gesonderten Aufstellung): 474 ,–

57 Vom Arbeitgeber steuerfrei ersetzt 490 ,–

2018AnlN032NET 2018AnlN032NET

Aus dem Antragsformular zur Einkommensteuererklärung

1. **Welchen Zweck hat die Einkommensteuererklärung?**
2. **Warum ist es sinnvoll, dass Matthias Trauth eine Einkommensteuererklärung beim Finanzamt abgibt?**
3. **Was gehört zu den Werbungskosten?**

Die Lohnsteuer, die während des laufenden Jahres gezahlt wird, berücksichtigt nicht im Einzelnen die persönlichen Verhältnisse des Steuerzahlers. Auch angefallene, steuermindernde Aufwendungen sind in die Lohnsteuer noch nicht eingearbeitet. Nur durch die **Einkommensteuererklärung** kann die tatsächliche Jahressteuer des Arbeitnehmers festgesetzt werden. Zu viel gezahlte Steuern werden vom zuständigen Finanzamt erstattet. Die Lohnsteuer wird nach den Lohnsteuertabellen der einzelnen Steuerklassen erhoben. In diesen Tabellen sind bereits feste Frei- und Pauschbeträge und die Vorsorgepauschale eingearbeitet. Im Einzelnen sind dies:

Frei- und Pauschbeträge (2019)

- **Arbeitnehmer-Pauschbetrag (1 000,00 €)**
- **Kinderfreibetrag (4 380,00 €, für jeden Elternteil 2 490,00 €)**
- **Freibetrag für Betreuung und Erziehung und Ausbildung (2 640,00 €, für jeden Elternteil 1 320,00 €)**
- **Grundfreibetrag (ledig: 9 168,00 €; verheiratet/verpartnert: 18 336,00 €)**

Übersteigen die tatsächlichen Ausgaben und Aufwendungen des Arbeitnehmers diese Frei- und Pauschbeträge, sollte der Steuerzahler eine Einkommensteuererklärung abgeben.

Werbungskosten

Im Arbeitnehmer-Pauschbetrag sind die Werbungskosten enthalten. Werbungskosten sind Ausgaben, die zum Erwerb, zur Sicherung und zur Ausübung der beruflichen Tätigkeit erforderlich sind. Dazu zählen u. a. Ausgaben für die Fahrten zur Arbeitsstätte, Beiträge zu Berufsverbänden und Gewerkschaften, Aufwendungen für Arbeitsmittel (z. B. Arbeitskleidung, Fachbücher), Fortbildungskosten und die Kontoführungsgebühr. Der Arbeitnehmer kann erhöhte Werbungskosten, die den Pauschbetrag übersteigen, steuermindernd geltend machen.

Vorsorgeaufwendungen

Zu den Vorsorgeaufwendungen gehören solche Aufwendungen, die als Vorsorge gegen Krankheit, Alter oder Unfall aufgebracht werden; sie werden durch die Vorsorgepauschale berücksichtigt. Außerdem zählen hierzu sonstige Ausgaben wie Kirchensteuer und Spenden. Übersteigen diese die Vorsorgepauschale, so erstattet das Finanzamt zu viel gezahlte Steuern zurück.

Aus dem Antragsformular zur Einkommensteuererklärung

Angaben zu Vorsorgeaufwendungen 52

Beiträge zur Altersvorsorge

			stpfl. Person / Ehemann / Person A EUR		Ehefrau / Person B EUR
	Beiträge				
4	– lt. Nr. 23 a/b der Lohnsteuerbescheinigung (Arbeitnehmeranteil)	300	2430 ,–	400	,–
5	– zu landwirtschaftlichen Alterskassen; zu berufsständischen Versorgungseinrichtungen, die den gesetzlichen Rentenversicherungen vergleichbare Leistungen erbringen (abzüglich steuerfreier Zuschüsse lt. Nr. 22b der Lohnsteuerbescheinigung) – ohne Beiträge, die in Zeile 4 geltend gemacht werden –	301	,–	401	,–
6	– zu gesetzlichen Rentenversicherungen – ohne Beiträge, die in Zeile 4 geltend gemacht werden –	302	,–	402	,–
7	Erstattete Beiträge und / oder steuerfreie Zuschüsse zu den Zeilen 4 bis 6 (ohne Zuschüsse, die von den Beiträgen lt. Zeile 8 abzuziehen sind und ohne Zuschüsse lt. Zeile 9 und 10)	309	,–	409	,–
8	Beiträge zu zertifizierten Basisrentenverträgen (sog. Rürup-Verträge) mit Laufzeitbeginn nach dem 31.12.2004 (abzgl. steuerfreier Zuschüsse) – ohne Altersvorsorgebeiträge, die in der Anlage AV geltend gemacht werden –	303	,–	403	,–
9	Arbeitgeberanteil / -zuschuss lt. Nr. 22 a/b der Lohnsteuerbescheinigung	304	,–	404	,–
10	Arbeitgeberanteil zu gesetzlichen Rentenversicherungen im Rahmen einer pauschal besteuerten geringfügigen Beschäftigung (bitte Anleitung beachten)	306	2430 ,–	406	,–

Beiträge zur inländischen gesetzlichen Kranken- und Pflegeversicherung

12	Arbeitnehmerbeiträge zu Krankenversicherungen lt. Nr. 25 der Lohnsteuerbescheinigung	320	3450 ,–	420	,–
13	In Zeile 12 enthaltene Beiträge, aus denen sich kein Anspruch auf Krankengeld ergibt	322	,–	422	,–
14	Arbeitnehmerbeiträge zu sozialen Pflegeversicherungen lt. Nr. 26 der Lohnsteuerbescheinigung	323	,–	423	,–
	Zu den Zeilen 12 bis 14:				
15	Von der Kranken- und / oder sozialen Pflegeversicherung erstattete Beiträge	324	,–	424	,–
16	In Zeile 15 enthaltene Beiträge zur Krankenversicherung, aus denen sich kein Anspruch auf Krankengeld ergibt, und zur sozialen Pflegeversicherung	325	,–	425	,–

Wenn einem Arbeitnehmer zwangsläufig höhere Aufwendungen entstehen, kann er diese als außergewöhnliche Belastungen bei der Einkommensteuererklärung geltend machen. Solche Aufwendungen sind z. B. Krankheitskosten, Arztkosten, Fahrtkosten, Zuzahlungen für Medikamente, sofern die Krankenkasse diese Leistungen nicht übernimmt. Auch Pflegekosten und Pflegeheimkosten für die Eltern sind absetzbar.

Außergewöhnliche Belastung

Im Formular zur Einkommensteuererklärung sind neben den Lohneinkünften auch alle sonstigen Einkünfte durch den Steuerpflichtigen anzugeben. Dazu gehören u. a. Zins- und Mieteinkünfte sowie Einkommen aus Land- und Forstwirtschaft.

Alle in der Einkommensteuererklärung eingesetzten Aufwendungen sollen durch Rechnungen oder sonstige Belege nachgewiesen sein. Vom Finanzamt erhält der Antragsteller einen Bescheid über die endgültige Festsetzung der zu zahlenden Steuern. Dies kann dazu führen, dass zu viel gezahlte Steuern rückerstattet oder dass Steuern nachgezahlt werden müssen.

Innerhalb eines Monats kann der Steuerpflichtige beim Finanzamt Einspruch gegen den Bescheid erheben. Dieses Rechtsmittel ist kostenlos. Wenn der Einspruch abgelehnt wird, kann der Arbeitnehmer innerhalb eines Monats schriftlich Klage beim zuständigen Finanzgericht erheben. Unterliegt der Arbeitnehmer im Klageverfahren vor dem Finanzgericht, besteht noch die Möglichkeit, beim Bundesfinanzhof in München Revision einzulegen.

Finanzgerichtsbarkeit

1. Wer muss in der Bundesrepublik Deutschland Lohnsteuer zahlen?
2. Nennen Sie die wesentlichen Besteuerungsmerkmale.
3. Warum hat der Staat verschiedene Steuerklassen vorgesehen?
4. Ordnen Sie folgende Arbeitnehmer der richtigen Steuerklasse zu und begründen Sie Ihre Entscheidung:
   a) Herr und Frau Köhler, verheiratet, zwei Kinder, beide berufstätig, Frau Köhler in Teilzeit
   b) Frau Lohmann, alleinerziehend, ein Kind
   c) Jenny, Auszubildende, ledig
   d) Herr und Frau Schuster, verheiratet, keine Kinder, beide berufstätig
   e) Herr Ball, ledig, ohne Kind, zwei Beschäftigungsverhältnisse
5. a) Was bedeutet Steuerprogression bei der Einkommensteuer?
   b) Weshalb ist der Steuertarif nicht linear?
6. Warum sollte ein Arbeitnehmer eine Einkommensteuererklärung abgeben?
7. Was sind Werbungskosten?
8. Nennen Sie Beispiele für Vorsorgeaufwendungen.
9. Erläutern Sie den Rechtsweg bei Streitigkeiten zwischen Steuerpflichtigem und Finanzamt.

7 Das System der sozialen Sicherung

7.1 Das soziale Netz

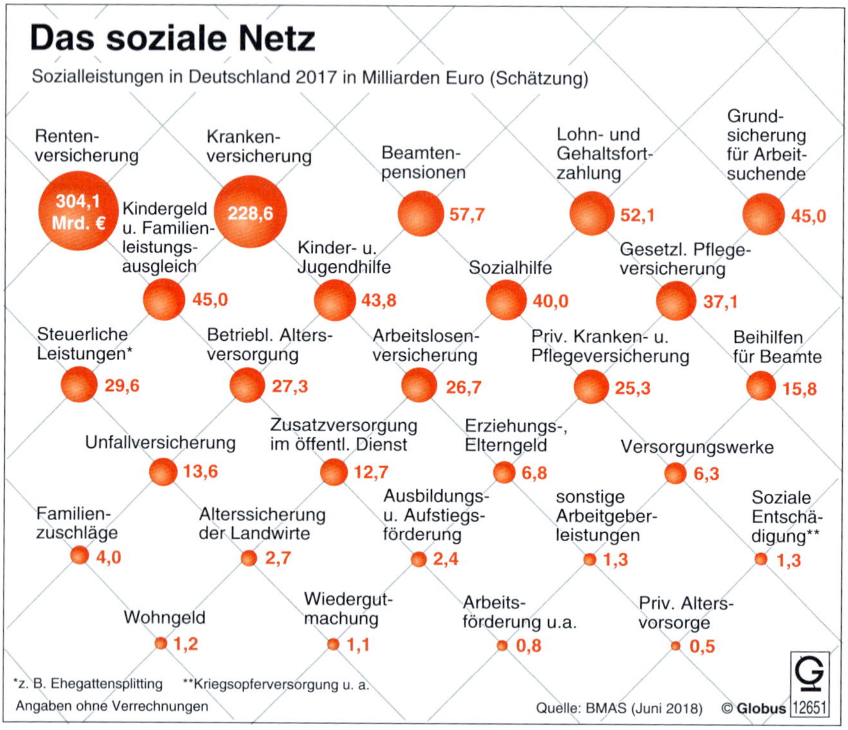

1. **Warum werden die Sozialleistungen auch als „soziales Netz" bezeichnet?**
2. **Welche Ziele werden mit den Sozialleistungen verfolgt?**

Der Sozialstaat hat das Ziel, für menschenwürdige Lebensverhältnisse für alle Bürgerinnen und Bürger zu sorgen. In Notlagen und Lebenssituationen, die der Einzelne aus eigener Kraft nicht bewältigen kann, helfen der Staat und die Solidargemeinschaft. Die wichtigsten Ziele des Sozialstaates sind soziale Sicherheit und soziale Gerechtigkeit.

Die Sozialleistungen werden auch als „soziales Netz" bezeichnet. Diese Bezeichnung verdeutlicht das wesentliche Ziel der sozialen Sicherheit. Ausgaben für Kindergeld, Wohngeld oder Elterngeld dienen dem sozialen Ausgleich und der sozialen Gerechtigkeit.

Das soziale Netz soll nicht als „soziale Hängematte" dienen. In erster Linie gilt die Selbstverantwortung der Bürgerinnen und Bürger. Nur in bestimmten Situationen kann die Gemeinschaft dem Einzelnen Hilfe leisten. Diese nachrangige Hilfe wird als **Subsidiaritätsprinzip** bezeichnet.

Zu den wichtigsten Bausteinen des Systems der sozialen Sicherung gehört die gesetzliche Sozialversicherung.

7.2 Die Entstehung der Sozialversicherung

1. **Mit der „Kaiserlichen Botschaft“ von 1881 wurde das Parlament aufgefordert, die Arbeiter sozial abzusichern. Welche Gründe hatten Wilhelm I. und sein Reichskanzler Otto von Bismarck, dies zu veranlassen?**
2. **a) Erklären Sie, was mit „Selbstverwaltung“ gemeint ist.**
   b) Warum wurde sie gerade 1933 aufgehoben?
3. **Was bedeutet „Lohnfortzahlung“?**
4. **Ergänzen Sie das Schaubild um weitere wichtige Wegmarken, die den Weg zum sozialen Staat bis in die Gegenwart aufzeigen.**

Mit der industriellen Revolution wuchs die Anzahl der Fabrikarbeiter rasch an. Schlechte Entlohnung und die dauernde Gefahr vor Krankheit und Arbeitslosigkeit bedeuteten für die Arbeiterschaft und ihre Familien meist Armut, Elend und Unsicherheit. Dies führte zu sozialen und politischen Spannungen. Erst spät erkannte Bismarck, dass diese „soziale Frage“ nur durch ein System sozialer Absicherung entschärft werden konnte.

Mit der Einführung der Sozialversicherungen – der Kranken- (1883), der Unfall- (1884) sowie der Alters- und Invalidenversicherung (1889) – nahm das Deutsche Reich dennoch eine Vorrangstellung in der sozialen Gesetzgebung ein. Wichtige Wegmarken waren die Einführung der Rentenversicherung für Angestellte im Jahre 1911 und der Arbeitslosenversicherung im Jahre 1927. Eine neue Etappe auf dem Weg zum Sozialstaat war die Einführung der Pflegeversicherung im Jahre 1995. Schließlich wurde 2012 das gesetzliche Rentenalter von 65 auf 67 Jahre angehoben.

Selbstverwaltung

Für die Rentenversicherung und die Ersatzkassen der gesetzlichen Krankenversicherung gilt das Prinzip der Selbstverwaltung: Wer Beiträge einzahlt oder eingezahlt hat, soll auch mitbestimmen. Rentner, Versicherte und Arbeitgeber wählen bei der sogenannten **Sozialwahl** ihre eigenen Parlamente. Bei den alle sechs Jahre stattfindenden Sozialwahlen sind alle Versicherten ab 16 Jahren wahlberechtigt.

Organe und ihre Aufgaben

Die gewählten Arbeitgeber- und Versichertenvertreter bilden die Vertreterversammlung. Zu den wichtigsten Aufgaben der Vertreterversammlung gehört es, den Vorstand zu wählen sowie Haushalt und Satzung zu beschließen. Der Vorstand vertritt die Solidargemeinschaft der Versicherten und bestellt die Geschäftsführung. Die Selbstverwaltung ist Ausdruck von Demokratie und Mitbestimmung in der Sozialversicherung.

Sozialversicherungsausweis

Alle versicherten Arbeitnehmer, die Mitglieder der Sozialversicherung sind, erhalten einen Sozialversicherungsausweis. So soll Schwarzarbeit vorgebeugt werden. Der Ausweis wird vom Arbeitgeber bei der erstmaligen Aufnahme einer Beschäftigung beantragt. Der Sozialversicherungsausweis ist ein wichtiges Dokument. Der Ausweis muss jedem neuen Arbeitgeber vorgelegt werden. Zudem wird er benötigt, wenn eine Sozialleistung (z. B Arbeitslosengeld) beantragt wird.

Sozialversicherungsausweis

Deutsche Rentenversicherung

Sozialversicherungsausweis

Social Insurance Card
Carte de sécurité sociale
Tessera di previdenza sociale
Tarjeta de afiliación a la Seguridad Social
Ταυτοτητα Κοινωνιχων Ασφαλισεων
Legitimacija o socijalnom osiguranju
Sosyal sigortalar kimliği
Legitymacja ubezpieczenia spolecznego

Versicherungsnummer:
12 123456 M 123

Name, Vorname:
Mustermann, Max

Geburtsname:
****

ausgestellt am:
01.01.2017

Muster

7.3 Die Krankenversicherung

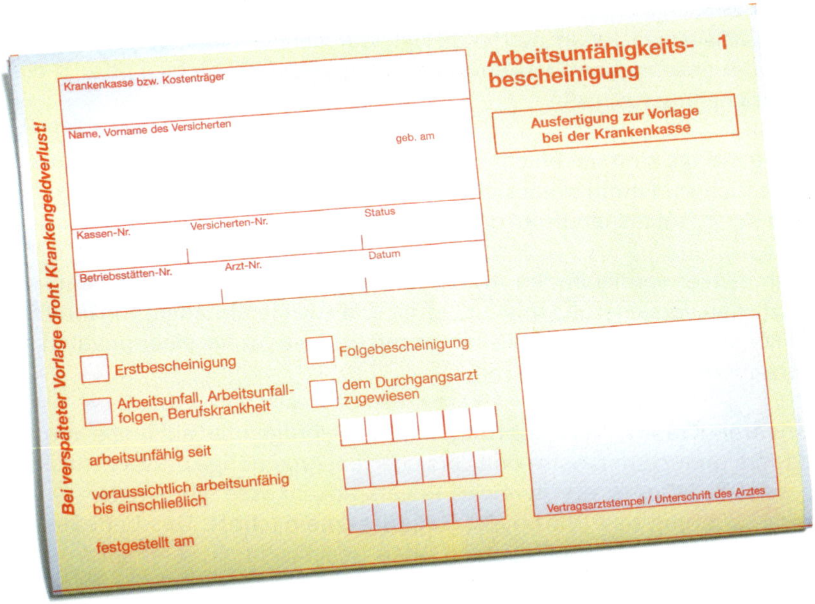
Arbeitsunfähigkeits-bescheinigung 1

Ausfertigung zur Vorlage bei der Krankenkasse

Krankenkasse bzw. Kostenträger

Name, Vorname des Versicherten

geb. am

Kassen-Nr. Versicherten-Nr. Status

Betriebsstätten-Nr. Arzt-Nr. Datum

Bei verspäteter Vorlage droht Krankengeldverlust!

Erstbescheinigung

Folgebescheinigung

Arbeitsunfall, Arbeitsunfallfolgen, Berufskrankheit

dem Durchgangsarzt zugewiesen

arbeitsunfähig seit

voraussichtlich arbeitsunfähig bis einschließlich

festgestellt am

Vertragsarztstempel / Unterschrift des Arztes

1. **Zu welchem Zweck erhalten Arbeitnehmer die ärztliche Arbeitsunfähigkeitsbescheinigung?**
2. **Wer zahlt dem Arbeitnehmer während seiner Krankheit den Lohn?**
3. **Wer kommt für die Arzt- und Arzneikosten auf?**

Die gesetzliche Krankenversicherung ist einer der wichtigsten Zweige der Sozialversicherung. Sie hat die Aufgabe, die Gesundheit des Arbeitnehmers und seiner mitversicherten Familienangehörigen zu erhalten, wiederherzustellen oder zu bessern. Die gesetzlichen Grundlagen der Krankenversicherung sind u. a. im Sozialgesetzbuch festgelegt.

Gesetzliche Grundlage

Träger der gesetzlichen Krankenversicherung

- **Allgemeine Ortskrankenkassen**
- **Ersatzkassen (z. B. DAK-Gesundheit, Barmer GEK, KKH)**
- **Innungskrankenkassen**
- **Betriebskrankenkassen**
- **Landwirtschaftliche Krankenkassen**
- **Seekrankenkasse**
- **Bundesknappschaft**

Seit 2009 gilt in Deutschland die allgemeine Krankenversicherungspflicht. Demnach sind alle Personen mit Wohnsitz in Deutschland verpflichtet, eine Krankenversicherung abzuschließen. So wird sichergestellt, dass die Kosten für medizinische Leistungen bezahlt werden. Fast 90 % der Bevölkerung der Bundesrepublik Deutschland gehören der gesetzlichen Krankenversicherung an. Es gibt drei Arten der Mitgliedschaft in der gesetzlichen Krankenversicherung: pflichtversichert, freiwillig versichert und familienversichert.

Pflichtversichert

In der gesetzlichen Krankenversicherung sind alle Arbeitnehmerinnen und Arbeitnehmer **pflichtversichert**, wenn sie weniger verdienen als in der sogenannten **Jahresarbeitsentgeltgrenze** festgelegt ist. Diese liegt bei ca. 61 000,00 € im Jahr und wird jedes Jahr vom Bundesarbeitsministerium neu festgelegt. Wer mehr verdient, hat die Wahl: weiterhin freiwillig in der gesetzlichen Krankenversicherung versichert bleiben oder in die private Krankenversicherung wechseln.

Familienversichert

Familienangehörige sind bei Pflicht- oder freiwillig Versicherten ohne zusätzliche Beiträge mitversichert. **Familienversichert** sind Ehepartner und Kinder, soweit sie nicht Mitglied in der gesetzlichen Krankenversicherung sind.

Neben den besser verdienenden Arbeitnehmern sind Beamte und Selbständige von der gesetzlichen Versicherungspflicht befreit und zwar unabhängig von ihrem Einkommen. Sie können sich freiwillig bei einer gesetzlichen oder bei einer privaten Krankenkasse versichern.

Private Krankenversicherung

In der **privaten Krankenversicherung** sind die Beiträge u. a. abhängig vom Eintrittsalter und vom Gesundheitsrisiko des Versicherten; Angehörige müssen zusätzlich versichert werden. Anders als in einer Privatkrankenkasse gilt in der gesetzlichen Krankenversicherung das Prinzip der **Solidargemeinschaft**. Das bedeutet: Gleicher Beitragssatz für alle – unabhängig von Alter, Geschlecht, Gesundheitszustand, Zahl der mitversicherten Angehörigen usw.

Die Mittel für die Krankenversicherung werden durch die Beiträge der Versicherten und der Arbeitgeber aufgebracht. Seit 2011 gilt für alle Krankenkassen ein staatlich festgelegter **Beitragssatz**. Er beträgt (2019) 14,6 % vom Bruttolohn, aber nur bis zur **Beitragsbemessungsgrenze**. Sie lag 2019 bei 4 537,50 € im Monat. Alles, was über diesen Beträgen liegt, wird bei der Beitragsberechnung nicht berücksichtigt.

Arbeitgeber und Arbeitnehmer zahlen jeweils die Hälfte des Beitragssatzes und des Zusatzbeitrages der Krankenkassen. Wer als Arbeitnehmer nicht mehr als 450,00 € verdient, ist versicherungsfrei, sofern kein weiteres Arbeitsverhältnis besteht. Dies gilt nicht für Auszubildende. Der Arbeitgeber zahlt grundsätzlich für diese geringfügig entlohnten Beschäftigten pauschale Beiträge zur Renten- und Krankenversicherung (15 % bzw. 13 % und 2 % Pauschalsteuer).

Leistungen

Die Versicherten haben einen Anspruch auf **Leistungen** für Maßnahmen zur Verhütung und Früherkennung von Krankheiten. Dazu zählen z. B. die jährliche Vorsorgeuntersuchung beim Zahnarzt oder die Erst- und Nachuntersuchungen von Auszubildenden. Neben der Vorsorge leisten die Krankenkassen auch Krankenhilfe (z. B. Krankengeld, Krankenhauspflege, Arzt, Arznei).

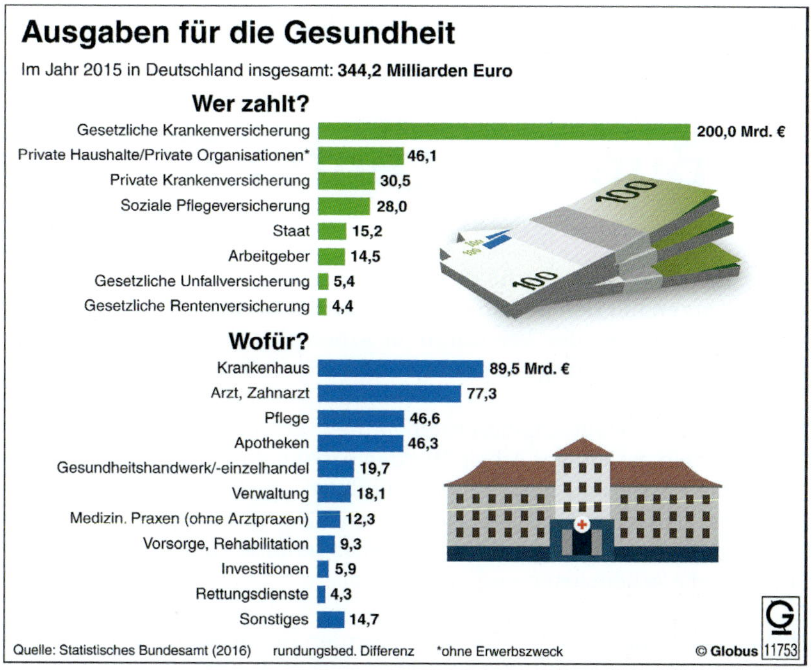

Für manche Leistungen muss der Versicherte einen Teil der Kosten selbst tragen, z. B. bei Rezepten, Zahnersatz oder Krankenhausaufenthalt. Jeder Versicherte sollte deshalb die Leistungen verantwortungsbewusst in Anspruch nehmen.

Leistungen und Ausgaben der Krankenkassen

Das größte Problem der gesetzlichen Krankenversicherung ist die Explosion der Kosten im Gesundheitswesen. Verantwortlich für die immer höheren Ausgaben der Krankenkassen sind vor allem die Kosten für Krankenhaus, Zahnersatz und Arzneimittel. Die gesetzlichen Maßnahmen (Kostendämpfungsgesetz, Gesundheitsreform) konnten die Steigerung der Leistungsausgaben nur abbremsen.

1. Nennen Sie die Aufgaben der Krankenversicherung.
2. Wer ist Träger der gesetzlichen Krankenversicherung?
3. Wer ist in der gesetzlichen Krankenversicherung
   a) pflichtversichert?
   b) familienversichert?
   c) freiwillig versichert?
4. Erklären Sie die Unterschiede zwischen gesetzlicher und privater Krankenversicherung.
5. Was bedeutet „Solidargemeinschaft"?
6. a) Wer zahlt die Beiträge zur gesetzlichen Krankenversicherung?
   b) Wie hoch sind die Beiträge?
7. Nennen Sie die wichtigsten Leistungen der Krankenkasse.
8. Welche Folgen haben steigende Ausgaben im Gesundheitswesen?
9. Wie kann jeder Versicherte zur Kostendämpfung im Gesundheitswesen beitragen?

7.4 Arbeitslosenversicherung und Arbeitsförderung

Bundesagentur für Arbeit

1. **Im aktuellen Geschäftsbericht der Bundesagentur für Arbeit werden einzelne Dienstleistungen mit den Begriffen „Informieren, Beraten, Vermitteln" umschrieben. Welche Aufgaben der Agenturen für Arbeit sind damit gemeint?**
2. **Was ist die wichtigste Aufgabe der Agenturen für Arbeit?**

Gesetzliche Grundlage und Aufgaben

In der Bundesrepublik Deutschland beziehen mehr als 41 Millionen Personen ihr Einkommen aus unselbstständiger Arbeit. Werden Arbeitnehmerinnen oder Arbeitnehmer arbeitslos, verlieren sie ihre Einkommensgrundlage. Deshalb sind alle Arbeitnehmer und Auszubildenden in der Arbeitslosenversicherung pflichtversichert. Die Bundesagentur für Arbeit in Nürnberg und die Arbeitsagenturen unterstützen im Falle der Arbeitslosigkeit die Arbeitslosen und deren Familien.

Beiträge

Die Aufgaben der Bundesagentur für Arbeit werden durch Beiträge der Arbeitnehmer und Arbeitgeber sowie durch Bundesmittel finanziert. Arbeitnehmer und Arbeitgeber zahlen je die Hälfte des Beitragssatzes (2019: 2,5 %). Es gilt dieselbe Beitragsbemessungsgrenze wie in der Rentenversicherung.

Träger der Arbeitslosenversicherung

Gesetzliche Grundlage für die Aufgaben der Bundesagentur für Arbeit ist das Sozialgesetzbuch III (SGB III). Neben der Arbeitslosenversicherung wurde den Arbeitsagenturen die Förderung der beruflichen Bildung und die Erhaltung der Arbeitsplätze übertragen. Maßnahmen der Arbeitsförderung sind u. a.:

- **Arbeitsvermittlung und Berufsberatung**
- **Förderung von Ausbildung, Fortbildung und Umschulung**
- **Arbeitsmarkt- und Berufsforschung**
- **Förderung der beruflichen Bildung für Behinderte (Rehabilitation)**

Die Leistungen der Arbeitslosenversicherung lassen sich in zwei Bereiche aufteilen: Leistungen, die der Erhaltung und Schaffung von Arbeitsplätzen dienen, und Leistungen an Arbeitslose.

Leistungen

Leistungen zur Erhaltung und Schaffung von Arbeitsplätzen sind z. B. Kurzarbeitergeld, Winterbauförderung oder Insolvenzgeld. Die finanzielle Absicherung von Arbeitslosen erfolgt durch das Arbeitslosengeld I. Bei Bedürftigkeit wird nach dem Ende der Bezugsdauer Arbeitslosengeld II aus Steuermitteln gezahlt.

Das Arbeitslosengeld

Angaben für Alleinstehende mit eigenem Haushalt pro Monat

Arbeitslosengeld I

Leistung für Personen, die in den vergangenen 2 Jahren vor der Arbeitslosigkeit mindestens **12 Monate versicherungspflichtig beschäftigt waren** (Regelanwartschaftszeit) und sich arbeitslos gemeldet haben

Dauer des Bezugs*

bis 49-Jährige:	6 bis 12 Monate
50- bis 54-Jährige:	6 bis 15 Monate
55- bis 57-Jährige:	6 bis 18 Monate
ab 58-Jährige:	6 bis 24 Monate

Höhe des Arbeitslosengeldes

- 60 % des errechneten letzten Nettogehalts**
- eigenes Nebeneinkommen wird berücksichtigt***, eigenes Vermögen nicht

Zusätzliche Leistungen

- keine; bei Bedarf kann zusätzlich ein Antrag auf Arbeitslosengeld II gestellt werden

*je nach Dauer der Einzahlung in die Arbeitslosenversicherung in den vergangenen 5 Jahren
**berücksichtigt werden Gehälter der letzten 12 Monate
***jeweils abzgl. eines bzw. mehrerer Freibeträge; beim ALG I ist eine Tätigkeit unter 15 Stunden wöchentlich erlaubt

Arbeitslosengeld II („Hartz IV")

Grundsicherung für erwerbsfähige Personen im Alter von mindestens 15 Jahren bis zur gesetzlich festgelegten Altersgrenze (zwischen 65 u. 67 Jahren), die ihren **Lebensunterhalt nicht aus eigener Kraft und eigenen Mitteln** decken können

Höhe des Regelsatzes

- 416 Euro
- eigenes Einkommen und Vermögen werden bei der Höhe der Leistung mit berücksichtigt***

Zusätzliche Leistungen

- Übernahme der Kosten für Unterkunft und Heizung soweit angemessen
- eventuell Einmalleistungen als Darlehen oder Geld-/Sachleistung für Wohnungs-, Bekleidungserstausstattung und/oder Kosten für medizinische/therapeutische Geräte
- eventuell Mehrbedarf für besondere Lebenslagen (z. B. Alleinerziehende)

Quelle: Bundesagentur für Arbeit Stand März 2018 © Globus 11591 25505EX_1

Vgl. www. arbeitsagentur.de

Arbeiten in der Informationsgesellschaft und Industrie 4.0

1. **Nennen Sie die Aufgaben der Arbeitslosenversicherung.**
2. **Wer ist Träger der Arbeitslosenversicherung?**
3. **a) Wer zahlt die Beiträge? b) Wie hoch sind sie?**
4. **Erläutern Sie den Unterschied zwischen Arbeitslosengeld I und Arbeitslosengeld II.**
5. **Welche Ursachen für Arbeitslosigkeit lassen sich unterscheiden?**

7.5 Die Rentenversicherung

1. a) **Wer ist mit dem Untermann gemeint?**
   b) **Wen trägt er auf seinen Schultern?**
2. **Die Nummer heißt „Generationenvertrag“. Erklären Sie dieses dargestellte Prinzip der Rentenversicherung.**
3. **Welche Entwicklung will der Zeichner mit dem Hinweis „Künstleragentur“ kritisieren?**

Die Rentenversicherung hat die Aufgabe, ihre Mitglieder und deren Familienangehörigen bei langfristiger Erwerbsminderung, Alter und Tod abzusichern. Gesetzliche Grundlage für die Rentenversicherung ist u. a. das Sozialgesetzbuch (SGB VI).

Träger der Rentenversicherung

Die verschiedenen Träger (Deutsche Rentenversicherung Bund, Deutsche Rentenversicherung Knappschaft-Bahn-See sowie 15 Regionalträger) sind unter dem gemeinsamen Dach der **Deutschen Rentenversicherung** zusammengefasst.

Pflicht- und freiwillig versicherte Mitglieder

Die Rentenversicherung kennt pflicht- und freiwillig versicherte Mitglieder. Zu den Pflichtversicherten gehören alle Arbeitnehmer, Auszubildende, Personen im freiwilligen Wehrdienst und Bundesfreiwilligendienst sowie Mütter und Väter während der Elternzeit. Auch Handwerker, Landwirte und andere Selbstständige können in der Rentenversicherung pflichtversichert sein.

Die freiwillige Mitgliedschaft kann jeder beantragen. Freiwillig versichern können sich Selbstständige, die nicht pflichtversichert sind, z. B. Ärzte, Rechtsanwälte und Kaufleute. Personen, die nicht mehr berufstätig sind, können sich ebenfalls weiterversichern, um später Rente zu beziehen.

Finanzierung und Beiträge

Finanziert wird die Rentenversicherung aus Beiträgen der Versicherten und der Arbeitgeber sowie durch staatliche Zuschüsse. Dabei zahlen Arbeitnehmer und Arbeitgeber je die Hälfte des gesetzlich festgelegten Beitragssatzes. 2019 betrug dieser Beitragssatz 18,6 % vom Bruttolohn, die Beitragsbemessungsgrenze ist auf 6 700,00 € (West) bzw. 6 150,00 € (Ost) festgesetzt.

Äquivalenzprinzip

Merkmale der Rentenfinanzierung sind das **Umlageverfahren** und der **Generationenvertrag**. Das Umlageverfahren bedeutet, dass die Beiträge direkt „umgelegt", d. h. als Renten an die Rentner ausgezahlt werden. Inhalt des Generationenvertrages ist die Pflicht der heutigen Generation, für die Rente der Älteren aufzukommen. Die Beitragszahler von heute erwarten dasselbe von der folgenden Generation. Für die gesetzliche Rentenversicherung gilt das **Äquivalenzprinzip**. Dies bedeutet, dass sich die Höhe der Rente nach der Höhe und Anzahl der Beiträge richtet.

Die wichtigste Leistung der Rentenversicherung ist die Zahlung von Altersrenten an die Versicherten.

Wirtschaftsweise langfristig für Rente mit 69

Düsseldorf, Deutschland

Von cvdausland

Die Rente mit 67 muss nach Ansicht der Wirtschaftsweisen langfristig in eine Rente mit 69 übergehen. „Der Sachverständigenrat geht davon aus, dass die weiter steigende Lebenserwartung etwa ab dem Jahr 2045 ein gesetzliches Renteneintrittsalter von 68 Jahren und im Jahr 2060 von 69 Jahren erforderlich macht", sagte der Chef des Rats, Wolfgang Franz, der „Rheinischen Post" vom Dienstag. Ohne eine weitere Verlängerung der Lebensarbeitszeit seien die Herausforderungen der alternden Gesellschaft finanziell nicht zu meistern, fügte er hinzu.

Gleichwohl gehe er davon aus, dass sich die Jobchancen für Ältere angesichts des hohen Fachkräftebedarfs in Zukunft „merklich verbessern" werden, sagte der Chef des Sachverständigenrats der Zeitung. Derzeit steht bereits die zum Jahreswechsel in Kraft getretene Regelung zur Rente mit 67 in der Diskussion. CSU-Chef Horst Seehofer hatte diese am Wochenende in Frage gestellt und gesagt, wenn sich die Situation für ältere Arbeitnehmer nicht rasch ändere, werde die Verlängerung der Lebensarbeitszeit zur faktischen Rentenkürzung. Eine massenhafte Rentenkürzung sei mit ihm aber nicht zu machen.

Quelle: hcy: Wirtschaftsweise langfristig für Rente mit 69. 04.01.2014. © Agence France-Presse

Außerdem zahlt die Rentenversicherung Renten wegen Berufs- und Erwerbsunfähigkeit sowie Renten an Hinterbliebene. Zu den Leistungen gehören auch Rehabilitierungsmaßnahmen. Dazu zählen z. B. Kuren, Krankengymnastik oder Umschulungen.

Drei-Säulen-System der Altersvorsorge

Die Altersvorsorge beschränkt sich aber nicht nur auf die gesetzliche Rentenversicherung. Zwar ist dies die bedeutendste Säule für die Absicherung im Alter; sie wird jedoch durch die betriebliche Altersversorgung (zweite Säule) und die private Altersvorsorge (dritte Säule) ergänzt.

Probleme

Die Zahl der Beitragszahler wird im Verhältnis zur Zahl der Rentner immer kleiner. Dies wirft Probleme für den Generationenvertrag auf. Die Beiträge zur Rentenversicherung müssten also drastisch ansteigen. Dies aber wäre für Arbeitnehmer und Arbeitgeber untragbar. Steuereinnahmen, die direkt der gesetzlichen Rentenversicherung zugeführt werden, sollen die Beiträge möglichst stabil halten. Auch die private Altersvorsorge gewinnt als dritte Säule immer mehr an Bedeutung. Der Staat fördert die Eigenvorsorge durch Zulagen (Grund- und Kinderzulage) sowie durch Steuererleichterungen, wenn ein Mindestbetrag des jährlichen Einkommens pro Jahr für die Altersvorsorge angespart wird:

Riester-Rente

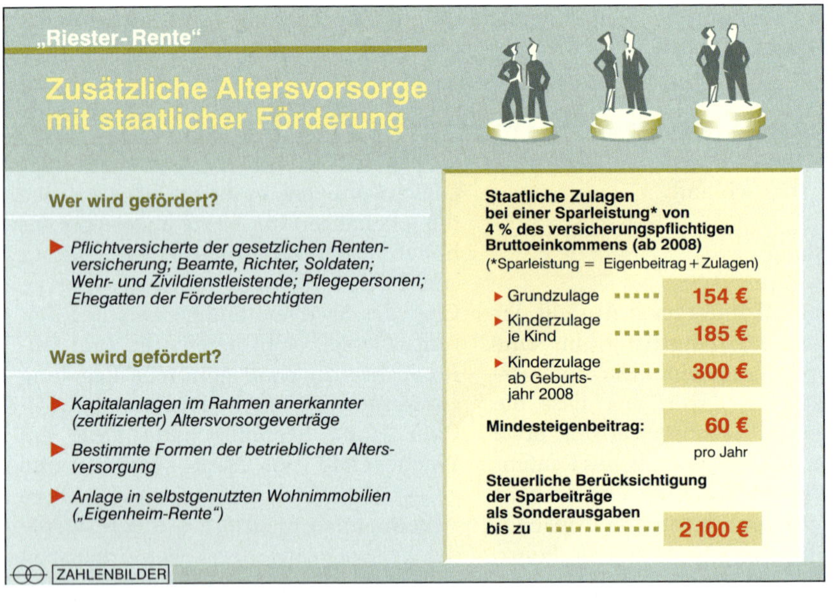

1. **Nennen Sie die Aufgaben der Rentenversicherung.**
2. **Wer ist Träger der Rentenversicherung?**
3. **Welche Personen sind in der Rentenversicherung**
   a) pflichtversichert? b) freiwillig versichert?
4. **a) Wer zahlt die Beiträge? b) Wie hoch sind sie?**
5. **Erklären Sie die Begriffe „Generationenvertrag“ und „Umlageverfahren“.**
6. **Nennen Sie die wichtigsten Leistungen der Rentenversicherung.**
7. **Welche Probleme ergeben sich durch die steigende Zahl der Rentner?**

7.6 Die Unfallversicherung

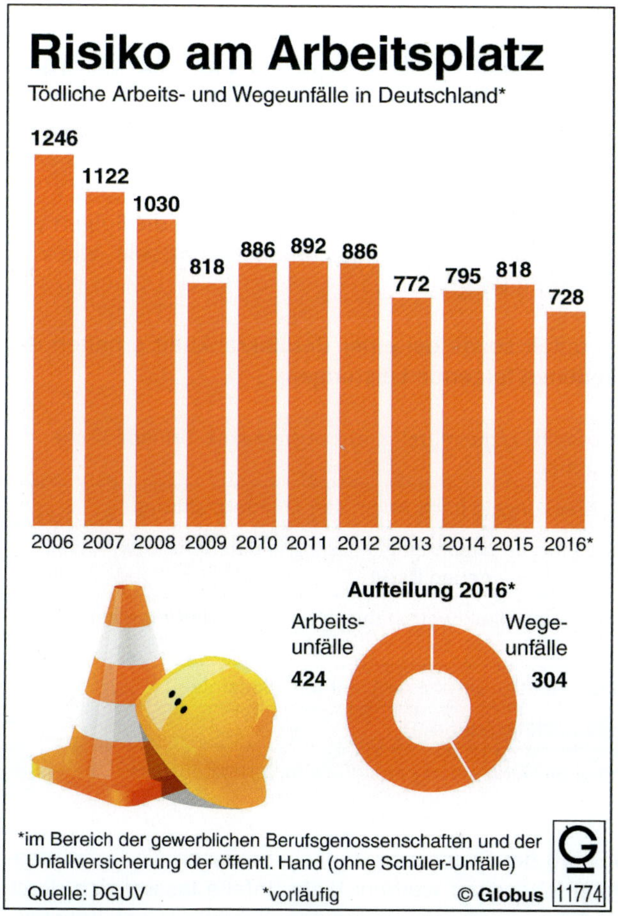

1. Bei wem müssen Berufsunfälle gemeldet werden?
2. Erklären Sie den Unterschied zwischen Wege- und Arbeitsunfällen.
3. Woran liegt es, dass die Zahl der Arbeitsunfälle stetig sinkt?

Träger und Aufgaben

Unfälle passieren im Haushalt, in der Freizeit oder bei der Arbeit. Die wichtigste Aufgabe der gesetzlichen Unfallversicherung ist es, Arbeitsunfälle zu verhüten. Dazu erlassen die **Berufsgenossenschaften** als Träger der Unfallversicherung Unfallverhütungsvorschriften und überwachen deren Einhaltung. Ist ein Unfall passiert, so hat die Unfallversicherung die Aufgabe, die Folgen des Unfalls zu mindern oder zu beseitigen.

Beiträge

Finanziert wird die gesetzliche Unfallversicherung nur durch die Beiträge der Arbeitgeber. Die Höhe der Beiträge richtet sich nach dem Unfallrisiko, der Häufigkeit der Unfälle sowie nach den Lohnkosten des Betriebes. Maßnahmen zur Unfallverhütung zahlen sich also für den Betrieb aus.

Versicherte

In der gesetzlichen Unfallversicherung ist jeder Arbeitnehmer, Auszubildende, Schüler, Student oder Heimarbeiter versichert. Die Unfallversicherung deckt drei Risikobereiche ab: Arbeitsunfälle, Wegeunfälle und Berufskrankheiten.

Als **Arbeitsunfall** gilt, wenn der Versicherte während seiner beruflichen Tätigkeit einen Unfall erleidet. Versichert sind auch Botengänge, Geschäftsreisen, Betriebsveranstaltungen oder Betriebsausflüge.

Ein **Wegeunfall** liegt vor, wenn auf dem direkten Weg zur und von der Arbeit ein Unfall passiert. Für Auszubildende gilt dies auch, wenn sie die Berufsschule besuchen. Nicht versichert sind Unfälle, die auf Alkohol- oder Drogeneinfluss des Versicherten zurückzuführen sind.

Das dritte Risiko, das die gesetzliche Unfallversicherung abdeckt, sind die Folgen von **Berufskrankheiten**. Berufskrankheiten müssen als solche anerkannt sein, wie z. B. die „Staublunge“ bei Arbeitnehmern im Bergbau.

Nach einem Arbeits- oder Wegeunfall sowie bei einer Berufskrankheit erhalten der Versicherte oder seine Hinterbliebenen folgende Leistungen:

Leistungen der Unfallversicherung

Heilbehandlung	Arztkosten, Arzneimittel, Krankengymnastik, orthopädische Hilfsmittel
Verletztengeld	z. B. Krankengeld nach Ablauf der Lohnfortzahlung
Berufshilfe	Kosten für die Wiedereingliederung in den Beruf bzw. Ausbildung für einen neuen Beruf
Verletztenrente	Rente, wenn die Erwerbsfähigkeit nicht wiederhergestellt werden kann
Sterbegeld	bei Unfall oder Berufskrankheit mit Todesfolge
Hinterbliebenenrente	Rente nach Unfalltod
Abfindungen	einmalige Geldzahlung anstelle von Verletztenrente

Gerade für die Unfallversicherung gilt der Grundsatz: Zunächst müssen die Unfallursachen und erst dann die Unfallfolgen beseitigt werden. Viele Unfälle lassen sich durch vorbeugende Maßnahmen und richtiges Verhalten vermeiden. Schon aus persönlichem Interesse sollten Arbeitgeber und Arbeitnehmer hierzu ihren Beitrag leisten.

1. **a) Nennen Sie die Aufgaben der gesetzlichen Unfallversicherung.**
   b) Welche Aufgabe steht im Vordergrund?
2. **Wer ist Träger der Unfallversicherung?**
3. **a) Wer ist versichert?**
   b) Wer zahlt die Beiträge?
   c) Wonach richtet sich die Höhe der Beiträge?
4. **Wann liegt**
   a) ein Arbeitsunfall vor?
   b) ein Wegeunfall vor?
5. **Nennen Sie die wichtigsten Leistungen der gesetzlichen Unfallversicherung.**
6. **Welchen Grundsatz sollte jeder Versicherte befolgen?**

7.7 Die Pflegeversicherung

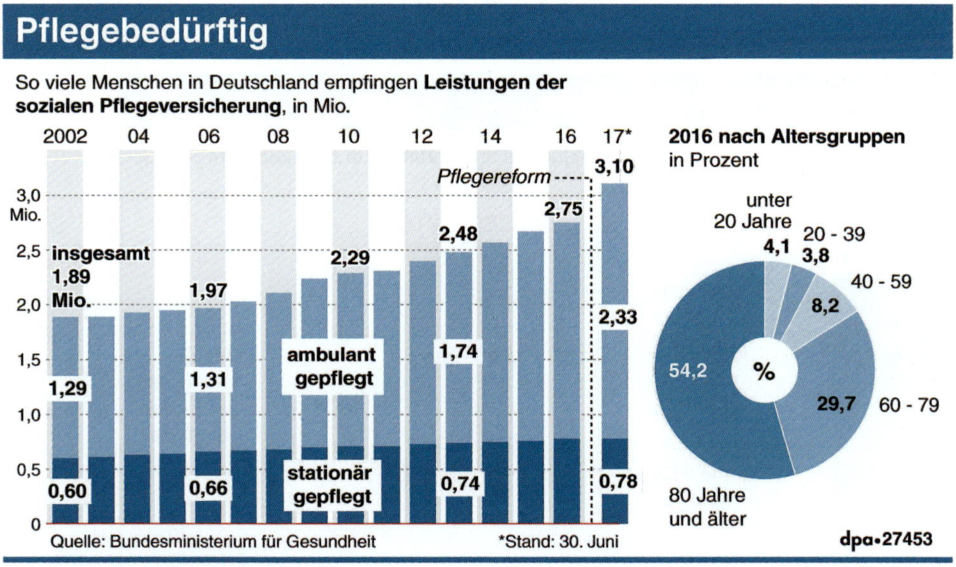

1. **Wer ist auf Pflege angewiesen?**
2. **Wie erklären Sie sich, dass**
   a) **die meisten Pflegebedürftigen ambulant gepflegt werden?**
   b) **die Anzahl der Pflegebedürftigen wächst?**
3. **Wer übernimmt die Kosten für die Pflege?**

Pflegebedürftigkeit kann in allen Lebensabschnitten auftreten. Vor allem ältere Menschen sind auf Pflege angewiesen. Pflegebedürftig sind Personen, die körperliche, geistige, gesundheitliche oder psychische Beeinträchtigungen haben. Sie können teilweise oder ganz nicht mehr selbstständig für sich sorgen. Pflegebedürftigkeit liegt nur dann vor, wenn sie auf Dauer – voraussichtlich für mindestens sechs Monate – besteht.

Die meisten Pflegebedürftigen werden zu Hause durch Angehörige und/oder ambulante Pflegedienste versorgt. Nur knapp 30 % der Menschen werden in stationären Pflegeeinrichtungen gepflegt.

Die Pflege ist immer mehr zu einer gesellschaftlichen Aufgabe geworden. Deshalb wurde 1995 die Pflegeversicherung als neuester Zweig der gesetzlichen Sozialversicherung eingeführt.

Beitragspflichtig sind alle Arbeitnehmer, die in der gesetzlichen Krankenversicherung pflichtversichert sind. Privat Krankenversicherte müssen den Pflegefall auch privat absichern. Der Beitragssatz beträgt (2018) 2,55 % vom Bruttolohn. Die Beiträge werden vom Arbeitgeber und Arbeitnehmer je zur Hälfte gezahlt. Kinderlose zahlen einen Zuschlag von 0,25 %. Die Bemessungsgrenze richtet sich nach der gesetzlichen Krankenversicherung.

Auf Antrag des Versicherten lassen die Pflegekassen durch den Medizinischen Dienst der Krankenversicherung prüfen, ob die Voraussetzungen der Pflegebedürftigkeit erfüllt sind und welcher Grad der Pflegebedürftigkeit vorliegt. Nach dem Pflegegrad richten sich auch die Leistungen.

Pflegegrade

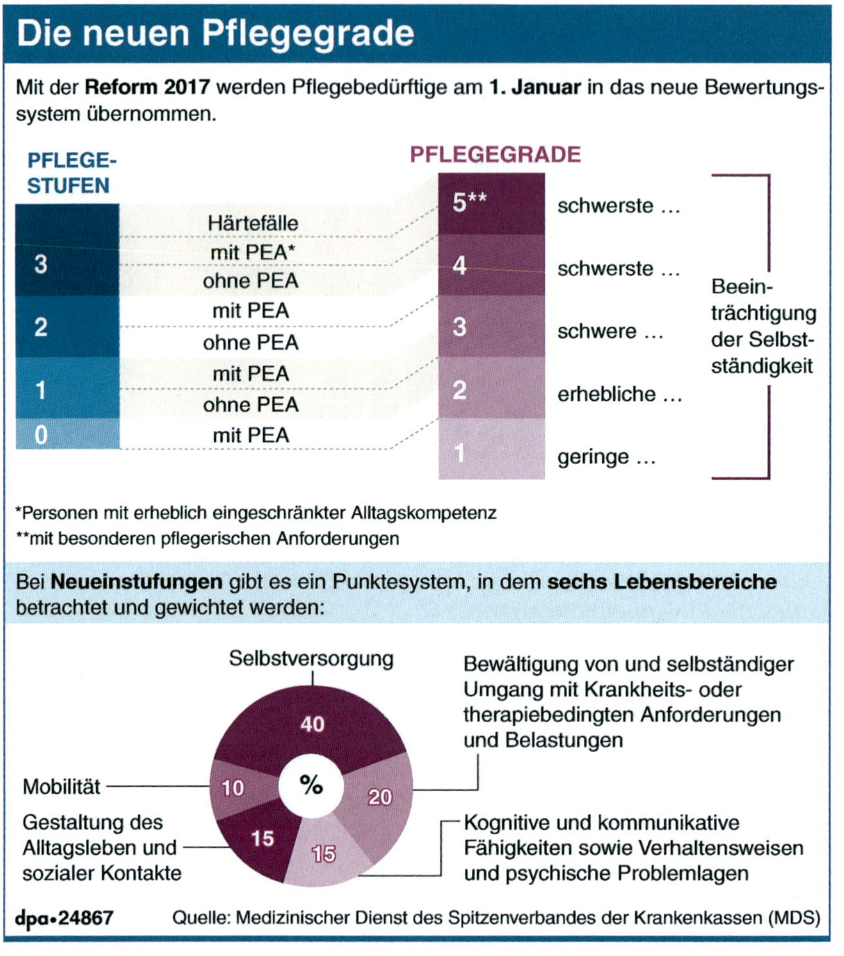

Die Pflege zu Hause hat Vorrang vor der stationären Pflege. Dies hat sowohl finanzielle als auch menschliche Gründe. Die Pflegebedürftigen sollen möglichst lange in ihrer vertrauten Umgebung bleiben können.

1. **Warum war es notwendig, die Pflegeversicherung als neuen Zweig der Sozialversicherung einzuführen?**
2. **Wer ist Träger der Pflegeversicherung?**
3. **Wieso können auch jüngere Menschen zu einem Pflegefall werden?**
4. **a) Wer ist versichert?**
   b) Wer zahlt die Beiträge?
   c) Wie hoch sind die Beiträge und die Bemessungsgrenze?
5. **Aus welchen Gründen soll die Pflege zu Hause Vorrang vor der stationären Pflege haben?**

7.8 Sozialgerichtsbarkeit

Julian, Auszubildender im Elektrohandwerk, fährt mit dem Moped auf dem direkten Weg zur Berufsschule. Unterwegs hält er kurz an, um das bestellte Wirtschaftslehrbuch „Betrifft Wirtschaft“ abzuholen. Er benötigt es heute für den Unterricht. Beim Verlassen des Geschäfts stolpert Julian, kommt zu Fall und bricht sich den rechten Arm. Julian hat der Berufsgenossenschaft den Unfall gemeldet. Diese lehnt jedoch die Übernahme der Behandlungskosten ab und verweist ihn an die Krankenkasse. Die Krankenkasse will die Kosten ebenfalls nicht tragen, da es sich ihrer Meinung nach um einen Wegeunfall handelt.

1. **Wer muss die Behandlungskosten übernehmen? Begründen Sie Ihre Meinung.**
2. **An welches Gericht kann sich Julian wenden, um die Zuständigkeit klären zu lassen?**

Kommt es zwischen dem Versicherten und einem Träger der Sozialversicherungen zu Unstimmigkeiten, so sind diese zunächst zwischen den Betroffenen zu klären. Gegen einen Bescheid kann der Versicherte schriftlich Widerspruch bei der Widerspruchsstelle des Versicherungsträgers einreichen. Gegen den Widerspruchsbescheid kann innerhalb eines Monats beim zuständigen **Sozialgericht** Klage erhoben werden. Das Verfahren ist für den Versicherten grundsätzlich kostenfrei.

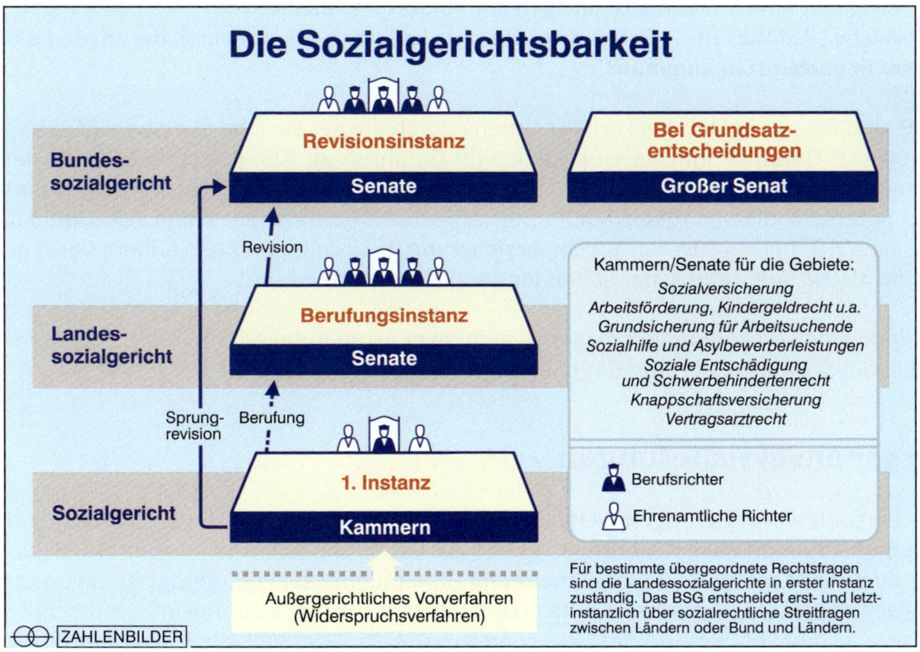

Instanzenweg der Sozialgerichtsbarkeit

8 Individualversicherungen

Je ungewisser die Zukunft ist, desto mehr gehört private Vorsorge zur Familie

■ **Wer Verantwortung für sich und die Seinen trägt, fragt sich: Was kann ich tun, um für die Zukunft individuell und wirksam vorzusorgen?**

Mithilfe der Versicherungen können Sie Ihrem Lebensabend gelassen entgegensehen. Sie können jeden Tag in der Gewissheit leben, dass Sie bei Krankheit und Unfall vor finanziellen Überraschungen sicher sind. Weil Sie die Versorgung Ihrer Familie nicht dem Zufall überlassen. Und auch nicht allein der Fürsorge von Vater Staat. Natürlich hat niemand sein Schicksal selbst in der Hand. Aber mithilfe der Versicherungen haben Sie zumindest den Zufall besser im Griff. Und das beruhigt.

■ **Weil Sie jederzeit wissen, dass Sie für morgen eine Sicherheit in bar haben. Und heute nicht bar jeder Sicherheit sind.**

Die Versicherungen

1. **Warum ist eine individuelle und private Vorsorge sinnvoll?**
2. **Welche „Zufälle“ und „Schicksale“ lassen sich durch private Versicherungen besser in den Griff bekommen?**

Zwar sind die häufigsten Risiken des Lebens durch die gesetzliche Sozialversicherung abgedeckt. Dennoch gibt es eine Reihe von Gefahren im Alltag, gegen die sich der Einzelne nur privat absichern kann. Dabei gilt, dass anders als bei der Sozialversicherung unterschiedliches Risiko auch unterschiedliche Beiträge zur Folge hat. Deutlich wird dies z. B. bei der Kfz-Haftpflichtversicherung. Ein Anfänger muss höhere Beiträge zahlen als ein Autofahrer, der schon länger ohne Schaden fährt.

Die Individualversicherungen lassen sich in zwei Arten aufgliedern: in die Personen- und in die Sachversicherungen (Schadenversicherungen).

Personenversicherungen

Kapital- und Risikolebensversicherung

Die Personenversicherungen versichern Personen und deren Hinterbliebene. Zur Gruppe der Personenversicherungen gehört die Lebensversicherung. Lebensversicherungen werden meist als Zusatzversorgung (Kapitallebensversicherung) für das Alter abgeschlossen. Der Versicherte erhält dann die Versicherungssumme und Überschussanteile ausgezahlt. Bei Tod des Versicherten vor Ablauf der Versicherung erhalten die Angehörigen die Versicherungssumme. Eine andere Form ist die Risikolebensversicherung. Durch sie können Hinterbliebene von Zahlungsverpflichtungen, z. B. von Hypothekenschulden, befreit werden. Die meisten Lebensversicherungen sind auf den „Todes- und Erlebensfall“ abgeschlossen.

Private Unfall-, Kranken- und Berufsunfähigkeitsversicherung

Zur Personenversicherung gehören auch die private Renten-, Unfall- und Krankenversicherung. Die private Krankenversicherung bietet all denen einen Versicherungsschutz, die nicht gesetzlich krankenversicherungspflichtig sind. Die gesetzliche Unfallversicherung sichert die Arbeitnehmer nur bei Berufsunfällen ab. Die meisten Unfälle passieren jedoch in der Freizeit, z. B. im Urlaub, beim Sport oder Hobby. Hier kann eine private Unfallversicherung zusätzlichen Schutz bieten. Ähnliches gilt für den Fall der Berufsunfähigkeit. Da die staatlichen Rentenleistungen für junge Arbeitnehmer/-innen unzureichend sind, ist eine private Absicherung durch eine Berufsunfähigkeitsversicherung zu überlegen.

Sachversicherungen

Hausrat- und Haftpflichtversicherung

Sachversicherungen bieten Schutz bei Sachschäden, die z. B. durch Feuer, Sturm, Diebstahl oder Wasser verursacht werden. Diese Schäden können durch eine Hausratversicherung abgesichert werden. Auch bei einem Verkehrsunfall bietet die Sachversicherung Versicherungsschutz. Die wichtigste Versicherung ist die Kfz-Haftpflichtversicherung, die jeder Autohalter abschließen muss. Sie garantiert, dass die Schäden des Unfallopfers reguliert werden. Nicht abgedeckt sind Schäden am Fahrzeug des Unfallverursachers. Durch eine Fahrzeugversicherung lassen sich auch Schäden am eigenen Auto teilweise (Teilkasko) oder ganz (Vollkasko), durch eine Insassen-Unfallversicherung grundsätzlich auch alle Mitfahrer absichern.

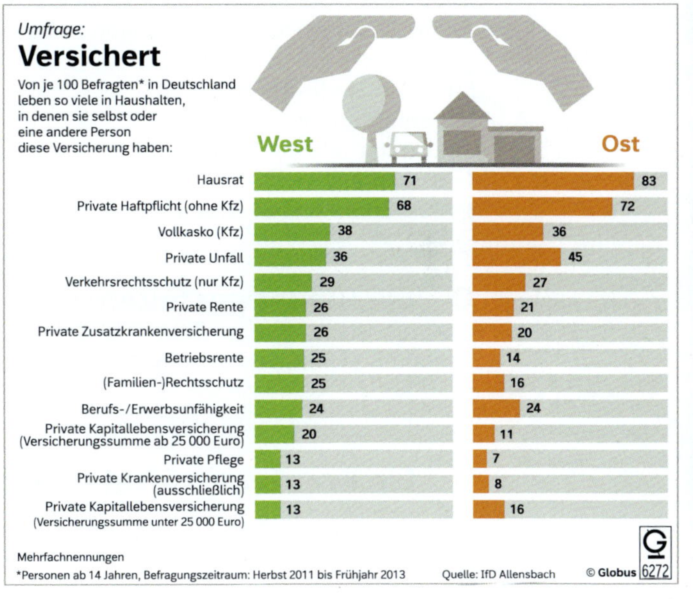

Schäden, die einem anderen ohne Vorsatz zugefügt werden, übernimmt die private Haftpflichtversicherung. Hierzu zählen z. B. Privathaftpflicht, Hausbesitzerhaftpflicht und Tierhalterhaftpflicht.

In der Bundesrepublik Deutschland gibt es mehr als 400 Millionen Versicherungsverträge.

Das Schaubild zeigt, wie sicherheitsbewusst die Menschen geworden sind. Etliche Haushalte sind jedoch auch überversichert.

1. **Wodurch unterscheiden sich die Individualversicherungen von den Sozialversicherungen?**
2. **Erklären Sie den Unterschied zwischen Risiko- und Kapitallebensversicherung.**
3. **Weshalb ist die Kfz-Haftpflicht eine Pflichtversicherung für Kfz-Halter?**
4. **Welche Schäden sind durch eine Hausratversicherung abgesichert?**
5. **Welche Überlegungen sollten Sie vor Abschluss einer privaten Versicherung anstellen?**

A Pro und Kontra diskutieren

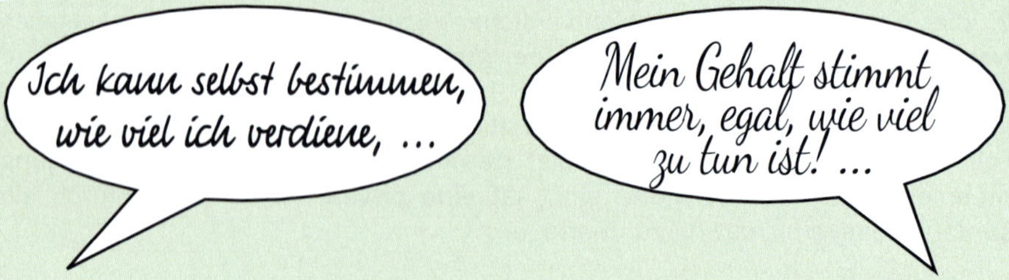

Führen Sie die Diskussion über Pro und Kontra von Zeit- und Leistungslohn weiter.

B Informationen beschaffen und auswerten

Informieren Sie sich bei den Gewerkschaften und Arbeitgeberverbänden über die wichtigsten tariflichen Regelungen in Sachen „Lohn und Gehalt".

Ermitteln Sie für Ihren Beruf:

- **Lohngruppen**
- **Ecklohn**
- **Grundlohn**
- **Zusatzleistungen (z. B. Weihnachts- und Urlaubsgeld)**

C Ein Plakat gestalten

Gestalten Sie ein Plakat zum Thema „Der gerechte Lohn".

D Ein Kreuzworträtsel erstellen

Ob „Bruttolohn", „Lohnsteuerklasse" oder „Akkordlohn" – zum Themenbereich „Lohn" gibt es viele Fachbegriffe.

Erstellen Sie ein Kreuzworträtsel „rund um den Lohn", in dem diese Fachbegriffe vorkommen.
Dazu müssen Sie alle infrage kommenden Fachbegriffe auflisten und für den Rätselfreund umschreiben, z. B.:

1. Lohnart, bei der die Leistung zählt	A	K	K	O	R	D	L	O	H	N	
2. Was der Staat vom Lohn kassiert		L	O	H	N	S	T	E	U	E	R

E Diagramme erstellen

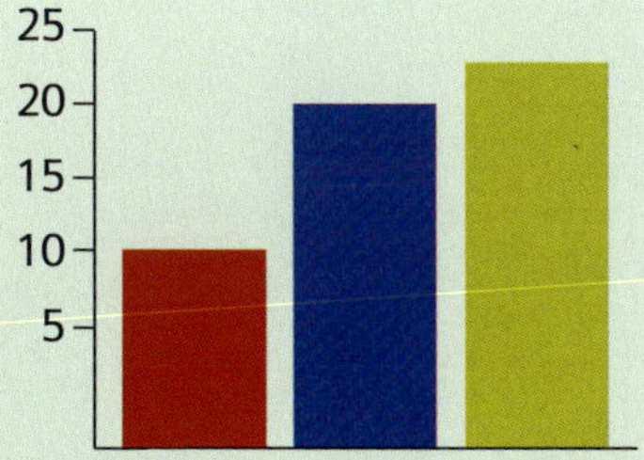

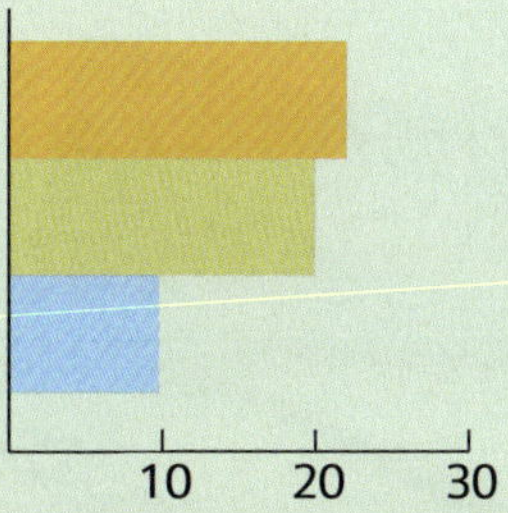

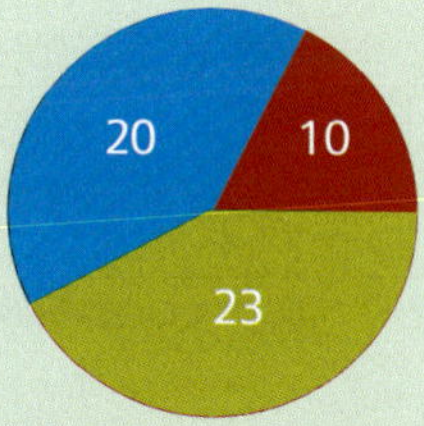

Diagramme informieren anschaulich und mit wenigen Worten über Sachverhalte. Stellen Sie eine Lohn- und Gehaltsabrechnung in einem Diagramm dar. Dazu können Sie die Gehaltsabrechnung auf Seite 53 verwenden.

F Die Einkommensteuererklärung abgeben

Damit Sie zu viel gezahlte Lohnsteuer vom Finanzamt erstattet bekommen, müssen Sie einen Antrag auf Lohnsteuerjahresausgleich stellen.

Besorgen Sie sich beim Finanzamt oder im Internet die Formulare, sortieren Sie Ihre Belege und Daten und füllen Sie den Antrag aus.

G Mithilfe einer Mindmap ein Kurzreferat halten

Die Mindmap ist eine Gedächtnislandkarte. Mit ihr lassen sich Zusammenhänge leichter erfassen; beim Referieren dient sie als Gedächtnisstütze.

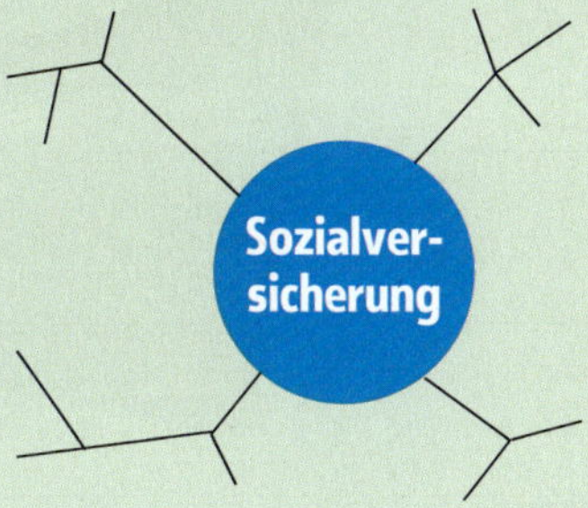

Eine Mindmap ist leicht anzufertigen: Das Thema wird in einem Kreis in der Mitte eines Blattes notiert. Von diesem Kreis gehen jetzt Äste und Zweige ab, die das Thema in seine einzelnen Bereiche aufgliedern. Die Struktur der Gedächtnislandkarte erinnert an die Verästelungen eines Baumes.

Skizzieren Sie zum Thema „Sozialversicherung“ eine Mindmap und halten Sie ein Kurzreferat.

H Einen Vergleichstest durchführen

Sie wollen eine Kfz-Haftpflichtversicherung mit Teilkasko abschließen. Dazu machen Sie einen Vergleichstest zwischen verschiedenen Versicherungsangeboten.

Holen Sie sich von mehreren Versicherungen für den gleichen Pkw Angebote ein. Werten Sie die Angebote aus und fassen Sie die Ergebnisse in einer tabellarischen Übersicht zusammen.

9 Zahlungsverkehr

Wer eine Ware oder Dienstleistung in Anspruch nimmt, muss sie bezahlen.

1. Mit welchem Zahlungsmittel wird jeweils bezahlt?
2. Worin besteht der Unterschied
   a) für den Zahlenden?
   b) für den Empfänger?
3. Welche weiteren Zahlungsmittel kennen Sie?

9.1 Zahlungsarten

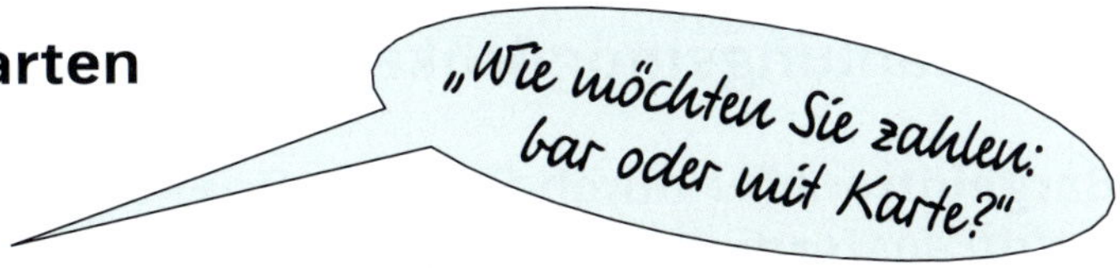

Zahlen kann man entweder bar, halbbar oder bargeldlos.

Barzahlungen sind im Alltag immer dann üblich, wenn die Beträge nicht sehr hoch sind, z. B. beim Einkaufen im Einzelhandel. Der Schuldner (Absender) zahlt an den Gläubiger (Empfänger) mit Münzen oder Banknoten. Beide benötigen für diesen Zahlungsvorgang kein Konto. Als Zahlungsbeleg dienen Quittung oder Kassenbon.

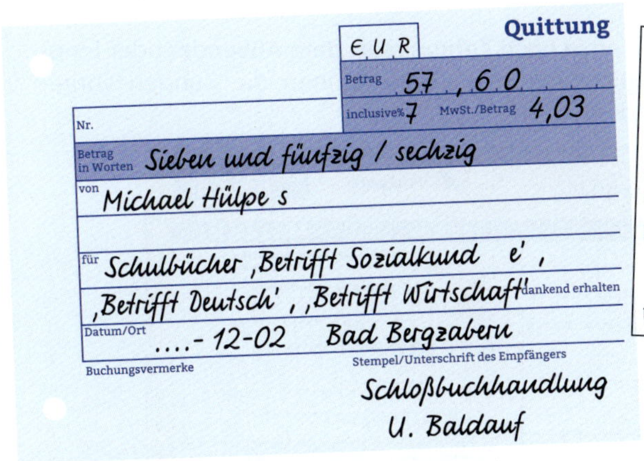
Quittung
EUR
Betrag 57,60
inclusive % 7 MwSt./Betrag 4,03
Nr.
Betrag in Worten Sieben und fünfzig / sechzig
von Michael Hülpes
für Schulbücher ‚Betrifft Sozialkunde‘, ‚Betrifft Deutsch‘, ‚Betrifft Wirtschaft‘ dankend erhalten
Datum/Ort ....-12-02 Bad Bergzabern
Buchungsvermerke
Stempel/Unterschrift des Empfängers
Schloßbuchhandlung
U. Baldauf

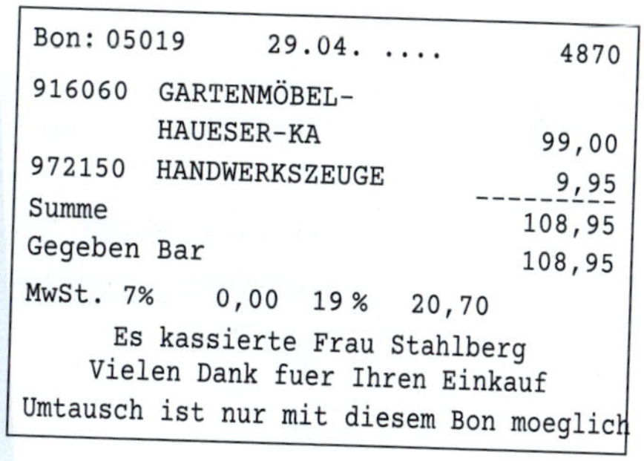
Bon: 05019 29.04. 4870
916060 GARTENMÖBEL-HAUESER-KA 99,00
972150 HANDWERKSZEUGE 9,95
Summe 108,95
Gegeben Bar 108,95
MwSt. 7% 0,00 19 % 20,70
Es kassierte Frau Stahlberg
Vielen Dank fuer Ihren Einkauf
Umtausch ist nur mit diesem Bon moeglich

Eine Barzahlung kann auch über die Deutsche Post AG mit Express-Brief oder per Geldtransferdienste erfolgen.

Bei der halbbaren Zahlung benötigt entweder der Absender oder der Empfänger ein Girokonto. Halbbar heißt, dass der Zahlungsvorgang zur „Hälfte“ bar und zur anderen Hälfte bargeldlos erfolgt.

Bareinzahlungen durch den Absender sind mithilfe eines Zahlscheines möglich. Bei der Bank, Sparkasse oder Postbank kann so auf das Konto des Empfängers der Betrag bar eingezahlt werden. Der Empfänger erhält den Betrag auf seinem Girokonto gutgeschrieben.

Bei der bargeldlosen Zahlung benötigen Absender und Empfänger ein Girokonto. Die Zahlung erfolgt durch Gutschrift bzw. Lastschrift auf den Konten. Formen der bargeldlosen Zahlung sind:

- **Überweisung**
- **Verrechnungsscheck**
- **Dauerauftrag**
- **Lastschrift**
- **Einzugsverfahren**
- **Kreditkarte**
- **Geldkarte**
- **Kontaktlos zahlen**

9.2 Zahlungsmöglichkeiten

Bargeldtransfer durch Express-Brief oder Geldtransferdienste

Sonja Mertz hat im Urlaub sämtliche Papiere sowie ihr Bargeld verloren. Sie ruft zu Hause an und bittet ihre Eltern, ihr Geld zu schicken. Die Mutter geht zu einer Western Union Vertriebsfiliale und füllt ein Sendeformular für einen Western Union Geldtransfer aus. Vertriebsfilialen von Western Union sind einige Postbanken, Reisebanken, Sparkassen oder eine Western Union Bank Filiale.

Kreditinstitute und die Postbank bieten je nach Zahlungsart dem Absender oder Empfänger verschiedene Zahlungsmöglichkeiten an. Dazu können die Kunden vorgedruckte Zahlungsformulare verwenden.

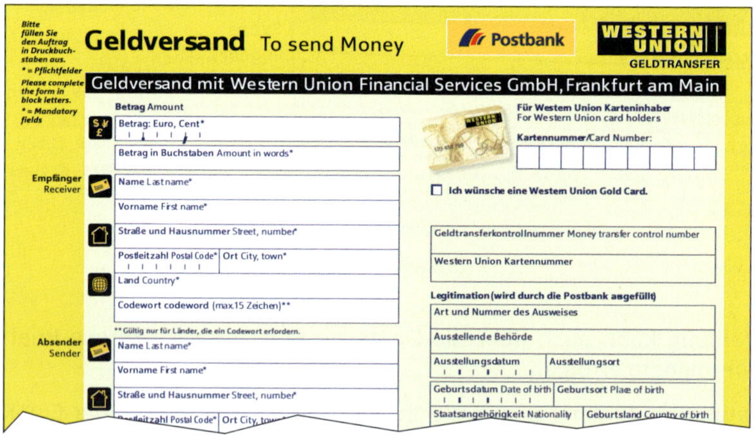
Bitte füllen Sie den Auftrag in Druckbuchstaben aus.
* = Pflichtfelder
Please complete the form in block letters.
* = Mandatory fields

Geldversand To send Money

Postbank

WESTERN UNION GELDTRANSFER

Geldversand mit Western Union Financial Services GmbH, Frankfurt am Main

Betrag Amount
Betrag: Euro, Cent*
Betrag in Buchstaben Amount in words*

Empfänger Receiver
Name Lastname*
Vorname First name*
Straße und Hausnummer Street, number*
Postleitzahl Postal Code* | Ort City, town*
Land Country*
Codewort codeword (max.15 Zeichen)**
** Gültig nur für Länder, die ein Codewort erfordern.

Absender Sender
Name Lastname*
Vorname First name*
Straße und Hausnummer Street, number*
Postleitzahl Postal Code* | Ort City, town*

Für Western Union Karteninhaber
For Western Union card holders
Kartennummer/Card Number:

Ich wünsche eine Western Union Gold Card.

Geldtransferkontrollnummer Money transfer control number
Western Union Kartennummer

Legitimation (wird durch die Postbank ausgefüllt)
Art und Nummer des Ausweises
Ausstellende Behörde
Ausstellungsdatum | Ausstellungsort
Geburtsdatum Date of birth | Geburtsort Place of birth
Staatsangehörigkeit Nationality | Geburtsland Country of birth

Western Union Geldtransfer

Der **Western Union Geldtransfer** ist geeignet, Geldbeträge weltweit zu übersenden, wenn Absender und Empfänger kein Konto haben. Es ist allerdings wichtig, dass sich Absender und Empfänger persönlich kennen. Der Absender muss das Formular ausfüllen und bei einer Western Union Vertriebsfiliale den Betrag bar einzahlen. Innerhalb weniger Minuten ist das Geld im In- und Ausland in einer Western Union Filiale zugänglich. Die Auszahlung erfolgt in Bargeld, meist in der entsprechenden Landeswährung, an den Empfänger. Gesichert ist der Transfer durch zwei Komponenten: Erstens muss sich der Empfänger vor Ort entsprechend ausweisen und zweitens erhält der Sender eine sogenannte Geld-Transfer-Kontroll-Nummer. Diese ist zwar nicht weltweit zwingend notwendig für die Auszahlung, bietet jedoch zusätzlichen Schutz. Diese Sicherheitsnummer darf ausschließlich dem Empfänger mitgeteilt werden.
Dieser Service ist vor allem in Notfällen eine Möglichkeit, dem Empfänger schnell die notwendigen Barmittel zukommen zu lassen. Der Service mit Western Union ist allerdings keinesfalls für Einkäufe geeignet, bei denen der Verkäufer persönlich nicht bekannt ist, so wie beispielsweise im Internet. Neben Western Union gibt es weitere Geldtransferdienste per Internet.

Express-Brief

Eine weitere Möglichkeit, Bargeld schnell zu versenden, ist es, den DHL Express-Brief der Deutschen Post AG zu verwenden. Zum einen wird der Brief über Nacht bis zu einer bestimmten Tageszeit angeliefert. Zum anderen erhält allein der Empfänger den Brief, der auf einem Rückschein den Empfang bestätigt. Dieser Rückschein geht an den Absender. Es besteht eine Transportversicherung gegen Verlust und Beschädigung bis zu 2 500,00 € oder 25 000,00 €. Für diesen Service nimmt die Post jedoch ein entsprechend hohes Entgelt.

Halbbare Zahlung mit Zahlschein

Herr Martin ist in Bad Bergzabern für vier Wochen zur Kur. Im Handschuhfach seines Autos findet er die Rechnung der Autowerkstatt über die letzte Inspektion. Die Rechnung ist noch nicht bezahlt. Herr Martin hat zwar am Kurort kein Konto, dennoch kann er mithilfe des Zahlscheins seine Rechnung noch rechtzeitig begleichen.

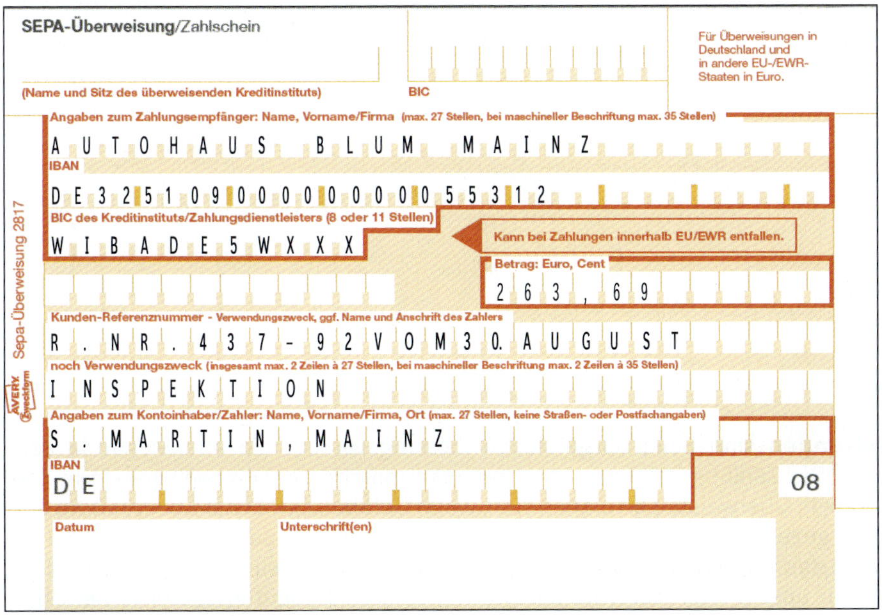

SEPA-Überweisung/Zahlschein

(Name und Sitz des überweisenden Kreditinstituts)

BIC

Für Überweisungen in Deutschland und in andere EU-/EWR-Staaten in Euro.

Angaben zum Zahlungsempfänger: Name, Vorname/Firma (max. 27 Stellen, bei maschineller Beschriftung max. 35 Stellen)

AUTOHAUS BLUM MAINZ

IBAN

DE32 5109 0000 0000 5531 2

BIC des Kreditinstituts/Zahlungsdienstleisters (8 oder 11 Stellen)

WIBADE5WXXX

Kann bei Zahlungen innerhalb EU/EWR entfallen.

Betrag: Euro, Cent

263,69

Kunden-Referenznummer - Verwendungszweck, ggf. Name und Anschrift des Zahlers

R.NR.437-92 VOM 30. AUGUST

noch Verwendungszweck (insgesamt max. 2 Zeilen à 27 Stellen, bei maschineller Beschriftung max. 2 Zeilen à 35 Stellen)

INSPEKTION

Angaben zum Kontoinhaber/Zahler: Name, Vorname/Firma, Ort (max. 27 Stellen, keine Straßen- oder Postfachangaben)

S. MARTIN, MAINZ

IBAN

DE

08

Datum

Unterschrift(en)

Sepa-Überweisung 2817

1. **Wie kann Herr Martin nachweisen, dass er die Rechnung bezahlt hat?**
2. **Warum muss Herr Martin den Zahlschein nicht unterschreiben?**

Zahlschein

Bei den Kreditinstituten besteht die Möglichkeit, mit einem **Zahlschein** (Gutschrift) einen Geldbetrag auf ein anderes Konto einzuzahlen. Dazu benötigt der Absender selbst kein Konto. Da die meisten über ein Girokonto verfügen, werden Zahlscheine nur in Ausnahmefällen benutzt, zumal die Gebühren höher sind als bei Überweisungsaufträgen. Deshalb können z. B. Vordrucke von Hilfsorganisationen als Zahlschein, aber auch als Überweisung benutzt werden.

Nachnahme

Eine besondere Form ist die **Nachnahme**. Die Post händigt einen Brief, ein Päckchen oder ein Paket nur dann aus, wenn der Empfänger den Nachnahmebetrag bar zahlt. Dieser Nachnahmebetrag setzt sich zusammen aus dem Rechnungsbetrag und den Gebühren für die Nachnahme. Die Lieferung per Nachnahme (Höchstbetrag 3 500,00 €) garantiert dem Absender, dass die Ware nur gegen Bezahlung ausgeliefert wird. Eine andere Möglichkeit der halbbaren Zahlung ist der **Scheck**. Der **Barscheck** ist eine schriftliche Anweisung an das Kreditinstitut des Ausstellers, den ausgewiesenen Betrag an den Überbringer bar auszuzahlen.

Magda hat vom Bücherclub Bücher erhalten. Der Lieferung liegt eine Rechnung bei, die sie innerhalb von zehn Tagen bezahlen soll. Magda begleicht die Rechnung, indem sie den Betrag überweist. Bei ihrer Bank füllt sie einen Überweisungsauftrag aus.

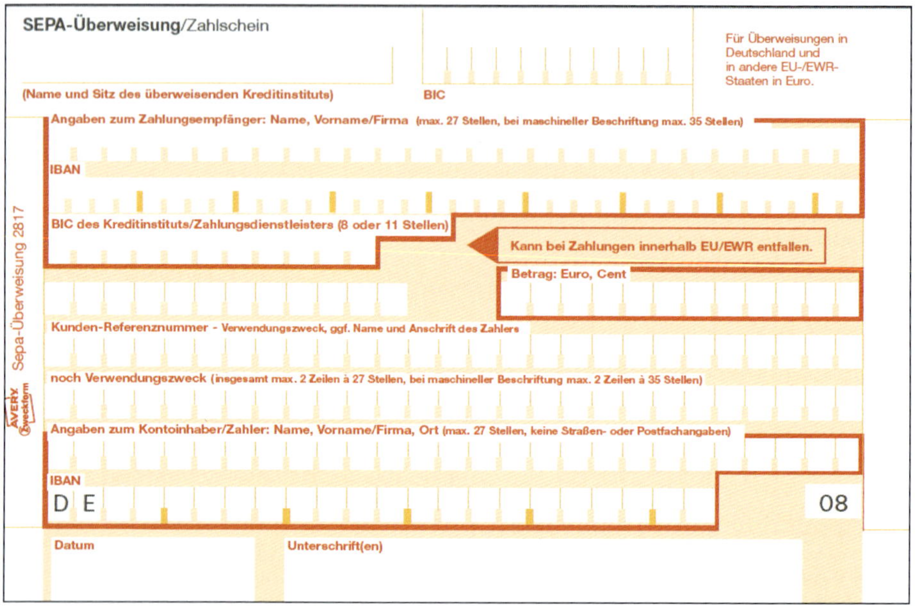

Überweisung

Überweisungen sind beim bargeldlosen Zahlungsverkehr die überwiegende Zahlungsform. Die Zahlung ist einfach und bequem mithilfe der Überweisungsformulare vorzunehmen. Überweisungen eignen sich, wenn Geldbeträge sicher über größere Entfernungen gezahlt werden sollen. Während das Girokonto des Absenders belastet wird, erhält das Konto des Empfängers eine Gutschrift. Dabei wird kein Bargeld bewegt, sondern nur über die Girozentrale der Banken eine Buchung durchgeführt. Bei Überweisungen innerhalb der EU muss die **EU-Standardüberweisung** im Onlinebanking oder als Formular verwendet werden. Dabei wird der Überweisungsauftrag an die internationale (europäische) Kontonummer – International Bank Account Number = **IBAN** – adressiert. Zudem muss die Überweisung den international standardisierten Bankcode – Bank Identifier Code = **BIC** – des Empfängers enthalten.

Dauerauftrag

Eine besondere Form der Überweisung sind **Dauerauftrag und Lastschriftverfahren**. Sie erleichtern Gläubiger und Schuldner den Zahlungsverkehr. Der Schuldner spart den Gang zu seinem Kreditinstitut und kann verhindern, dass Zahlungstermine überschritten werden oder eine fällige Rechnung offen bleibt. So können Mahngebühren und Versäumniszuschläge vermieden werden.

Beim **Dauerauftrag** gibt der Kontoinhaber seiner Bank den Auftrag, zu bestimmten Terminen einen festen Betrag auf ein anderes Konto zu überweisen. Sinnvoll ist dies z. B. bei Mietzahlungen oder Vereinsbeiträgen. Solche Beträge sind in der Regel über einen längeren Zeitraum gleichbleibend und zum gleichen Termin fällig.

Lastschrift

Bei wiederkehrenden Zahlungen, die aber immer andere Beträge aufweisen, bietet sich die Möglichkeit des **Lastschriftverfahrens** an. Dabei erteilt der Schuldner dem Gläubiger eine **Einzugsermächtigung**. Dadurch wird der Gläubiger ermächtigt, bis auf Widerruf vom Girokonto des Schuldners die fälligen Beträge abbuchen zu lassen. Das Lastschrifteinzugsverfahren bietet sich z. B. bei der Zahlung von Telefongebühren oder Zeitschriftenabonnements an. Bei irrtümlichen Abbuchungen kann der Schuldner innerhalb von sechs Wochen bei seinem Kreditinstitut Widerspruch einlegen und Zahlungen rückgängig machen.

Verrechnungsscheck

Haben Absender und Empfänger ein Konto, so kann statt eines Barschecks ein **Verrechnungsscheck** ausgestellt werden. Jeder Scheck wird durch die Aufschrift „Nur zur Verrechnung“ oder durch zwei Querstriche am oberen linken Rand zum Verrechnungsscheck. Verrechnungsschecks gelten als sicheres Zahlungsmittel. Sie werden nicht bar ausbezahlt, sondern in jedem Fall als Gutschrift auf ein Konto gebucht.

Kontoauszug

Mit dem **Kontoauszug** lassen sich alle Geldbewegungen kontrollieren. Im Kontoauszug ist das Datum festgehalten, an dem eine Gutschrift oder Belastung auf dem Girokonto erfolgt. Diese **Wertstellung** ist wichtig für die Verzinsung der Guthaben oder Schulden. Den meisten Girokontoinhabern bieten die Kreditinstitute die Möglichkeit an, ihr Konto bis zu einer vereinbarten Summe zu überziehen. Wird dieser **Dispositionskredit** in Anspruch genommen, werden oft hohe Zinsen fällig.

Zahlen mit Karte

Welche Vorteile bieten Kreditkarten für den Verbraucher?

Der Einsatz von Plastikgeld boomt; allein in Deutschland gab es Ende 2017 rund 100 Millionen Debitkarten. Die Anzahl der Kreditkarten lag bei rund 33 Millionen. Es lassen sich drei Kartenarten unterscheiden:

- **Kreditkarte**
- **Kundenkarte**
- **Debitkarte**

Kreditkarte

Kreditkarten (z. B. EuroCard, Visa) können bei einer Kreditkartenorganisation beantragt werden. Kreditwürdige Kunden erhalten gegen eine Jahresgebühr eine Karte ausgestellt. Mit dieser Karte und seiner Unterschrift kann der Karteninhaber seine Rechnung bei Vertragsunternehmen bargeldlos bezahlen. Viele Geschäfte, Hotels oder Fluglinien akzeptieren Kreditkarten als Zahlungsmittel. Von der Kreditkartenorganisation erhält der Karteninhaber monatlich eine Abrechnung; der Betrag wird vom Girokonto durch Lastschrifteinzugsverfahren abgebucht und dem Vertragsunternehmen gutgeschrieben. Hierfür müssen die Unternehmen, die Karten annehmen, eine Gebühr zahlen. Viele Kreditkartenorganisationen bieten in Verbindung mit der Karte weitere Leistungen an, z. B. Bargeldbeschaffung, Versicherungsleistungen und Rabatte.

Die **Kundenkarte** (z. B. Conrad, Ikea) ist eine Kreditkarte, die ein Unternehmen seinen Kunden ausstellt. Der Kunde kann damit nur bei diesem Unternehmen bargeldlos wie mit einer Kreditkarte einkaufen oder Leistungen in Anspruch nehmen.

Die **Debitkarte** (umgangssprachlich EC-Karte) ermöglicht bargeldloses Zahlen, Bargeldbeschaffung und die Benutzung von Geldautomaten. Außerdem kann mit der Debitkarte eine Abbuchung direkt über die Einkaufskasse erfolgen. Dazu muss der Karteninhaber seine Geheimnummer (PIN) an der Kasse eingeben oder den Abbuchungsbeleg unterschreiben. Auch kontaktloses Bezahlen ist mit Debitkarten möglich. Durch den integrierten Multifunktionschip wird die Debitkarte zur **Geldkarte**. Mit ihr ist es möglich, an Terminals der Kreditinstitute Geldbeträge auf die Karte zu „laden". Beim Bezahlen an der Kasse wird der Betrag von der Geldkarte abgebucht, ohne einen PIN-Code eingeben zu müssen. Dies bedeutet allerdings auch, dass bei Verlust der Debitkarte der gespeicherte Geldbetrag verloren ist.

kartensicherheit.de
Aufklärung, Vernetzung, Information

SOS-INFOPASS

SPERR-NOTRUF 116 116

Sperr Notruf	
in Deutschland	116 116[1]
aus anderen Ländern	+49 116 116[2]
oder	+49 30-4050 4050[2]

Gilt für alle girocards (ehemals ec-Karte) und für andere Karten, deren Herausgeber am Sperr-Notruf teilnehmen.

Halten Sie bei Anruf IBAN (alternativ Kontonummer und BLZ) und Kartennummer (für Kreditkarten) bereit.

Stellen Sie bei Diebstahl Strafanzeige bei der Polizei. Weitere Informationen unter www.kartensicherheit.de

Eigene Nummern

....

....

....

....

kartensicherheit.de
Aufklärung, Vernetzung, Information

SOS-INFOPASS

Alternativen

Mastercard	
in Deutschland	0800-8 191 040[1]
in den USA	+1 800-6 278 372[2]
außerhalb der USA	+1 636-7 227 111[2]
Visa	
in Deutschland	0800-8 118 440[1]
aus anderen Ländern	+1 303-9 671 096[3]
American Express	+49 69-97 971 000[1]
Diners Club	+49 69-900 150-135/-136

[1] Kostenfrei aus dem deutschen Festnetz
[2] Höhe der Gebühren abhängig vom ausländischen Anbieter/Netzbetreiber
[3] R-Gespräch bei Festnetz

Vorteile der Debitkarte

- In vielen Ländern akzeptiert, auch an Geldautomaten bzw. Bargeldschaltern
- Sehr einfache Handhabung (PIN-Eingabe genügt)
- Sicherer, da weniger Bargeld notwendig ist
- Unabhängig vom Bargeld, dadurch immer zahlungsfähig
- Währungsunabhängig, da in vielen Ländern Bargeld (auch außerhalb der EU) in der Landeswährung abgehoben werden kann
- Haftung bei Betrug nur bei fahrlässiger Verwendung der Debitkarte (Girocard)
- Keine Gebühr bei der Zahlung
- Meist nur geringe oder keine Kartengebühr
- Ausführliche Infos auf Kontoauszug

Nachteile der Debitkarte

- Überblick über Ausgaben geht schnell verloren
- Erhöhte Verschuldung durch Spontankäufe
- Nicht alle Geschäfte nehmen Debitkarten an (nur Akzeptanzstellen)
- Servicegebühren oder evtl. Jahresgebühr fallen an
- Bei Ausfall eines Terminals kein Geld zur Verfügung
- Girokonto wird sofort belastet
- Betrug durch Phishing der PIN-Nummer an Automaten
- Keine Haftungsübernahme bei fahrlässiger Aufbewahrung von Debitkarte und PIN

Kontaktlos zahlen

Kontaktloses Zahlen ist im Kommen. Mit Hilfe der sogenannten NFC-Technik kommunizieren Zahlmittel und Lesegerät kontaktlos miteinander. NFC ist ein internationaler Standard für die kabellose Datenübertragung über kurze Distanzen. Beim kontaktlosen Zahlen sind dies 4 cm.

Es gibt drei Möglichkeiten kontaktlos an der Kasse zu zahlen:
- **NFC-fähiges Smartphone**
- **Debitkarte**
- **Kreditkarte mit NFC-Chip**

Beim **NFC-fähigen Smartphone** sind die Bank- oder Kreditkartendaten in einem sicheren Bereich hinterlegt. Das Smartphone wird an das Terminal an der Kasse gehalten.

Die meisten Kredit- oder Debitkarten sind mit dem **NFC-Chip** ausgestattet, sodass auch diese Karten zum Kontaktlosen Zahlen verwendet werden können. Karten mit der NFC-Technik tragen das „Kontaklos zahlen - Wellensymbol".

Kontaktloses Zahlen ist bisher nur bei einem Einkauf bis maximal 25,00 € möglich. Ist der Betrag höher, ist die Eingabe der PIN erforderlich.

Kontaktloses Bezahlen per Kreditkarte und NFC

Voraussetzung	**Karte anhalten**	**Bestätigung/PIN**	**Abschluss**
Achten Sie auf das „Kontaktlos"-Symbol (meist im Kassenbereich des Geschäfts).	Halten Sie die Karte mit einem maximalen Abstand von 4 cm vor das Zahlungsgerät.	Ein Signalton bestätigt die Zahlung. Beträge über 25,00 € erfordern die Eingabe Ihrer PIN.	Das Display zeigt an, dass der Zahlungsvorgang erfolgreich abgeschlossen wurde.

1. Nennen Sie die wichtigsten Zahlungsmittel.
2. Erklären Sie die Begriffe „bar“, „halbbar“ und „bargeldlos“.
3. Nennen Sie die wesentlichen Bestandteile, die eine Quittung enthalten muss.
4. a) Wann werden Express-Brief oder Western Union Geldtransfer benutzt?
   b) Zu welcher Zahlungsart gehören sie?
5. Wer benötigt bei folgenden Zahlungsvorgängen ein Konto?
   a) Zahlschein b) Barscheck c) Verrechnungsscheck d) Express-Brief
6. Erläutern Sie die Unterschiede zwischen Barscheck und Verrechnungsscheck.
7. Weshalb ist bei der Bezahlung mit Debitkarte (Girocard) eine Unterschrift oder die PIN-Nummer erforderlich?
8. Erklären Sie den Unterschied zwischen Kredit- und Kundenkarte.
9. Warum werden im bargeldlosen Zahlungsverkehr überwiegend Überweisungen getätigt?
10. Erklären Sie den Unterschied zwischen Dauerauftrag und Lastschriftverfahren. Führen Sie Beispiele an.
11. Entscheiden Sie, welche Zahlungsmöglichkeiten in den folgenden Fällen sinnvoll sind:
    a) Sie wollen die laufende Stromrechnung bezahlen.
    b) Sie kaufen im Lebensmittelgeschäft für 75,00 € ein.
    c) Einem Bekannten wollen Sie 450,00 € in bar schicken.
    d) In der Auslage eines Geschäftes sehen Sie einen Mantel für 194,00 €. Sie haben allerdings nicht genügend Bargeld dabei.
    e) Sie haben die Rechnung der letzten Kfz-Reparatur über 309,00 € erhalten.
    f) Sie machen Urlaub in Frankreich.
12. „Die Geldkarte sollte wie Bargeld behandelt werden.“ Erläutern Sie die Aussage.
13. Erläutern Sie die Abkürzungen IBAN und BIC.
14. Erläutern Sie den Ablauf einer kontaktlosen Zahlung.

9.3 Onlinebanking

Nutzung von Online-Banking

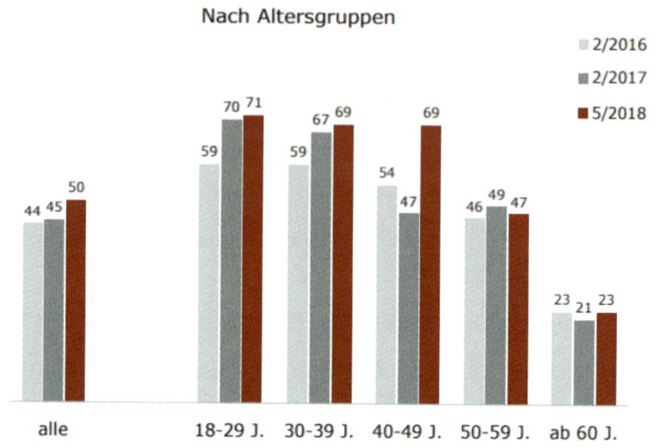

Quelle: Bankenverband/GfK; Juni 2018; Angaben in Prozent.

Vgl. Bankenverband/GfK; Februar 2017; Angaben in Prozent.

1. **Weshalb nutzen die 25- bis 39-Jährigen Onlinebanking sehr häufig?**
2. **Weshalb nutzt insgesamt immer noch weniger als die Hälfte der Gesamtbevölkerung Onlinebanking?**
3. **Wo liegen die Vorteile und Risiken des Onlinebanking?**

Onlinebanking bietet die Möglichkeit, bankbezogene Geldgeschäfte bequem und schnell von zu Hause aus durchzuführen. Alltägliche Transaktionen rund um das Girokonto lassen sich durch das Onlinebanking vom PC über das Internet einfacher und schneller abwickeln. Der Kontoinhaber hat jederzeit einen Überblick über den Kontostand, kann die Geldeingänge online überprüfen, Überweisungen am PC vornehmen und das Geldinstitut anweisen, Daueraufträge durchzuführen. Geldbeträge auf Tagesgeld- und Festgeldkonten zu überweisen ist möglich, ohne den Bankschalter aufzusuchen. Öffnungszeiten spielen dabei keine Rolle mehr.

Um Onlinebanking zu nutzen, sind persönliche Zugangsdaten von der Bank notwendig. Über das Internet kann man sich mithilfe der Zugangsdaten anmelden.

Mit der Eingabe einer geheimen Nummer, der PIN (Persönliche Identifikationsnummer), erfolgt der Zugriff auf das Online-Bankkonto. Nachdem ein Geldgeschäft in Auftrag gegeben wird oder die persönlichen Daten geändert werden, ist eine zusätzliche Legitimation erforderlich. Diese erfolgt über einen sechsstelligen Code, der als TAN (Transaktionsnummer) bezeichnet wird. Die TAN ersetzt die Unterschrift und ist nur für ein einziges Bankgeschäft gültig.

Da die gesamte Datenübertragungen beim Onlinebanking zur Sicherheit verschlüsselt erfolgt, ist hier eine Manipulation durch Dritte nur mit einem erheblichen Aufwand möglich. Die Schwachstelle ist jedoch der private PC. Da der private Internetzugang nicht immer ausreichend geschützt ist, haben die Banken verschiedene Sicherungsverfahren entwickelt.

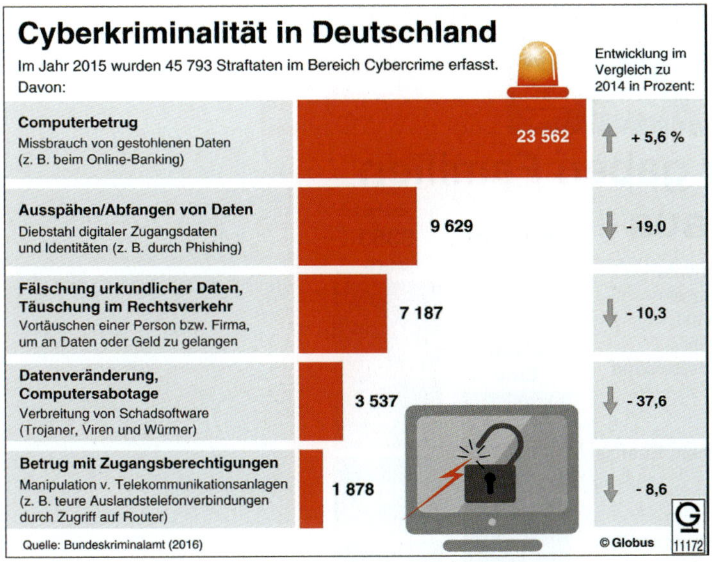

Folgende Verfahren kommen zur Anwendung:

mobileTAN bzw. smsTAN

Das **mobileTAN-Verfahren** bietet die Möglichkeit, die Transaktionsnummer (TAN) mit dem Handy zu empfangen. Jede mobileTAN gilt nur für einen bestimmten Auftrag. Die mobileTAN wird an eine zuvor festgelegte Mobilfunknummer übermittelt. Die Gültigkeit der TAN ist zeitlich begrenzt. Das Onlinebanking sollte nicht gleichzeitig über das Smartphone abgewickelt werden, da der Internetzugang meist nicht ausreichend geschützt ist.

chipTAN

Für die Nutzung des **chipTAN-Verfahrens** wird ein internetfähiger chipTAN-Generator benötigt. Mit einem dynamischen TAN-Generator und der Bank-Card wird die TAN für das Onlinebanking generiert. Auch hier ist durch die zeitlich begrenzte Gültigkeit der chipTAN die Sicherheit gewährleistet. Ein Missbrauch ist nicht möglich, da die chipTAN nur für einen Auftrag gültig ist. Mit dem TAN-Generator kann das Konto auch unterwegs genutzt werden.

HBCI-Chipkarte

Der in Deutschland entwickelte **HBCI-Standard** (HBCI = Home Banking Computer Interface) zur Abwicklung von Bankgeschäften im Internet macht durch das Zusammenspiel von Chipkarte, Kartenleser und persönlicher Geheimzahl Onlinebanking besonders sicher. Beim Onlinebanking mit der HBCI-Chipkarte wird die PIN über den Chipkartenleser eingegeben. Somit können Trojaner und Viren, die vielleicht auf dem PC lauern, persönliche Daten nicht ausspähen.

1. **Erklären Sie die Abkürzungen „PIN" und „TAN".**
2. **Was ist erforderlich, um am Online-Banking teilzunehmen?**

10 Verwendung des Einkommens

10.1 Sparen und Konsumieren

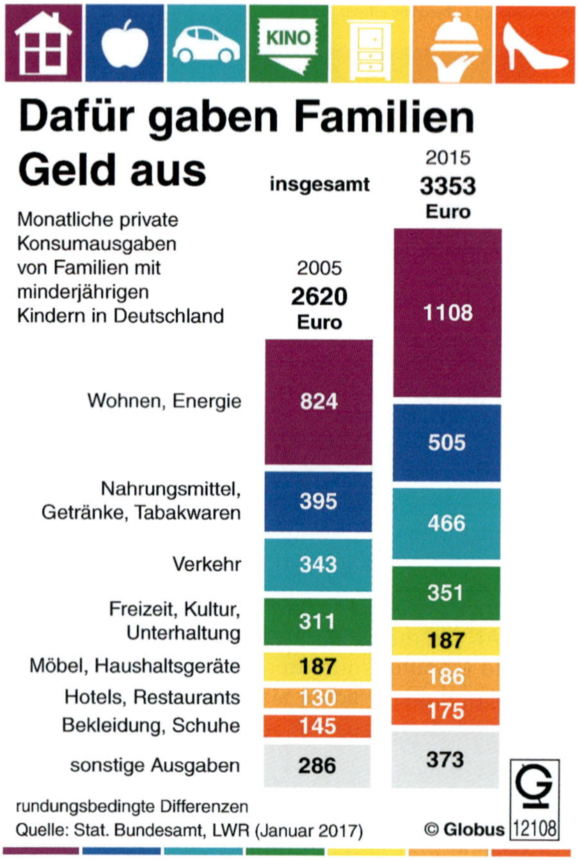

1. **Bei welchen Ausgaben können die Haushalte selbst wenig, bei welchen mehr Einfluss nehmen?**
2. **Für was geben Sie Ihr Einkommen aus? Listen Sie Ihre Ausgabenposten auf.**

Über die Verwendung ihres Einkommens können die Haushalte selbst entscheiden. Allerdings fallen bestimmte Ausgaben wie z. B. für Nahrungsmittel, Wohnung und Kleidung in jedem Haushalt an; diese Grundbedürfnisse zwingen die Haushalte, bestimmte Summen für diesen Zweck bei der Einkommensverwendung einzuplanen. Wie viel der einzelne Haushalt an Verbrauchs- und Gebrauchsgütern konsumiert, hängt vom Lebensstandard und den jeweiligen Bedürfnissen ab.

Sparen und Sparquote

Indem die Haushalte vorübergehend auf Konsum verzichten, können sie einen Teil ihres Einkommens sparen. Die jährliche Sparquote in der Bundesrepublik Deutschland liegt bei gut 10 %.

Viel sparen kann nur, wer viel verdient. Die Sparfähigkeit ist aber nicht allein vom Einkommen abhängig. Die wirtschaftlichen Verhältnisse (z. B. Preise, Zinsen, Löhne), zukünftige Ziele und der Wille zum Sparen beeinflussen ebenfalls die Sparquote.

Spargründe

Die Beweggründe zu sparen sind vielschichtig.

Zwecksparen

Bei größeren Anschaffungen (Auto, Hausbau) oder Ausgaben (Urlaub) ist es notwendig, über einen längeren Zeitraum Geldmittel vom verfügbaren Einkommen anzusparen. Nur so sind diese Anschaffungen und Ausgaben in der Regel zu finanzieren.

Vermögensbildung

Spargelder können der Geldanlage dienen. Für die Kapitalanlage erwartet der Sparer eine Verzinsung und damit ein zusätzliches Einkommen. Der Staat unterstützt die Vermögensbildung von Haushalten mit niedrigem Einkommen, indem er Sparprämien zahlt.

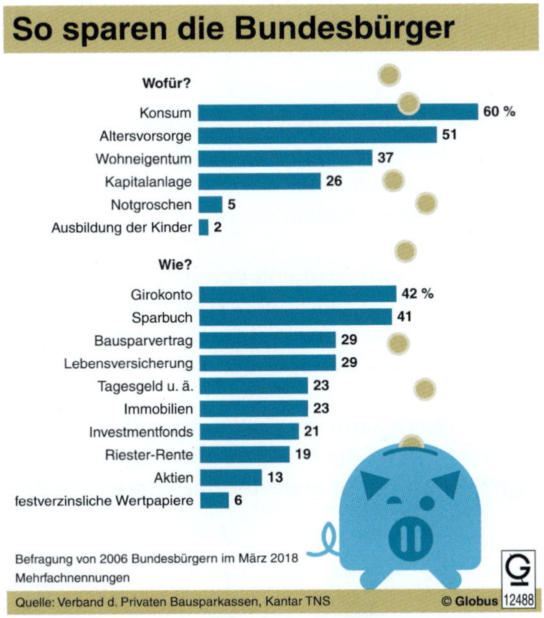

Vorsorgesparen

Für Notsituationen, für das Alter oder für die Aus- und Weiterbildung der Kinder werden Spargelder bei Versicherungen oder Banken angelegt. Der Beweggrund zum Sparen ist hier vor allem das Bedürfnis nach Sicherheit.

1. **Was heißt „Sparen"?**
2. **Wodurch wird die Sparquote beeinflusst?**
3. **Nennen Sie Beweggründe für das Sparen.**
4. **Erklären Sie, was mit dem Begriff „Sparwille" gemeint ist.**

10.2 Anlageformen und Vermögensbildung

Karin hat 20 000,00 € von ihrer Tante geerbt. Sie möchte das Geld anlegen. Bei ihrem Kreditinstitut lässt sie sich von einer Mitarbeiterin beraten. Die Mitarbeiterin erklärt Karin, dass die Form der Geldanlage von mehreren Fragen abhängt. Zunächst sollte sich Karin überlegen, ob sie das Geld nicht in Kürze wieder für Ausgaben benötige. Davon hänge es ab, ob sie ihr Geld kurz- oder langfristig anlegen kann. Je nach der Art der Kapitalanlage, z. B. Aktien oder Bundesschatzbriefe, sei das Risiko unterschiedlich hoch. Wer viel wage, könne zwar viel gewinnen, aber auch viel verlieren. Die Vermögensberaterin erläutert Karin auch, dass sie vom Staat für bestimmte Anlagen eine Sparförderung in Anspruch nehmen kann.

1. **Über welche Fragen muss sich Karin vor der Geldanlage Gedanken machen?**
2. **Welche Folgen hat eine langfristige Geldanlage?**
3. **Wieso besteht bei der Anlage in Aktien oder Bundesschatzbriefen ein unterschiedliches Risiko?**

Wer sparen und Geld anlegen will, sollte sich beraten lassen. Geld anlegen kann der Sparer nicht nur bei Sparkassen und Banken, sondern z. B. auch bei Versicherungen oder Bausparkassen. Welche Anlageform für den einzelnen Sparer die richtige ist, hängt von drei Überlegungen ab:

Anlagekriterien: Verfügbarkeit, Sicherheit, Ertrag

1. **Wie lange kann der Sparer darauf verzichten, sofort über sein Geld zu verfügen?**
2. **Wie hoch ist die Risikobereitschaft des Anlegers?**
3. **Welchen Ertrag erwartet der Sparer von der Geldanlage?**

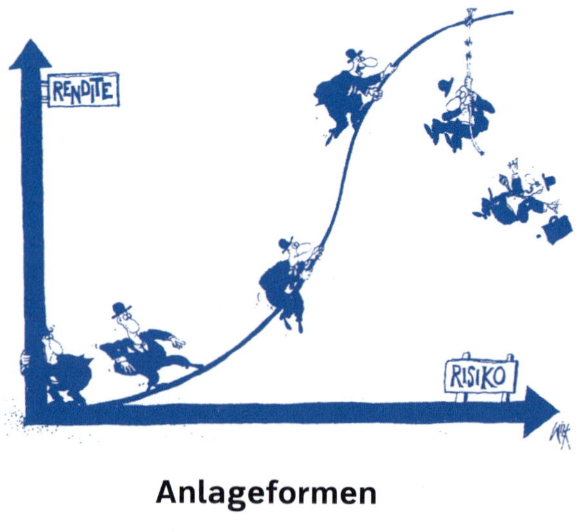

Diese Anlagekriterien sind miteinander verknüpft. So bringen langfristige Anlagen größere Zinserträge als Anlagen, über die der Sparer kurzfristig verfügen kann.

Bei risikoreicheren Anlagen ohne Ertragsgarantie sind hohe Gewinne, aber auch Verluste möglich.

Die wichtigsten Anlageformen der privaten Haushalte sind: Spareinlagen und Termingelder (29 %), Versicherungssparen (22 %), Rentenpapiere (17 %) und Aktien (9 %).

Anlageformen

Spareinlagen

Sparbuch

Das „klassische" Sparbuch ist noch immer eine beliebte Sparform. Bei Spareinlagen mit gesetzlicher Kündigungsfrist von drei Monaten darf der Sparer bei vielen

Banken und Sparkassen pro Monat höchstens 2 000,00 € abheben. Sonst muss er „Strafzinsen" zahlen. Die schnelle Verfügbarkeit wird allerdings nur niedrig verzinst. Besser verzinst werden Sparkonten mit länger vereinbarter Kündigungsfrist.

Termingelder, Sparbrief und Bundesobligationen

Festgeld

Bei Termingeldern stellt der Sparer der Bank einen Geldbetrag für eine festgelegte Zeit (30, 90, 180 Tage) zur Verfügung. Dieses „Festgeld" steht am Ende der Laufzeit mit den Zinsen dem Sparer wieder zur freien Verfügung. Das kurzfristige „Parken" von Geldern auf Festgeldkonten bringt mehr Zinsen als das Girokonto.

Sparbrief

Viele Kreditinstitute bieten ihren Kunden, die mit dem Ertrag auf dem normalen Sparbuch nicht zufrieden sind, die Risiken von Anleihen oder Aktien jedoch scheuen, Sparbriefe an. Der Sparbrief garantiert über die gesamte Laufzeit einen festen Zins. Der Sparer kann erst nach Ende der Laufzeit über sein Geld verfügen.

Bundesobligationen

Nicht nur die Kreditinstitute, sondern auch der Staat bietet Sparern die Möglichkeit, Geld anzulegen. Um ihre Schulden finanzieren zu können, verkauft die Bundesrepublik Deutschland Bundesobligationen. Die Laufzeit beträgt sechs oder sieben Jahre. Der Zinssatz steigt mit der Laufzeit.

Rentenpapiere

Rentenpapiere

Der Geldanleger erwirbt über sein Kreditinstitut festverzinsliche Wertpapiere, z. B. Bundesanleihen, Pfandbriefe oder Obligationen. Das Kreditinstitut kauft für den Sparer die Rentenpapiere an der Wertpapierbörse. Die im Wertpapier verbriefte Geldschuld wird mit einem festen Zinssatz verzinst. Kauf und Verkauf der Wertpapiere sind jederzeit zum Tageskurs möglich.

Aktien und Aktienfonds

Aktien

Über sein Kreditinstitut kauft der Anleger Aktien an der Aktienbörse zum aktuellen Kurswert. Damit erwirbt er Anteile an Aktiengesellschaften. Aktieninhaber haben ein höheres Risiko. Der Kurs richtet sich nach Angebot und Nachfrage, die Verzinsung (Dividende) nach der Geschäftsentwicklung der AG. Durch Anteile an Aktienfonds kann das Kursrisiko begrenzt werden.

Versicherungssparen

Versicherungssparen

Die Kapitallebensversicherung ist die typische Form des Versicherungssparens. Der Versicherte zahlt monatlich einen festen Betrag und erhält am Ende der vereinbarten Laufzeit die Beiträge mit den Gewinnanteilen ausbezahlt. Andere Formen des Versicherungssparens sind Ausbildungs- und Aussteuerversicherung.

Bausparen

Bausparen

Für Sparer, die in der Zukunft ein Grundstück, Haus oder eine Wohnung erwerben bzw. modernisieren wollen, sind Bausparverträge eine gute Finanzierungsgrundlage. Der Bausparer schließt mit einer Bausparkasse einen Vertrag über eine bestimmte Bausparsumme ab. Der Sparer zahlt regelmäßig Beiträge auf seinen Bausparvertrag ein. Nachdem er einen Anteil der Bausparsumme eingezahlt hat, erfolgt die Zuteilung. Der Sparer und Bauherr kann sich die gesamte Bausparsumme auszahlen lassen; das zugeteilte Darlehen erhält er zu einem günstigen Zinssatz.

Sparförderung

Förderbeträge und Einkommensgrenzen

Anlageform	staatliche Förderung	maximales zu versteuerndes Einkommen (Ehepaare doppelte Beträge)	Höhe der Förderung im Jahr (Ehepaare doppelte Werte)
Banksparplan	keine		
Bausparvertrag	Arbeitnehmer-sparzulage	17 900,00 €	9 % der eingezahlten Summe, höchstens 43,00 €
	Wohnungs-bauprämie	25 600,00 €	8,8 % der eingezahlten Summe, höchstens 45,00 €, VL werden nicht angerechnet
Tilgung eines Baukredits	Arbeitnehmer-sparzulage	17 900,00 €	9 % der eingezahlten Summe, höchstens 43,00 €
Sparplan für Aktienfonds	Arbeitnehmer-sparzulage	20 000,00 €	20 % der eingezahlten Summe, maximal 80,00 €

Sparen ist für die gesamte Volkswirtschaft von Bedeutung. Spargelder stehen der Wirtschaft als Kredite für Investitionen zur Verfügung. Deshalb fördert der Staat bestimmte Sparformen durch Steuervergünstigungen sowie durch Sparprämien.

Zinsen aus Kapitalvermögen sind einkommensteuerpflichtig. Durch den Sparerpauschbetrag sind Zinsen bis zu einer Höhe von 801,00 € (ledig) bzw. von 1 602,00 € (verheiratet) steuerfrei.

Wohnungsbauprämie

Steuerlich begünstigt werden in der Einkommensteuererklärung Bausparbeiträge, die als Sonderausgaben geltend gemacht werden können. Bis zu einer bestimmten Einkommensgrenze kann der Bausparer anstatt der Sonderausgaben eine Wohnungsbauprämie beantragen.

Arbeitnehmersparzulage

Der Staat fördert die Vermögensbildung in Arbeitnehmerhand durch Arbeitnehmersparzulagen. Die Arbeitnehmersparzulage erhalten Arbeitnehmer, wenn ihr Einkommen 20 000,00 € (ledig) bzw. 40 000,00 € (verheiratet) nicht übersteigt. In vielen Tarifverträgen ist festgelegt, dass der Arbeitgeber sich an der Vermögensbildung des Arbeitnehmers durch einen Zuschuss beteiligt.

1. **Nach welchen Anlagekriterien sollte sich der Sparer richten?**
2. **Weshalb haben die meisten Sparer ein Sparbuch?**
3. **Welche Sparform ist in den folgenden Fällen sinnvoll? Begründen Sie.**
   a) **Sie wollen für ein neues Auto sparen.**
   b) **Im Sommer möchten Sie eine Weltreise machen.**
   c) **Herr und Frau Klein wollen für die Ausbildung ihrer Kinder vorsorgen.**
   d) **Sie wollen für Ihr Geld einen möglichst hohen Ertrag erzielen.**
   e) **Sie haben 8 000,00 € zur Verfügung. In drei Monaten wollen Sie eine größere Anschaffung tätigen.**
4. **Wie fördert der Staat das Bausparen?**
5. **Weshalb lohnt sich für die Arbeitnehmer das vermögenswirksame Sparen?**

Die Sparbank informiert

Unser Onlinebanking im Unternehmen

Bankgeschäfte und Beratung per Computer. Wir bieten spezielle PC-Programme für individuelle Problemlösungen – von Software für die elektronische Abwicklung des Inlandszahlungsverkehrs bis hin zu Programmen für die Finanz- und Liquiditätsplanung. Fragen Sie uns einfach.

Ihre Sparbank

A Ein Werbesprospekt und Infoblatt erstellen

Die Banken und Sparkassen entwickeln die Möglichkeiten des Onlinebankings immer weiter.
Entwerfen Sie ein Werbefaltblatt oder eine Werbeanzeige der Bank über die Leistungen des Onlinebankings.

Gestalten Sie ein Informationsblatt der Verbraucherzentrale über die Möglichkeiten und Risiken des Onlinebankings.

B Die Allgemeinen Geschäftsbedingungen studieren

Besorgen Sie sich die Allgemeinen Geschäftsbedingungen (AGB) Ihrer Bank oder Sparkasse. Erarbeiten Sie die wichtigsten Bestimmungen zur Debitkarte und machen Sie sich Notizen.

Bilden Sie in der Klasse einen Doppelkreis.

Informieren Sie sich gegenseitig mithilfe Ihrer Notizen über die Geschäftsbedingungen.

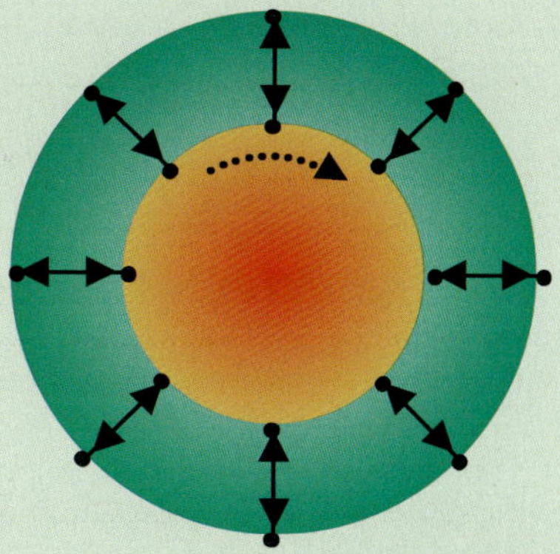

C Einen Vergleichstest durchführen

Sie wollen für sich eine Kreditkarte beantragen. Dazu vergleichen Sie die verschiedenen Angebote der Kreditkarten-Unternehmen.

Holen Sie sich von mehreren Kreditkarten-Unternehmen Angebote ein. Werten Sie die Angebote aus und fassen Sie die Ergebnisse übersichtlich zusammen. Die Übersicht soll in einer Verbraucherzeitschrift veröffentlicht werden.

D Service-Leistungsvergleich

Banken und Sparkassen verlangen unterschiedliche Gebühren bei unterschiedlichen Leistungen. Um als Kunde das „richtige“ Kreditunternehmen zu finden, ist ein Service-Leistungsvergleich sinnvoll.

Besorgen Sie sich die Gebührenordnungen verschiedener Kreditinstitute und vergleichen Sie Leistungen und Kosten.

E Ein Haushaltsbuch führen

Verschaffen Sie sich einen Überblick über Ihre Einnahmen und Ausgaben.

Erstellen Sie dazu ein Haushaltsbuch und erfassen Sie über einen längeren Zeitraum Ihre Einnahmen und Ausgaben.

Stellen Sie die einzelnen Posten grafisch dar, z. B. in einem Balken- oder Kreisdiagramm.

F Rollenspiel Anlageberatung

Wer sparen und Geld anlegen will, sollte sich beraten lassen. Wichtige Anlagekriterien sind dabei die Verfügbarkeit, die Sicherheit und der Ertrag des angelegten Geldes.

Informieren Sie sich in arbeitsteiligen Gruppen über die verschiedenen Anlageformen.

Führen Sie in den Rollen „Anlageberater“ und „Kunde“ ein Beratungsgespräch durch.

G Einen Werbespot produzieren

„Bausparen ist Sparen für die Zukunft.“

Produzieren Sie einen Werbespot für Rundfunk oder Fernsehen, in dem die Vorzüge des Bausparens herausgestellt werden.

H Multiple-Choice-Aufgaben erstellen

Das Kapitel „Zahlungsverkehr“ ist Gegenstand von Tests, Klassenarbeiten und Abschlussprüfungen.

Erstellen Sie in Gruppenarbeit zu diesem Themenbereich Multiple-Choice-Aufgaben.

Konsument und Produzent im Wirtschaftsleben

11 Rechts- und Geschäftsfähigkeit

Hanna (15) hat sich bei der Firma Schwarz GmbH um einen Ausbildungsplatz als Kommunikationselektronikerin beworben. Nach Einstellungstest und Vorstellungsgespräch hat sie heute folgendes Schreiben der Schwarz GmbH erhalten:

SCHWARZ GMBH Weimar

Schwarz GmbH, Dresdner Str. 66, 99425 Weimar

Frau
Hanna Unger
Mannheimer Str. 9
99425 Weimar

Ihre Zeichen, Ihre Nachricht vom	Unser Zeichen, unsere Nachricht vom		Tel.-Durchwahl 02643 342209	– Weimar
	pa/en	17.12.20..	231	14.10.20..

Ausbildung zur Elektronikerin für Geräte und Systeme

Sehr geehrte Frau Unger,

aufgrund unseres Einstellungsgesprächs vom 17. Dezember .. in unserem Hause möchten wir Ihnen heute mitteilen, dass wir Sie zum 1. August gerne zur Ausbildung als Elektronikerin für Geräte und Systeme in unserer Firma begrüßen würden.
Bitte vereinbaren Sie in den nächsten Tagen einen Termin mit unserer Personalleiterin, Frau Engelhardt. Sie wird mit Ihnen weitere Einzelheiten im Zusammenhang mit dem Ausbildungsvertrag besprechen.

Mit freundlichen Grüßen

B. Kupisch
B. Kupisch
(Geschäftsführung)

Hanna freut sich über die positive Entscheidung der Firma Schwarz GmbH. Sie stellt sich jedoch zwei Fragen:

1. **Mit wem schließe ich meinen Ausbildungsvertrag ab, mit der GmbH oder mit Frau Kupisch?**
2. **Müssen meine Eltern den Ausbildungsvertrag auch unterschreiben?**

Diese beiden Fragen berühren zwei wesentliche Grundsätze von Rechtsgeschäften: die **Rechts-** und die **Geschäftsfähigkeit**. Wer sich rechtswirksam äußern, also Rechtsgeschäfte abschließen will, muss rechts- und geschäftsfähig sein. Die gesetzliche Grundlage dafür ist das Bürgerliche Gesetzbuch (BGB), das die bürgerlichen Rechte wie Vertrags-, Eigentums-, Familien- und Erbrecht regelt. In seinem „Allgemeinen Teil" sind die Rechtsgrundsätze für alle Rechtsgebiete aufgestellt. Hier finden sich auch die Antworten auf Hannas Fragen.

Bürgerliches Gesetzbuch (BGB)

Während die rechtlichen Beziehungen zwischen Privatpersonen untereinander oder zwischen Privatpersonen und Kaufleuten das BGB regelt, gilt für Rechtsgeschäfte zwischen Kaufleuten zusätzlich das Handelsgesetzbuch (HGB).

Handelsgesetzbuch (HGB)

11.1 Rechtsfähigkeit

Hannas erste Frage, mit wem sie den Ausbildungsvertrag abschließt, berührt die Frage nach der Rechtsfähigkeit. Rechtsfähigkeit ist die Fähigkeit, Rechte und/oder Pflichten wahrzunehmen. So hat Hanna als Auszubildende z. B. das Recht auf eine angemessene Ausbildung und eine Ausbildungsvergütung. Gleichzeitig wird sie als Auszubildende auch Pflichten nachkommen müssen, z. B. der Pflicht zum Berufsschulbesuch oder der Pflicht, über Geschäftsgeheimnisse Stillschweigen zu bewahren.

Träger von Rechten und Pflichten sind Personen. Nach der bestehenden Rechtsordnung wird zwischen natürlichen und juristischen Personen unterschieden.

Beginn und Ende der Rechtsfähigkeit

Natürliche Personen sind alle Menschen. Die Rechtsfähigkeit des Menschen beginnt mit seiner Geburt und endet mit dem Tod.

Juristische Personen sind aufgrund von Gesetzen Träger von Rechten und Pflichten. Die „Geburt“ beginnt mit der Eintragung in ein entsprechendes Register, z. B. in das Vereins-, Handels- oder Genossenschaftsregister. Die Rechtsfähigkeit von juristischen Personen endet mit der Streichung aus dem Register, z. B. bei Auflösung oder Insolvenz. Auch die Körperschaften des öffentlichen Rechts, z. B. Handwerks- und Handelskammern, sind juristische Personen.

Hanna schließt also mit der Schwarz GmbH den Ausbildungsvertrag ab. Die GmbH als juristische Person wird durch den Geschäftsführer vertreten.

Auszug aus dem Handelsregister

Amtsgericht Weimar Thür.

R B 3680 We – 9.11.10 Schwarz GmbH, in Weimar, Dresdner Straße 66. Gegenstand des Unternehmens: Durchführung von Elektroinstallationen, Schaltanlagenbau, Bau von Steuerungsanlagen, Antennenanlagenbau und Verkauf von Elektrogeräten aller Art. Stammkapital: 25 000,00 €. Geschäftsführer: Bodo Kupisch, Elektromeister in Weimar.

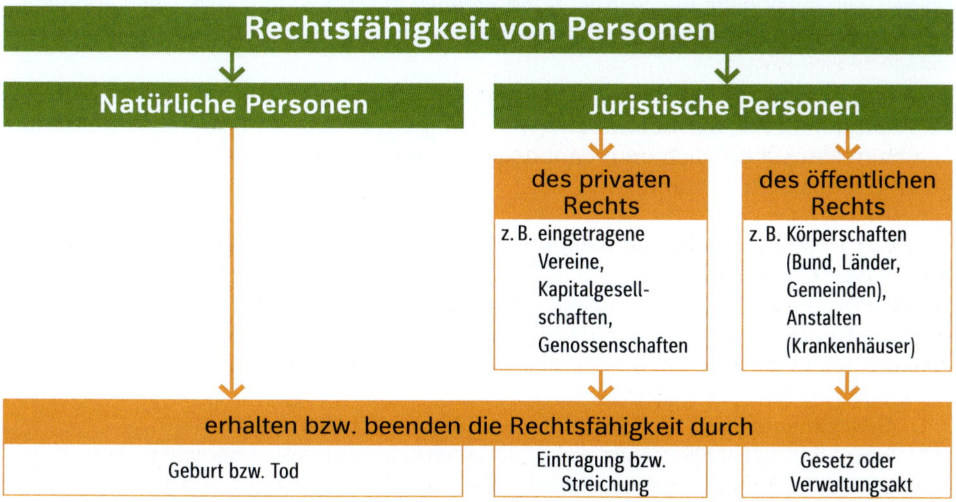

11.2 Geschäftsfähigkeit

A Die Ausbildungszeit beträgt nach der Ausbildungsordnung

42 Monate.

☐ Es wird eine Verkürzung der Ausbildungszeit um ___ Monate beantragt

Verkürzungsgrund:

Das Berufsausbildungsverhältnis beginnt am 31.08.2019 und endet am 31.01.2023.

B Die Probezeit (Nr. 1.2) beträgt 4 Monate.[3)]

C Die Ausbildung findet statt in [Name/Anschrift der Ausbildungsstätte(n)]

und den mit dem Betriebssitz für die Ausbildung üblicherweise zusammenhängenden Bau-, Montage- und sonstigen Arbeitsstellen statt.

D Ausbildungsmaßnahmen außerhalb der Ausbildungsstätte(n) sind für den folgenden Zeitraum in der/den folgenden Ausbildungsstätte(n) vorgesehen (hierzu zählen auch Auslandsaufenthalte) (Nr. 3.12):

E Der/Die Ausbildende zahlt dem/der Auszubildenden eine angemessene Vergütung (Nr. 5); diese beträgt zurzeit monatlich brutto

€	889,00	940,00	998,00	1055,00
im	ersten	zweiten	dritten	vierten

Ausbildungsjahr.

F Die regelmäßige Ausbildungszeit in Stunden beträgt täglich[4)] 8,00 und wöchentlich ___.

Teilzeitausbildung wird beantragt (Nr. 6.2): ja ☐ nein ☐

1) Vertretungsberechtigt sind beide Eltern gemeinsam, soweit nicht die Vertretungsberechtigung nur einem Elternteil zusteht. Ist ein Vormund bestellt, so bedarf dieser zum Abschluss des Ausbildungsvertrages der Genehmigung des Vormundschaftsgerichtes.
2) Solange die Ausbildungsordnung nicht erlassen ist, sind gem. § 104 Abs. 1 BBiG die bisherigen Ordnungsmittel anzuwenden.
3) Die Probezeit muss mindestens einen Monat und darf höchstens vier Monate betragen.
4) Das Jugendarbeitsschutzgesetz sowie für das Ausbildungsverhältnis geltende tarifvertragliche Regelungen und Betriebsvereinbarungen sind zu beachten.

G Es besteht ein Urlaubsanspruch

im Kalenderjahr	2019	2020	2021	2022	2023
Werktage	13,00	27,00	25,00	24,00	2,00
Arbeitstage					

H Der Ausbildungsnachweis wird wie folgt geführt: schriftlich ☐ elektronisch ☐

I Hinweise auf anzuwendende Tarifverträge und Betriebsvereinbarungen; sonstige Vereinbarungen (Nr. 11):

J Die umseitigen Bestimmungen sind Gegenstand dieses Vertrages und werden anerkannt.

Ort, Datum: Weimar, 20.01.2019

Der/Die Ausbildende:

Dieter Scholl

Stempel und Unterschrift

Der/Die Auszubildende:

Hanna Unger

Vor- und Familienname

Der/Die gesetzlichen Vertreter/in des/der Auszubildenden:

Katrin Unger Markus Unger

Vater und Mutter/Vormund

Hanna (15) ist rechtsfähig. Warum müssen dennoch auch Nicoles Eltern den Ausbildungsvertrag mit der Schwarz GmbH unterschreiben?

Der Abschluss des Ausbildungsvertrages ist ein Rechtsgeschäft. Wer Rechtsgeschäfte tätigen will, muss nicht nur rechts-, sondern auch geschäftsfähig sein. Geschäftsfähigkeit ist die Fähigkeit, Rechtsgeschäfte **selbstständig** und **gültig** abschließen zu können.

Während juristische Personen, also auch die Schwarz GmbH, die Geschäftsfähigkeit zusammen mit der Rechtsfähigkeit erlangen, richtet sich die Geschäftsfähigkeit beim Menschen nach dem Lebensalter und in besonderen Fällen nach seinem geistig-seelischen Zustand.

Stufen der Geschäftsfähigkeit

Rechtsgeschäfte und Verträge beinhalten immer auch Rechtsfolgen und Verpflichtungen, die ein Kind oder Jugendlicher nur schwer abschätzen kann. Junge Leute müssen also vor unüberlegten Rechtsgeschäften geschützt werden und bekommen erst allmählich für ihr Tun und Handeln die volle Verantwortung übertragen. Aus diesem Grunde erwirbt der Mensch in drei (Alters-)Stufen die volle Geschäftsfähigkeit:

1. Geschäftsunfähig	**bis zum 7. Lebensjahr**
2. Beschränkt geschäftsfähig	**vom 7. bis zum 18. Lebensjahr**
3. Voll (unbeschränkt) geschäftsfähig	**mit Vollendung des 18. Lebensjahres**

Geschäftsunfähigkeit

Geschäftsunfähige Personen können keine gültigen Rechtsgeschäfte abschließen, d. h., Rechtsgeschäfte sind von Anfang an nichtig.

Geschäftsunfähig sind:

- **Kinder, die das 7. Lebensalter noch nicht vollendet haben;**
- **Personen, die sich in einem die freie Willensbestimmung ausschließenden Zustand krankhafter Störung der Geistestätigkeit befinden, sofern dieser nicht vorübergehend ist.**

Für diese Personen handelt der jeweilige gesetzliche Vertreter: für das Kind die Erziehungsberechtigten, für Menschen mit einer Störung der Geistestätigkeit der Betreuer.

Beispiel: Ein sechsjähriges Kind kauft sich im Musikladen eine CD.

Der Kaufvertrag ist ungültig, da das Kind geschäftsunfähig ist. Ein Elternteil müsste für das Kind die CD erwerben. Eine andere Situation entsteht, wenn das Kind auf Veranlassung der Mutter im Geschäft die CD kauft. In diesem Falle wäre der Kaufvertrag gültig, weil das Kind sozusagen als „Bote" der Mutter handelt. Vertragspartner wären dann der Geschäftsinhaber und die Mutter.

Beschränkte Geschäftsfähigkeit

Bei beschränkt geschäftsfähigen Personen ist es erforderlich, dass der gesetzliche Vertreter seine Zustimmung zu Rechtsgeschäften gibt.

Beschränkt geschäftsfähig sind:

- **Minderjährige über 7 Jahre;**
- **Erwachsene, für die ein Betreuer bestellt und ein sogenannter Einwilligungsvorbehalt angeordnet wurde.**

Beispiel: Die 16-jährige Birgit kauft ein Mofa für 1 800,00 €.

Der Kaufvertrag ist nur dann gültig, wenn der gesetzliche Vertreter zustimmt. Die Zustimmung kann durch Einwilligung (vorherige Zustimmung) oder durch Genehmigung (nachträgliche Zustimmung) erfolgen. Als Zustimmung gilt auch, wenn der gesetzliche Vertreter gar nichts unternimmt

?

Hanna (15) ist beschränkt geschäftsfähig. Deshalb müssen die Eltern ihren Ausbildungsvertrag mit unterschreiben.

a) Wie verhält es sich, wenn Hanna mit ihrer Chefin eine Vereinbarung über Urlaub und Arbeitszeit treffen möchte? Muss sie in diesem Fall auch ihre Eltern bemühen?

b) Was ist mit Hannas Ausbildungsvergütung? Darf sie mit ihrem Geld kaufen, was sie möchte?

Bestimmte Rechtsgeschäfte darf der beschränkt Geschäftsfähige auch ohne die ausdrückliche Zustimmung der gesetzlichen Vertreter tätigen. Dazu gehören:

- **Geschäfte, die nur rechtliche Vorteile bringen, z. B. Geschenke ohne Gegenverpflichtung;**
- **Geschäfte, die mit Mitteln bestritten werden, die dem beschränkt Geschäftsfähigen zur freien Verfügung stehen (sogenannter Taschengeldparagraf);**
- **Geschäfte, die ein mit Zustimmung des gesetzlichen Vertreters abgeschlossenes Arbeits- oder Ausbildungsverhältnis betreffen, z. B. Vereinbarungen über Urlaub oder Arbeitszeit.**

Volle (unbeschränkte) Geschäftsfähigkeit

Voll geschäftsfähig wird jede Person, wenn sie volljährig ist, also mit 18 Jahren. Wer geschäftsfähig ist, ist auch vertragsfähig. Die Fähigkeit, Rechtsgeschäfte selbstständig rechtsgültig abschließen zu können, bringt gleichzeitig die Verpflichtung mit sich, für die Erfüllung der Vertragsvereinbarungen verantwortlich zu sein.

1. **Was bedeutet:**
   a) **Rechtsfähigkeit?**
   b) **Geschäftsfähigkeit?**
2. a) **Was ist eine juristische Person?**
   b) **Wie erlangt bzw. verliert sie die Rechts- und Geschäftsfähigkeit?**
3. **Der Schreinergeselle Heider bestellt beim Vertreter, Herrn Lorenz, Spanplatten. Ist diese Bestellung gültig oder muss der Meister zustimmen?**
4. **Weshalb können Drogensüchtige die volle Geschäftsfähigkeit verlieren?**
5. **Prüfen Sie, ob die folgenden Rechtsgeschäfte zustande kommen:**
   a) **Tim (18) hat noch keinen Führerschein. Dennoch kauft er sich ein Auto.**
   b) **Mona (17) erbt von ihrem Onkel 20 000,00 € mit der Auflage, sein Grab zu pflegen.**
   c) **Die fünfjährige Lisa kauft Kaugummi für 1,00 €**
      - **im Lebensmittelgeschäft.**
      - **am Kaugummiautomaten.**
   d) **Max (15) hat sich von seiner Ausbildungsvergütung eine neue E-Gitarre gekauft. Max' Vater verlangt, dass er das Instrument zurückgibt.**
   e) **Yazmin (15) will sich als Auszubildende ein eigenes Girokonto einrichten lassen, über das sie frei verfügen kann.**
   f) **Anne (16) schließt mit dem Motorradhändler einen Ratenkaufvertrag für ein Moped ab. Die Eltern billigen den Kauf, da Anne ihr Taschengeld dazu verwendet.**
   g) **Lukas (19) will den Bausparvertrag, den seine Eltern für ihn vor fünf Jahren mit abgeschlossen haben, vorzeitig kündigen.**

12 Grundlagen des Vertragswesens

12.1 Arten und Formen von Rechtsgeschäften

Herr Günther kommt von einer Geschäftsreise zurück. Auf dem Bahnhofsvorplatz winkt er nach einem Taxi. Das Taxi fährt vor, der Taxifahrer steigt aus und lädt das Gepäck ein. In diesem Moment hält ein Bekannter neben dem Taxi und fragt, ob er Herrn Günther mitnehmen könne. Dieser nimmt gern an und bittet den Taxifahrer, das Gepäck wieder auszuladen. Der Taxifahrer besteht aber darauf, dass er Herrn Günther befördert oder die Grundgebühr bezahlt bekommt. Schließlich habe Herr Günther das Taxi herbeigewunken. Herr Günther entgegnet: „Winken kann doch jeder."

1. **Hat der Taxifahrer recht, wenn er auf Beförderung oder Bezahlung besteht?**
2. **Ist das Herbeiwinken des Taxis für Herrn Günther rechtlich verbindlich?**

Durch eindeutige **Willenserklärungen** kommen Rechtsgeschäfte zustande. Diese Willenserklärung kann in verschiedener Art und Weise erfolgen, z. B. mündlich, schriftlich oder durch einfache Handlung (wie das Handheben bei Auktionen).

Einseitige Rechtsgeschäfte

Einseitige Rechtsgeschäfte kommen durch die Abgabe einer Willenserklärung einer Person zustande.

Rechtsgeschäfte lassen sich nach der Anzahl der abgegebenen Willenserklärungen als **einseitige** und **zwei-** oder **mehrseitige** Rechtsgeschäfte unterscheiden.

Beispiele hierfür sind ein Testament oder eine Kündigung. Schon durch die Formulierungen „Mein letzter Wille" oder „Ich kündige ..." wird hier deutlich, dass es sich um eine einseitige Willenserklärung handelt.

Ein einseitiges Rechtsgeschäft, das Minderjährige ohne die schriftliche Einwilligung der gesetzlichen Vertreter vornehmen, ist unwirksam. Das gilt auch für die Kündigung des Ausbildungsvertrages durch den minderjährigen Auszubildenden. Kündigt der Betrieb einem minderjährigen Auszubildenden, so muss die Kündigungserklärung gegenüber dem gesetzlichen Vertreter abgegeben werden.

Zwei- oder mehrseitige Rechtsgeschäfte

Zwei- oder mehrseitige Rechtsgeschäfte kommen durch die Abgabe übereinstimmender Willenserklärungen zweier oder mehrerer Personen zustande.

Beispiele hierfür sind Verträge, die immer zwischen Vertragspartnern abgeschlossen werden. Beim Kaufvertrag sind dies Käufer und Verkäufer, beim Mietvertrag Mieter und Vermieter oder beim Leasingvertrag Leasingnehmer und Leasinggeber.

Formen von Rechtsgeschäften

Grundsätzlich gibt es für Rechtsgeschäfte keine Vorschrift, in welcher Form sie abgeschlossen werden. So kann ein Rechtsgeschäft mit einem Taxiunternehmen **formlos** durch Herbeiwinken oder durch Anruf eingeleitet werden. Dennoch empfiehlt es sich, bei wichtigen Rechtsgeschäften aus Beweisgründen die Schriftform zu wählen.

Nur in wenigen Fällen ist die Form der Willenserklärung gesetzlich vorgeschrieben. Wenn die vorgeschriebene Form nicht eingehalten wird, ist das Rechtsgeschäft ungültig.

Form der Willenserklärung	Beispiele
Schriftlich	Berufsausbildungsvertrag, Bürgschaft, Ratenkauf, Kündigung des Arbeitsvertrages
Öffentliche Beglaubigung (der Unterschrift)	Eintragung in Vereins-, Handelsregister
Öffentliche Beurkundung (des Inhalts)	Grundstückskauf, Ehevertrag, Erbvertrag

Beglaubigung

Durch die öffentliche Beglaubigung wird die Unterschrift durch einen Notar geprüft und bestätigt, wobei sich die unterschreibende Person ausweisen muss. Auch bei Abschriften und Kopien wird durch eine amtliche Beglaubigung bescheinigt, dass sie mit der Urschrift übereinstimmen.

Beurkundung

Bei der öffentlichen Beurkundung wird der Inhalt des Vertrages vom Notar protokolliert, vorgelesen und danach werden Inhalt und Unterschrift bestätigt. Eine Beurkundung ist z. B. beim Grundstücksverkauf, Testament oder Ehevertrag erforderlich.

1. **Handelt es sich bei den folgenden Rechtsgeschäften um einseitige oder mehrseitige Rechtsgeschäfte? Begründen Sie Ihre Zuordnung.**
   a) Pachtvertrag **b) Ausleihe** **c) Mahnung**
   d) Steuerbescheid **e) Werkvertrag** **f) Schenkung**
   g) Vollmacht **h) Kündigung** **i) Arbeitsvertrag**
2. **Welche Form ist für die folgenden Rechtsgeschäfte vorgeschrieben?**
   a) Kaufvertrag über ein Buch
   b) Schenkungsvertrag
   c) Eintragung des Jugendclubs ins Vereinsregister
   d) Kauf eines Motorrads
   e) Ratenkauf eines Mopeds
   f) Kündigung durch den Arbeitgeber
3. **Viele Verträge können formlos abgeschlossen werden. Warum ist es dennoch sinnvoll, bei wichtigen Verträgen die Schriftform zu wählen?**
4. **Erklären Sie den Unterschied zwischen öffentlicher Beglaubigung und öffentlicher Beurkundung.**

12.2 Nichtige und anfechtbare Rechtsgeschäfte

Wucherpreise: Kaufvertrag nichtig

Hin und wieder nutzen Kaufleute rigoros die Unerfahrenheit von Kunden aus und knöpfen ihnen einen „extrem überhöhten Preis" ab. Die Verbraucherzentrale Bundesverband (vzbv) weist deshalb darauf hin, dass solche Geschäfte sittenwidrig und damit nichtig sind. Bestätigt wird dies jetzt erneut vom Landgericht Bremen (AZ: 2S437/86). In dem Fall hatte ein Verkäufer ein Elektroheizgerät, das normalerweise zwischen 115,00 € und 165,00 € kostet, für 880,00 € losgeschlagen. Die Richter beriefen sich auf das „grobe Missverhältnis zwischen Preis und Gegenleistung". Die Verbraucherzentrale rät allen Verbrauchern, sich vor dem Kauf einer Ware einen Überblick über das Angebot und was man dafür ausgeben muss, zu verschaffen. Denn längst nicht immer hilft der Gang vor Gericht. Weitaus häufiger komme es vor, dass ein Aufschlag von 50 % oder 100 % verlangt werde. Der § 138 BGB, der sittenwidrige Rechtsgeschäfte verbietet, greift aber nur in sehr krassen Fällen, da sich Gerichte nicht als Preiskontrolleure betätigen wollen.

1. Was bedeutet es, dass der Kaufvertrag „nichtig" ist?
2. Wieso ist das Rechtsgeschäft „sittenwidrig"?

In einigen Fällen sind oder werden Rechtsgeschäfte rechtsunwirksam. Trotz abgegebener Willenserklärungen können Rechtsgeschäfte von Anfang an nichtig (ungültig) sein. Andere Rechtsgeschäfte sind nachträglich anfechtbar und werden rückwirkend nichtig.

Rechtsgeschäfte sind nichtig

- **wegen *Geschäftsunfähigkeit* bzw. *beschränkter Geschäftsfähigkeit***
- **wenn *gegen Gesetze verstoßen* wird, z.B. Hehlerei, Rauschgifthandel**
- **wenn die vorgeschriebene *Form nicht eingehalten* wird, z.B. Grundstückskauf ohne notarielle Beurkundung**
- **bei *Verstoß gegen die „guten Sitten"*, z.B. Wucherzinsen, Wucherpreise**
- **bei *Scherzgeschäften*, z.B. bestellt ein Gast im Restaurant 100 Pizzas für sich und seinen *Freund*, um damit scherzhaft seinen Hunger zu beschreiben**
- **bei *Scheingeschäften*, z.B. wenn beim Grundstückskauf ein niedrigerer Betrag beurkundet wird, um Grunderwerbsteuern zu sparen**
- **wenn Geschäfte im *Zustand der Bewusstlosigkeit* (z.B. Volltrunkenheit) oder vorübergehender *Störung der Geistestätigkeit* (z.B. Schockzustand) abgeschlossen werden**

Rechtsgeschäfte sind anfechtbar

- **bei *Irrtum* in der Erklärung, Übermittlung oder Eigenschaft, z. B. falsch ausgezeichnete Ware, falsch notierte Telefonbestellung, verwechselte Ware**
- **bei *arglistiger Täuschung*, z. B. Modeschmuck wird als echter Schmuck verkauft**
- **bei *widerrechtlicher Drohung*, z. B. ein Geschäft wird durch Erpressung erzwungen**

Beweislast

Ein Irrtum muss unverzüglich angezeigt werden. Widerrechtliche Drohung und arglistige Täuschung sind innerhalb eines Jahres anzuzeigen. Die Beweislast liegt dabei beim Anfechtenden.

Grundsatz von Treu und Glauben

Sophie und ihr Freund Marvin erhielten im Vorverkauf noch Karten für das Konzert einer Popgruppe, die auf großer Deutschland-Tournee ist. Am Vortag des Konzertes müssen sie aber der Presse entnehmen, dass das Konzert wegen Krankheit des Sängers abgesagt worden ist. Sophie und Marvin sind enttäuscht und fragen sich, was zu tun ist.

Was geschieht mit den Karten für das Konzert?

Bei Rechtsgeschäften muss jeder Vertragspartner davon ausgehen können, dass die Erfüllung des Vertrages von jedem Partner ordnungsgemäß durchgeführt wird. Die Vertragstreue verpflichtet den Schuldner, seine Leistung so zu erbringen, „wie Treu und Glauben mit Rücksicht auf die Verkehrssitte es erfordern".

Der Grundsatz von Treu und Glauben bedeutet, dass die Vertragspartner fair und redlich ein Rechtsgeschäft abschließen und erfüllen. Ist die Leistungserfüllung einem Vertragspartner unmöglich geworden, wie im Falle des Pop-Konzerts, so muss der andere auch keine Leistung erbringen bzw. erhält er erbrachte Leistungen zurück.

1. **Was bedeutet**
   a) **ein Rechtsgeschäft ist „nichtig"?**
   b) **ein Rechtsgeschäft ist „anfechtbar"?**
2. **Begründen Sie, welche Rechtsgeschäfte nichtig, welche anfechtbar sind:**
   a) **Ein Autoverkäufer verschweigt beim Verkauf eines Pkws einen größeren Unfallschaden.**
   b) **Eine CD ist mit 9,95 € ausgezeichnet; an der Kasse werden 19,95 € verlangt, mit dem Hinweis, dass die Ware falsch ausgezeichnet sei.**
   c) **Pascal (18) schließt mit dem Malerbetrieb Lehmann mündlich einen Ausbildungsvertrag ab.**
   d) **Ein Arbeitskollege ist bereit, Mark mit 2 000,00 € auszuhelfen, und vereinbart einen Zinssatz von 30 %.**
   e) **Lennard (17) kündigt nach der Probezeit seinen Ausbildungsvertrag.**
3. **Erläutern Sie den Grundsatz von „Treu und Glauben" bei Verträgen.**

13 Der Kaufvertrag (Verbrauchervertrag)

13.1 Abschluss des Kaufvertrages

Jan will sich Sportkopfhörer kaufen. Das Angebot ist auf den ersten Blick verwirrend. Deshalb hat er sich zunächst anhand von Fachzeitschriften und der Zeitschrift „test“ informiert.

Sportkopfhörer

			Sportkopfhörer mit Bluetooth						
Produkt		10 **Sennheiser** PMX 686G Sports	11 **Beats** by Dr. Dre Powerbeats2 Wireless	12 **Plantronics** Backbeat Fit	13 **Jabra** Sport Pace Wireless	14 **Philips** SHQ7900	15 **JBL** Under Armour Wireless	16 **Monster** iSport Bluetooth Wireless Superslim	17 **Yurbuds** Leap Wireless
Preisspanne ca. (Euro)		73 bis 99	130 bis 200	99 bis 129	80 bis 100	96 bis 100		119 bis 150	70 bis 85
Mittlerer Preis ca. (Euro)		79,50	145	107	90	100	179	137	72
test - QUALITÄTSURTEIL	100%	BEFRIEDIGEND (3,3)	GUT (2,2)	GUT (2,4)	GUT (2,5)	BEFRIEDIGEND (3,0)	BEFRIEDIGEND (3,2)	BEFRIEDIGEND (3,2)	BEFRIEDIGEND (3,2)
Ton	50%	befried. (2,9)	gut (2,3)	gut (2,5)	befried. (2,7)	befried. (3,4)	befried. (3,4)	ausreich. (3,7)	ausreich. (3,6)
Tragekomfort und Handhabung	35%	ausreich. (3,6)	gut (2,0)	gut (2,5)	gut (2,1)	befried. (2,8)	befried. (3,4)	befried. (3,0)	befried. (2,9)
Einsetzen und Anpassen		O	+	O	+	O	+	+	O
Tragekomfort: Sport/Alltag		⊖/⊖	+/+	+/+	+/+	O/+	⊖/O	O/+	O/O
Eignung für unterschiedliche Nutzer		⊖*)	++	+	+	O	O	O	O
Beeinträchtigung durch Brille		O	+	+	+	++	++	++	++
Transport/Reinigen		+/++	++/O	++/⊖	O/O	+/O	++/O	+/⊖	++/O
Gebrauchsanleitung und Informationen		O	+	O	O	⊖	⊖	⊖	⊖
Störeinflüsse	5%	befried. (2,7)	gut (2,3)	gut (2,0)	befried. (2,8)	gut (2,4)	gut (2,3)	befried. (3,4)	befried. (3,0)
Schallabstrahlung		O	O	+	⊖	⊖	++	++	O
Geräusche bei Bewegung		O	+	+	+	+	O	⊖	O
Bluetooth	5%	Entfällt	gut (2,1)	befried. (2,6)	befried. (2,7)	befried. (2,8)	gut (2,0)	befried. (2,7)	befried. (3,1)
Nutzung/Akku		Entfällt	+/+	+/O	+/⊖	O/O	+/+	+/O	O/O
Schadstoffe	5%	ausreichend (4,3)*)7)	sehr gut (1,0)	sehr gut (1,0)	befried. (3,0)	gut (1,6)	sehr gut (1,0)	sehr gut (1,0)	sehr gut (1,0)
Ausstattung/Technische Merkmale									
Empfindlichkeit (mV)1)		58	Entfällt	Entfällt	Entfällt	Entfällt	Entfällt	Entfällt	Entfällt
Abschirmung von Außengeräuschen2)		gering	gering	gering	gering	kaum	deutlich	deutlich	gering
Akkulaufzeit der Bluetooth-Kopfhörer ca. (min)		Entfällt	384	526	236	497	641	262	[illegible]

Bewertungsschlüssel der Prüfergebnisse:
++ = Sehr gut (0,5–1,5). + = Gut (1,6–2,5).
O= Befriedigend (2,6–3,5). ⊖ =
Ausreichend (3,6–4,5).
– = Mangelhaft (4,6–5,5).

Bei gleichem Qualitätsurteil Reihenfolge nach Alphabet. Bei gleichem Qualitätsurteil Reihenfolge nach Alphabet

1. **Welche Informationen kann Jan dem Testbericht entnehmen?**
2. **Welche Gesichtspunkte wären für Ihre Kaufentscheidung ausschlaggebend?**

Die Anfrage

Vor dem Kauf informiert sich der Käufer in der Regel zuerst über das Warenangebot. Entweder fragt er bei verschiedenen Lieferanten an oder vergleicht Angebote anhand von Katalogen, Prospekten, Preislisten oder Fachzeitschriften. Wichtig für eine Kaufentscheidung ist nicht nur der Preis, sondern auch die Qualität, die Lieferzeit, die Garantieleistungen, der Kundendienst und die Liefer- und Zahlungsbedingungen.

Eine Anfrage ist für den Kunden immer unverbindlich, d. h., er geht keine rechtlichen Verpflichtungen ein.

Rechtlich unverbindlich

Das Angebot

Jan hat aufgrund seiner Anfrage folgende Angebote der Firma Elektro-Wilhelm erhalten:

Elektro-Wilhelm Hamburg

Elektro-Wilhelm, Fasanenstr. 32, 22145 Hamburg

Herrn
Jan Gleich
Westring 34
55290 Trier

Angebot
Kunden-Nummer: 911202
Seite: 1

Ihre Zeichen, Ihre Nachricht vom	Unser Zeichen, unsere Nachricht vom	Tel. Durchwahl 020/342208	Hamburg
03.03.20..	frie	435	07.03.20..

Sehr geehrter Herr Gleich,

wir danken für Ihre Anfrage und bieten Ihnen an:

POS.	ART-NUM	BEZEICHNUNG	EINH	MENGE	EINZELPREIS	BETRAG €
1	1230101	Beats by Dr. Dre	STCK	1	159,90	159,90
2	1230103	Plantronics Backbeat Fit	STCK	1	93,90	93,90
3	1230104	Philips SH07900	STCK	1	85,90	85,90

Alle Preise inkl. MwSt. Zwischenverkauf vorbehalten.

Es gelten unsere derzeitigen Lieferungs- und Zahlungsbedingungen.
Erfüllungsort und Gerichtsstand ist Hamburg.

Mit freundlichen Grüßen

H. Müller

1. **Jan vergleicht die Angebote mit dem Testbericht der Stiftung Warentest. Für welches Angebot würden Sie sich entscheiden?**
2. **Was bedeutet „Zwischenverkauf vorbehalten"?**

Antrag

Form

Das Angebot (**Antrag**) ist die Willenserklärung des Verkäufers, zu bestimmten Bedingungen einen Kaufvertrag abzuschließen. Angebote können in schriftlicher, mündlicher, fernmündlicher oder telegrafischer Form unterbreitet werden. Für ein Angebot gibt es allerdings keine gesetzlich vorgeschriebene Form. In manchen Fällen ist es jedoch sinnvoll, die Schriftform zu wählen, damit Unstimmigkeiten vermieden werden, die später zu Streitigkeiten zwischen den Vertragspartnern führen können.

Bindung des Angebots

Grundsätzlich ist ein Angebot rechtlich verbindlich, d. h., der Verkäufer verpflichtet sich zur Lieferung und zur Übertragung des Eigentums der Ware.

Der Verkäufer muss dafür Sorge tragen, dass die in der Werbung, in der Kennzeichnung der Ware oder im Verkaufsgespräch zugesicherten Eigenschaften der Ware auch tatsächlich vorhanden sind.

Der Verkäufer kann die rechtliche Bindung an sein Angebot durch die **Freizeichnungsklausel** einschränken oder die Verbindlichkeit seines Angebots ganz aufheben.

Freizeichnungsklauseln

Folgende Klauseln werden in Angeboten verwendet:
- **Angebot freibleibend (das Angebot ist nicht verbindlich)**
- **Unverbindliches Angebot**
- **Preise freibleibend (nur die Preise sind unverbindlich)**
- **Lieferung nur, solange Vorrat reicht**
- **Zwischenverkauf vorbehalten (bei zwischenzeitlichem Verkauf keine Lieferung)**
- **Angebot befristet bis ... (das Angebot gilt nur für eine bestimmte Zeit)**

Für den Verkäufer besteht auch keine rechtliche Bindung an sein Angebot, wenn der Käufer
- **das Angebot nicht rechtzeitig annimmt (mündliche und fernmündliche Angebote müssen sofort, schriftliche Angebote innerhalb von zwei bis drei Tagen angenommen werden),**
- **das Angebot abändert oder ablehnt,**
- **das Angebot nicht in der gesetzten Frist annimmt,**
- **der Verkäufer sein Angebot rechtzeitig widerruft.**

Weitere Einschränkungen bestehen für Angebote im Schaufenster oder in Selbstbedienungsgeschäften. Hier ist das Angebot für den Verkäufer unverbindlich. Dies gilt auch für Zeitungsanzeigen, Handzettel, Kataloge usw., da sie an die Allgemeinheit und nicht an eine bestimmte Person gerichtet sind. Im rechtlichen Sinne handelt es sich nicht um Angebote, sondern um Aufforderungen zum Kauf. Im Alltag kann der Käufer jedoch davon ausgehen, dass auch diese Kaufaufforderungen „verbindliche" Angebote sind. Die Aufstellung von Automaten ist in jedem Falle ein verbindliches Angebot.

Die Bestellung

Jan hat sich für das erste Angebot der Firma Elektro-Wilhelm entschieden und bestellt den Camcorder telefonisch. Herr Friedrich von der Firma Elektro-Wilhelm nimmt die Bestellung entgegen und verspricht, die Ware bis zum 20. März zu liefern.

1. **Welche Verpflichtungen geht Jan mit der Bestellung ein?**
2. **Erklären Sie, welche Pflichten die Firma Elektro-Wilhelm mit der Annahme der Bestellung eingeht.**

Annahme

Aufgrund eines vorliegenden Angebots kann sich der Käufer zur Annahme entscheiden. Er drückt damit seinen Willen aus, dass er mit den Vertragsbedingungen einverstanden ist. Durch seine Bestellung (Annahme) verpflichtet sich der Käufer zur **Abnahme** und zur **Bezahlung** der Ware.

Auftragsbestätigung

Im Geschäftsleben wird in den meisten Fällen nach einer telefonischen oder mündlichen Bestellung die Annahme schriftlich bestätigt. Dadurch können eventuelle Übermittlungsfehler noch rechtzeitig korrigiert werden.

Durch Angebot (Antrag) und Bestellung (Annahme) ist der Abschluss eines Kaufvertrages (Verbrauchervertrages) erfolgt.

Abschluss des Kaufvertrages

Häufig ist die Bestellung die erste Willenserklärung. Dies ist z. B. beim Einkaufen oder beim Versandhandel die Regel. Der Verkäufer gibt seine Willenserklärung durch die Bestellungsannahme ab.

Inhalt des Kaufvertrages

Zum Inhalt des Kaufvertrages gehören alle wichtigen Vereinbarungen zwischen Käufer und Verkäufer, z. B. über

- **Art, Qualität und Beschaffenheit der Ware,**
- **Menge und Preis der Ware,**
- Vgl. Kap. 13.2 **Lieferungs- und Zahlungsbedingungen,**
- Vgl. Kap. 13.5 **Erfüllungsort und Gerichtsstand.**

Sind wesentliche Punkte nicht ausdrücklich festgehalten, so gelten die gesetzlichen Regelungen des Bürgerlichen Gesetzbuches bzw. des Handelsgesetzbuches.

1. **Welcher Unterschied in der rechtlichen Bindung besteht zwischen Anfrage und Angebot?**
2. **Erläutern Sie, welche rechtliche Bedeutung Zeitungsanzeigen und Kataloge haben, in denen Waren angeboten werden.**
3. **Wann gilt ein Kaufvertrag als abgeschlossen?**
4. **Welche Verpflichtungen gehen Käufer und Verkäufer mit dem Abschluss eines Kaufvertrages ein?**
5. **Die Firma Ohlig hat Ihnen am Telefon ein Angebot über ein Smartphone gemacht. Sie sagen am Telefon nicht direkt zu. Nachdem Sie es mit anderen Angeboten verglichen haben, wollen Sie zwei Tage später bei der Firma das Smartphone bestellen. Die Firma Ohlig will jedoch ihr Angebot nicht mehr aufrechterhalten. Ist die Firma Ohlig an ihr Angebot gebunden?**
6. **Was bedeutet „Angebot freibleibend“?**

13.2 Lieferungsbedingungen

Jan bekommt, wie zugesagt, am 20. März die Sportkopfhörer von der Firma Elektro -Wilhelm aus Hamburg durch die Post geliefert. Mit der Lieferung erhält er auch gleichzeitig die Rechnung zugestellt.

Elektro-Wilhelm Hamburg

Elektro-Wilhelm, Fasanenstr. 32, 22145 Hamburg

Herrn
Jan Gleich
Westring 34
55290 Trier

RECHNUNG

Nummer:	8007
Kunden-Nummer:	911202
Seite:	1

Ihre Zeichen, Ihre Nachricht vom	Unser Zeichen, unsere Nachricht vom		Tel. Durchwahl 020/342208	Hamburg
10.03.20..	frie	07.03.20..	435	10.03.20..

POS.	ART-NUM	BEZEICHNUNG	EINH	MENGE	EINZELPREIS	BETRAG €
1	1230103	Plantronics Backbeat Fit	STCK	1	93,90	93,90

Zwischensumme:	93,90
+ Versandkosten	6,00
Gesamtbetrag	99,90

inkl. 19% MwSt. = 14,99 €

Es gelten folgende Lieferungs- und Zahlungsbedingungen:

Lieferung:	zzgl. Versandkosten	Zahlungsziel:	10 Tage
Lieferzeit:	10 Tage	Skonto bei Barzahlung:	0,0%

Bankverbindung: Deutsche Bank Hamburg, BIC: DEUTDEHHXXX, IBAN DE60 2007 0000 0003 4400 02
Erfüllungsort und Gerichtsstand ist Hamburg.

Jan ist etwas überrascht, dass er neben dem Katalogpreis auch noch die Versandkosten berechnet bekommt.

Muss Jan den Gesamtbetrag überweisen oder nur den Betrag für die Kopfhörer?

Die Bedingungen, zu denen der Verkäufer liefern muss, sind im Bürgerlichen Gesetzbuch geregelt. Dabei gilt der Grundsatz:

Warenschulden sind Holschulden.

Das bedeutet, dass der Käufer die Ware auf eigene Kosten beim Verkäufer abholen muss. Nach der gesetzlichen Regelung hat der Verkäufer seine Leistungen erfüllt, wenn er die Ware in seinem Geschäft, seinem Lager oder seiner Werkstatt übergibt.

Im Alltag ist es häufig nicht möglich, dass der Käufer die Ware beim Verkäufer abholen kann. Die Frage, wer die Versandkosten trägt, wird deshalb meistens in den Lieferungsbedingungen geregelt.

Lieferungsbedingungen

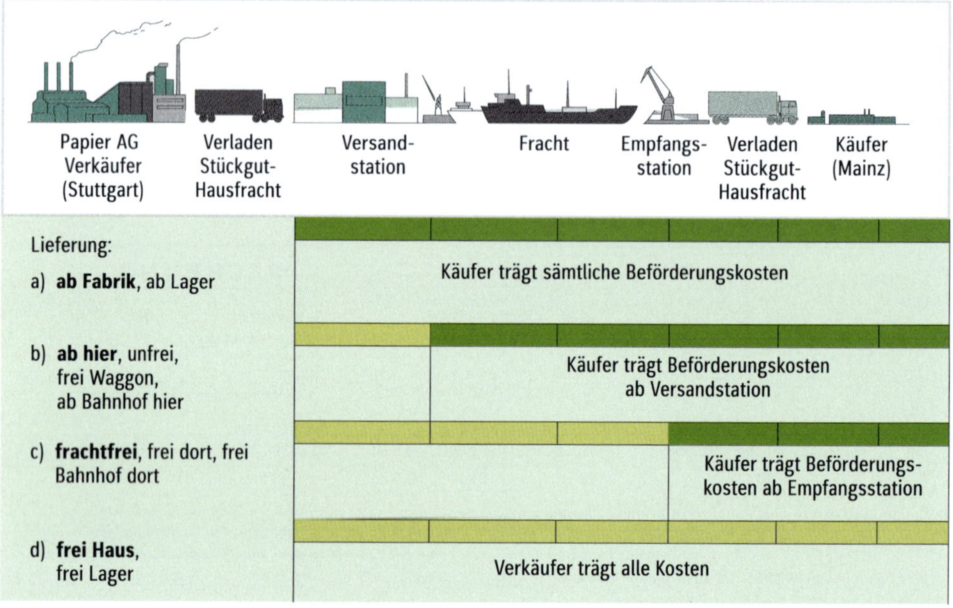

Vgl. Kap. 13.4

Nach der gesetzlichen Regelung hat der Käufer auch die Kosten für die Versandverpackung zu tragen. Es ist deshalb für den Käufer wichtig, nicht nur die Preise im Angebot zu vergleichen, sondern auch die Versand- und Verpackungskosten zu berücksichtigen, die in den **Allgemeinen Geschäftsbedingungen** aufgeführt sind.

Auszug aus den AGB von Elektro-Wilhelm

Allgemeinen Geschäftsbedingungen - Lieferungsbedingungen - Schnellstmögliche Lieferung

In der Regel immer kurzfristig. Vorbehaltlich der üblichen Bearbeitungsdauer, z. B. bei Zahlung nach Warenerhalt oder Teilzahlung. Teillieferung, wenn einmal ein Artikel vergriffen ist.

Annahmeverweigerung

Dadurch entstehende Kosten trägt der Käufer.

Liefertermine

Überschreitungen eines bestätigten Liefertermins nur in schriftlicher Form anmahnen. Wenn Ihre Absage fünf Arbeitstage vor Auslieferung bei uns eingeht: uneingeschränktes Rücktrittsrecht für Sie.

Kosten für Porto, Fracht, Verpackung und Nachnahmegebühr

Nur die Zahlkartengebühr und bei Bahnsendungen das Rollgeld und die Flächenfracht begleichen Sie. Bei Expressgut, Eilpäckchen und Schnellpaket sowie bei sperrigen Sendungen zahlen Sie nur die Mehrkosten gegenüber der Normalfracht. Keine Rückvergütung solcher Zuschläge. Bei unberechtigten Rücksendungen (z. B. Annahmeverweigerung) gehen Portokosten, Auslagen und Gebühren zulasten des Käufers. Das gilt auch für Expressmehrfracht, bei Umtausch oder Warenrückgabe.

Nur 6,00 € Kostenpauschale für Porto/Verpackung/Bearbeitung.

13.3 Zahlungsbedingungen

Nachdem Jan aufgrund der vereinbarten Lieferungsbedingungen mit der Firma Elektro-Wilhelm weiß, dass er auch die Versandkosten übernehmen muss, informiert er sich über die Zahlungsbedingungen, die zwischen ihm und der Firma Elektro-Wilhelm vereinbart wurden.

Allgemeinen Geschäftsbedingungen - Zahlungsbedingungen -
Zufriedene Kunden sind uns am liebsten. Sie sollen sich über Ihre Bestellung freuen.
Katalogpreise sind knapp kalkulierte NETTOBARPREISE.
Darin enthalten: die gesetzliche Mehrwertsteuer (19 %) und Zinsen und Gebühren für die Bezahlung in 4 Teilen. Bei Sofortzahlung erfolgt keine Zins- oder Gebührenrückerstattung.

Bezahlen Sie bar oder mit Scheck an Ihren Briefträger: Per Nachnahme geht's am schnellsten.

Vorauszahlung mit Scheck
Einfach Ihrer Bestellung beilegen.
Schnellstmögliche Lieferung garantiert.

Kauf auf Rechnung, 10 Tage nach Warenerhalt oder mit bequemer Teilzahlung
Bearbeitungsdauer mind. 2 Wochen.
Voraussetzung ist Angabe von Beruf, Geburtstag, Ort und Arbeitgeberadresse (bitte Bestellkartenvordruck verwenden).

Sie verpflichten sich ausdrücklich, vereinbarte Zahlungstermine pünktlich einzuhalten.

Werden Zahlungserinnerungen notwendig, berechnen wir als Ersatz für unsere Auslagen eine pauschale Mahngebühr in Höhe von 5,00 €.

Wir behalten uns vor, nach der zweiten erfolglosen Mahnung ein Inkassobüro zu beauftragen.

Vorauszahlungen bitte nur per Scheck, nicht per Überweisung
Bei Teilzahlung und Zahlung nach Warenerhalt werden der Schutzgemeinschaft für allgemeine Kreditsicherung (SCHUFA) Daten über den Käufer zur Speicherung im Rahmen ihrer Tätigkeit übermittelt. Die Adresse der örtlich zuständigen SCHUFA wird auf Wunsch mitgeteilt; außerdem ist die Bundes-SCHUFA, Kronprinzenstraße 28, 65135 Wiesbaden, zur Auskunftserteilung bereit.

Mindestbestellwert bei Zahlung in 4 Teilen und bei Teilzahlung 150,00 €

Wichtig:
Bei Kauf auf Teilzahlung kann die Bestellung innerhalb einer Woche schriftlich widerrufen werden.
Zur Fristenwahrung genügt die rechtzeitige Absendung des Widerrufs.

Eigentumsvorbehalt
Gelieferte Ware bleibt bis zur vollständigen Bezahlung uneingeschränkt Eigentum der Fa. Foto-Wilhelm. Vor der vollständigen Bezahlung des Kaufpreises ist eine Weiterveräußerung an Dritte nur mit der ausdrücklichen und schriftlichen Zustimmung der Fa. Elektro-Wilhelm gestattet.

Keine Preiserhöhung während der gesamten Katalog-Gültigkeitsdauer (bis 31. Dezember)
Da macht Bestellen Freude. Diese Garantie gilt für alle Artikel und Angebote.

Erfüllungsort und Gerichtsstand ist Hamburg.

1. **Wann muss Jan die Rechnung bezahlen?**
2. **Klären Sie die Begriffe „Inkassobüro", „SCHUFA" und „Widerruf".**

Für die Bezahlung gilt nach dem Bürgerlichen Gesetzbuch der Grundsatz:

Geldschulden sind Bring- bzw. Schickschulden.

Das bedeutet, dass der Käufer dafür Sorge tragen muss, dass der Verkäufer sein Geld erhält. Beim täglichen Einkauf zahlt der Käufer meist seine Ware sofort, d.h., die Zahlung erfolgt Zug um Zug: Übergabe der Ware und Bezahlung erfolgen gleichzeitig.

Zahlung Zug um Zug

Zwischen Käufer und Verkäufer können auch andere Zahlungsbedingungen frei vereinbart werden.

Folgende Vereinbarungen sind möglich:

- **Zahlung Zug um Zug:** Der Käufer zahlt sofort bei Entgegennahme der Ware.

Beispiele: gegen Kasse; sofortige Kasse; netto Kasse; gegen Nachnahme

- **Zahlung innerhalb einer vereinbarten Frist:** Der Käufer bezahlt die Rechnung innerhalb der Frist und kann 2 % als Nachlass vom Rechnungsbetrag abziehen.

Beispiel: zahlbar innerhalb 14 Tagen abzüglich 2 % Skonto

- **Zahlung nach Ablauf einer vereinbarten Zeit:** Der Käufer zahlt erst nach der vereinbarten Frist, muss jedoch auf den Vorteil des Skontoabzugs verzichten.

Beispiele: zahlbar vier Wochen nach Rechnungserhalt netto; 30 Tage netto; zwei Monate Ziel

- **Anzahlung:** Diese Form wird mit Käufern vereinbart, deren Zahlungsfähigkeit (Bonität) nicht bekannt ist; die Vereinbarung findet man auch häufig bei Leasingverträgen.

Beispiele: 1/3 bei Bestellung, Rest nach Lieferung; bei Lieferung Anzahlung 2 500,00 €, Rest vier Wochen nach Lieferung

- **Vorauszahlung:** Die Vorauszahlung wird nur bei zahlungsschwachen Kunden verlangt oder wenn es sich um Großaufträge handelt, die vom Käufer teilweise vorfinanziert werden (Schiffsbau, Großbaustelle).

Beispiel: Zahlung im Voraus auf unser Bankkonto; Auftragsabwicklung erfolgt nur nach vorhergehender Zahlung

- **Ratenzahlung:** Der Käufer erhält die Möglichkeit, den Betrag in gleichbleibenden monatlichen Raten zu bezahlen.

Beispiel: Anzahlung 180,00 €, Rest in 24 Monatsraten.

1. **Welche Kosten muss der Käufer bzw. Verkäufer übernehmen, wenn folgende Vereinbarungen getroffen wurden?**
   a) **Die Lieferung erfolgt ab unserem Werk.**
   b) **Bei Bestellwert von 300,00 € liefern wir frachtfrei.**
   c) **Bei Rücksendung des Leerguts erfolgt Gutschrift.**
   d) **Preise einschließlich Verpackung.**
2. **Der Käufer hat am 3. März seine Rechnung durch eine Banküberweisung beglichen. 14 Tage später erhält er eine Mahnung. Der Käufer beachtet diese Mahnung nicht, da er überzeugt ist, dass er seine Zahlungsverpflichtung erfüllt hat.**
   a) **Hat der Käufer Recht?**
   b) **Muss sich der Verkäufer an die Bank oder an den Käufer wenden?**
3. **Welche Vor- bzw. Nachteile bringt die Lieferung gegen Nachnahme**
   a) **für den Käufer?**
   b) **für den Verkäufer?**

13.4 Allgemeine Geschäftsbedingungen

ALLGEMEINE GESCHÄFTSBEDINGUNGEN

Das sind Spielregeln, die für beide gelten. Vor allem dafür, dass Sie zufrieden sind.

1. **Nennen Sie „Spielregeln", die zwischen Käufer und Verkäufer in den Allgemeinen Geschäftsbedingungen geregelt werden.**
2. **Welchem Grundsatz müssen diese Regelungen entsprechen?**

In der Bundesrepublik Deutschland gilt in der Wirtschaft grundsätzlich Vertragsfreiheit. Es ist für die Vertragspartner möglich, von den gesetzlichen Regelungen abzuweichen. Außerdem ist es in vielen Fällen nötig, zusätzliche Vereinbarungen zu treffen, die vom Gesetz nicht ausdrücklich erfasst werden. Dies gilt auch für Vereinbarungen zwischen Käufer und Verkäufer. In den Allgemeinen Geschäftsbedingungen (AGB) sind die wichtigsten „Spielregeln" aufgeführt:

Typische Regelungen in den Allgemeinen Geschäftsbedingungen

I. Allgemeines und Geltungsbereich
II. Lieferungsbedingungen
III. Zahlungsbedingungen
IV. Ratenkauf
V. Gewährleistung
VI. Eigentumsvorbehalt
VII. Reparaturen
VIII. Allgemeine Haftungsbegrenzungen
IX. Erfüllungsort und Gerichtsstand

Verbraucherschutz

Damit der Käufer durch die Allgemeinen Geschäftsbedingungen nicht schlechter gestellt wird als der Verkäufer, hat der Gesetzgeber im BGB die **Allgemeinen Geschäftsbedingungen** geregelt. Die wichtigste Bestimmung der AGB ist die sogenannte Generalklausel:

§ 307 BGB

§ 307 Abs. 1 BGB Bestimmungen in Allgemeinen Geschäftsbedingungen sind unwirksam, wenn sie den Käufer entgegen den Geboten von Treu und Glauben unangemessen benachteiligen.

Von einer unangemessenen Benachteiligung des Käufers ist dann auszugehen, wenn
- **die AGB mit den gesetzlichen Regelungen unvereinbar sind,**
- **die AGB die Rechte und Pflichten so einschränken, dass die Gefahr besteht, dass der Vertragszweck nicht erreicht werden kann.**

Weitere wichtige Regelungen der Allgemeinen Geschäftsbedingungen können folgende Beispiele verdeutlichen:

Beispiel: Der Kunde kauft einen Fernsehapparat und nimmt ihn gleich mit. Der Verkäufer weist den Kunden jedoch nicht auf die AGB hin, da er der Meinung ist, dass es genügt, wenn die AGB auf der Rückseite des Lieferscheins aufgedruckt sind.

Der Käufer muss bei Vertragsabschluss auf die AGB-Bestimmungen hingewiesen werden oder diese müssen deutlich sichtbar im Geschäft aushängen.

Beispiel: Ein Kunde kauft sich eine Stereoanlage in der Farbe Schwarz, wie er sie im Geschäft gesehen hat. Geliefert wird jedoch eine in der Farbe Grau. Der Verkäufer weist auf die AGB hin, in der es heißt, dass Modelländerungen vorbehalten bleiben.

Versprochene Leistungen dürfen nicht geändert werden, wenn es für den Käufer unzumutbar ist.

Beispiel: Der Käufer hat sich am 12. März ein neues Auto bestellt, das am 12. Juni geliefert werden soll. Die Lieferung erfolgt erst am 30. Juli. Inzwischen ist das Auto um 3,2 % teurer geworden. Der Händler verlangt den neuen Preis.

Eine wichtige Bestimmung im BGB besagt, dass Preiserhöhungen innerhalb von vier Monaten nicht statthaft sind, auch wenn die AGB dies vorsehen sollten. Dabei ist es nicht wichtig, wann die Lieferung erfolgt, sondern zu welchem Termin sie vereinbart wurde.

Beispiel: Ein Kunde erhält eine defekte Kamera und verlangt eine kostenlose Reparatur. Der Verkäufer will die Reparatur nicht kostenlos durchführen.

Grundsätzlich dürfen in den Allgemeinen Geschäftbedingungen keine gesetzlichen Gewährleistungsansprüche des Käufers vollständig ausgeschlossen werden; auch Lohn- und Wegekosten dürfen innerhalb der Gewährleistung nicht berechnet werden.

Trotz des gesetzlichen Schutzes sollte der Käufer vor Abschluss eines Vertrages das sogenannte **Kleingedruckte** in den Allgemeinen Geschäftsbedingungen genau lesen.

1. **Warum werden neben den gesetzlichen Regelungen oft Allgemeine Geschäftsbedingungen vereinbart?**
2. **Welche typischen Regelungen finden sich in den Allgemeinen Geschäftsbedingungen?**
3. **Erläutern Sie den Inhalt und die Bedeutung des § 307 BGB.**
4. **Frau Lorch lässt die Waschmaschine innerhalb der Garantiezeit reparieren. Der Kundendienst berechnet ihr die Material-, Lohn- und die Anfahrtskosten. Welche Kosten muss Frau Lorch bezahlen?**
5. **Warum ist es wichtig, das Kleingedruckte zu studieren?**

13.5 Erfüllung des Kaufvertrages

Jan liest in den Allgemeinen Geschäftsbedingungen der Firma Elektro-Wilhelm:

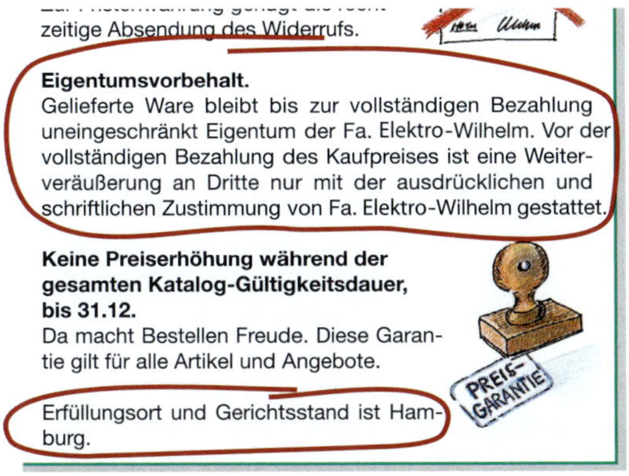
zeitige Absendung des Widerrufs.

Eigentumsvorbehalt.
Gelieferte Ware bleibt bis zur vollständigen Bezahlung uneingeschränkt Eigentum der Fa. Elektro-Wilhelm. Vor der vollständigen Bezahlung des Kaufpreises ist eine Weiterveräußerung an Dritte nur mit der ausdrücklichen und schriftlichen Zustimmung von Fa. Elektro-Wilhelm gestattet.

Keine Preiserhöhung während der gesamten Katalog-Gültigkeitsdauer, bis 31.12.
Da macht Bestellen Freude. Diese Garantie gilt für alle Artikel und Angebote.

Erfüllungsort und Gerichtsstand ist Hamburg.

§ 269 Abs. 1 BGB – Erfüllungsort

Ist ein Ort für die Leistung weder bestimmt noch aus den Umständen, insbesondere aus der Natur des Schuldverhältnisses, zu entnehmen, so hat die Leistung an dem Ort zu erfolgen, an welchem der Schuldner zurzeit der Entstehung des Schuldverhältnisses seinen Wohnsitz hatte.

1. **Welche Leistungen haben Käufer und Verkäufer zu erbringen?**
2. **An welchem Ort sind diese Leistungen jeweils zu erfüllen**
   a) **nach den Allgemeinen Geschäftsbedingungen?**
   b) **nach dem Bürgerlichen Gesetzbuch?**
3. **Was bedeutet „Eigentumsvorbehalt"?**

Der Kaufvertrag wird von beiden Partnern erfüllt, indem sie ihre Leistungen erbringen. Der Verkäufer muss die Ware liefern und das Eigentum übertragen; der Käufer hat die Pflicht, die Ware anzunehmen und zu bezahlen.

Erfüllung des Kaufvertrages

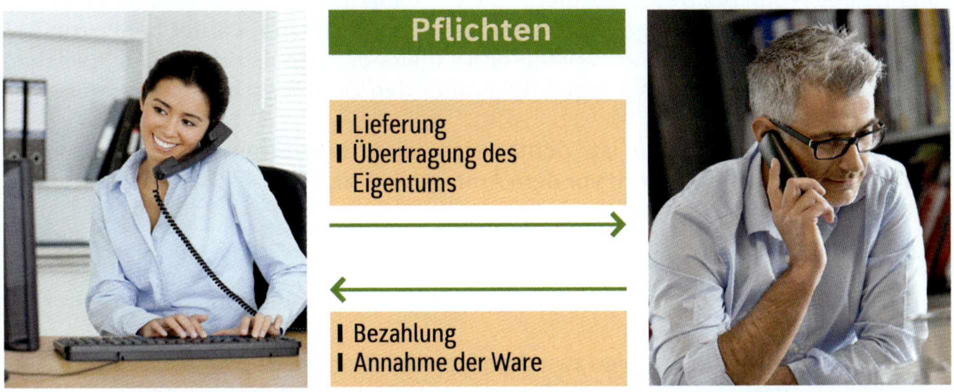

Pflichten des Verkäufers

Der Verkäufer hat die Pflicht, die Ware nicht nur rechtzeitig, sondern auch in einwandfreiem Zustand zu liefern. Der Verkäufer muss dem Käufer das Eigentum an der Ware übertragen. Dies bedeutet, dass der Käufer die rechtliche Herrschaft durch die Bezahlung erwirbt. Vor der vollständigen Bezahlung ist der Käufer zwar Besitzer, aber – wegen des Eigentumsvorbehalts – nicht Eigentümer der Ware. Bei Ratenkauf wird der Käufer erst mit der Zahlung der letzten Rate zum Eigentümer.

Pflichten des Käufers

Zu den Pflichten des Käufers gehört es, die bestellte und gelieferte Ware anzunehmen. Dabei hat er die Ware sofort auf sichtbare Mängel zu überprüfen. Zur Erfüllung des Kaufvertrages muss die Ware vom Käufer vollständig und fristgemäß bezahlt werden.

Vgl. Kap. 13.6 ff.

Werden die Pflichten von Verkäufer oder Käufer nicht erfüllt, kann jeder Vertragspartner auf Beseitigung der Störungen bestehen.

Erfüllungsort und Gerichtsstand

Der Ort, an dem die Leistungen zu erbringen sind, wird als **Erfüllungsort** bezeichnet. Grundsätzlich gilt für den Erfüllungsort Vertragsfreiheit. Wenn keine Vereinbarung getroffen wurde, ist der Erfüllungsort für die Lieferung der Wohnsitz des Verkäufers, für die Annahme und Bezahlung der Wohnsitz des Käufers.

Vgl. Kap. 13.2 und 13.3

„Warenschulden sind Holschulden". Dies bedeutet, dass der Käufer die Kosten und das Risiko für den Transport der Ware übernehmen muss. Erfüllungsort für die Bezahlung ist nach der gesetzlichen Regelung der Wohnsitz des Käufers. Nach dem Grundsatz „Geldschulden sind Bringschulden" hat der Käufer das Risiko und die Kosten für die Überweisung des Geldbetrages zu tragen.

Kommt es wegen der Erfüllung des Kaufvertrages zu Streitigkeiten, so können Käufer oder Verkäufer vor Gericht Klage erheben. Der Ort, an dem geklagt werden kann, ist der **Gerichtsstand**. Nach dem Bürgerlichen Gesetzbuch gilt zwischen Privatpersonen und Kaufleuten, dass der Erfüllungsort gleichzeitig der Gerichtsstand ist.

Örtliche Zuständigkeit

Verbraucherschutz

Bei Streitigkeiten wegen der Bezahlung muss am Wohnsitz des Käufers Klage erhoben werden. Gerichtsstand bei einer Auseinandersetzung wegen der Lieferung ist der Wohnsitz des Verkäufers. Diese gesetzliche Regelung ist durch Allgemeine Geschäftsbedingungen nicht abänderbar. Sie soll den Käufer bei Prozessen wegen der Zahlung vor hohen Kosten und Aufwendungen schützen. Nur zwischen Kaufleuten sind vertragliche Regelungen über den Gerichtsstand frei vereinbar.

Welches Gericht zuständig ist, richtet sich nach dem Streitwert. Bis zu einem Streitwert von 5 000,00 € wird vor dem Amtsgericht, darüber hinaus vor dem Landgericht verhandelt.

1. **Nennen Sie die Pflichten von Verkäufer und Käufer bei der Erfüllung des Kaufvertrages.**
2. **Erläutern Sie den Unterschied zwischen Eigentum und Besitz.**
3. **In den Allgemeinen Geschäftsbedingungen der Firma Wolf GmbH steht:**

   Erfüllungsort und Gerichtsstand für beide Vertragspartner ist Dresden.

   Klären Sie in folgenden Fällen Erfüllungsort und Gerichtsstand:

   a) **Sie bestellen bei der Firma Wolf GmbH Ware.**

   b) **Ihr Ausbildungsbetrieb liefert Ware an die Firma Wolf GmbH.**

13.6 Schlechtleistung (mangelhafte Lieferung)

Lena und Julia wollen im Urlaub eine Trekking-Tour in die Alpen machen. Dazu haben sie sich beim Sportversand Burger wichtige Ausrüstungsgegenstände bestellt. Heute hat Lena ein Paket vom Sportversand Burger erhalten. Mit dem beiliegenden Lieferschein überprüft sie den Inhalt.

Sportversand Burger, Hansastr. 4, 55130 Mainz

Frau
Lena Fürst
Hauptstraße 17
67433 Neustadt

LIEFERSCHEIN

Nummer: 8011
Kunden-Nummer: 911205
Seite: 1

Ihre Zeichen, Ihre Nachricht vom	Unser Zeichen, unsere Nachricht vom	Tel. Durchwahl 06131/456778	Mainz
12.03.20..	mittler	33	18.03.20..

POS.	ART-NUM	BEZEICHNUNG	EINH	BESTELL-MENGE	LIEFER-MENGE	
1	301	Schlafsack Mt Everest 2	1	1	1	✓
2	804	Trekking Jacke - wasserdicht	1	1	1	
3	1206	Rucksack Outdoor 70 l	1	1	1	*nur 50 l !!*
4	201	Sturmkocher Luxus 4	1	1	1	*1 Einsatz fehlt !*
5	634	Iso-therm 45	1	2	2	*1 Matte fehlt !*

1. **Welche Sachmängel hat Lena festgestellt?**
2. **Die Trekking-Jacke erweist sich als nicht wasserdicht. Welcher Mangel liegt vor?**
3. **Was muss Lena unternehmen, damit die Mängel beseitigt werden?**

Bei jeder Lieferung können trotz der Sorgfalt des Verkäufers Mängel auftreten. Deshalb ist es sinnvoll, die Lieferung unverzüglich auf Mängel zu überprüfen; Kaufleute sind nach dem Handelsgesetzbuch dazu sogar verpflichtet. Es lassen sich folgende Sachmängel in der Beschaffenheit einer Ware unterscheiden:

- ***Mängel in der Verwendung:*** **Der Verkäufer liefert eine Ware, die sich für die zugesagte oder übliche Verwendung nicht eignet, z. B. der Holzleim klebt nur Papier, aber kein Holz.**
- ***Mängel in der Eigenschaft:*** **Der Verkäufer hat im Kaufgespräch, in der Werbung oder bei der Kennzeichnung der Ware Eigenschaften versprochen, die nicht zutreffen, z. B. rostfrei, wasserdicht.**
- ***Mängel bei der Montage bzw. in der Montageanleitung:*** **Die Montage wird unsachgemäß durchgeführt oder in der Montageanleitung sind Fehler („IKEA-Klausel“).**
- ***Mängel in der Art:*** **Es wird eine andere Ware als vereinbart geliefert.**
- ***Mängel in der Menge:*** **Es wird entweder zu viel oder zu wenig geliefert.**

Reklamation

Stellt der Käufer bei der gelieferten Ware einen Mangel fest, so muss er beim Verkäufer reklamieren. Die **Reklamation** (Mängelrüge) kann schriftlich oder mündlich erteilt werden. In den meisten Fällen ist es aus Beweisgründen sinnvoll, die Reklamation schriftlich abzufassen.

Gewährleistung

Grundsätzlich hat der Käufer eine **Gewährleistungsfrist von zwei Jahren**, während der er Mängel reklamieren kann. Dies gilt nicht bei Ware mit Verfallsdatum (z. B. Joghurt), bei natürlichem Verschleiß oder normaler Abnutzung, etwa bei Reifen. Bei arglistig verschwiegenen Mängeln erhöht sich die Gewährleistungsfrist auf drei Jahre.

Beweislastumkehr

Zeigt sich innerhalb von sechs Monaten nach Kauf oder Lieferung ein Sachmangel, so wird zugunsten des Verbrauchers vermutet, dass die Sache bereits beim Kauf oder bei der Lieferung fehlerhaft war. Das bedeutet: Nicht der Käufer ist beweispflichtig, sondern der Verkäufer müsste beweisen, dass die Ware mangelfrei war.

Hat der Verkäufer ausdrücklich auf Mängel hingewiesen (z. B. „Zweite Wahl"), hat der Käufer kein Recht auf Mängelrüge. Bei Sonderangeboten ist eine Mängelrüge nicht ausgeschlossen.

Es kommt auch vor, dass der Verkäufer Ware umtauscht oder zurücknimmt, obwohl sie nicht mangelhaft ist. Hier handelt es sich um eine Kulanz (Entgegenkommen) des Verkäufers, um den Kunden nicht zu verlieren.

Ist die Reklamation berechtigt, kann der Käufer beim Verkäufer folgende Rechte geltend machen:

Rechte des Käufers

- ***Nacherfüllung*, d.h. die Beseitigung des Mangels (Reparatur) oder die Lieferung mangelfreier Ware (Umtausch oder Ersatzlieferung)**
  Eine Nachbesserung gilt nach dem zweiten Versuch als fehlgeschlagen.

Bei Weigerung des Verkäufers zur Nacherfüllung oder nach erfolgloser Fristsetzung oder nach dem zweiten fehlgeschlagenen Nachbesserungsversuch hat der Käufer folgende Rechte:

- ***Rücktritt vom Vertrag***
- ***Minderung, d.h. Preisnachlass***
- ***Schadensersatz***

  Auch Aufwendungen, die der Käufer im Vertrauen auf die mangelfreie Lieferung gemacht hat, müssen ersetzt werden.

Beispiel: Für die bestellte Deckenleuchte hat der Käufer bereits eine spezielle Halogenlampe gekauft, die nicht anders verwendet werden kann.

Hat der Käufer Mängel angezeigt, so trägt der Verkäufer die Kosten zum Zweck der Nacherfüllung, also alle anfallenden Transport-, Wege-, Arbeits- und Materialkosten.

Verbraucherschutz durch Produkthaftung

Um den Verbraucher vor schwerwiegenden Schäden zu schützen, ist seit 1990 in der Bundesrepublik Deutschland das **Produkthaftungsgesetz** in Kraft. Nach diesem Gesetz muss der Hersteller oder Importeur den Beweis antreten, dass er bei Produktion und Vertrieb seiner Produkte auf Qualität und Sicherheit geachtet hat. Grundsätzlich tritt die Produkthaftung für Folgeschäden ein, die durch Fehler des Produktes verursacht wurden. Solche Fehler sind z. B. Konstruktions- und Fabrikationsfehler. So muss der Ein-/Ausschalter einer Maschine so angebracht sein, dass er gefahrlos benutzt werden kann. Aber auch Informationsfehler fallen unter die Produkthaftung. Deshalb sind z. B. Gebrauchsanweisungen verständlich und umfassend abzufassen.

1. **Bei der Durchsicht der Mängelliste finden sich folgende Fehler:**
   - **Anstelle eines 3-mm-Kupferkabels wurde ein 2,5-mm-Kupferkabel geliefert.**
   - **Anstelle von 200 m Isoliermaterial wurden nur 180 m geliefert.**
   - **Anstelle der fünf Isolierzangen F 456 wurden fünf Isolierzangen F 654 geliefert.**
   - **Die gelieferten Feuchtraumkabel haben nicht die vorgeschriebene DIN-Norm.**

   a) **Welche Mängel liegen jeweils vor?**
   b) **Welche Rechte sollte der Käufer jeweils in Anspruch nehmen?**
   c) **Wer trägt den Schaden, wenn die Feuchtraumkabel einen Defekt verursachen?**
2. **Jürgen hat sich einen Gebrauchtwagen gekauft. Der Verkäufer hat ihm vor dem Kauf bestätigt, dass bei der Inspektion Zündkerzen, Ölfilter und Bremsbeläge erneuert wurden. Bei seinem ersten Werkstattbesuch nach 5 000 km Fahrleistung teilt ihm der Kfz-Betrieb mit, dass die Bremsen erneuert werden müssen.**
   a) **Kann Jürgen das Auto zurückgeben und sein Geld zurückfordern?**
   b) **Spielt es eine Rolle, ob die Inspektionsleistungen schriftlich oder mündlich bestätigt wurden?**
3. **Kerstin hat sich vor fünf Monaten einen Camcorder gekauft. Jetzt muss sie feststellen, dass die Tonqualität immer schlechter wird. Sie reklamiert dies beim Händler. Dieser will die Kamera reparieren. Kerstin verlangt jedoch den Umtausch des Camcorders. Der Händler behauptet, der Schaden sei auf eine unsachgemäße Bedienung zurückzuführen.**
   a) **Wer trägt die Beweislast für die Ursache des Schadens?**
   b) **Reparatur oder Umtausch – welches Recht hat Kerstin?**
   c) **Wer trägt die Kosten für eine Reparatur?**
4. **Diana hat sich im Sommerschlussverkauf zwei Sommerblusen gekauft. Im Kaufhaus hat sie folgenden Hinweis gelesen: „Reduzierte Ware ist vom Umtausch ausgeschlossen."**
   a) **Eine Freundin rät ihr, die dunkelblaue Bluse gegen eine hellere Farbe umzutauschen. Kann Diana dies tun?**
   b) **Die andere Bluse weist auf der Rückseite einen Webfehler auf. Kann Diana die Bluse zurückgeben?**
5. **Holzschutzmittel, mit denen Wohnräume gestrichen wurden, haben in vielen Fällen zu Gesundheitsschäden bei den Bewohnern geführt.**
   Welche Rechte haben die Geschädigten?

13.7 Nicht-Rechtzeitig-Lieferung (Lieferungsverzug)

Marlene hat sich bei der Firma Kluge eine Stereoanlage bestellt. Es wurde vereinbart, dass die Stereoanlage in zwei Wochen abgeholt werden kann. Als Marlene nach zwei Wochen im Geschäft nachfragt, muss sie feststellen, dass die Anlage noch nicht eingetroffen ist. Der Verkäufer verspricht ihr, dass die Geräte bis spätestens nächste Woche angeliefert werden.
Verärgert über die Verzögerung, überlegt Marlene, ob sie den Verkäufer dafür rechtlich verantwortlich machen kann.

1. **Bis zu welchem Termin muss die Firma Kluge die Stereoanlage liefern?**
2. **Worauf hätte Marlene bei der Bestellung achten müssen?**
3. **Marlene sieht die Stereoanlage in einem anderen Geschäft zu einem günstigeren Preis angeboten. Sollte sie die Anlage dort kaufen?**

Fixkauf

Zu den Pflichten des Verkäufers gehört es, die Ware ordnungsgemäß zu liefern. Außerdem muss die Lieferung innerhalb einer angemessenen Zeit erfolgen, wenn keine Frist festgelegt wurde. Bei wichtigen Anschaffungen sollte ein fester (fixer) Liefertermin schriftlich vereinbart werden.

Kommt der Verkäufer seiner Pflicht, rechtzeitig zu liefern, nicht nach, so gerät er in Lieferungsverzug. Dafür müssen folgende Voraussetzungen vorliegen:

Voraussetzungen für die Nicht-Rechtzeitig-Lieferung

1. ***Die Lieferung muss fällig sein.***

   Eine vom Verkäufer nur ungefähr gemachte Angabe über den Liefertermin, z.B. „ca. vier Wochen" oder „Lieferung so bald wie möglich", ist keine feste Terminvereinbarung.

2. ***Der Verkäufer hat vorsätzlich (mit Absicht) oder fahrlässig (nicht sorgfältig) die Lieferung verzögert oder unterlassen.***

   In Fällen von höherer Gewalt, z.B. Streik oder Überschwemmungen, trifft den Verkäufer keine Schuld. Dies gilt auch, wenn der Zulieferer die Verzögerung zu vertreten hat.

3. ***Die Lieferung muss vom Käufer angemahnt sein; dem Verkäufer ist eine angemessene Nachfrist für die Lieferung einzuräumen.***

   Hierbei ist aus Beweisgründen eine schriftliche Mahnung angebracht. Der Liefertermin sollte auf jeden Fall kalendermäßig genau bestimmt sein. In der Mahnung muss der Verkäufer deutlich aufgefordert werden zu liefern, damit er weiß, dass er von nun an mit Konsequenzen rechnen muss.
   Der Verkäufer gerät ohne Mahnung und Nachfrist sofort in Lieferungsverzug, wenn der Liefertermin genau bestimmt war, z.B. „Lieferung am 15. Juli", „Lieferung in der 27. Woche".

Hat der Verkäufer den Lieferungsverzug zu vertreten, so kann der Käufer nach Mahnung und Ablauf der Nachfrist folgende Rechte in Anspruch nehmen:

Rechte des Käufers

Der Käufer kann entweder
- ***auf Erfüllung des Vertrages bestehen***
  oder
- ***vom Vertrag zurücktreten***
  oder
- ***statt der Lieferung Schadensersatz oder den Ersatz der Aufwendungen verlangen***
  oder
- ***auf Erfüllung des Vertrages bestehen und Schadensersatz verlangen.***

Wurde ein fester Liefertermin (Fixkauf) vereinbart und hat der Verkäufer den Lieferungsverzug zu vertreten, so kann der Käufer sofort Schadensersatz verlangen. Zudem kann der Käufer nach einer Nachfrist die oben angeführten Rechte in Anspruch nehmen.

Wenn der Verkäufer den Lieferungsverzug nicht zu vertreten hat, so kann der Käufer nach Ablauf einer angemessenen Nachfrist folgende Rechte in Anspruch nehmen:

Der Käufer kann entweder
- ***auf Erfüllung des Vertrages bestehen***
  oder
- ***vom Vertrag zurücktreten.***

Ermittlung des Schadensersatzes

Die Höhe des Schadensersatzes lässt sich genau berechnen, wenn der Käufer bei einem anderen Verkäufer die Ware als Ersatz kaufen konnte. Die Preisdifferenz lässt sich dem in Lieferungsverzug geratenen Verkäufer als konkreter Schaden in Rechnung stellen. Schwieriger wird es z. B. im folgenden Fall: Die Lieferung von Weihnachtsgebäck an einen Einzelhändler ist nicht erfolgt, ein Verkauf konnte also nicht stattfinden. Dem Händler ist ein abstrakter Schaden entstanden, da ihm Gewinne entgangen sind. Die Schadenshöhe lässt sich oft nur durch ein Gericht ermitteln.

Konventionalstrafe

In einigen Bereichen der Wirtschaft, z. B. im Baubereich, ist es üblich, bei Vertragsabschluss eine Vertragsstrafe zu vereinbaren. Diese Vereinbarung verpflichtet den Verkäufer, bei Lieferungsverzug eine Konventionalstrafe zu zahlen. Hierdurch soll der Vertragspartner gezwungen werden, Termine fristgerecht einzuhalten.

1. Erläutern Sie, was unter einem „Fixkauf" zu verstehen ist.
2. Welche Voraussetzungen müssen für einen Lieferungsverzug gegeben sein?
3. Wann gerät der Verkäufer ohne Mahnung und Nachfrist in Lieferungsverzug?
4. Welche Rechte hat der Käufer bei Lieferungsverzug
   a) beim Fixkauf?
   b) wenn er dem Verkäufer eine angemessene Nachfrist einräumt?
5. Erläutern Sie den Unterschied zwischen konkretem und abstraktem Schaden.
6. Was ist der Zweck einer Konventionalstrafe?
7. Die Familie Neuber hat sich eine Kücheneinrichtung für ihre neue Wohnung bestellt. Mit dem Verkäufer war vereinbart worden, dass die Lieferung sofort nach dem Einzug erfolgt. Inzwischen sind 14 Tage seit dem Einzug vergangen und die Küchenmöbel noch nicht eingetroffen.
   a) Ist die Küchenfirma in Lieferungsverzug?
   b) Was soll die Familie Neuber unternehmen?
   c) Kann die Familie Neuber die Kücheneinrichtung bei einer anderen Firma bestellen?
8. Die Firma Schön bestellt für die Sommersaison Badehosen. Als Liefertermin wurde die erste Woche im Juni vereinbart. Die Lieferung ist bis zur zweiten Juniwoche nicht eingetroffen.
   a) Ist die Lieferfirma in Lieferungsverzug?
   b) Kann die Firma Schön Schadensersatz verlangen?
   c) Wie lässt sich der Schadensersatz ermitteln?
9. Die Firma Ludwig bestellt für ihre Produktion zwei neue Maschinen zur Lieferung am 13. Mai. Die Lieferung ist am 17. Mai noch nicht eingetroffen. Dadurch entstehen der Firma Ludwig Produktionsausfälle von 2 000,00 € pro Tag.
   a) Ist die Lieferfirma in Lieferungsverzug?
   b) Muss die Lieferfirma den Schaden übernehmen?
   c) Wie wäre die Situation, wenn in der Branche des Lieferers ein Streik stattgefunden hätte?
10. Der Auszubildende Jonathan hat bei der Buchhandlung mehrere Schulbücher bestellt. Für die Lieferung wurde Anfang der nächsten Woche vereinbart. Am Anfang der Woche teilt ihm die Buchhandlung mit, dass die Lieferung sich um drei Wochen verspätet.
    Wie kann Jonathan die Buchhandlung in Lieferungsverzug setzen?

13.8 Annahmeverzug (Gläubigerverzug)

Im Ausbildungsbetrieb von Jannik herrscht Aufregung. Gerade ist der Fahrer mit der Fräsmaschine zurückgekommen. Diese wurde eigens für den Kunden angefertigt. Zudem wurden etliche Mehrstunden geleistet, um den Auftrag termingerecht zu erfüllen. Der Fahrer berichtet, dass der Kunde die Fräsmaschine nicht abnehmen will. Er verweigere die Abnahme, da er im Augenblick noch keinen Stellplatz für die Maschine habe. Deshalb hat der Fahrer nach Rücksprache mit Janniks Chef die Maschine wieder zurückgebracht.

1. **Muss der Kunde die Maschine abnehmen, obwohl er keinen Platz für sie hat?**
2. **Im Kaufvertrag wurde der heutige Tag als Liefertermin vereinbart. Hätte Janniks Chef den Kunden über die Anlieferung informieren müssen?**
3. **Was soll Janniks Chef unternehmen?**

Beim Abschluss des Kaufvertrages verpflichtet sich der Käufer zur Abnahme der Ware. Wenn der Verkäufer aufgrund des Vertrages ordnungsgemäß liefert, d. h. zur rechten Zeit und am rechten Ort, so gerät der Käufer bei Nichtabnahme der Ware in **Annahmeverzug**. In der Regel wird der Verkäufer dem Käufer eine Frist zur Abnahme setzen.

Für den Verkäufer ergeben sich bei Annahmeverzug verschiedene Rechte, die er entsprechend der Sachlage in Anspruch nehmen wird:

1. ***Rücktritt*** **vom Vertrag und anderweitiger Verkauf der Ware**
   Von diesem Recht wird der Verkäufer immer dann Gebrauch machen, wenn die Nachfrage nach der Ware sehr groß ist. Auch bei guten Kunden kann der Verkäufer so Entgegenkommen zeigen.
2. ***Klage auf Abnahme*** **und Lagerung der Ware**
   Der Verkäufer erhebt Klage und droht dem Käufer, die Ware öffentlich versteigern zu lassen. Zwischenzeitlich lagert der Verkäufer die Ware auf Kosten und Gefahr des Käufers.
3. ***Selbsthilfeverkauf*** **durch öffentliche Versteigerung oder Verkauf der Ware**
   Allerdings ist dies an besondere Bedingungen geknüpft:
   - **Der Käufer muss noch eine Frist zur Abnahme erhalten, der Selbsthilfeverkauf muss angedroht werden.**
   - **Der Käufer muss über Ort und Zeitpunkt des Verkaufs informiert werden, damit er selbst mitsteigern kann.**
   - **Der Käufer erhält eine Abrechnung und muss die zusätzlichen Kosten tragen.**
4. ***Notverkauf*** **bei leicht verderblicher Ware**
   Wenn es sich um leicht verderbliche Ware (z. B. Obst, Lebensmittel) handelt, ist ein Selbsthilfeverkauf ohne vorherige Androhung möglich.

13.9 Nicht-Rechtzeitig-Zahlung (Zahlungsverzug)

Nico Klein hat sich vor einigen Wochen ein Objektiv und einen Filter für seine digitale Spiegelreflexkamera über einen Fotoversand bestellt. Bei der Lieferung fehlte der Filter. Er hat dies der Firma mitgeteilt. Heute erhielt er folgenden Kurzbrief:

Foto Boll Versand GmbH
– Abteilung B II –
Postfach 4343
55116 Mainz
Tel. 06331 56798

Kurzbrief Mainz, **15.04.20..**

Mit der Bitte um:
○ Kenntnisnahme ☒ Erledigung ○ Rückgabe
☒ Prüfung ○ Anruf
○ Stellungnahme

Betreff: **Zahlungserinnerung**

Unser Zeichen: **E 1504**
Ihre Bestellung vom: **10.03.20..**
Unsere Lieferung vom: **20.03.20..**
Rechn.-Nr. **04 320** über **239,-** €

Anlage:

Herrn
Nico Klein
Marktstr. 15
56068 Koblenz

Kontoverbindung: Deutsche Bank Mainz, BIC: DEUTDE5MXXX, IBAN: DE05 5507 0040 0100 3809 90

Nico ist ganz erstaunt über das Erinnerungsschreiben des Fotoversands. Er wollte den Gesamtbetrag für Objektiv (199,00 €) und Filter (40,00 €) erst überweisen, wenn der Filter nachgeliefert wird.

1. **Muss Nico den Rechnungsbetrag über 239,00 € bezahlen?**
2. **Wie soll Nico auf das Erinnerungsschreiben reagieren?**
3. **Schreiben Sie einen Brief an den Fotoversand, in dem Sie die Sachlage darstellen.**

Wenn im Kaufvertrag keine andere Vereinbarung getroffen wurde, gilt grundsätzlich, dass die Zahlung sofort zu leisten ist.

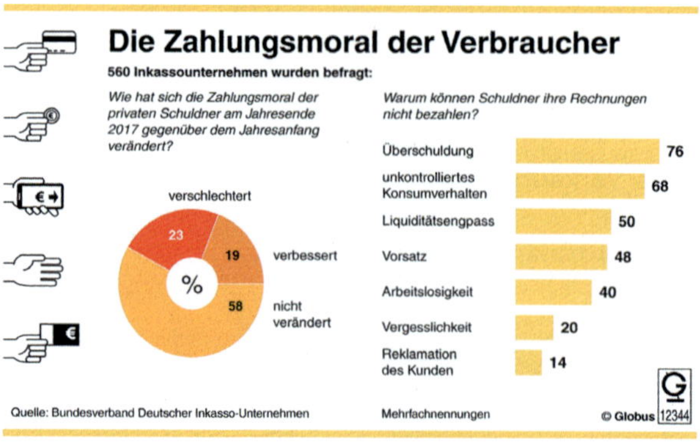

Vgl. Liquiditätsengpässe und Überschuldung als Grund.

Ist für die Zahlung ein fester Termin vereinbart, so gerät der Käufer sofort danach in Zahlungsverzug.

Ist kein fester Zahlungstermin vereinbart worden, so kommt der Käufer in Verzug durch eine Mahnung oder spätestens, wenn er nicht innerhalb von 30 Tagen nach Fälligkeit und Zugang einer Rechnung zahlt. Für den Verbraucher gilt diese 30-Tage-Frist nur, wenn darauf in der Rechnung und den Zahlungsbedingungen besonders hingewiesen wurde.

Das außergerichtliche Mahnverfahren

Käufer und Verkäufer gehen davon aus, dass der jeweils andere Vertragspartner seinen Pflichten bei der Erfüllung des Kaufvertrages nachkommt. Bleibt ein Rechnungsbetrag offen, so wird der Verkäufer zunächst annehmen, dass die Zahlung entweder vergessen oder aus anderen Gründen nicht geleistet wurde. Deshalb wird der Gläubiger den Schuldner zunächst höflich an seine Zahlungspflicht erinnern.

Bevor der Gläubiger auf gerichtlichem Wege die Schulden einklagt, wird er versuchen, seine Forderungen **außergerichtlich** vom Schuldner zu erhalten. Dies erfolgt durch verschiedene Mahnungen. Während die Erinnerung und die erste Mahnung in einer höflichen Form abgefasst werden, sind die weiteren Stufen des außergerichtlichen Mahnverfahrens nachdrücklicher, bis hin zur Androhung eines gerichtlichen Mahnbescheids.

Was?	Wann?	Wo?
Erinnerung	10 Tage nach Fälligkeit	Kopie der Rechnung, höfliche Erinnerung
1. Mahnung	14 Tage später	Brief als Mahnung, höfliche Aufforderung zur Zahlung
2. Mahnung	14 Tage später	Brief als Mahnung, nachdrückliche und bestimmte Zahlungsaufforderung
Postnachnahme	8 Tage später	Einzug des fälligen Betrages durch die Post
3. und letzte Mahnung	14 Tage später	Brief als letzte Mahnung, Androhung des gerichtlichen Mahnverfahrens (Mahnbescheid)

Beispiel für den Ablauf eines außergerichtlichen Mahnverfahrens

Für das außergerichtliche Mahnverfahren gibt es keinen vorgeschriebenen Ablauf. Das Mahnverfahren kann abgekürzt oder verlängert werden. Viele Unternehmen beauftragen ein Inkassoinstitut oder einen Rechtsanwalt mit der Eintreibung ihrer Forderungen. Aus Beweisgründen sind Mahnungen schriftlich abzufassen und eventuell als Einschreiben dem Schuldner zuzustellen.

Die Kosten des Mahnverfahrens trägt der Käufer. Neben Verzugszinsen kann der Gläubiger vom Schuldner Mahngebühren (z. B. für Brief, Porto, Auslagen) verlangen.

Zahlt der Schuldner trotz Mahnung nicht, so wird die Mahnung mit einem gerichtlichen Mahnbescheid gleichgesetzt, d. h., der Käufer muss mit Eintritt der Fälligkeit Verzugszinsen zahlen. Der Verzugszins beträgt 5 % über dem Basiszinssatz der Europäischen Zentralbank. Neben Verzugszinsen kann der Gläubiger vom Schuldner Mahngebühren (z. B. für Brief, Porto, Auslagen) verlangen.

Das gerichtliche Mahnverfahren

Antrag auf Erlass eines Mahnbescheids

–Nicht verwendbar für Rechtsanwälte und registrierte Inkassodienstleister–

Raum für Vermerke des Gerichts

Zeilen-Nummer	Spalte 1	Spalte 2
1	Datum des Antrags C	Bitte beachten Sie die Ausfüllhinweise!
2	**Antragsteller**	**Beimehreren Antragstellern: Es wird versichert, dass der in Spalte 1 Bezeichnete bevollmächtigt ist, die weiteren zu vertreten.**
3	Spalte 1 — 1 = Herr 2 = Frau Vorname	Spalte 2 **Weiterer Antragsteller** — 1 = Herr 2 = Frau Vorname
4	Nachname	Nachname
5	Straße, Hausnummer – **bitte kein Postfach!** –	Straße, Hausnummer – **bitte kein Postfach!** –
6	Postleitzahl Ort Ausl. Kz.	Postleitzahl Ort Ausl. Kz.
7	Spalte 3 **Nur Firma, juristische Person u. dgl. als Antragsteller**	Rechtsform, z. B. GmbH, AG, OHG, KG
8	3 = **nur** Einzelfirma 4 = **nur** GmbH u. Co KG **sonst Rechtsform:** Vollständige Bezeichnung	
9	Fortsetzung von Zeile 9	
10	Straße, Hausnummer – **bitte kein Postfach!** –	Postleitzahl Ort Ausl. Kz.
11	**Gesetzlicher Vertreter**	**Gesetzlicher Vertreter** (auch weiterer)
12	*Nr. der Spalte, in der der Vertretene bezeichnet ist* Stellung (z. B. Geschäftsführer, Vater, Mutter, Vormund)	*Nr. der Spalte, in der der Vertretene bezeichnet ist* Stellung
13	Vor- und Nachname	Vor- und Nachname
14	Straße, Hausnummer – **bittekein Postfach!**–	Straße, Hausnummer – **bitte kein Postfach!** –
15	Postleitzahl Ort Ausl. Kz.	Postleitzahl Ort Ausl. Kz.
16		
17	**Antragsgegner** — Falls der Antragsgegner unter das Zusatzabkommen zum NATO-Truppenstatut fällt, bitte Ausfüllhinweise beachten.	**Antragsgegner sind Gesamtschuldner**
18	Spalte 1 — 1 = Herr 2 = Frau Vorname	Spalte 2 **Weiterer Antragsgegner** — 1 = Herr 2 = Frau Vorname
19	Nachname	Nachname
20	Straße, Hausnummer – **bitte kein Postfach!** –	Straße, Hausnummer – **bitte kein Postfach!** –
21	Postleitzahl Ort Ausl. Kz.	Postleitzahl Ort Ausl. Kz.
22	Spalte 3 **Nur Firma, juristische Person u. dgl. als Antragsgegner**	Rechtsform, z. B. GmbH, AG, OHG, KG
23	3 = **nur** Einzelfirma 4 = **nur** GmbH u. Co KG **sonst Rechtsform:** Vollständige Bezeichnung	
24	Fortsetzung von Zeile 24	
25	Straße, Hausnummer – **bitte kein Postfach!** –	Postleitzahl Ort Ausl. Kz.
26	**Gesetzlicher Vertreter**	**Gesetzlicher Vertreter** (auch weiterer)
27	*Nr. der Spalte, in der der Vertretene bezeichnet ist* Stellung (z.B.Geschäftsführer, Vater, Mutter,Vormund)	*Nr. der Spalte, in der der Vertretene bezeichnet ist* Stellung
28	Vor- und Nachname	Vor- und Nachname
29	Straße, Hausnummer-**bitte kein Postfach!**–	Straße, Hausnummer – **bitte kein Postfach!** –
30	Postleitzahl Ort Ausl. Kz.	Postleitzahl Ort Ausl. Kz.
31		

EMA1 /1 BW

Fassung 01. 06. 2010

Bitte die nächste Vordruckseite beachten!

Nico Klein hat trotz mehrerer Mahnschreiben die Rechnung des Foto Boll Versandes nicht bezahlt. Deshalb stellt die Firma einen Antrag auf Erlass eines Mahnbescheids beim zuständigen Amtsgericht.

1. **Wer ist Antragsteller und wer Antragsgegner des Antrages?**
2. **Durch wen wird der Antragsteller vertreten?**
3. **Wie hoch ist die Forderung der Firma Foto Boll Versand GmbH?**
4. **Wie kann Nico Klein auf die Zustellung des Mahnbescheids durch das Amtsgericht reagieren?**

Bleibt das außergerichtliche Mahnverfahren erfolglos, so kann der Gläubiger das **gerichtliche Mahnverfahren** einleiten. Dazu stellt er beim zuständigen Amtsgericht einen Antrag auf Erlass eines Mahnbescheids. Der Rechtspfleger beim Amtsgericht bearbeitet den Antrag, erlässt den Mahnbescheid und stellt ihn dem Schuldner zu.

Kommt der Schuldner der gerichtlichen Zahlungsaufforderung nach, ist das Verfahren beendet. Ist der Mahnbescheid nach Ansicht des Antragsgegners nicht gerechtfertigt, so kann er innerhalb von 14 Tagen Widerspruch einlegen. Zahlt der Schuldner nicht, kann der Gläubiger bei Gericht einen Vollstreckungsbescheid beantragen. Damit ist die Möglichkeit gegeben, einen Gerichtsvollzieher mit der Pfändung zu beauftragen.

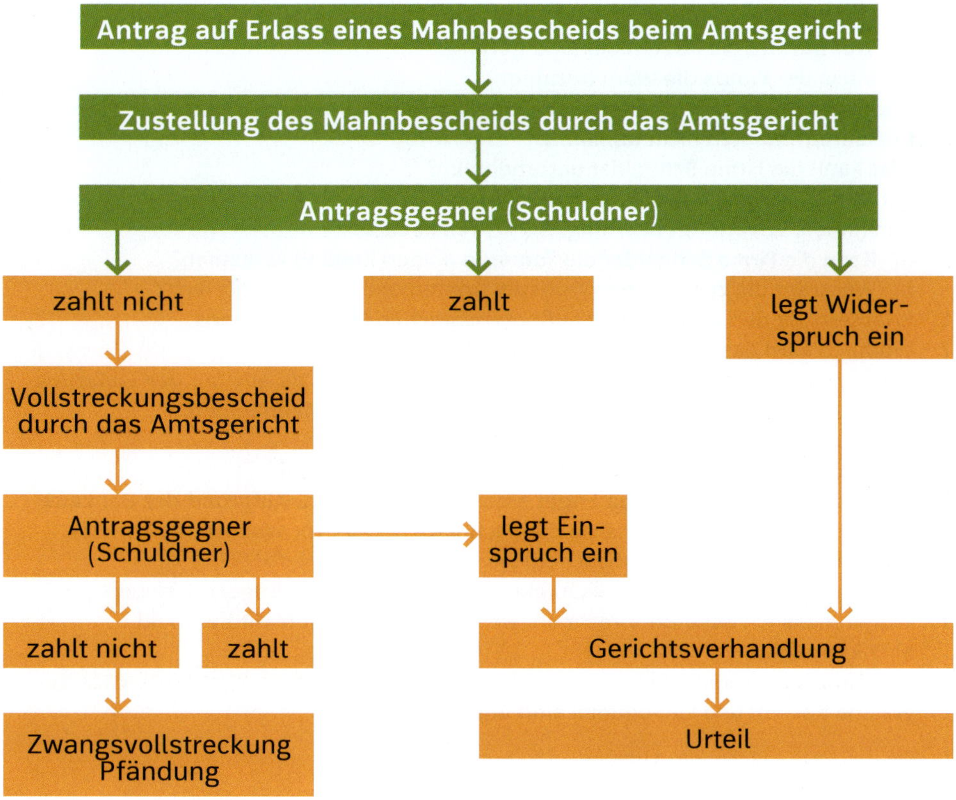

Ablauf des gerichtlichen Mahnverfahrens

Pfändung

Die Pfändung bedeutet für Arbeitnehmer in der Regel eine Lohnpfändung. Der Lohn darf allerdings nur bis zu einem bestimmten Betrag gepfändet werden. Dieser unpfändbare Betrag ist nach Familienstand gestaffelt; er ist in einer Lohnpfändungstabelle festgelegt.

Sachen, die der Gerichtsvollzieher pfändet, werden versteigert. Schwer transportierbare Gegenstände können bis zur Versteigerung beim Schuldner verbleiben. Der Gerichtsvollzieher bringt an ihnen Pfandsiegelmarken („Kuckuck") an. Lebensnotwendige Sachen dürfen nicht gepfändet werden.

1. Welche Rechte hat der Verkäufer, wenn der Käufer in Annahmeverzug gerät?

2. Andrea hat sich bei einem Versandhaus einen Computer gekauft. Das Versandhaus hat versprochen, in ca. vier Wochen zu liefern. Nach zehn Tagen wird der Computer bereits angeliefert. Andrea ist jedoch nicht zu erreichen, da sie in Urlaub gefahren ist. Der Computer wird von der Post an das Versandhaus zurückgeschickt.
   a) Ist Andrea in Annahmeverzug?
   b) Das Versandhaus liefert den Computer nach der Rückkehr Andreas aus dem Urlaub an. Die entstandenen Transportkosten der zweiten Anlieferung stellt das Versandhaus Andrea in Rechnung. Muss Andrea diese bezahlen?

3. Ein Kunde hat die Ware nicht abgenommen. Der Verkäufer lagert die Ware in einem Lagerhaus. Durch ein Unwetter wird die Ware durch Wasserschäden unbrauchbar.
   a) Wer bezahlt die Kosten der Einlagerung?
   b) Muss der Kunde die Ware bezahlen?

4. Die Firma Schneider erhält von der Spedition die Mitteilung, dass ihr Kunde die bestellten Tomaten nicht abnimmt.
   Was kann die Firma Schneider unternehmen?

5. Ein Kunde, der 50 km weiter ein Geschäft hat, würde die Tomaten (vgl. Aufgabe 4) abnehmen. Er verlangt allerdings 10 % Preisnachlass.
   a) Kann die Firma Schneider die Tomaten an den Kunden verkaufen?
   b) Wer trägt die zusätzlichen Transportkosten und die Preisdifferenz?

6. Erläutern Sie den Ablauf eines außergerichtlichen Mahnverfahrens.

7. Wodurch wird das gerichtliche Mahnverfahren eingeleitet?

8. Ein Kunde hat die letzte Lieferung noch nicht bezahlt, da ein Teil der Lieferung mangelhaft war. Die Firma droht ihm mit gerichtlichen Maßnahmen.
   a) Muss der Kunde die Rechnung bezahlen?
   b) Was kann er gegen einen Mahnbescheid unternehmen?

9. Monika erhält von der Firma Engel einen Mahnbescheid. Aufgrund der Bankauszüge stellt Monika fest, dass sie die Rechnung bereits vor Wochen bezahlt hat.
   a) Kann Monika den Mahnbescheid wegwerfen?
   b) Genügt es, wenn Monika sich telefonisch bei der Firma Engel beschwert?

10. Womit muss ein Schuldner rechnen, wenn er nach einem Mahnbescheid
   a) nicht zahlt?
   b) Widerspruch einlegt?

11. Welche Sachen und Einkommen sind unpfändbar?

13.10 Verjährung von Forderungen

Bei der Überprüfung der Zahlungseingänge durch die Buchhaltung in Maries Ausbildungsbetrieb am Jahresende wird festgestellt, dass eine Rechnung vom 14. Februar durch den Kunden Schneider nicht bezahlt wurde. Aus unerklärlichen Gründen wurde dem Kunden auch keine Mahnung geschickt. Nach nochmaliger Überprüfung der Zahlungseingänge kann nur festgestellt werden, dass die Zahlung durch den Kunden nicht erfolgt ist. Inzwischen sind schon über zehn Monate verstrichen.

1. **Muss der Kunde die Rechnung noch bezahlen?**
2. **Aus welchen Gründen hat der Gesetzgeber die Regelung getroffen, dass Schulden nach einer bestimmten Zeit nicht mehr bezahlt werden müssen?**

Jeder Schuldner hat nach Ablauf einer bestimmten Zeit (Verjährungsfrist) das Recht, Forderungen durch den Gläubiger zu verweigern. Mit den Verjährungsfristen sollen Käufer und Verbraucher vor Ansprüchen geschützt werden, die längere Zeit zurückliegen. Da Privatpersonen Zahlungs- und Rechnungsbelege nicht so lange aufbewahren wie Geschäftsleute, kämen sie eher in Beweisnot. Die normale Verjährungsfrist beträgt drei Jahre.

Wichtige Verjährungsfristen

Die wichtigsten Verjährungsfristen

Frist	Fristbeginn	Ansprüche
2 Jahre	sofort mit der Lieferung	Sachmängel (Schlechtleistung)
3 Jahre regelmäßige Verjährungsfrist	a) mit dem Schluss des Jahres, in dem der Anspruch entsteht, **und** b) Kenntnis des Gläubigers	z. B. ▮ arglistig verschwiegene Sachmängel ▮ Nicht-Rechtzeitig-Zahlung, Nicht-Rechtzeitig-Lieferung, Annahmeverzug ▮ wiederkehrende Leistungen wie Miete, Pacht, Lohn, Gehalt, Zinsen
5 Jahre	sofort mit Ablieferung	Mängel am Bau und Baumaterialien
10 Jahre	a) mit der Entstehung des Anspruchs und b) Kenntnis des Gläubigers fehlt	▮ Maximalfrist für alle Ansprüche der regelmäßigen Verjährung wegen der fehlenden Kenntnis des Gläubigers ▮ Rechte an einem Grundstück
30 Jahre	mit der Entstehung	z. B. Ansprüche aus ▮ rechtskräftigen Urteilen ▮ Insolvenzverfahren ▮ Vollstreckungsbescheiden

Hemmung

In bestimmten Fällen kann die Verjährung **gehemmt** werden. Hemmung bedeutet, dass die Verjährung angehalten wird und erst dann wieder weiterläuft, wenn der Grund für die Hemmung entfällt. Die Verjährung wird z. B. durch folgende Maßnahmen und Ereignisse gehemmt:

- ***bei schwebenden Verhandlungen*, z. B. Käufer und Verkäufer verhandeln noch über Schadensersatz**
- ***bei Rechtsverfolgung*, z. B. Klageerhebung, Zustellung des Mahnbescheids**
- ***bei berechtigter Leistungsverweigerung*, z. B. Schlechtleistung als Grund, eine Zahlung zu verweigern**
- ***bei höherer Gewalt*, z. B. bei Naturkatastrophen**

Neubeginn

Die Verjährung kann auch neu beginnen. Folgende Maßnahmen führen zu einem **Neubeginn** der Verjährung:

- ***bei Schuldanerkenntnis*, z. B. durch Abschlagszahlung, Zinszahlung oder Sicherheitsleistung**
- ***bei gerichtlicher Vollstreckungshandlung*, z. B. bei beantragter oder vorgenommener Pfändung**

Wann beginnt in den folgenden Fällen die Verjährungsfrist?
Wann sind die Forderungen verjährt?

a) Herr Ließ kauft in einem Geschäft am 12. März einen Fernsehapparat. Er erhält die Rechnung am 15. März zugestellt. Als Zahlungsziel sind 14 Tage vereinbart.

b) Ein Handwerker repariert am 23. Februar die Wasserleitung in der Eigentumswohnung der Familie Achtermann. Am 24. März erhält Familie Achtermann eine Mahnung.

c) Ein Arbeitnehmer hat aufgrund einer falschen Stundenabrechnung für die Monate August bis Oktober des letzten Jahres zu wenig bezahlt bekommen.

d) Reinhold hat sich am 18. Mai ein TV-Gerät gekauft. Am 20. Dezember stellt er fest, dass das Gerät defekt ist.

e) Familie Endrulat stellt nach vier Jahren in ihrem neuen Eigenheim fest, dass einige Heizungsrohre undicht sind. Sie führen dies auf eine mangelhafte Qualität der Rohre zurück. Die Rohre wurden vor vier Jahren am 18. September geliefert.

f) Ein Kaufmann erhält am 3. November eine Rechnung zugestellt. Wegen Zahlungsschwierigkeiten räumt der Lieferer am 15. Januar einen Zahlungsaufschub von drei Monaten ein.

g) Der Vermieter stellt am Jahresende fest, dass die Mieten für November und Dezember vom Mieter noch nicht bezahlt worden sind.

13.11 Ratenkauf (Teilzahlungsgeschäft)

1. **Welche Vorteile versprechen die Anzeigen?**
2. **Welche Gründe veranlassen Käufer zum Ratenkauf?**
3. **Warum bieten viele Geschäfte und Versandhäuser ihren Kunden den Ratenkauf an?**

Ein großer Teil der Güter im Privatbereich wird auf Teilzahlung (Raten) gekauft. Ein Teilzahlungsgeschäft liegt dann vor, wenn der Kaufpreis in mindestens zwei Raten bezahlt wird.

Für Haushalte, die über ein geregeltes Einkommen verfügen, ist der Ratenkauf sicherlich kein Problem. Gefährlich wird es, wenn die Ausgabenwünsche größer waren als die finanziellen Möglichkeiten. Bei Überschuldung helfen Schuldnerberatungsstellen der Gemeinden oder Verbraucherverbände.

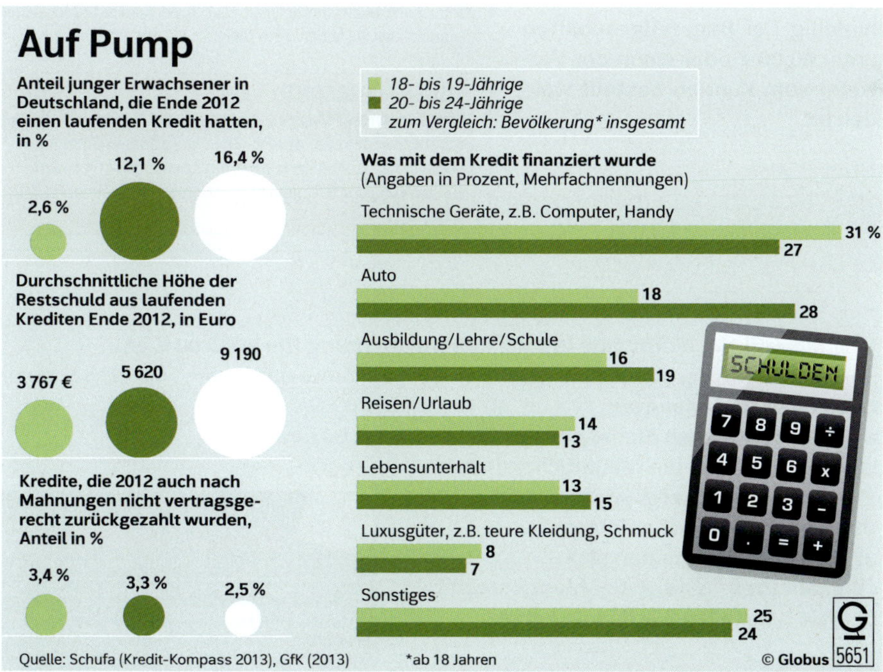

Um den Verbraucher vor unübersichtlichen und verlockenden Angeboten zu schützen, sind im **BGB** Regelungen über den Inhalt des Ratenkaufvertrages vorgeschrieben. Verbraucherschutz

Die Bestimmungen über Teilzahlungsgeschäfte gelten nur für bewegliche Sachen (Waren), jedoch nicht für Immobilien (Häuser/Grundstücke). Laut BGB müssen bei Abschluss eines Ratenkaufvertrages folgende Regelungen beachtet werden:

1. **Der Ratenkaufvertrag muss *schriftlich* abgeschlossen werden.**
2. **Der Vertrag muss folgende *Teilzahlungsbedingungen* enthalten:**

Inhalt des Ratenkaufvertrages

- **die Anzahl und Höhe der Raten**
- **die Fälligkeit der Raten**
- **den Teilzahlungspreis**
- **den Barzahlungspreis**
- **den effektiven Jahreszins (Zinssatz und Kosten für die gesamte Laufzeit)**

3. **Der Käufer hat die Möglichkeit, *innerhalb von 14 Tagen* ohne Begründung vom Vertrag zurückzutreten. Dieses *Widerrufsrecht* muss im Vertrag enthalten sein und vom Käufer durch Unterschrift zur Kenntnis genommen werden. Das Widerrufsrecht ist hinfällig bei Bagatellgeschäften unter 40,00 € oder wenn der Vertreter vom Kunden bestellt worden ist.**

ZAHLEN IN BEQUEMEN MONATSBETRÄGEN

Wählen Sie zwischen 3, 6, 9 oder 12 Monatsbeträgen. Der 1. Betrag ist 30 Tage nach Lieferung fällig, alle weiteren jeweils einen Monat später.
Bei Zahlung in Monatsbeträgen berechnen wir einen Aufschlag von 0,70 % pro Monat.

So errechnen Sie den Teilzahlungspreis:
Bestellwert durch 100 teilen und mit der Anzahl der Monatsbeträge und dem Monatszins 0,70 % malnehmen. Der ermittelte Euro-Wert zum Warenwert dazugezählt ergibt den zu zahlenden Gesamtpreis.

Beispiel: Bestellwert 600,00 R, zahlbar in 6 Monatsbeiträgen
600,00 € x 6 x 0,7 : 100 = 25,20 € Teilzahlungsaufschlag.
600,00 € Bestellwert + Teilzahlungsaufschlag = Teilzahlungspreis = 625,20 € = 6 Monatsbeiträge von je 104,20 €.

Zahlpause
Wir berechnen hierfür einen zusätzlichen Aufschlag von 1 % auf den Barzahlungspreis (z. B. bei 300,00 € einen Aufschlag von 3,00 €). Der effektive Jahreszins beträgt max. 16,1 %. Bei Kauf in 12 Monatsbeiträgen können Sie leider keine Zahlpause in Anspruch nehmen.

WIDERRUFSRECHT
Bestellungen ab 3 Monatsbeiträgen können binnen zwei Wochen schriftlich widerrufen werden. Richten Sie Ihren Widerruf an: Versand AG, Kundenbetreuung, Postfach, 50431 Frankfurt.
Zur Wahrung der Frist genügt die rechtzeitige Absendung des Widerrufs.

1. **Eine Möbelfirma bietet eine Wohnzimmereinrichtung für 3 000,00 € an. Bei Ratenkauf berechnet sie einen effektiven Jahreszins von 14,4 % bei einer Laufzeit von 24 Monaten.**
   a) **Wie viel müssen Sie insgesamt für die Möbel bezahlen?**
   b) **Wie hoch sind die monatlichen Raten?**
2. **Eine Supermarktkette wirbt mit folgendem Inserat für den Kauf auf Raten:**
   a) **Worin unterscheiden sich „Barzahlungs-“ und „Teilzahlungspreis“?**
   b) **Wie beurteilen Sie das Angebot?**

Finanzkauf

Finanzkauf
Keine Anzahlung!
Unsere Finanzkaufpreise sind Endpreise!

Alle Finanzkaufpreise sind Teilzahlungspreise. Die Finanzierungskosten sind darin enthalten. Sie können ab Artikelpreis 300,00 € in 6 oder 12 Monatszahlungen bezahlen (Bankabbuchung). Bei Finanzkauf bitte den Personalausweis und die Debitkarte mitbringen.

14 Weitere Vertragsarten

1. **Listen Sie auf, welche Vertragspartner gesucht werden.**
2. **Um welche Arten von Verträgen handelt es sich?**

Neben dem Kaufvertrag gibt es im Alltag eine ganze Reihe von weiteren Vertragsarten. Für die Vertragspartner ist es wichtig, über die wesentlichen gesetzlichen Bestimmungen informiert zu sein. Denn auch hier gilt der Grundsatz:

Vertrag ist Vertrag.

Wie beim Kaufvertrag hat jeder Vertragspartner nach Abschluss der Verträge Rechte und Pflichten. Die Vertragsparteien müssen zur Erfüllung des Vertrages die vereinbarten Leistungen erbringen.

14.1 Mietvertrag und Mieterschutz

Mietvertrag

Die meisten Bürger sind Mieter

Über 65 % der Wohnungen in der Bundesrepublik werden von Mieterinnen und Mietern bewohnt. Große Schwankungen gibt es zwischen den Ballungsgebieten mit überwiegend Mietwohnraum und ländlichen Gebieten, in denen selbst genutztes Wohneigentum dominiert.
Im Vergleich zu den europäischen Nachbarn bildet die Bundesrepublik Deutschland beim Wohnungseigentum das Schlusslicht. Spitzenreiter sind Spanien und Norwegen mit 85 % und Irland mit 77 % Wohneigentümern.
Wie Umfragen belegen, ist der Wunsch der Bundesbürger, statt in einer Mietwohnung in den eigenen vier Wänden zu leben, ungebrochen. Zwischen Wunsch und Möglichkeit steht für die meisten eine unüberbrückbare finanzielle Hürde. So werden auch in absehbarer Zeit die meisten Bürger Mietverträge abschließen müssen.

1. **Warum sind die meisten Bürger in der Bundesrepublik Deutschland Mieter?**
2. **Weshalb gibt es gerade in Großstädten mehr Mietwohnungen als in ländlichen Gebieten?**

Die meisten Bundesbürger wohnen zur Miete und haben einen Mietvertrag abgeschlossen. In der Bundesrepublik sind dies jährlich ca. zwei bis drei Millionen Verträge. Mietverträge können abgeschlossen werden über unbewegliche Sachen, wie Wohnung, Geschäftsräume und Grundstücke. Ge- und vermietet werden auch bewegliche Sachen, wie Autos, Boote, Baumaschinen usw.

§ 535 BGB

§ 535 BGB Durch den Mietvertrag verpflichtet sich der Vermieter, dem Mieter den Gebrauch der vermieteten Sache zu gewähren. Der Mieter verpflichtet sich, dem Vermieter den vereinbarten Mietzins zu zahlen.

Pachtvertrag

Beim Pachtvertrag wird neben dem Gebrauch auch eine wirtschaftliche Nutzung vereinbart. Ge- und verpachtet werden z. B. landwirtschaftliche Grundstücke, Gaststätten oder Tankstellen. Für den Pachtvertrag gelten weitgehend die gleichen Bestimmungen wie beim Mietvertrag.

Form und Laufzeit

Grundsätzlich gilt für Mietverträge die Formfreiheit. Mietverträge können aber auch nur aus „ein paar Zeilen" bestehen oder mündlich abgeschlossen werden. Voraussetzung für einen wirksamen Mietvertrag ist lediglich, dass Einigkeit darüber besteht, wer Mieter und wer Vermieter ist, welche Wohnung vermietet wird, zu welchem Preis und wann das Mietverhältnis beginnen soll. Für die Mietverträge gibt es vorgefertigte Musterverträge. Immer dann, wenn keine vertraglichen Abmachungen bestehen, gelten die gesetzlichen Regelungen. Das Mietverhältnis endet mit dem Ablauf der vereinbarten Mietzeit oder durch Kündigung.

MIETVERTRAG

für nicht preisgebundenen Wohnraum und/oder Geschäftsraum

nur vorherige Klarstellung schützt vor schwerwiegenden und unbehebbaren späteren Nachteilen!

- Zwischen ... Jürgen Simon ...
- in ... Berggasse 4, Jena ... als Vermieter
- und ... Sven Doll, Apolda ... geb. am ... 17.04.1989 ... als Mieter

wird folgender Mietvertrag geschlossen

§ 1 Mieträume

Im Mietvertrag sollten im Wesentlichen folgende Punkte geregelt sein:

Inhalt des Mietvertrages

Mietsache	benutzte und mitbenutzte Räume, Schlüssel
Mietzeit	unbefristete oder befristete Mietdauer (Zeitmietvertrag)
Kündigung	a) durch den Mieter unabhängig von der Dauer des Mietverhältnisses 3 Monate Kündigungsfrist b) durch den Vermieter Dauer des Mietverhältnisses — Kündigungsfrist bis zu 5 Jahre — 3 Monate bis zu 8 Jahre — 6 Monate mehr als 8 Jahre — 9 Monate außerordentliche Kündigung nur bei schwerwiegenden Vertragsverletzungen (z. B. wegen Mietrückstandes)
Mietzins	Nettomiete (Kaltmiete), Betriebskosten (z. B. Wasser, Heizung) Minderung des Mietzinses (z. B. Ausfall der Heizung)
Instandhaltung durch den Mieter	Reinigung, Schönheitsreparaturen, Pflicht zur Anzeige von Mängeln durch den Mieter Erhaltungs- und Modernisierungsarbeiten durch den Vermieter
Benutzung	Untervermietung, Tierhaltung, Installationen, bauliche Veränderungen
Beendigung	Rückgabe der Mietsache in einwandfreiem Zustand, ggf. renoviert
Sonstiges	Hausordnung als Bestandteil des Mietvertrages, Sonderregelungen

Pflichten des Vermieters

Durch den Mietvertrag ergeben sich für den Vermieter folgende **Pflichten**:
- **Die Mietsache wird zum vertragsmäßigen Gebrauch überlassen.**
- **Die Mietsache muss instand gehalten bzw. instand gesetzt werden.**
- **Die Mietsache muss die vereinbarten Eigenschaften aufweisen.**

Pflichten des Mieters

Für den Mieter ergeben sich folgende **Pflichten**:
- **Der Mietzins muss frist- und vereinbarungsgemäß gezahlt werden.**
- **Die Mietsache ist pfleglich zu behandeln und darf nicht vertragswidrig benutzt werden.**
- **Schäden und Mängel sind unverzüglich dem Vermieter anzuzeigen.**

Mieterschutz

Mieterschutz vor Gericht

Wegen des Eigenbedarfs an einer bisher bewohnten Mietwohnung kann der Mietvertrag aufgekündigt werden, wenn der Eigentümer vernünftige und nachvollziehbare Gründe für eine beabsichtigte Eigennutzung darlegt und notfalls – wenn es zum Prozess kommt – diese vor Gericht auch beweisen kann. Der bloße Wunsch des Vermieters oder seiner Angehörigen, in den eigenen vier Wänden zu leben, ist für eine Eigenbedarfskündigung durch den Vermieter nicht ausreichend. Ein Vermieter-Ehepaar begründete sein Räumungsbegehren damit, die dreiköpfige Familie benötige für jedes Mitglied ein eigenes Arbeitszimmer. Dazu sei die Wohnung der beklagten Mieter bestens geeignet. Sie müssten deshalb ausziehen. Die Richter des Landgerichts Köln machten nicht mit: Eigenbedarf liege nicht vor, wenn eine Wohnung in Arbeitszimmer umgestaltet werden solle. Nur der tatsächliche Bedarf an einer Wohnung als Wohnraum rechtfertige die Forderung nach Auszug der Mieter.
(Vgl. Urteil des Landgerichts Köln 1 S 26/90).

Eine Eigenbedarfskündigung kann daran scheitern, dass die Räumung eine besondere Härte für den betroffenen Mieter darstellt. So ist es einer 89-jährigen Frau gelungen, die Ansprüche des Vermieters auf Freimachung ihrer Wohnung abzuwehren. Sie berief sich darauf, dass sie in dieser vertrauten Umgebung seit 50 Jahren lebe. Das Herauslösen der alten Dame aus dieser Umgebung würde nach Meinung des Landgerichts Bonn im Hinblick auf ihr Alter eine weitere Verschlechterung ihres Gesundheitszustandes zur Folge haben. Der Vermieter müsse sich entgegenhalten lassen, dass er beim Kauf des Hauses eine Mieterin übernommen habe, die damals schon 80 Jahre alt gewesen sei. Das Mietverhältnis müsse bei dieser Situation auf unbestimmte Zeit fortgesetzt werden.
(Vgl. Urteil des Landgerichts Bonn 6 S 203/89)

1. **Warum hat der Vermieter jeweils das Mietverhältnis gekündigt?**
2. **Wie haben die Gerichte entschieden, mit welchen Urteilsbegründungen?**
3. **Diskutieren Sie über die Aussage „Mieterschutz verhindert neue Mietverträge".**

Eine Wohnung zählt zu den Grundbedürfnissen. Mieter und Vermieter sind, gerade wenn Wohnraum knapp ist, nicht gleich starke Partner. Der Gesetzgeber hat deshalb in den letzten Jahren im Mietrecht die Stellung des Mieters gegenüber dem Vermieter gestärkt. Vor willkürlicher Kündigung und Mieterhöhung sollen vor allem einkommensschwache, kinderreiche Familien und ältere Mieter geschützt werden:

Sozialklausel BGB § 556a

BGB § 556a Der Mieter kann der Kündigung eines Mietverhältnisses über Wohnraum widersprechen [...], wenn die vertragsmäßige Beendigung des Mietverhältnisses für den Mieter oder seine Familie eine Härte bedeuten würde, die auch unter Würdigung der berechtigten Interessen des Vermieters nicht zu rechtfertigen ist. Eine Härte liegt auch vor, wenn angemessener Ersatzwohnraum zu zumutbaren Bedingungen nicht beschafft werden kann.

Durch die allgemeine Formulierung der Bestimmungen muss im Einzelfall geklärt werden, wie das Gesetz ausgelegt werden soll. Oft kann erst eine gerichtliche Entscheidung Klarheit verschaffen.

Staatliche Hilfen für Mieter

Auf dem Wohnungsmarkt gibt es frei finanzierte und mit staatlicher Unterstützung erstellte Wohnungen, den sozialen Wohnungsbau. Aufgrund der staatlichen Fördermittel sind die Mieten für diese Wohnungen begrenzt. Anspruch auf eine **Sozialwohnung** haben nur Mieter mit niedrigem Einkommen.

Sozialer Wohnungsbau

Damit sich auch finanziell Schwächere eine angemessene und familiengerechte Wohnung auf dem freien Wohnungsmarkt suchen können, hilft der Staat durch ein **Wohngeld**. An Mieter wird das **Wohngeld** als Zuschuss zur Miete gezahlt, an Haus- und Wohnungseigentümer als Lastenzuschuss.

Wohngeld

Wer Wohngeld erhalten will, muss bei der Wohngeldstelle seiner Gemeinde einen Antrag stellen.

Für die Bemessung des Wohngeldes werden folgende Faktoren zugrunde gelegt:
- **Familiengröße**
- **Familieneinkommen**
- **Wohnkosten (Miete und Nebenkosten)**
- **Örtliches Mietniveau (Mietspiegel, Mietstufen)**
- **Ausstattung und Alter der Wohnung**

Mit der sogenannten **Mietpreisbremse** gilt, dass bei Wiedervermietung die zulässige Miete in Gebieten mit angespanntem Wohnungsmarkt höchstens auf das Niveau der ortsüblichen Vergleichsmiete zuzüglich 10 % angehoben werden darf.

Mietpreisbremse

1. **Nennen Sie Gründe, warum der Mietvertrag immer schriftlich abgeschlossen werden sollte.**
2. **Erläutern Sie den Unterschied zwischen Pacht- und Mietvertrag.**
3. **Entscheiden Sie, ob die folgenden Sachen gemietet oder gepachtet werden:**
   a) Baukran **b) Weinberg**
   c) Jagdrevier **d) Hotelzimmer**
   e) Ferienwohnung **f) Tennishalle für eine Stunde**
   g) Kleintransporter **h) Tennishalle als Betreiber**
4. **Die Familie Lorenz ist vor sechs Jahren in ihre Mietwohnung eingezogen. Jetzt ist ihr vom Vermieter gekündigt worden, mit der Auflage, die Wohnung innerhalb von drei Monaten zu räumen.**
   Hat der Vermieter die Kündigungsfrist eingehalten?
5. **Führen Sie Gründe an, warum der Staat den Wohnungsbau fördert.**
6. **Wer soll durch die Sozialklausel vor Kündigung geschützt werden?**
7. **Nach welchen Faktoren wird Wohngeld berechnet?**
8. **Informieren Sie sich, welche durchschnittliche Miete in Ihrem Wohnort für eine Vier-Zimmer-Wohnung üblich ist (Mietspiegel).**
9. **Bei Problemen zwischen Mieter und Vermieter gibt es verschiedene Organisationen und Vereine (z. B. Mieterschutzbund, Mieterhilfe, Verband der Haus-, Wohnungs- und Grundeigentümer).**
   Erkunden Sie – z. B. mithilfe des Telefonbuches oder des Internets –, welche Organisationen es in Ihrer Nähe gibt.

14.2 Einkaufen im Internet

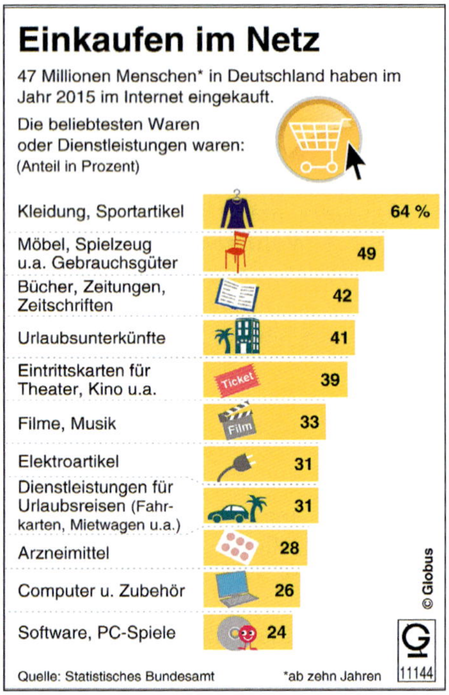

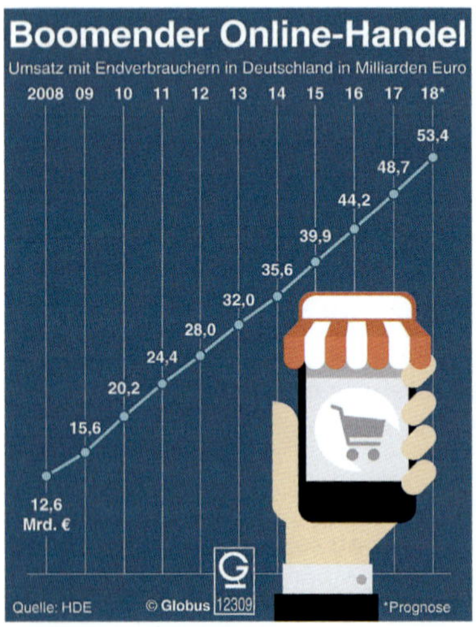

1. **Welche Vorteile bietet der Einkauf im Internet?**
2. **Welche Risiken können bei dem Einkauf im Internet auftreten?**

E-Commerce

Kaufen und Verkaufen über das Internet nimmt ständig zu. Wegen der Besonderheiten dieses „Einkaufsmediums“ gelten für den elektronischen Geschäftsverkehr (**E-Commerce**) zusätzliche Regelungen. So muss der Unternehmer dem Kunden alle technischen Mittel zur Verfügung stellen, mit deren Hilfe der Kunde Eingabefehler vor Abgabe seiner Bestellung erkennen und berichtigen kann.

Das anbietende Unternehmen muss den Kunden vor der Bestellung informieren

- **über die einzelnen technischen Schritte, die zu einem Vertragsabschluss führen,**
- **ob der Vertragstext vom Anbieter gespeichert wird/ob er dem Kunden zugänglich ist,**
- **wie Eingabefehler vor Abgabe der Bestellung erkannt und berichtigt werden können,**
- **in welchen Sprachen der Vertragsabschluss möglich ist,**
- **über die Verhaltensverpflichtungen (z. B. umweltschonende Produktion), die für das Unternehmen gelten.**

Ein Button weist ausdrücklich darauf hin, dass man „zahlungspflichtig“ bestellt. Der Internetverkäufer muss Preis, Lieferkosten, Mindestlaufzeiten usw. klar und verständlich in unmittelbarer Nähe des Buttons angeben. Mit dem Klick darauf unterzeichnet der Käufer den virtuellen Kaufvertrag.
Jede Bestellung ist dem Kunden unverzüglich elektronisch zu bestätigen. Der Kunde muss die Möglichkeit haben, die Vertragsbestimmungen und die AGB abzurufen und zu speichern.

Der Käufer sollte bei den Einkäufen im Internet auf folgende „Zehn Gebote“ achten:

1. Der Anbieter identifiziert sich eindeutig mit Namen und Anschrift.
2. Die Vertragsbedingungen (AGB) müssen leicht zugänglich, lesbar und speicherbar sein.
3. Der Zeitpunkt des Vertragsabschlusses ist eindeutig erkennbar.
4. Die Ware bzw. Dienstleistung wird genau beschrieben.
5. Der Preis der Ware (einschließlich Steuern und Zusatzkosten) ist angegeben.
6. Die Liefer- und Versandkosten sind klar aufgeführt.
7. Die Zahlungsmöglichkeiten werden genau beschrieben.
8. Ein Rücktritts- bzw. Widerrufsrecht wird ausdrücklich eingeräumt.
9. Die Lieferzeit ist exakt angegeben.
10. Der Anbieter verpflichtet sich, keine Kundendaten weiterzugeben.

Fernabsatzgesetz

Für den Interneteinkauf gilt das **Fernabsatzgesetz**. Danach kann der Käufer den Kaufvertrag innerhalb von zwei Wochen widerrufen oder die Ware zurückgeben. Der Beginn der Widerrufsfrist setzt zunächst voraus, dass der Verkäufer seine Informationspflichten zuvor vollständig erfüllt hat und der Käufer weiterhin in Textform (z. B. per Fax, E-Mail oder schriftlich) ordnungsgemäß über sein Widerrufsrecht belehrt wurde. Die Frist beginnt mit dem Erhalt der Ware bzw. der Dienstleistung mit Vertragsabschluss. Kommt der Verkäufer den Informationspflichten nicht nach, beginnt die zweiwöchige Widerrufsfrist nicht zu laufen. Die Widerspruchsfrist verlängert sich dann auf sechs Monate.

Wird der Kaufvertrag widerrufen, dann hat der Käufer einen Anspruch auf die Rückzahlung des Kaufpreises. Der Verkäufer muss die Kosten des Rücktransports tragen, bei einem Bestellwert unter 40,00 € können diese Kosten auf den Käufer abgewälzt werden, wenn dies in den AGB ausgewiesen wird.

Für den Kauf bestimmter Waren ist ein Widerruf allerdings ausgeschlossen. Dazu gehören individuell angefertigte und verderbliche Produkte, Güter, die nicht zurückgesandt werden können (z. B. bestelltes Heizöl), entsiegelte Software sowie entsiegelte Audio- und Videoaufzeichnungen (CDs, DVDs und Videos). In der Regel können auch Verträge über Waren, die auf Internetauktionen ersteigert wurden, nicht widerrufen werden.

Eine der bekanntesten Auktionsplattformen ist „ebay“. Diese Plattform ist ein elektronischer Marktplatz, auf dem sich die Käufer und Verkäufer treffen.

Ebay ist jedoch nicht an dem zwischen Käufer und Verkäufer abgeschlossenen Kaufvertrag beteiligt und übernimmt deshalb auch keine Haftung. Kommt bei der Auktion ein Kaufvertrag zwischen einem Unternehmen und einer Privatperson zustande, gelten die gesetzlichen Gewährleistungspflichten. Privatpersonen können die Gewährleistung ausschließen.

14.3 Dienstvertrag, Werkvertrag und Werklieferungsvertrag

Marcel macht nach 32 Fahrstunden die Führerscheinprüfung. Bei der praktischen Prüfung fällt er durch. Marcel ist sauer auf den Fahrlehrer, weil er der Meinung ist, dass dieser ihn unzureichend ausgebildet und schlecht auf die praktische Prüfung vorbereitet hat. Die letzten drei Fahrstunden will Marcel deshalb nicht bezahlen. Der Fahrlehrer weist ihn darauf hin, dass er seine vertraglichen Leistungen erbracht habe, und besteht deshalb auf Bezahlung.

1. **Muss Marcel die Fahrstunden bezahlen?**
2. **Hat der Fahrlehrer wirklich seine vertraglichen Leistungen erbracht, obwohl Marcel die Prüfung nicht bestanden hat?**

Dienstvertrag

Wenn ein Vertragspartner sich verpflichtet, gegen Entgelt eine Dienstleistung persönlich zu erbringen, handelt es sich um einen **Dienstvertrag**. Bei diesem Vertrag muss die Tätigkeit vergütet werden, auch wenn sie zu keinem Erfolg führt. Solche Dienstleistungen sind z. B. Übungsstunden beim Tennistrainer, Nachhilfeunterricht oder die Verteidigung durch einen Rechtsanwalt.

Marcel hat im zweiten Anlauf die Führerscheinprüfung bestanden. Er kauft sich einen Gebrauchtwagen. Nach einigen Wochen hat er mit dem Anlassen des Motors Schwierigkeiten. Er sucht deshalb seine Werkstatt auf, die ihm den Motor neu einstellt. Doch schon am nächsten Tag zeigt das Auto die gleichen Startprobleme. Marcel fährt unverzüglich zur Werkstatt und besteht darauf, dass das erneute Einstellen kostenlos erfolgt.

3. **Muss die Werkstatt die zweite Reparatur kostenlos durchführen?**
4. **Handelt es sich hier um einen Dienstvertrag? Begründen Sie Ihre Meinung.**

Werkvertrag

Verpflichtet sich ein Vertragspartner, eine bestimmte Leistung, nämlich die Herstellung oder Veränderung eines Werkes zu erbringen, so handelt es sich um einen **Werkvertrag**. Diese Vertragsart kommt überwiegend im Handwerksbereich vor. Bei folgenden Leistungen handelt es sich um Werkverträge:

- **Herstellung einer Sache, z. B. Erstellung eines Rohbaus, wobei der Bauherr das Baumaterial selbst besorgt**
- **Veränderung einer Sache, z. B. Kfz-Reparatur**
- **andere erfolgsbezogene Arbeiten, z. B. Taxifahrt, Haarschnitt**

Anders als beim Dienstvertrag muss der Auftraggeber für die Leistungen nur dann bezahlen, wenn diese erfolgreich erbracht wurden.

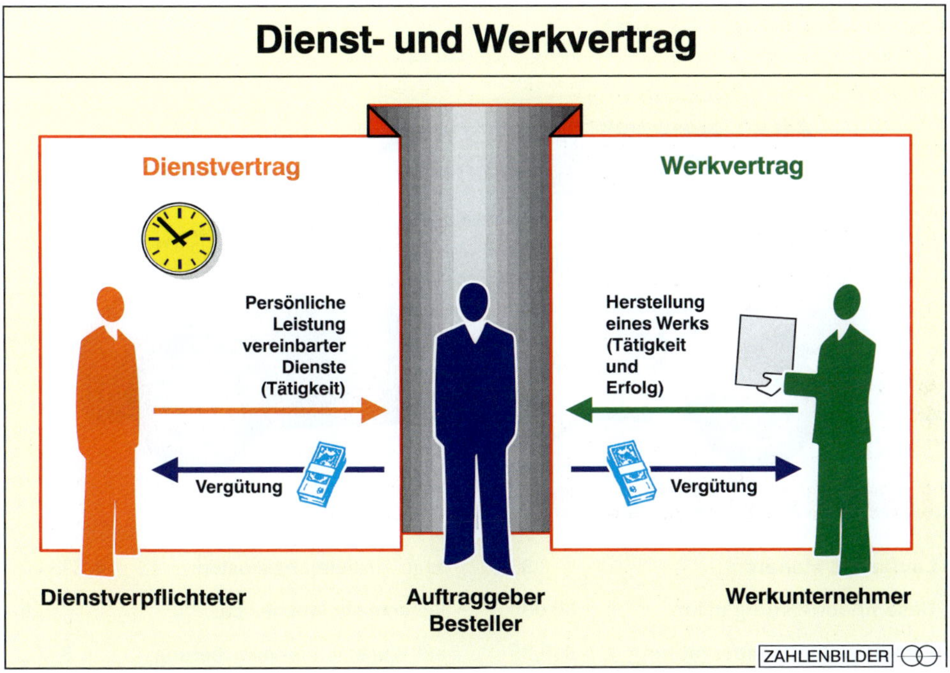

Unterschied zwischen Dienst- und Werkvertrag

Marcel möchte sich ein Autoradio kaufen. Beim Autohändler sieht er ein günstiges Angebot. Im Preis ist der Einbau bereits mit enthalten. Marcel nimmt dieses Angebot an. Er kauft das Radio und lässt es sofort durch den Autohändler einbauen.

Muss Marcel einen Kaufvertrag für das Radio und einen Werkvertrag für den Einbau abschließen?

Liefert der Unternehmer die notwendigen Materialien und Rohstoffe, die er für seine Arbeiten braucht, so handelt es sich um einen **Werklieferungsvertrag**. Dieser Vertrag beinhaltet neben dem Werkvertrag auch den Kaufvertrag für die bereitgestellten Materialien.

Werklieferungsvertrag

Der Unterschied zwischen Werkvertrag und **Werklieferungsvertrag** besteht darin, dass
- **beim Werkvertrag der Auftraggeber die Materialien selbst liefert,**
- **beim Werklieferungsvertrag der Auftragnehmer die Materialien mitliefert.**

Entscheiden Sie, um welche Vertragsart es sich jeweils handelt:
- a) **Das Ehepaar Kunz verpflichtet für den Abend einen Babysitter.**
- b) **Herr Glier hat sich beim Malerbetrieb Kipper Tapeten ausgesucht und lässt seine Wohnung durch den Malerbetrieb tapezieren.**
- c) **Herr Nauerth lässt sich von seinem Steuerberater die Steuererklärung erstellen.**
- d) **Friseurmeisterin Michel fertigt ein Haarteil für Frau Klein.**
- e) **Frau Bauer lässt sich ihr Sommerkostüm in der Schneiderei ändern.**

14.4 Leasingvertrag

Laufzeit in Monaten	**36**	zzgl. Auslieferungskosten:	€ 395,00
Gesamtlaufleistung in km	**60 000**	Lieferzeit in Wochen ca.	16
Einmalige Mietsonderzahlung	**€ 5 099,99**	auf Wunsch: Kfz-Versicherung	€ 87,00
Finanzleasingrate	**€ 157,00**	auf Wunsch: FAirbag®	€ 15,95
		Restwert	**€ 12 577,00**

1. **Welche Vorteile werden in der Werbung für Leasing herausgehoben?**
2. **Welche Folgen hätte es, wenn der Leasingnehmer mehr als 60 000 km fährt?**
3. **Errechnen Sie, was das Fahren mit dem angebotenen Auto nach 36 Monaten gekostet hat.**

Engl. to lease – mieten

Leasing ist in den letzten Jahren zu einer wichtigen Vertragsart geworden. Leasing heißt, dass Sachgüter wie z. B. Maschinen, Autos oder Computeranlagen gemietet werden. Auch Immobilien und Arbeitskräfte können geleast werden.

Wie bei der Miete zahlt der Leasingnehmer an den Leasinggeber einen monatlichen Mietbetrag, die Leasingrate. Meist muss zu Beginn eine einmalige Sonderzahlung geleistet werden. Viele Firmen bieten am Ende der Laufzeit die geleaste Sache zum Kauf an. Bei Vertragsabschluss wird der Restkaufpreis (Restwert) schon vorher vereinbart. Nach Ablauf des Leasingvertrages kann der Leasingnehmer entscheiden, ob er die Sache kauft oder zurückgibt.

Leasing hat gegenüber dem Kauf vor allem für Betriebe Vorteile:
- **Die monatliche Belastung bleibt für den Betrieb immer gleich.**
- **Die Belastungen können steuerlich als Betriebskosten abgesetzt werden.**
- **Der Betrieb braucht keinen sehr hohen Kapitalbetrag zu investieren.**
- **Nach Vertragsablauf kann sofort ein „neues Modell“ geleast werden.**

Privatleasing und Risiken

Für Privatleute ist der Leasingvertrag insofern ungünstiger, als für sie die Möglichkeit entfällt, die Leasingraten bei der Steuer geltend zu machen. Außerdem sollten beim privaten Leasing folgende Punkte beachtet werden:

- **Wenn die Raten nicht mehr bezahlt werden können, wird der Vertrag gekündigt. Der Leasingnehmer muss eine Vertragsstrafe zahlen.**
- **Beim „Kilometerleasing" (Fahrleistungsbegrenzung beim Kfz-Leasing) trägt der Leasingnehmer das Restwertrisiko. Mehr gefahrene Kilometer werden in Rechnung gestellt, da der Restwert des Autos sinkt.**
- **Der Leasingnehmer trägt das Risiko für Verlust und Beschädigung.**
- **Beim Kfz-Leasing muss in der Regel eine Vollkaskoversicherung abgeschlossen werden. Wartungsdienste und Inspektionen sind verpflichtend.**

Dennoch ist Autoleasing im privaten Bereich zu einem Renner geworden. Die Angebote klingen schließlich verlockend: mäßige Anzahlung, geringe Monatsraten und alle zwei bis drei Jahre ein neues Fahrzeug. Ob Leasing wirklich günstiger als andere Finanzierungsmöglichkeiten ist, sollte der Verbraucher vor Vertragsabschluss genau prüfen.

4 Wege zum neuen Auto (Listenpreis: 24.700 EUR)			
Barzahlung	**Ratenkredit**	**Drei-Wege-Finanzierung (Ballonkredit)**	**Privatleasing**
Der Kunde zahlt den gesamten Kaufpreis. Er wird sofort Eigentümer des Autos.	Der Kunde vereinbart mit einer Bank einen Kredit zu günstigen Konditionen.	Der Kunde leistet eine Anzahlung, zahlt monatliche Raten und hat nach der Laufzeit drei Möglichkeiten: Kauf, Kredit für Schlussrate oder Rückgabe des Autos.	Der Kunde leistet meist eine Anzahlung, zahlt eine monatliche Leasingrate. Nach der Laufzeit wird das Auto zurückgegeben (oder zum Restwert gekauft).
Listenpreis: 24.700,00 € Eventuell minus ausgehandeltem Händlerrabatt	**Anzahlung:** 4.940,00 € **Monatl. Rate:** 599,63 € für 36 Monate (5,99 %) **Gesamtpreis:** 26.526,68 €	**Anzahlung:** 4.940,00 € **Monatl. Rate:** 263,07 € für 36 Monate (3,99 %) **Schlussrate:** 13.091,00 € **Gesamtpreis:** 27.238,45 €	**Anzahlung:** 4.940,00 € **Monatl. Rate:** 232,78 € für 36 Monate (3,55 %) **Gesamtpreis:** 26.411,08 €

1. **Nennen Sie die Vertragspartner des Leasingvertrages.**
2. **Was sollten Sie tun, bevor Sie einen Leasingvertrag abschließen?**
3. **Worauf ist bei einem Kfz-Leasingvertrag unbedingt zu achten?**
4. **Erläutern Sie die Vorteile des Leasings für Betriebe.**
5. **Listen Sie Vor- und Nachteile eines Kfz-Leasingvertrages für den Privatkunden auf.**

Roller AP 50
EZ 7/16, 2 800 km, rot,
Sonderausst. Gepäckträger
Versicherung bis Dezember
Topzustand,
VB 1 500,00 €

Thomas Doll, Gartenstr. 4,
70667 Stuttgart

A Rollenspiel Vertragsverhandlungen

Sie interessieren sich für den Roller der obigen Anzeige und verhandeln mit dem Verkäufer.
Spielen Sie in einem Rollenspiel die Vertragsverhandlungen. Achten Sie dabei auf die wichtigen Punkte, die in diesem Gespräch angesprochen werden sollten.

B Ein Kaufvertrag-Formular entwerfen

Wichtige Verträge sollten schriftlich abgefasst werden.

Entwerfen Sie für den Kauf eines gebrauchten Rollers einen Kaufvertrag.

C Textbausteine formulieren

Für Schreiben, die im Betrieb alltäglich sind, ist es sinnvoll, Textbausteine zu formulieren, die dann für einen Brief nur noch abgerufen werden müssen.

Erstellen Sie Textbausteine für die verschiedenen Stufen des Mahnverfahrens. Sie können dazu die Übersicht auf Seite 131 zu Hilfe nehmen.

D Ein Faltblatt erstellen

Die häufigste Störung bei der Erfüllung von Kaufverträgen ist für den Verbraucher eine Schlechtleistung (mangelhafte Lieferung).

Erstellen Sie ein Faltblatt mit nützlichen Ratschlägen für Verbraucher. Der Ratgeber sollte die wichtigsten Rechte und Verhaltensregeln sowie Muster-Briefe enthalten.

15 Gründung und Rechtsformen von Unternehmen

15.1 Die Bedeutung von Existenzgründungen

Jessica und Mike haben nach der Gesellenprüfung im Friseurhandwerk ihre Meisterprüfung erfolgreich abgelegt. Während des Meisterkurses hat sich der Gedanke, sich gemeinsam selbstständig zu machen, immer mehr verfestigt.

Existenzgründungen sind für den Wirtschaftsstandort Deutschland von großer Bedeutung. Sie sind wie eine „Frischzellenkur" für die Wirtschaft der Bundesrepublik. Denn mit ihnen kommen auch neue Ideen, Produkte und Dienstleistungen auf den Markt. Dies belebt die Konkurrenz und stärkt die Marktwirtschaft. Innovative Geschäftsideen verändern die Unternehmenslandschaft, machen sie zukunftssicher. Ein gutes Beispiel dafür sind Neugründungen im Bereich der digitalen Medien; jede fünfte Existenzgründung ist „digital".

Jede Gründerin und jeder Gründer schafft mindestens einen neuen Arbeitsplatz. Jährlich entstehen durch die Existenzgründungen über 520 000 neue Ausbildungs- und Arbeitsplätze. Fast alle Existenzgründungen erfolgen überwiegend im Mittelstand als kleine und mittlere Unternehmen. Hierzu zählen Unternehmen mit einer Größe bis zu 250 Mitarbeiterinnen und Mitarbeiter. Der Mittelstand ist und bleibt der Motor unserer Wirtschaft.

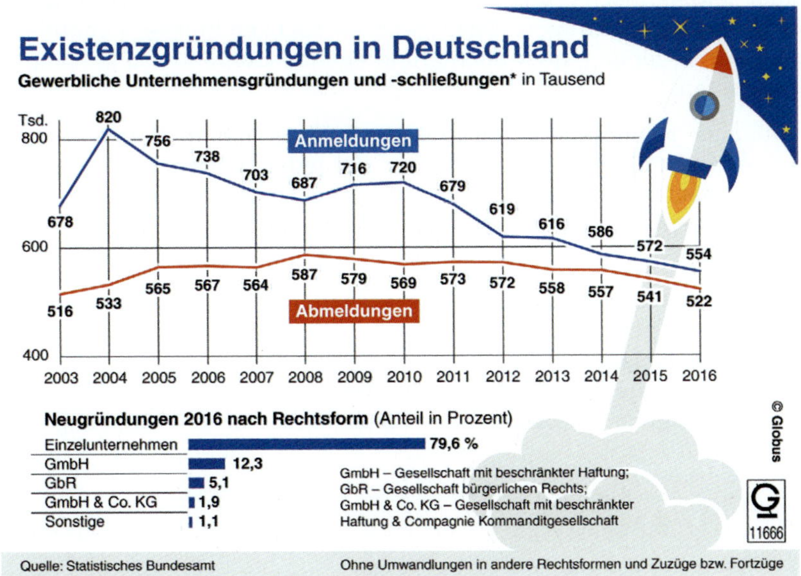

15.2 Voraussetzungen für die Unternehmensgründung

Jessica und Mike wollen selbstkritisch prüfen, ob der Weg in die Selbständigkeit für sie in Frage kommt.

„Jeder ist seines Glückes Schmied." Das gilt für alle, die sich selbstständig machen wollen. Viele haben ihr Glück gemacht, manchen ging es aber auch wie „Hans im Glück" – zweifellos ein Beispiel für eine schlecht geplante Existenzgründung.

Deshalb sollte sich jeder, der ein eigenes Unternehmen gründen will, die Chancen und Risiken bewusst machen. Insbesondere sind persönliche, fachliche und rechtliche Voraussetzungen für eine geplante Existenzgründung zu beachten.

Sein eigener Herr zu sein bedeutet in der Regel, dass nicht weniger, sondern mehr gearbeitet werden muss. Leistungsbereitschaft und Eigeninitiative sind wesentliche Eigenschaften für die Selbstständigkeit.

Außerdem sollte jede Existenzgründerin und jeder Existenzgründer u. a. folgende Fragen zu seiner **persönlichen Eignung** beantworten:

- **Bin ich neuen Ideen gegenüber aufgeschlossen und innovativ?**
- **Bin ich körperlich und geistig den Anforderungen gewachsen?**
- **Kann ich klare Entscheidungen treffen?**
- **Kann ich mit Rückschlägen und Kritik gut umgehen und daraus lernen?**
- **Kann ich auf Menschen offen zugehen und Kontakte knüpfen?**
- **Kann ich Mitarbeiterinnen und Mitarbeiter überzeugen, motivieren und führen?**
- **Bin ich mir der Chancen und Risiken der Existenzgründung bewusst?**

Neben den persönlichen Voraussetzungen sollten angehende Existenzgründerinnen und -gründer selbstkritisch prüfen, ob sie über ausreichend **fachliche Voraussetzungen** und Kenntnisse verfügen. Dazu gehören Fachkenntnisse, Kenntnisse über Organisation und Planung, aber auch grundlegende kaufmännische Kompetenzen und Fähigkeiten.

Fast 40 Prozent aller Neugründerinnen und Neugründer haben Startprobleme wegen zu geringer kaufmännischer Kenntnisse. Bei jeder fünften Existenzgründung fehlen ausreichende Fach- und Branchenkenntnisse. Auch unklare Vorstellungen über den Kundenkreis und den Nutzen der Geschäftsidee für den Kunden sind typische Defizite.

Die Gründung eines Betriebes ist durch den Gesetzgeber an eine Reihe von **rechtlichen Voraussetzungen** gebunden:

- **Rechts- und Geschäftsfähigkeit**
- **Meisterprüfung oder andere Qualifikationsnachweise**
- **behördliche Genehmigung in besonderen Fällen, z. B. für den Umgang mit Gefahrenstoffen**

15.3 Wege in die Selbstständigkeit

Jessica und Mike haben sich nach kritischer Selbstprüfung entschieden: Sie wollen zusammen den Schritt in die Selbstständigkeit wagen und einen eigenen Friseursalon betreiben. Welchen Weg sollen sie einschlagen?
Ein neues Geschäft selbst aufbauen? Einen Friseursalon als Franchise-Unternehmen betreiben oder einen bestehenden Salon übernehmen?

Es gibt verschiedene Wege in die Selbstständigkeit. In der Planungsphase stehen die Gründer an einer Wegegabelung und müssen sich entscheiden, welcher Weg für sie und ihre Geschäftsidee in Frage kommt:

- **Neugründung eines Unternehmens**
- **Selbständigkeit im Rahmen des Franchising**
- **Übernahme eines bestehenden Betriebes**

Neugründung

Start-up

1. **Junges, schnell wachsendes Unternehmen mit einer innovativen Geschäftsidee.**
2. **Oft erfolgen Start-up-Gründungen in den Bereichen Technologie und Digitalisierung.**

Die Neugründung eines Unternehmens ist die häufigste Form der Existenzgründung. Die Gründer können ihre Ideen einbringen und das Unternehmen nach eigenen Vorstellungen gestalten. Allerdings sind damit auch große Anstrengungen und Risiken verbunden. Vor einer Neugründung ist eine sorgfältige Analyse des Marktes, der Konkurrenz oder des Standortes erforderlich. Denn schließlich müssen Neugründer sich erst auf dem Markt behaupten und Kunden gewinnen.

Franchising

Eine Alternative zur Neugründung ist das Franchisesystem. Das Prinzip ist einfach: Ein Unternehmer (**Franchise-Geber**) gibt sein bereits erprobtes und erfolgreiches Geschäftskonzept an einen Existenzgründer (**Franchise-Nehmer**) weiter. Dafür muss der Franchise-Nehmer eine (monatliche) Gebühr zahlen.

Die Vorteile für den Franchise-Nehmer sind, dass die Marke bereits bekannt ist und kaufmännische und fachliche Schulung und Beratung angeboten wird. So werden die Gründer gerade in der schwierigen Anfangsphase unterstützt. Damit sinkt das Risiko, dass die Existenzgründung scheitert. Allerdings ist der Gestaltungsspielraum bei der Produktauswahl und dem Erscheinungsbild des Betriebes eingeschränkt. Alle Geschäfte sehen gleich aus, verkaufen die gleichen Produkte oder bieten die gleichen Dienstleistungen an.

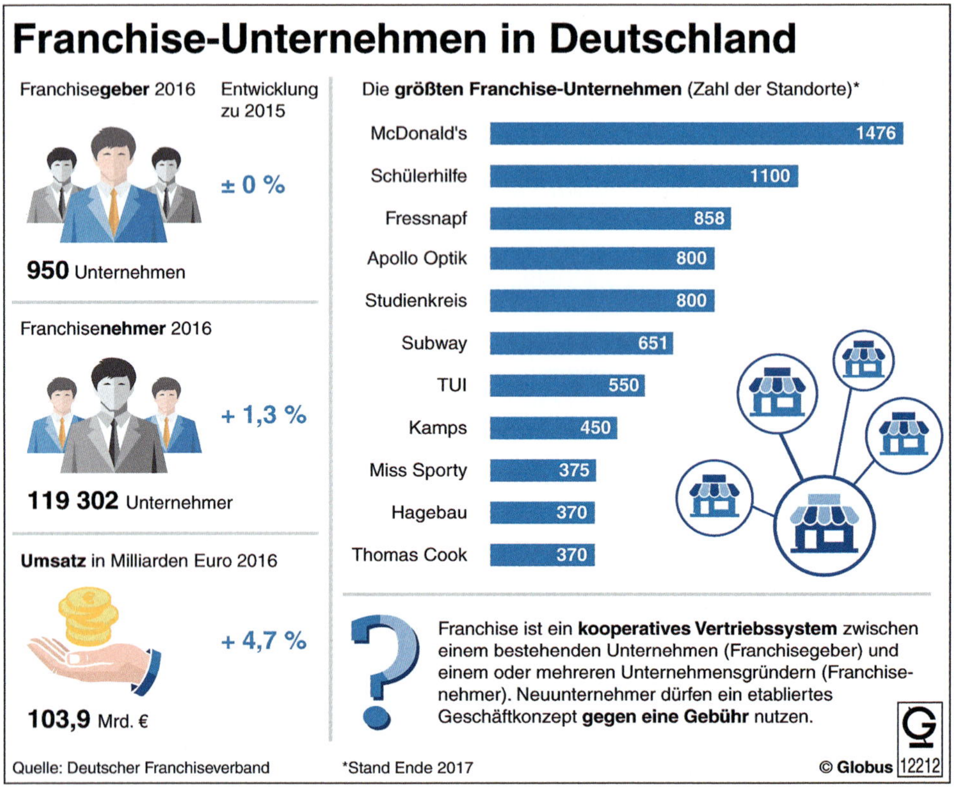

Übernahme eines Unternehmens

Viele Unternehmen stehen irgendwann vor der Frage: Wer soll das Unternehmen weiterführen? Dies bietet für angehende Existenzgründer einen interessanten Weg in die Selbständigkeit, indem sie ein bestehendes Unternehmen übernehmen und weiterführen. Die Vorteile liegen auf der Hand: Das Unternehmen ist auf dem Markt. Das Unternehmen ist bekannt und hat einen Namen, Geschäftsbeziehungen zu Kunden und Lieferanten sind aufgebaut und die Dienstleistung oder das Produkt sind eingeführt. Zudem kann die/der Unternehmensnachfolgerin oder -nachfolger auf eingearbeitete Mitarbeiter zurückgreifen.

Das Bundeswirtschaftministerium hat mit anderen Institutionen eine Internetplattform eingerichtet, um nachfolgeinteressierte Unternehmen und Existenzgründerinnen und –gründer zusammen zu bringen: www.nexxt-change.org/DE/Startseite/inhalt.html

Vgl. www.existenzgruender.de/DE/Gruendung-vorbereiten/Entscheidung/Gruendungsarten/Unternehmen-erwerben/inhalt.html.

15.4 Fördermittel und Anmeldung

Jessica und Mike haben die wichtigsten Hürden auf dem Weg in die Selbstständigkeit genommen. Bei der Erstellung ihres Businessplans haben sie auch nach Fördermitteln für die Existenzgründung Ausschau gehalten. Dabei sind Sie auf die Datenbank des Bundeswirtschaftsministeriums gestoßen:

Vgl. www.foerderdatenbank.de.

Starthilfen in die Selbstständigkeit

Wer ein Unternehmen gründen will, sollte sich gründlich informieren, z. B. bei der Industrie- und Handelskammer, den Handwerkskammern oder Verbänden der freien Berufe. Bei Finanzierungsfragen helfen Banken und Sparkassen. Der Staat unterstützt die Gründung neuer Unternehmen.

Staatliche Hilfen

Im Internet hat das Bundesministerium für Wirtschaft und Energie unter **www.foerderdatenbank.de** eine Förderdatenbank eingerichtet. Hier können sich Existenzgründerinnen und -gründer einen ersten Überblick über öffentliche Fördermöglichkeiten und Förderprogramme verschaffen. Öffentliche Finanzhilfen können zur Gründung oder Festigung einer selbstständigen Existenz, zur Übernahme eines bestehenden Betriebes, für Beteiligungen oder für Investitionen in Grundstücke, Gebäude, Einrichtungen, Maschinen oder Warenlager beantragt werden.

Neben dem Bundesministerium für Wirtschaft und Energie gibt es noch weitere bundesweite Kontaktbörsen, die folgende Fragen beantworten:

- **Welche Fördermittel gibt es?**
- **Wer hat Chancen auf Fördergelder?**
- **Wo bekommt man als Existenzgründer/-in günstige Kredite?**
- **Welche Unterlagen braucht man?**

Wichtige Kontakt- und Informationshinweise finden sich im Internet unter folgenden Adressen:

- **www.kfw.de**
- **www.dihk.de**

Überblick über Förderprogramme

- **KfW-Startgeld** – Startkapital für Existenzgründer, Freiberufler und kleine Unternehmen, die weniger als drei Jahre am Markt tätig sind
- **KfW-Unternehmerkredit** – für Existenzgründer, mittelständische Unternehmen und freiberuflich Tätige, die in Deutschland investieren

- **ERP-Regionalförderprogramm** – zur langfristigen Finanzierung von Investitionen in den strukturschwachen Gebieten
- **KfW-Sonderprogramm** – für Freiberufler und gewerbliche Unternehmen, die Finanzierungsbedarf für Vorhaben in Deutschland haben
- **ERP-Kapital für Gründung** – für Existenzgründer und junge Unternehmer bis drei Jahre nach Geschäftsbeginn

Gründerinnen und Gründer kommen am Gang zur Behörde nicht vorbei. Die erste Station auf dem Anmeldeweg ist die **Gewerbeanmeldung beim Gewerbeamt**. Diese Behörde informiert die zuständige **Industrie- und Handelskammer (IHK)**. Die Mitgliedschaft in der örtlichen IHK ist Pflicht.

Nach der Gewerbeanmeldung ist ein Gang zum Notar notwendig, um das neue Unternehmen beim Amtsgericht im **Handelsregister** eintragen zu lassen. Eine Eintragung ist nicht nötig, wenn als Rechtsform die Gesellschaft des bürgerlichen Rechts (GbR) gewählt wurde. Wer einen Handwerksbetrieb gründet, muss sich bei der zuständigen **Handwerkskammer (HWK)** anmelden. Das **Finanzamt** ist über die Gründung zu informieren. Die Existenzgründerin bzw. der Existenzgründer erhält eine Steuernummer.

Werden im neuen Unternehmen Mitarbeiterinnen oder Mitarbeiter beschäftigt, so sind diese bei den **Sozialversicherungen** anzumelden. Dazu erfolgt zuerst die Anmeldung bei der **Bundesagentur für Arbeit**. Diese vergibt eine Betriebsnummer für die Anmeldung bei den Sozialversicherungen. Mit der Betriebsnummer erfolgt die Anmeldung der Mitarbeiterinnen und Mitarbeiter bei deren **Krankenkasse**. Die Krankenkasse meldet die Beschäftigten bei der Pflegekasse und der Rentenversicherung an.

Die letzte Station ist die Anmeldung der Mitarbeiterinnen und Mitarbeiter bei der zuständigen **Berufsgenossenschaft** (Träger der gesetzlichen Unfallversicherung).

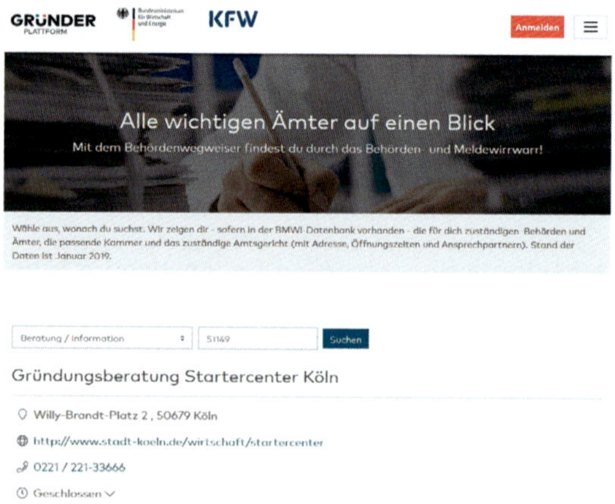

15.5 Rechtsformen von Unternehmen

1. **Was verbirgt sich hinter den Firmenbezeichnungen?**
2. **Welche Firmenbezeichnung trägt Ihr Ausbildungsbetrieb?**

Unternehmen lassen sich nach der Rechtsform in **Einzelunternehmen** und **Gesellschaftsunternehmen** unterteilen.

Welche Unternehmensform gewählt wird, hängt von verschiedenen Überlegungen ab:

- **Kann das Kapital für den Betrieb von einer Person allein aufgebracht werden?**
- **Wer soll die Haftung übernehmen?**
- **Wie kann die Haftung verteilt oder eingeschränkt werden?**
- **Erfordert die Größe des Betriebes weitere Mitinhaber?**
- **Wie soll der Gewinn verteilt werden, wer trägt die Verluste?**

Überblick über Unternehmensformen

Einzelunternehmen

nur eine Person ist Unternehmer

Gesellschaftsunternehmen

zwei oder mehrere Personen schließen sich zusammen

Personengesellschaften

Die Personen (Gesellschafter) sind mit der Gesellschaft persönlich verbunden. Sie führen die Geschäfte und haften persönlich voll bzw. eingeschränkt.

OHG (Offene Handelsgesellschaft)
KG (Kommanditgesellschaft)
GmbH und Co. KG
Stille Gesellschaft
BGB-Gesellschaft

Kapitalgesellschaften

Die Gesellschaft selbst ist eine juristische Person. Die Gesellschafter sind mit dem Unternehmen nur durch ihr Kapital verbunden.

AG (Aktiengesellschaft)
GmbH (Gesellschaft mit beschränkter Haftung)
Ltd (Limited Company)
SE (Societas Europaea) sog. Europa-AG

Genossenschaften

Sie sind eine juristische Person. Als Vereinigung fördern sie die wirtschaftlichen Belange ihrer Mitglieder durch gemeinsamen Geschäftsbetrieb.

eG (eingetragene Genossenschaft)

Das Einzelunternehmen

1. **Wie erklären Sie sich, dass im Handwerk immer noch viele Betriebe als Einzelunternehmen geführt werden?**
2. **In den letzten Jahren wurden auch im Handwerksbereich verstärkt Kapitalgesellschaften gegründet. Welche Gründe hat dies?**

Die häufigste Rechtsform ist das Einzelunternehmen. Die Gründung erfolgt durch den Inhaber und das Unternehmen erhält als Firmenbezeichnung seinen Namen und Vornamen. Es können auch andere Firmenbezeichnungen gewählt werden, allerdings mit dem Zusatz „e. K.", „e. Kfm." oder „e. Kfr.". Das notwendige Kapital wird vom Firmengründer in den Betrieb eingebracht. Der Einzelunternehmer trägt allein die Verantwortung und entscheidet über Produktion oder Dienstleistung des Betriebes. Alleinige Entscheidung und Verantwortung bedeuten aber auch alleiniges Risiko für Gewinne und Verluste. Der Betriebsinhaber haftet für die Schulden des Betriebes mit seinem gesamten Vermögen, also mit dem Geschäfts- und dem privaten Vermögen.

1. **Weshalb ist das Einzelunternehmen noch immer die häufigste Rechtsform?**
2. **Welche Vor- und Nachteile sind mit dem Einzelunternehmen verbunden?**
3. **Welche Gründe könnten einen Einzelunternehmer zur Umwandlung in eine Personengesellschaft veranlassen?**
4. **Aus Fehlern soll man lernen. Beschreiben Sie – mithilfe der Informationen auf Seite 150 – die Voraussetzungen für die Gründung eines Unternehmens.**
5. **Frauen sind als Einzelunternehmer unterrepräsentiert. Diskutieren Sie diesen Sachverhalt.**

Personengesellschaften

Der Schreinermeister Heinz Kipper will seinen Betrieb modernisieren und erweitern. Dazu ist ein erheblicher Kapitalaufwand erforderlich. Zudem überlegt Herr Kipper, wie er in Zukunft die zusätzlichen Aufgaben personell bewältigen kann. Seine Tochter Marlene hat gerade ihre Meisterprüfung im Tischlerhandwerk bestanden. Der Sohn arbeitet im Verkauf des elterlichen Betriebes. Zusammen mit seinen Kindern prüft Schreinermeister Kipper, wie er seinen Betrieb für die zukünftigen Aufgaben umstrukturieren kann.
Marlene ist bereit, im elterlichen Betrieb mitzuarbeiten und Verantwortung zu übernehmen. Sie schlägt ihrem Vater vor, die Einzelunternehmung in eine Personengesellschaft umzuwandeln.

1. **Welche Vorteile verspricht sich Marlene für den Betrieb?**
2. **Welche Rechtsformen kommen infrage?**
3. **Was wird sich für Heinz Kipper ändern, wenn er sein Einzelunternehmen in eine Personengesellschaft umwandelt?**

Kennzeichnend für Personengesellschaften ist die Mitarbeit der Gesellschafter im Unternehmen. Sie sind Kapitalgeber, führen die Geschäfte und vertreten die Gesellschaft.

Nach der Verteilung von Risiko und Haftung sowie von Gewinn und Verlust lassen sich mehrere Rechtsformen unterscheiden.

Die Offene Handelsgesellschaft – OHG

Gründung

Gewinnverteilung

Wenn zwei oder mehrere Personen eine Unternehmung gründen, kann dies in der Rechtsform der Offenen Handelsgesellschaft (OHG) erfolgen. In einem Gesellschaftsvertrag werden u. a. auch die Kapitaleinlagen der Gesellschafter und die Gewinnverteilung festgelegt. Ist keine vertragliche Vereinbarung getroffen, gilt die gesetzliche Regelung: Jeder Gesellschafter erhält 4 % seiner Kapitaleinlage; der Restgewinn wird zu gleichen Teilen (nach Köpfen) verteilt.

Vertretung

Alle Gesellschafter sind für den Betrieb verantwortlich und an der Geschäftsführung beteiligt. Der Firmenname muss den Zusatz OHG enthalten. Es können Personen-, Sach- oder Fantasienamen verwendet werden.

Beispiele: Schwarz OHG, Schwarz & Co., Schwarz & Weiß, Schwarz & Sohn, Schwarz & Tochter, Holzdesign OHG, Ikarus OHG.

Haftung

Jeder Gesellschafter hat das Recht, die OHG nach außen zu vertreten und Geschäfte abzuschließen. Die Haftung gegenüber den Gläubigern ist für jeden Gesellschafter umfassend; sie ist

- ***unmittelbar*, d.h. persönlich,**
- ***unbeschränkt*, d.h., dass mit der Kapitaleinlage und dem Privatvermögen gehaftet wird,**
- ***solidarisch*, d.h., jeder Gesellschafter haftet für die Gesamtschulden der OHG, auch für die Schulden der anderen Gesellschafter.**

Die umfassende Haftung bei der OHG setzt voraus, dass zwischen den Gesellschaftern ein großes Vertrauensverhältnis besteht. Die OHG findet sich deshalb häufig bei traditionellen Familienunternehmen, hauptsächlich im Handwerk. Bei Neugründungen ist der Anteil der OHG nur noch sehr gering.

Die Kommanditgesellschaft – KG

Schreinermeister Heinz Kipper sieht durch die Bereitschaft seiner Tochter, im Betrieb mitzuarbeiten und ihn mitzuführen, die personellen Probleme als gelöst an. Allerdings ist die Frage nach der Beschaffung des notwendigen Kapitals noch offen. Ein Freund der Familie wäre bereit, in den Betrieb zu investieren. Bedingung für den Kapitaleinsatz ist eine gute Verzinsung; außerdem will er unter keinen Umständen für Verluste mit seinem Privatvermögen haften. Der Freund kann und möchte im Betrieb und in der Geschäftsführung nicht mitarbeiten.

1. **Warum kommt die Rechtsform der OHG nicht infrage?**
2. **Schreinermeister Kipper sieht in dem Angebot des Freundes wesentliche Vorteile gegenüber einem Bankkredit. Welche sind dies?**

Gründung

Viele Einzelunternehmer haben bei Erweiterung und Modernisierung des Betriebes Schwierigkeiten, das notwendige Eigenkapital aufzubringen. Hier bietet sich die Möglichkeit, eine Kommanditgesellschaft (KG) zu gründen. Diese Personengesellschaft entsteht, indem ein oder mehrere Geldgeber in die Einzelunternehmung oder in eine OHG aufgenommen werden. Sie werden aber nicht an der Geschäftsführung beteiligt.

Haftung

Der wesentliche Unterschied zur OHG besteht darin, dass es in der KG zwei Arten von Gesellschaftern gibt. Mindestens ein Gesellschafter ist als **Vollhafter** (Komplementär) einzusetzen. Der oder die übrigen Gesellschafter haften als **Teilhafter** (Kommanditisten) nur mit ihrer Kapitaleinlage.

Vertretung

Der Komplementär hat die gleichen Rechte und Pflichten wie ein Einzelunternehmer oder die Gesellschafter einer OHG. Er führt die Geschäfte und vertritt die KG nach außen. Der Kommanditist hat lediglich ein Kontrollrecht und bei außergewöhnlichen Geschäften ein Widerspruchsrecht.

Die Firma der KG kann wie die OHG mit Personen-, Sach- oder Fantasienamen firmieren. Durch einen Zusatz muss verdeutlicht werden, dass es sich um eine Personengesellschaft handelt.

Beispiele: Schwarz KG, Schwarz & Co., Schwarz Mode KG, Elite 2000 KG.

Gewinnverteilung

Für die Gewinn- und Verlustverteilung gilt nach der gesetzlichen Regelung, dass jeder Gesellschafter 4 % Verzinsung seiner Kapitaleinlage erhält und der Rest angemessen verteilt wird. Oft ist im Gesellschaftsvertrag aber eine andere Regelung vorgesehen.

1. **Unter welchen Namen kann Schreinermeister Kipper seine Firma führen**
   a) **nach der Umwandlung in eine OHG?**
   b) **nach der Umwandlung in eine KG?**
2. a) **Worin unterscheidet sich die KG von der OHG?**
   b) **Was haben beide Unternehmensformen gemeinsam?**

Die GmbH & Co. KG

Alle Beteiligten sind sich einig: Der Schreinerbetrieb Heinz Kipper soll in eine Personengesellschaft umgewandelt werden. Das zukünftige Risiko erscheint Vater und Tochter allerdings zu hoch. Der Freund der Familie ist weiterhin bereit, sich finanziell am Betrieb zu beteiligen. Er schlägt deshalb beiden vor, eine GmbH mit einer KG zu verbinden. Damit könne für alle Beteiligten die Haftung mit dem Privatvermögen ausgeschlossen werden. Mit folgendem Schema verdeutlicht der Freund die Rechtsform der GmbH & Co. KG:

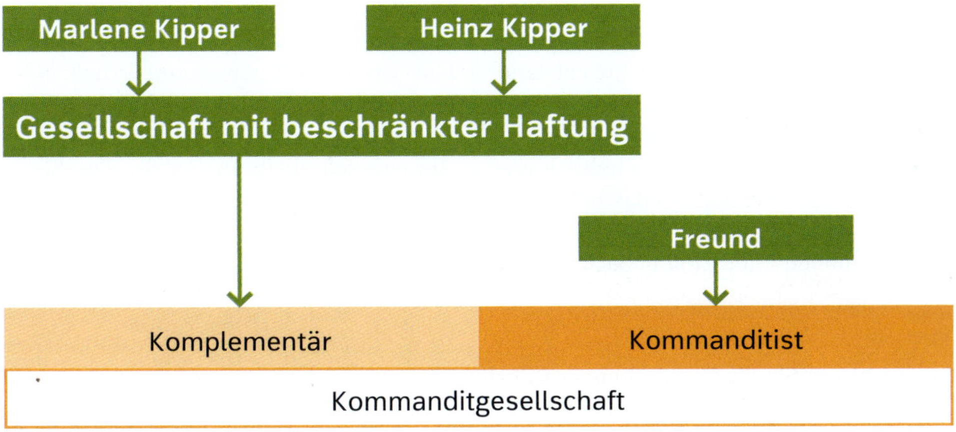

Die GmbH & Co. KG ist aus mehreren Gründen gerade für mittelständische Unternehmen interessant. Zum einen wird die Vollhaftung des Komplementärs auf das Stammkapital der GmbH (mindestens 25 000,00 €) beschränkt. Der Teilhafter haftet nur mit seiner Einlage. Zum anderen entstehen beim Tod des Komplementärs keine Nachfolgeprobleme, wie dies bei einer KG der Fall wäre. Häufig sind die Gesellschafter der GmbH auch gleichzeitig die Kommanditisten der KG. Haftung

Ein wichtiger Vorteil ist auch, dass die GmbH & Co. KG handels- und steuerrechtlich eine Personengesellschaft bleibt; damit ist sie auch nicht körperschaftsteuerpflichtig. Die Firma muss mit dem Zusatz GmbH & Co. KG ins Handelsregister eingetragen werden. Wegen der starken Haftungsbeschränkung ist zumeist die Kreditwürdigkeit dieser Unternehmensform eingeschränkt.

Stille Gesellschaft und Gesellschaft des bürgerlichen Rechts

Wenn eine Kapitalbeteiligung nach außen nicht erkennbar werden soll, bietet sich die Möglichkeit einer **Stillen Gesellschaft** an. Die Einlage des Kapitalgebers („Stillen Gesellschafters“) geht in das Betriebsvermögen des Geschäftsinhabers über. Gewinn- und Verlustbeteiligung sind in einem Gesellschaftsvertrag vereinbart.

Die **Gesellschaft des bürgerlichen Rechts (GbR)** ist keine eingetragene Firma, sondern ein vertraglicher Zusammenschluss von zwei oder mehreren Personen zur Erreichung eines gemeinsamen Zieles (§ 705 ff. BGB); ein Beispiel für eine GbR ist die Lottogemeinschaft.

Kapitalgesellschaften

Aktiengesellschaft – AG

PUMA: Vom Einzelunternehmen zur Kapitalgesellschaft

Aus der kleinen Schuhfabrik ist eine weltweit tätige Sportartikelfirma entstanden. Das Unternehmen wurde 1924 als „Gebr. Dassler Schuhfabrik" gegründet. Erst Ende der 1950er-Jahre entstand der Name PUMA, nämlich die „PUMA-Schuhfabriken Rudolf Dassler KG". Mitte der 1980er-Jahre war ein hoher Kapitalbedarf notwendig, um das Unternehmen für die Zukunft zu rüsten. Mehr als 15 Millionen € mussten in Sachanlagen investiert werden. Dazu war die Eigenkapitaldecke zu dünn. Die Konsequenz für die Gesellschafter war, das Unternehmen an der Börse einzuführen. Deshalb wurde die Personengesellschaft in die „PUMA AG" umgewandelt. Seit 2011 ist das Unternehmen eine Europäische Aktiengesellschaft: PUMA SE. Die SE (Societas Eurpaea) entspricht in vielen Bereichen der AG.

1. **Skizzieren Sie die Entwicklung des Unternehmens.**
2. **Welche Gründe haben die Inhaber der KG dazu bewogen, eine AG zu gründen?**

Gründung

Die Aktiengesellschaft (AG) bietet sich als Unternehmensform vor allem für Großunternehmen mit erheblichem Kapitalbedarf an. Für die Gründung ist ein Grundkapital von mindestens 50 000,00 € erforderlich. Das Grundkapital wird in Anteile (Aktien) gestückelt. Nach Erstellung des Gesellschaftsvertrages (Satzung) wird die AG durch eine oder mehrere Personen gegründet. Die Satzung bestimmt u. a.

- **Firmennamen und Sitz der Gesellschaft,**
- **Gegenstand des Unternehmens,**
- **Höhe des Grundkapitals (mindestens 50 000,00 €).**

Organe der AG

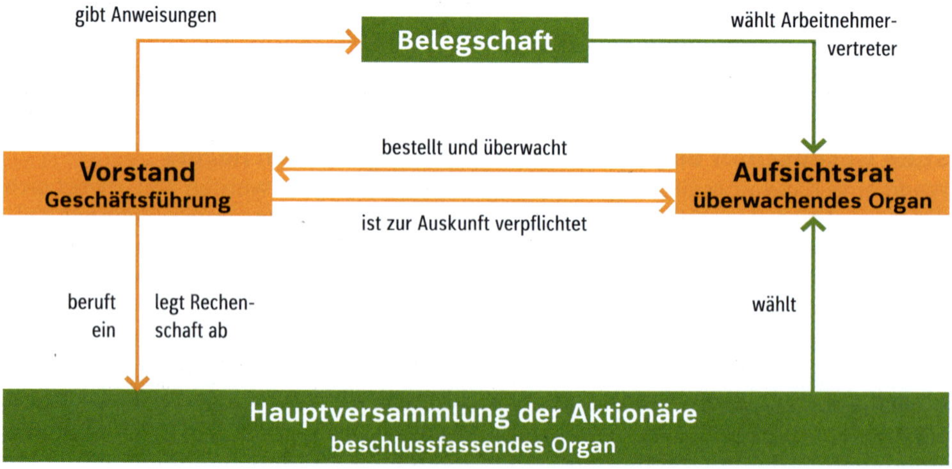

?

1. **Wie bildet sich der Kurs einer Aktie?**
2. **Aus welchen Gründen werden Aktien gekauft?**
3. **Mit welchem Anteil ist der Inhaber einer Aktie am Unternehmen beteiligt?**

i

Das Grundkapital einer AG wird in Aktien zerlegt. Eine Aktie ist ein Teilhaberschein eines Unternehmens. Aktien werden entweder als anonyme Inhaber- oder als Namensaktien ausgegeben. Die Aktionäre sind in Höhe ihres Aktienanteils am Unternehmen beteiligt. Bei der Hauptversammlung hat der Aktionär ein Stimmrecht entsprechend seiner Aktienanteile. Die jährliche Hauptversammlung entscheidet über Grundfragen der AG, z. B. Satzungsänderungen, Kapitalerhöhung und Gewinnverteilung.

Aktien werden an der Börse gekauft und gehandelt. Der Kurswert, der Preis für eine Aktie, wird hier durch Angebot und Nachfrage festgelegt; er kann erheblich vom Nennwert abweichen.

Mit dem Kauf einer Aktie stellt der Aktionär der AG Kapital zur Verfügung. Erzielt die AG Gewinn, wird er daran in Form einer Dividende (Gewinnanteil) beteiligt. Die Haftung ist bei der AG auf das Gesellschaftsvermögen beschränkt; jeder Aktionär trägt das Risiko seiner Kapitaleinlage.

Durch Ausgabe neuer Aktien kann die Aktiengesellschaft eine Kapitalerhöhung durchführen. Dabei haben zunächst die „alten“ Aktionäre ein Anrecht auf neue Aktien (Bezugsrecht).

Gesellschaft mit beschränkter Haftung – GmbH

Handelsregister
Amtsgericht
99084 Erfurt

HR B 1183 Erf – 10.10.01: UHST Gesellschaft für Umwelt-Hygiene und Sanierungstechnologien mbH, in Arnstadt (Weinstraße 77). Gegenstand des Unternehmens: Die Durchführung von Untersuchungen und Begutachtungen, die Herstellung und der Vertrieb von Arbeitsmaterialien der Umwelthygiene und Umweltchemie sowie Beratung und Durchführung von Sanierungen im Bereich der Wohnungs- und Umwelthygiene sowie die Entwicklung von Sanierungstechnologien. Stammkapital: 25 000,00 €.
Geschäftsführer: Dr. Wolfgang Eckrich, Biochemiker in Arnstadt, Gabriele Eckrich, Hausfrau in Arnstadt, und Klaus-Dieter Hohnke, Technischer Zeichner in Bad Berka. Gesellschaft mit beschränkter Haftung. Der Gesellschaftsvertrag ist am 10. August 2001 geschlossen. Die Gesellschaft hat einen oder mehrere Geschäftsführer. Es können auch stellvertretende Geschäftsführer bestellt werden. Ist nur ein Geschäftsführer bestellt, vertritt er die Gesellschaft allein. Sind mehrere Geschäftsführer bestellt, so wird die Gesellschaft durch zwei Geschäftsführer gemeinschaftlich vertreten. Einzelnen Geschäftsführern kann durch Gesellschafterbeschluss Alleinvertretungsbefugnis erteilt werden. Dr. Wolfgang Eckrich und Gabriele Eckrich sind jeweils alleinvertretungsberechtigt.

Wie der Name schon sagt, besteht für die Gesellschafter einer GmbH nur eine „beschränkte Haftung“. Sie beschränkt sich auf das Stammkapital, das mindestens 25 000,00 € betragen muss.

Nach Abschluss eines Gesellschaftsvertrages wird die Firma im Handelsregister eingetragen. Hier werden u.a. der Gegenstand des Unternehmens, die Höhe des Stammkapitals, der/die Geschäftsführer sowie die Vertretung nach außen aufgeführt.

Organe der GmbH sind die Gesellschafterversammlung und die Geschäftsführung. Die Gesamtheit der Gesellschafter wählt und kontrolliert die Geschäftsführung. Bei Gesellschaften mit mehr als 500 Beschäftigten ist ein Aufsichtsrat notwendig. Gewinn und Verlust werden entsprechend dem Vertrag auf alle Gesellschafter verteilt. Die Geschäftsführung vertritt die Firma nach außen. Es ist auch möglich, dass ein Gesellschafter allein eine GmbH gründet (Eine-Person-GmbH). Existenzgründer mit wenig Stammkapital können auch eine sogenannte „Mini-GmbH“ gründen. Für die haftungsbeschränkte Unternehmensgesellschaft – UG (haftungsbeschränkt) – ist lediglich 1,00 € Stammkapital pro Gesellschafter nötig. 25 % des Gewinns müssen jährlich im Unternehmen verbleiben und bis zum Stammkapital einer „normalen“ GmbH angespart werden.

Limited (Ltd) – private company limited by shares
Als Alternative zur GmbH ist die Limited company (Ltd) als englische Rechtsform wegen ihrer geringen Gründungskosten für viele Existenzgründer eine neue Alternative. Im Gegensatz zur GmbH wird für die Gründung nur ein Stammkapital von mindestens 1 £ benötigt. Die Gründung erfolgt durch Antrag beim Companies House, dem zentralen englischen Gesellschaftsregister; hierzu ist kein Notar notwendig.

Genossenschaft – eG

Im Unterschied zu den übrigen Unternehmensformen steht bei der Genossenschaft nicht nur die Gewinnerzielung im Vordergrund. Vielmehr will sie ihre Mitglieder durch einen gemeinsamen Geschäftsbetrieb fördern. Genossenschaften können zu verschiedenen Zwecken gegründet werden, z. B. als:

Zweck

- **Produktionsgenossenschaft (Winzer, Brennerei, Molkerei)**
- **Absatzgenossenschaft (Obsterzeuger, Schreinerhandwerk)**
- **Einkaufsgenossenschaften (EDEKA)**
- **Kreditgenossenschaften (Volks- und Raiffeisenbanken)**
- **Betriebsgenossenschaft (Maschinenring)**

Gründung

Mindestens drei Personen (Genossen) sind zur Gründung einer Genossenschaft notwendig. Sie erstellen eine Satzung (Statut), in der u. a. die Geschäftsanteile und eventuelle Nachschusszahlungen geregelt sind. Die Genossenschaft wird im Genossenschaftsregister beim Amtsgericht eingetragen und erhält den Namenszusatz eG.

Organe

Ähnlich der AG hat die Genossenschaft drei Organe: Generalversammlung, Aufsichtsrat und Vorstand. Die Aufgabenverteilung entspricht der der AG. Anders als bei der Aktiengesellschaft hat jeder Genosse in der Generalversammlung – unabhängig von der Höhe seiner Beteiligung – eine Stimme.

Überblick über die wichtigsten Unternehmensformen

Unternehmensform	Gründung	Geschäftsführung, Vertretung	Haftung	Gewinnverteilung
Einzelunternehmung	allein	allein	allein, unbeschränkt	allein
OHG	mind. 2 Personen	jeder Gesellschafter	unmittelbar, unbeschränkt, solidarisch	4 %, Rest nach Köpfen
KG	mind. 2 Personen	nur Komplementär	Komplementär wie OHG, Kommanditist mit Einlage	4 %, Rest im angemessenen Verhältnis
GmbH & Co. KG	GmbH und KG	Geschäftsführer GmbH	Komplementär wie GmbH, Kommanditist mit Einlage	nach Vereinbarung
Stille Gesellschaft	Inhaber übernimmt stille Beteiligung	Geschäftsinhaber	Stiller Gesellschafter mit Einlage	nach Vereinbarung
GbR	mind. 2 Personen	jeder Gesellschafter	mit dem gesamten Vermögen	nach Vereinbarung
AG	eine oder mehrere Personen	Vorstand	Aktienbetrag	Dividende
GmbH Ltd	eine oder mehrere Personen	Geschäftsführer	Geschäftsanteile	nach Vereinbarung
Genossenschaft	mind. 3 Genossen	Vorstand	Genossenschaftsanteile, evtl. Nachschusspflicht	nach Geschäftsguthaben

1. Wodurch unterscheiden sich Personengesellschaften und Kapitalgesellschaften?
2. Frau Münch und Frau Heinz gründen eine Mode-Boutique. Unter welchen Namen könnten sie die Firma führen, wenn sie als Rechtsform
   a) eine OHG,
   b) eine KG,
   c) eine GmbH wählen?
3. Worin unterscheidet sich die Haftung der Gesellschafter einer OHG von der einer KG?
4. Wieso ist in der Regel eine OHG kreditwürdiger als eine GmbH & Co. KG?
5. Die Gesellschafter einer OHG sind mit folgendem Kapital beteiligt:
   A: 700 000,00 € B: 300 000,00 € C: 200 000,00 €
   Im abgelaufenen Geschäftsjahr ist ein Gewinn von 108 000,00 € erzielt worden. Errechnen Sie, wie der Gewinn nach der gesetzlichen Regelung auf die Gesellschafter verteilt wird.
6. Erklären Sie bei der KG die Begriffe „Kommanditist“ und „Komplementär“.
7. Warum ist gerade die GmbH & Co. KG für mittelständische Unternehmen interessant?
8. Beschreiben Sie den Gründungsvorgang einer GmbH & Co. KG.
9. a) Was ist für die Gründung einer GmbH erforderlich?
   b) Was ist eine Mini-GmbH?
   c) Wie hoch ist das Stammkapital der sogenannten Mini-GmbH?
10. Erläutern Sie, weshalb die Limited (Ltd) eine Alternative zur GmbH darstellt.
11. Warum ist gerade die Rechtsform der AG bei vielen Großbetrieben anzutreffen?
12. Erläutern Sie folgende Begriffe:
    a) Aktie b) DAX c) Kurswert
    d) Dividende e) Stimmrecht f) Bezugsrecht
13. Nennen Sie die Organe der AG und erläutern Sie deren Aufgaben.
14. Welcher Unterschied besteht zwischen dem Stimmrecht eines Genossen und dem eines Aktionärs?
15. a) Welche Ziele verfolgen Genossenschaften?
    b) Wie lassen sich Genossenschaften nach ihrem Zweck unterscheiden?
    c) Nennen Sie Beispiele für Genossenschaften.
16. Nennen Sie die wichtigsten Voraussetzungen für die Gründung eines Betriebes:
    a) persönlicher Art
    b) sachlicher Art
    c) rechtlicher Art
17. Bei welchen Behörden muss ein neuer Betrieb Anmeldungen tätigen?

15.6 Unternehmenszusammenschlüsse

Aluett verhandelt über Verkauf oder Übernahme

Die Aluett Leichtmetall-Räder GmbH & Co KG und ihre Schwestergesellschaft Strato Leichtmetall-Räder GmbH verhandeln mit einem großen westdeutschen Felgenhersteller über Verkauf oder Übernahme des Unternehmens oder eine enge Kooperation. Ziel der Verhandlungen mit dem Felgenhersteller sei, so der geschäftsführende Gesellschafter beider Firmen, die erst vor zwei Jahren aufgenommene Produktion mit zurzeit 56 Beschäftigten zu erhalten. Die beiden Alufelgen-Fabriken produzierten im letzten Jahr rund 100 000 Leichtmetallräder und erreichten einen Umsatz von etwa 6,5 Millionen €. Aluett- und Stratofelgen werden in Deutschland über den Autozubehör und Versandhandel vertrieben. Bei beiden Unternehmen ist die technische Produktionskapazität nicht ausgelastet. Für das Unternehmen sei es deshalb schwierig, für den stark umkämpften Markt wirtschaftlich zu produzieren.

1. **Warum verhandeln die Felgenhersteller mit einem Großunternehmen?**
2. **a) Welche Formen eines Zusammenschlusses kommen infrage?**
   b) Worin unterscheiden sie sich?

Gründe für Unternehmenszusammenschlüsse

In den letzten Jahren hat die Zahl der Unternehmenszusammenschlüsse weiter zugenommen. Dies erfolgt, um die Marktstellung zu festigen, auszubauen, neue Märkte zu erschließen oder die Produktpalette zu erweitern. Zusammenschlüsse erleichtern es oft, das erforderliche Kapital für wichtige Investitionen aufzubringen, z. B. für neue Technologien oder für Forschung und Entwicklung. Zukunftsprobleme, wie die Energieversorgung und die Lösung von Umweltproblemen, lassen sich durch die Zusammenarbeit von Unternehmen eher meistern. Die Wettbewerbsfähigkeit auf nationalen und internationalen Märkten wird gestärkt. Unternehmen, die in wirtschaftlichen Schwierigkeiten sind, können durch Zusammenschluss erhalten und Arbeitsplätze gesichert werden.

Formen

Es gibt verschiedene Möglichkeiten und Formen, wie Unternehmen zusammenarbeiten bzw. sich zusammenschließen können:

- ***Kooperation*** **(Zusammenarbeit), wenn die beteiligten Unternehmen in ihrer Selbstständigkeit nur unwesentlich eingeschränkt werden, z. B. Arbeitsgemeinschaften, Kartelle, Verbände.**
- ***Konzentration*** **(Zusammenschluss), wenn durch Kapitalbeteiligung oder Übernahme einzelne Unternehmen ihre Selbstständigkeit teilweise oder ganz verlieren, z. B. Konzern, Trust.**

Gefahren

Die zunehmenden Zusammenschlüsse von Unternehmen können auch Gefahren für eine funktionierende Marktwirtschaft beinhalten. Denn mehr Konzentration bedeutet auch gleichzeitig weniger Wettbewerb unter den Anbietern und weniger Auswahl für den Verbraucher. Mit dem Gesetz gegen Wettbewerbsbeschränkungen (Kartellgesetz) wurde ein Instrument geschaffen, diese Gefahren einzudämmen.

Kooperation (Zusammenarbeit)

Formen der Kooperation

Arbeitsgemeinschaften

Der Landkreis plant den Bau eines neuen Berufsschulzentrums. Dazu wird eine Ausschreibung in der Tageszeitung veröffentlicht. Der Bauunternehmer Krüger würde gern den Auftrag übernehmen. Für sein Unternehmen sind die Auftragsarbeiten jedoch zu umfangreich. Deshalb wendet er sich wieder an die Tief- und Hochbau GmbH, mit der er schon des Öfteren größere Arbeiten gemeinsam übernommen hat. Beide Bauunternehmungen schließen einen Vertrag und vereinbaren, sich als Arbeitsgemeinschaft zur gemeinsamen Durchführung des Auftrages als „Arbeitsgemeinschaft-Schulbau" an der Ausschreibung zu beteiligen. In dem Vertrag der Arbeitsgemeinschaft wird u.a. festgelegt, wer welche Arbeiten ausführt und wie hoch die finanziellen Anteile am Auftrag sind. Mit Fertigstellung der Arbeiten soll die „Arbeitsgemeinschaft-Schulbau" aufgelöst werden. Die Unternehmen sehen durch diese Kooperation gute Chancen, mit den großen Bauunternehmungen konkurrieren zu können und den Zuschlag zu erhalten.

1. **Welche Vorteile versprechen sich beide Unternehmungen durch die Zusammenarbeit?**
2. **Wird durch die „Arbeitsgemeinschaft-Schulbau" ein neues Unternehmen gegründet?**
3. **Was ist im Vertrag einer Arbeitsgemeinschaft geregelt?**

Interessengemeinschaften

Wie die Arbeitsgemeinschaft sind Interessengemeinschaften meist eine Gesellschaft des Bürgerlichen Rechts. Zweck der Zusammenarbeit sind z. B. kostenintensive Forschungs- und Entwicklungsprojekte.

Verbände von Unternehmen

Um ihre gemeinsamen Interessen wirksamer wahrnehmen zu können, haben sich Unternehmen zu Interessenverbänden zusammengeschlossen. Die Mitgliedschaft in einem Verband ist freiwillig, die Unternehmen bleiben rechtlich und wirtschaftlich selbstständig.

Vgl. Kap. 17.3

Für die Vertretung der Interessen eines Wirtschaftszweiges, z. B. der Automobilindustrie oder der Chemischen Industrie, gibt es in der Bundesrepublik 36 **Fachverbände**. Diese sind regional in Landesverbänden und zentral im Bundesverband der Deutschen Industrie (BDI) organisiert. Der BDI ist einer der einflussreichsten Interessenverbände und vertritt vor allem die wirtschaftspolitischen Interessen seiner Mitgliedsverbände gegenüber Parlament, Regierung und in der Öffentlichkeit.

Arbeitgeberverbände vertreten die sozialpolitischen Interessen ihrer Mitglieder, z. B. sind sie bei Tarifverhandlungen Sozialpartner der jeweiligen Gewerkschaft. Sie sind auf Bundesebene in der Bundesvereinigung der Deutschen Arbeitgeberverbände (BDA) zusammengeschlossen.

Kartelle

Millionenbuße für Haribo und Einzelhändler

Wegen verbotener Preisabsprachen hat das Bundeskartellamt Geldstrafen in einer Höhe von insgesamt 48,5 Millionen € verhängt.
Für Fruchtgummis und Lakritze der Marke Haribo musste der Verbraucher jahrelang erhöhte Preise bezahlen. Der Süßwarenhersteller hatte mit großen Einzelhandelsunternehmen wie Edeka, Rewe, Kaufland, Metro und Aldi illegal Mindestverkaufspreise vereinbart.
Wie das Bundeskartellamt mitteilt, informierte Aldi die Firma Haribo über eine geplante Preiserhöhung, worauf Haribo sogleich die anderen Händler über die geplante Erhöhung der Preise bei Aldi in Kenntnis setzte. Haribo fragte ab, wann die Handelsunternehmen mitziehen würden. Auf diese Weise kam es dazu, dass die anderen Einzelhandelsunternehmen kurz nach der Preiserhöhung durch Aldi ebenfalls die Ladenverkaufspreise anhoben.
Haribo überwachte die Ladenverkaufspreise und schritt umgehend ein, wenn eine Unterschreitung der festgelegten Preisuntergrenze durch einen Händler drohte.

Vgl. Fallbericht B 10-040/14 des Bundeskartellamtes.

1. **Was sind Kartelle?**
2. **Welche Absprachen haben Hersteller und Einzelhandel getroffen?**
3. **Warum bestraft das Kartellamt diese Absprachen?**

Kartelle sind vertragliche Absprachen von Unternehmen der gleichen Branche, um bestimmte wirtschaftliche Vorteile zu erzielen. Die Unternehmen bleiben rechtlich selbstständig, sie verlieren jedoch teilweise ihre wirtschaftliche Unabhängigkeit. Durch das Kartell wollen die beteiligten Unternehmen Markt und Wettbewerb in ihrem Interesse beeinflussen.

GWB Kartellgesetz

Kartelle, die den Wettbewerb beeinträchtigen oder einschränken, sind grundsätzlich durch das Gesetz gegen Wettbewerbsbeschränkungen untersagt. Für die Bundesrepublik Deutschland überwacht das Bundeskartellamt in Berlin die Einhaltung des Gesetzes. Im Rahmen der EU ist die Kartellbehörde in Brüssel zuständig.

Verbotene Kartelle

Grundsätzlich **verboten** sind folgende Absprachen:
- **Preiskartelle: Für Waren oder Dienstleistungen werden gleiche Preise vereinbart.**
- **Mengenkartelle: Auf dem Markt wird das Angebot beschränkt.**
- **Gebietskartelle: Der Markt wird zwischen den Anbietern aufgeteilt.**
- **Produktionskartelle: Die Anbieter begrenzen ihre Produktpalette.**

§ 2 des GWB

Das Kartellgesetz lässt eine Reihe von Kartellen zu. Wenn Unternehmen Vereinbarungen treffen, müssen sie prüfen, ob die positiven Wirkungen größer sind als die wettbewerbsbeschränkenden Wirkungen. Ist dies der Fall, sind sie vom Kartellverbot freigestellt. Solche Ausnahmen sind z. B.:
- **Verbraucherbeteiligung am Gewinn**
- **Wirtschaftlicher Nutzen (Effizienzgewinn)**
- **Keine Wettbewerbsausschaltung**
- **Nur kartellbezogene Auflagen (Unerlässlichkeit)**

Konzentration

1. **In welchen Wirtschaftsbereichen ist der VW-Konzern tätig?**
2. **Warum werden die Unternehmen unter ihrem alten Firmennamen weitergeführt?**

Wenn selbstständige Unternehmen wirtschaftlich zusammengefasst werden, entsteht ein Konzern. Die wirtschaftliche Leitung liegt bei der **Muttergesellschaft** (Konzernspitze), die übernommenen **Tochtergesellschaften** bleiben jedoch rechtlich selbstständig. Die Übernahme oder Beteiligung bei einer Aktiengesellschaft erfolgt durch den Kauf von Aktienanteilen, bei der GmbH geschieht dies durch den Aufkauf von Gesellschafteranteilen.

Die Gründe für die Konzernbildung sind vielfältig. So spielen bei der Metro AG die Ergänzung des Produktprogrammes sowie die Streuung der Risiken eine wichtige Rolle.

Holding

Eine Holdinggesellschaft übernimmt die Verwaltung eines Konzerns, der aufgrund seiner verschiedenen Unternehmensbereiche unübersichtlich ist. Die Holding übernimmt die Kapitalanteile zur Verwaltung, hat selbst jedoch keine Produktionsstätten.

Trust

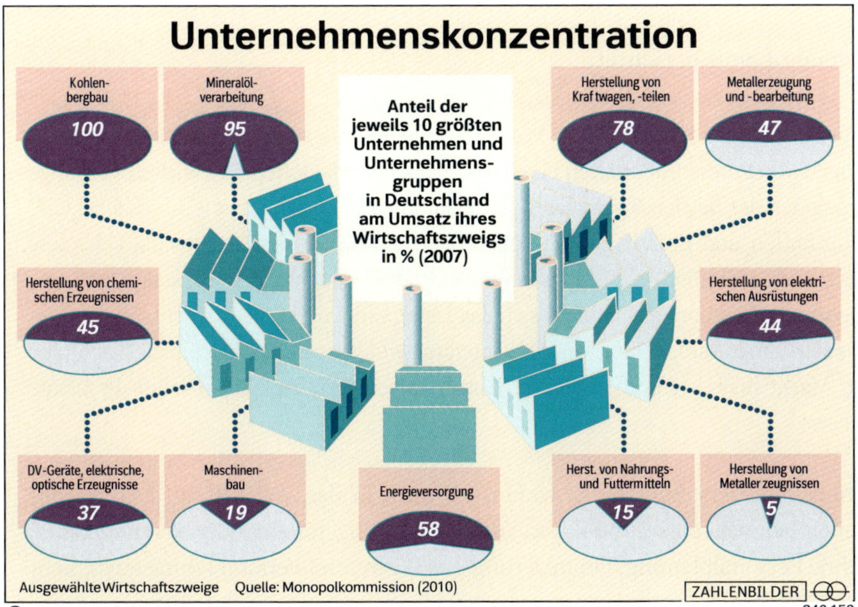

© Bergmoser + Höller Verlag AG 346 150

Konzentration und Wettbewerb

1. **Bei welchen Produkten ist die Konzentration am größten?**
2. **Welche Gefahren sehen Sie, wenn ein Produkt nur von einigen wenigen Firmen angeboten wird?**

Der Trust ist die engste Form eines Zusammenschlusses von Unternehmen. Ein Trust entsteht durch die Übernahme eines Unternehmens durch ein anderes Unternehmen (Fusion). Die wirtschaftliche und rechtliche Selbstständigkeit des übernommenen Unternehmens geht dabei verloren. Es ist aber auch möglich, dass zwei oder mehrere Unternehmen zu einem neuen Unternehmen verschmelzen (Neugründung).

GWB
Bundeskartellamt

Wichtigstes Instrument, um die Unternehmenskonzentration zu kontrollieren, ist das Gesetz gegen Wettbewerbsbeschränkungen. Das Bundeskartellamt kann Unternehmenszusammenschlüsse, durch die eine marktbeherrschende Stellung entstehen oder eine bestehende verstärkt würde, verbieten. Zudem kann das Kartellamt gegen marktbeherrschende Unternehmen vorgehen, wenn sie ihre Machtstellung missbrauchen.

1. **Erläutern Sie den Unterschied zwischen Kooperation und Konzentration.**
2. **Welche Gründe führen zu Unternehmenszusammenschlüssen?**
3. **Welche Ziele und Aufgaben haben Unternehmensverbände?**
4. **Erläutern Sie, weshalb**
   a) bestimmte Kartelle grundsätzlich verboten sind,
   b) andere genehmigt werden können.
5. **Worin besteht der Unterschied zwischen einem Trust und einem Konzern?**

16 Betriebliche Grundfunktionen

Auszubildende Laura berichtet:

Unser Ausbildungsleiter hat uns diese Woche in einem Rundgang durch die verschiedenen Abteilungen und Produktionsstätten einen Überblick über die innerbetrieblichen Vorgänge und Funktionen des Betriebes verschafft. Dabei konnten wir erfahren, wie aus den zugelieferten Rohstoffen und Einzelteilen, die über verschiedene Lieferanten beschafft werden, schließlich nach mehreren Produktionsstufen das Endprodukt, nämlich Einbauküchen, entsteht. Neben der Endmontage befindet sich das Lager, von wo aus die Küchenmöbel ausgeliefert werden. Ein Mitarbeiter der Vertriebsabteilung erklärte uns, dass zurzeit die Nachfrage auf dem Markt hoch sei und somit der Absatz unserer Einbauküchen keine Probleme aufwerfe.

Am Schluss unserers Rundgangs waren wir auch in der Verwaltung. Der Ausbildungsleiter betonte, dass Produktion und Verwaltung miteinander verzahnt sind. Denn ohne Personalplanung, Finanzierung sowie Ein- und Verkauf könne auch nicht produziert werden.

1. **Zeigen Sie die drei Grundfunktionen des Betriebes auf, die bei diesem Rundgang sichtbar werden.**
2. **Worin besteht die Verzahnung zwischen Produktion und Verwaltung?**
3. **Erklären Sie, wie in Ihrem Betrieb die Produktionsabläufe sind, und ordnen Sie die Vorgänge mithilfe des folgenden Schaubildes ein.**

Aufgaben und Funktionen des Betriebes

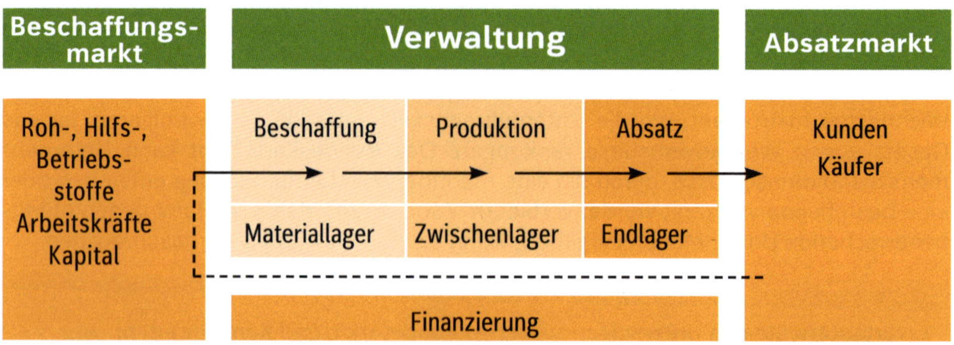

Zentrale Aufgabe eines Betriebes ist die Produktion von Waren oder die Erstellung von Dienstleistungen, um Gewinne zu erzielen. Außer dieser Leistungserstellung sind Beschaffung und Absatz die wesentlichen Aufgaben des Betriebes. Neben den Grundfunktionen der Beschaffung, der Produktion und des Absatzes sind Organisation und Verwaltung wichtige betriebliche Aufgabenbereiche.

16.1 Beschaffung

Materialbeschaffung

Die Möbelfabrik Albi hat eine Bestellung über einen Wandschrank erhalten. Nach dem Fertigungsplan wird eine Liste zusammengestellt, die alle benötigten Materialien für die Produktion beinhaltet:

Werkstoffliste						Werkstück/Auftrag:			Wandschrank		
Nr.	Teilewerkstück	Werkstoff	Stückzahl	Fertigmaße in mm		Nr.	Teilewerkstück	Werkstoff	Stückzahl	Fertigmaße in mm	
				Länge	Breite					Länge	Breite
1	Korpuswände	FPY (16)	2	750	230	10	Gesamtschrank				
2	Korpuswände	FPY (16)	2	550	230		Korpus u. Tür		–	–	–
3	Tür	FPY (16)	1	730	530		Rückwand	Lack	–	–	–
4	Rückwand	FU 6	1	730	530		Böden		–	–	–
5	Einlegeböden	Kiefernholz	2	510	210	11	–	Eckdübel	12	–	–
6	Korpuswände	Furnier	1	5200	230	12	–	Boden-			
7	Tür	Furnier	2	750	550		–	träger	8	–	–
8	Korpus und Tür	Leim		(wie Furnier)		13	–	Scharnier	2	–	–
						14	–	Knopf	1	–	–
9	Korpus und Tür	Kanten-				15	–	Ösen	2	–	–
		furnier	1	5120	–	16	–	Schnäpper	1	–	–
						17	–	Nägel			
							Schrauben	Schleifm.	–	–	–

1. **Ordnen Sie die Werkstoffe nach Roh- und Hilfsstoffen.**
2. **Für die Herstellung des Wandschrankes müssen noch weitere Produktionsmittel eingesetzt werden. Welche sind das?**

Bevor ein Betrieb mit der Produktion beginnen kann, muss er die notwendigen Produktionsmittel auf dem Beschaffungsmarkt besorgen. Für jedes Produkt wird deshalb eine Materialliste erstellt, die als Grundlage für die Beschaffung dient. Die Materialien, die zur Produktion benötigt werden, lassen sich unterteilen in:

- ***Rohstoffe:*** **Sie sind Hauptbestandteil des Fertigerzeugnisses.**

Beispiele: Spanplatten, Furniere

- ***Hilfsstoffe:*** **Sie sind kein wesentlicher, aber notwendiger Bestandteil des Produktes.**

Beispiele: Leim, Schrauben

- ***Betriebsstoffe:*** **Sie gehen überhaupt nicht in das Fertigerzeugnis ein, sondern werden nur mittelbar vor allem für Maschinen und Werkzeuge gebraucht.**

Beispiele: Schleifmittel, Schmierstoffe für die Maschinen

Damit die Produktion reibungslos erfolgen kann, muss bei der Beschaffung darauf geachtet werden, dass die Produktionsmittel rechtzeitig, ohne Mängel und vollständig zur Verfügung stehen. Dies ist besonders wichtig, da eine Unterbrechung in der Produktion zu Ausfällen und höheren Kosten führt. Der Betrieb wird deshalb versuchen, durch eine entsprechende Lagerhaltung die wichtigsten Materialien für die Produktion bereitzuhalten.

Personalbeschaffung

Wir brauchen SIE als Verstärkung!

Für unser neues Werk suchen wir engagierte Mitarbeiter/-innen als

Elektroanlagenmonteur (m/w/d)

Ihr Aufgabengebiet umfasst die Installation, Wartung und Instandhaltung unserer elektrischen und elektronischen Anlagen.

Wir erwarten von Ihnen eigenständiges Arbeiten und gute Kenntnisse mit freiprogammierbaren Steuerungen (SPS) und Pneumatik.

Teamfähigkeit, Zuverlässigkeit und Belastbarkeit setzen wir voraus.

Bitte richten Sie Ihre Bewerbung mit den üblichen Unterlagen an:
pa@controlling-Bo.de

J. CONTROLLING GmbH · Postfach · 44792 Bochum

1. **Wie ermittelt der Betrieb, ob er neue Mitarbeiter/-innen „als Verstärkung" benötigt?**
2. **Welche Informationen können Bewerber/-innen der Stellenanzeige entnehmen?**
3. **Was bedeutet „mit den üblichen Unterlagen"?**

Geeignetes Personal auf dem Arbeitsmarkt zu finden ist im Handwerksbetrieb Aufgabe des Handwerksmeisters. In größeren Betrieben übernimmt dies die Personalabteilung. **Personalbeschaffung** geht immer einher mit Personalplanung, Personalentwicklung und Personaleinsatz.

Auch bei steigenden Aufträgen muss der Betrieb in der Lage sein, termingerecht zu produzieren. Dies ist nur möglich, wenn durch eine vorausschauende Personalplanung und -entwicklung Mitarbeiter und Auftragslage aufeinander abgestimmt sind. Fort- und Weiterbildung sind notwendig, um die Mitarbeiter für neue Technologien oder Entwicklungen zu qualifizieren.

Vgl. Kap. 19.5

Grundsatz für den Personaleinsatz

Personaleinsatz beginnt bereits mit der Einstellung. Hier gilt der Grundsatz: „Die richtige Mitarbeiterin, der richtige Mitarbeiter am richtigen Platz." Bei einer Stellenausschreibung ist es deshalb wichtig, dass sie die wesentlichen Anforderungen an die Bewerber enthält, z. B. Schul- und Berufsausbildung, Berufserfahrung, Kurse, besondere Kenntnisse und Fähigkeiten.

Durch zusätzliche Anreize, wie z. B. Prämien, Belegschaftsaktien oder Freizeitangebote, versuchen viele Betriebe, ihre Mitarbeiter zu motivieren und an das Unternehmen zu binden. Ein gutes Betriebsklima fördert die Leistungsbereitschaft und steigert damit die Produktivität.

Kapitalbeschaffung

Die Möbelfabrik Albi liefert termingerecht den bestellten Wandschrank. Die Rechnungsabteilung der Möbelfabrik schickt drei Tage nach Auslieferung die Rechnung an den Kunden. Es wurde eine Zahlungsfrist von 30 Tagen vereinbart.

1. **Der Möbelfabrik sind schon vor der Lieferung Kosten entstanden. Nennen Sie diese.**
2. **Wie kann Albi ihre Kosten begleichen, obwohl der Kunde erst nach 30 Tagen die Rechnung bezahlt?**
3. **Welche Möglichkeiten hat das Unternehmen, sich Geld zu beschaffen?**

Bei jedem Unternehmen besteht zwischen den **Ausgaben** für die Produktion und den **Einnahmen** durch Verkauf der Erzeugnisse eine zeitliche Spanne. Um diese finanzielle Lücke zu schließen, muss das Unternehmen Kapital beschaffen. Zudem benötigt ein Unternehmen auch Kapital, um anstehende Investitionen zu finanzieren. Solche Investitionen sind z. B. neue Werkstätten oder Maschinen.

Nach der Herkunft des Kapitals lassen sich folgende Finanzierungsarten unterscheiden:

Finanzierungsarten

Eigenfinanzierung:	**Die Finanzierung erfolgt beim Einzelunternehmen aus dem Vermögen des Inhabers, bei Personengesellschaften durch die Einlagen der Gesellschafter.**
Selbstfinanzierung:	**Gewinne, die erzielt wurden, und Abschreibungserlöse aus dem Unternehmen werden zur Finanzierung im Unternehmen belassen.**
Fremdfinanzierung:	**Die Finanzierung erfolgt durch Aufnahme von Krediten, z. B. Bank- und Lieferantenkredite.**

Bei der Finanzierung durch Fremdkapital ist zu beachten, dass Kosten für Zinsen entstehen. Außerdem werden für größere Kredite in der Regel zusätzliche Sicherheiten verlangt. Die Abhängigkeit des Unternehmens von den Kreditgebern steigt, je höher der Fremdkapitalanteil ist. Deshalb ist eine gute Mischung von Eigen- und Fremdkapital wichtig.

1. **Nennen Sie die drei Grundfunktionen des Betriebes.**
2. **Erklären Sie den Unterschied zwischen Roh-, Hilfs- und Betriebsstoffen.**
3. **Nennen und erläutern Sie die Hauptaufgaben der Personalabteilung.**
4. **Warum sind Aus- und Weiterbildung wichtige Bereiche der Personalentwicklung?**
5. **Erläutern Sie den Unterschied zwischen Selbst- und Eigenfinanzierung.**
6. **Erklären Sie den Begriff „Investition".**

Materialbeschaffung und Lagerhaltung

1. **Warum benötigt der Betrieb ein Lager?**
2. **An welchen Stellen des Produktionsablaufs ist eine Lagerhaltung notwendig?**

In jedem Haushalt werden Vorräte angelegt. Die Vorratskammer ermöglicht es, auch unangemeldete Gäste zu bewirten oder bei Sonderangeboten günstige Großeinkäufe zu tätigen. Diese Funktionen der Vorratskammer lassen sich auf die Lagerhaltung des Betriebes übertragen.

Pufferfunktion

Die Materialbeschaffung kann zeitlich nicht immer mit dem Produktionsablauf in Einklang gebracht werden. Deshalb soll das **Rohstoff- und Materiallager** eine Brücke zwischen Beschaffungsmarkt und Produktion bauen. Die gleiche Pufferfunktion hat die Lagerhaltung im Bereich der Produktion. **Zwischenlager** ermöglichen es, Engpässe zu vermeiden oder Überkapazitäten aufzufangen. Im **Endlager** werden die Fertigprodukte bis zur Auslieferung an die Kunden gelagert.

Wichtig für die Lagerhaltung ist eine Lagerorganisation. Nur die sachgerechte und übersichtliche Lagerung der Ware schützt vor Verlusten. Die Lagerhaltung dient auch dazu, Roh- und Hilfsstoffe dann zu beschaffen, wenn kostengünstige Angebote vorliegen. Dabei muss aber berücksichtigt werden, dass die Lagerhaltung Kosten verursacht, z. B. Mieten für Gebäude, Löhne für Lageristen oder Nebenkosten für Strom und Heizung.

Just-in-time

Lagerhaltung ist insofern für die Unternehmen „totes Kapital“, denn durch eine zu große Lagerhaltung wird zu viel Kapital gebunden. Viele Unternehmen halten heute deshalb nur noch sehr geringe Vorräte. Dieses „Von-der-Hand-in-den-Mund-Leben“ – auch „Just-in-time“-Produktion genannt – bringt für das Unternehmen Kapitaleinsparungen, birgt aber auch Risiken, z. B. steigt die Abhängigkeit von den Zulieferern und von den momentanen Marktpreisen.

16.2 Produktion

1. **Wie ist der jeweilige Fertigungsablauf organisiert?**
2. **Welche Auswirkungen hat das Fertigungsverfahren auf die Produkte?**

Fertigungsarten

Die Produktion ist die wichtigste Grundfunktion eines Unternehmens. Je nachdem, ob ein Produkt einzeln oder mehrfach hergestellt wird, lassen sich verschiedene Fertigungsarten unterscheiden:

Einzelfertigung

Ein Produkt wird nach Wunsch eines Kunden angefertigt. Dies ist gerade im Handwerk noch oft üblich, z. B. bei der Anfertigung von Einbaumöbeln oder Maßanzügen. Aber auch im industriellen Bereich kommen Einzelfertigungen vor, z. B. beim Brücken- oder Schiffsbau.

Serienfertigung

Von einem Produkt werden größere Stückzahlen angefertigt. Nach Herstellung einer begrenzten Stückzahl wird eine neue Serie produziert. Dazu muss in der Regel die Fertigungsanlage umgestellt werden. Typische Serienfertigung ist die Herstellung von Elektrogeräten oder Möbeln. Bei der Serienproduktion von Autos handelt es sich um eine Großserienfertigung, die der Massenfertigung sehr nahe kommt.

Sortenfertigung

Während bei der Serienfertigung der Fertigungsprozess für jede Serie verändert wird, bleibt der Fertigungsablauf bei der Sortenfertigung immer gleich. So werden im Walzwerk aus dem gleichen Rohstoff verschiedene Sorten von Blechen mit unterschiedlichen Stärken oder in der Brauerei über die gleiche Anlage verschiedene Biersorten hergestellt.

Massenfertigung

Eine sehr große Stückzahl völlig gleichartiger Erzeugnisse wird über einen längeren Zeitraum produziert, wobei der Fertigungsablauf unverändert bleibt. Massenprodukte sind z. B. Nägel, Zigaretten, Glühbirnen oder Papier.

Fertigungsverfahren

Bei der Produktion versucht jedes Unternehmen, den Fertigungsablauf optimal zu organisieren, um Zeit und Kosten zu sparen. Die Organisation der Fertigung richtet sich u. a. nach der Art und Menge der Produkte, aber auch nach den Einsatzmöglichkeiten der Maschinen und Arbeitskräfte. Je nach Organisation unterscheidet man die folgenden Fertigungsverfahren:

Werkstattfertigung

Für die Produktion sind verschiedene Arbeitsvorgänge notwendig. Dabei werden bestimmte Maschinen mehrmals benutzt und Bearbeitungsvorgänge am Produkt wiederholt. Das Werkstück kann dabei in einer oder in mehreren Werkstätten bearbeitet werden. Vorteile der Werkstattfertigung sind: schnelle Anpassung und Umstellung auf neue Produkte, vielseitiger Einsatz der Arbeitskräfte und von Universalmaschinen, geringer Produktionsausschuss.

Fließfertigung

Die Fertigung ist in einzelne Arbeitsvorgänge zerlegt und erfolgt am Fließband. Die Arbeit am Produkt wird durch Taktzeit und Fördergeschwindigkeit bestimmt. Um einen gleichmäßigen Arbeitsfluss zu gewährleisten, müssen die Bearbeitungsgänge genau aufeinander abgestimmt sein.
Vorteile der Fließfertigung sind: niedrige Fertigungskosten, kurze Fertigungszeiten und Transportwege, leicht anlernbare Tätigkeiten.

Gruppenfertigung

Fließfertigung wird immer öfter durch Gruppenfertigung ergänzt. Jede Gruppe ist dabei für einen bestimmten Bereich der Produktion oder Montage zuständig. Innerhalb der Gruppe wird vereinbart, welcher Arbeitsvorgang von wem übernommen wird. Die Gruppenmitglieder wechseln sich in ihren Aufgaben und Tätigkeiten ab.
Vorteile der Gruppenfertigung sind: weniger monotone Arbeiten, größere Einsatzmöglichkeiten der Arbeitskräfte, geringerer Produktionsausschuss.

Automatisierung

Die Entwicklung von computergesteuerten Fertigungsanlagen hat es in einigen Bereichen ermöglicht, dass die Fertigung weitgehend automatisiert abläuft. Die Mitarbeiter übernehmen ausschließlich Überwachungs- und Wartungsarbeiten.
Für die Automatisierung gelten die gleichen Vorteile wie für die Fließfertigung. Weitere Vorteile sind eine hohe und gleichbleibende Qualität sowie geringe Lohnkosten.

1. **Nach welchen Gesichtspunkten unterscheidet man**
   a) Fertigungsarten? b) Fertigungsverfahren?
2. **Erläutern Sie den Unterschied zwischen Serien- und Sortenfertigung.**
3. **Wieso ist die Automobilproduktion eine Serienfertigung, die der Massenfertigung sehr nahe kommt?**
4. **Welche Vor- und Nachteile hat für den Kunden die Massenfertigung gegenüber der Einzelfertigung?**
5. **Ordnen Sie die Produkte den verschiedenen Fertigungsarten zu:**
   a) Staubsauger b) Nägel c) Elektrizität d) Innentüren e) Hoftor
6. **Eine Schuhfabrik stellt 3 000 Paar gleichartige Stiefel der verschiedensten Größen her. Welche Fertigungsart ist am günstigsten?**
7. **Stellen Sie den Vorteilen der Fertigungsverfahren ihre Nachteile gegenüber.**
8. **Warum wird z.B. in Automobilwerken Fließfertigung mit der Gruppenfertigung kombiniert?**
9. **Im Zusammenhang mit Industrie 4.0 spricht man auch von „additiven Fertigungsverfahren". Recherchieren Sie im Internet, was darunter zu verstehen ist.**

16.3 Absatz

Lego baut Stein auf Stein

Dänischer Spielwarenhersteller hat immer noch die Nase vorn

Der Spielwarenhersteller Lego hat in Deutschland einen Umsatz von 472 Mio. € erzielt.

Das Unternehmen ist in den letzten Jahren kräftig gewachsen. Der Anteil von Lego am deutschen Spielwarenmarkt liegt bei 17 %.

Lange Zeit litt Lego unter Absatzproblemen. Wie die Marktforschung herausfand, identifizierten Eltern das Produkt mit einfachen Kunststoffbauteilen, die sie nicht mehr nachkauften. Dann gelang es, das Image hin zu einem „differenzierten" Spielzeug zu wandeln. Die Zahl der angebotenen Artikel wurde verdoppelt. Jedes Jahr wird ein Drittel des Sortiments ausgetauscht. Die Lego GmbH war der erste Markenartikler der Spielwarenbranche, der seine Produkte auch in Verbrauchermärkten anbot. Inzwischen wird gut ein Viertel des Umsatzes in SB-Märkten erzielt, der traditionelle Fachhandel setzt 40 % um.

1. **Warum hatte Lego Absatzprobleme?**
2. **Wie wurde das Image des Spielzeugs verbessert?**
3. **Welche Absatzwege hat die Firma gewählt, um den Umsatz zu steigern?**

Ziel eines Unternehmens ist es, seine Produkte auf dem Markt mit Gewinn zu verkaufen. Der Absatz bildet damit den dritten Aufgabenbereich des Unternehmens nach Beschaffung und Produktion. Um möglichst viele Waren oder Dienstleistungen absetzen zu können, ist es notwendig, den Markt genau zu beobachten und die Wünsche und Bedürfnisse der Verbraucher zu kennen. Die Bedarfsermittlung erfolgt mithilfe der **Marktforschung**.

Ziel der Marktforschung

Die Marktforschung versucht z. B. durch statistische Auswertungen, Umfragen oder Interviews, den Markt und das Käuferverhalten zu erforschen. Die Daten sollen dem Unternehmen helfen, Werbung, Produktgestaltung, Absatzwege und Preisbildung so zu gestalten und aufeinander abzustimmen, dass möglichst viele Erzeugnisse abgesetzt werden können.

Fragen der Marktforschung

Die Marktforschung kennt drei verschiedene Fragestellungen:

1. ***Wie ist die momentane Marktsituation?* (Marktanalyse)**
   Hier wird der Marktzustand in einer einmaligen Marktuntersuchung erforscht. Diese Zeitpunktanalyse wird z. B. bei Einführung neuer Produkte angewandt.
2. ***Wie hat sich der Markt entwickelt?* (Marktbeobachtung)**
   Über einen längeren Zeitraum werden Veränderungen auf dem Markt und im Käuferverhalten beobachtet. Diese Zeitraumanalyse ist z. B. wichtig, um frühzeitig Mode- oder Geschmacksänderungen der Verbraucher zu erkennen.
3. ***Wie wird sich der Markt zukünftig entwickeln?* (Marktprognose)**
   Vorhersagen und Vorausberechnungen sind für die Produktplanung von großer Bedeutung, um Produktion und Absatz für die Zukunft zu sichern.

„Wer nicht wirbt, der stirbt."

Zitat von Henry Ford. In: www.henry-ford.net/ [14.01.2019].

Diese Aussage macht deutlich, wie wichtig die Werbung für ein Unternehmen ist. Die Werbung unterstützt den Absatz, indem sie neue Bedürfnisse weckt und über die Produkte informiert. Durch die Werbung sollen alte Kunden erhalten und neue Kunden gewonnen werden.

Werbemittel

Dabei werden verschiedene Werbemittel (z. B. Auslagen, Inserate, Prospekte, Fernsehspots) eingesetzt. Der Verbraucher wird entweder direkt und persönlich oder indirekt angesprochen. Typische direkte Werbung sind Vertreterbesuche, Werbebriefe oder Kostproben; die indirekte Werbung bedient sich meistens der Massenmedien als Werbeträger.

Einzel- und Gemeinschaftswerbung

Werbung kann von einzelnen Unternehmen, aber auch von mehreren Unternehmen oder Unternehmensverbänden ausgehen. Wegen der hohen Werbekosten sind Werbegemeinschaften gerade im Einzelhandel häufiger anzutreffen. Aber auch zur Imagepflege einer ganzen Branche eignet sich diese Art der Werbung besser als die Einzelwerbung.

Werbeträger und Werbeeinnahmen

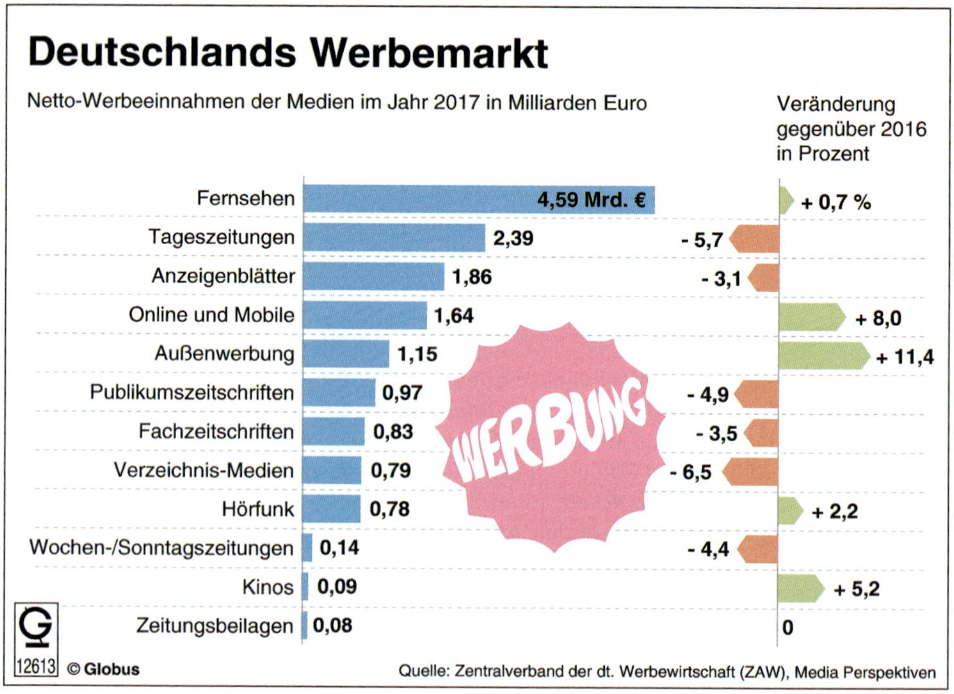

Wie das Beispiel der Firma Lego (siehe S. 176) zeigt, sind **Produktgestaltung** und neue **Absatzwege** wichtige Voraussetzungen, um den Umsatz zu steigern. So muss das Unternehmen auf veränderte Kundenwünsche durch eine entsprechende Produktgestaltung reagieren, z. B. durch Veränderung oder Neuentwicklung von Produkten.

Auf welchen Wegen das Erzeugnis den Verbraucher erreicht, richtet sich meist nach den Kosten für den Vertrieb oder nach den Chancen für den Umsatz. So kann es für eine Weinkellerei sinnvoll sein, den Wein direkt an den Verbraucher zu liefern oder über den Groß- und Einzelhandel abzusetzen.

Preispolitik

Der Preis eines Produktes entscheidet auch über dessen Absatz. In der **Preisgestaltung** ist das Unternehmen von der Konkurrenzsituation, der Nachfrage und den Produktionskosten abhängig. Zur Preispolitik gehört es, Kunden durch besondere Leistungen für das Unternehmen oder ein Produkt zu gewinnen, z. B. durch Kundendienste oder Wartungsverträge. Auch sonstige Dienstleistungen, wie z. B. Finanzierungsangebote oder Rücknahmeverpflichtungen, sowie kundenfreundliche Zahlungs- und Lieferungsbedingungen sind Mittel der Preispolitik und der Absatzförderung.

1. **Welche Fragen versucht die Marktforschung zu beantworten?**
2. **Nennen Sie die Aufgaben der Werbung.**
3. **a) Mit welchen Mitteln wirbt Ihr Ausbildungsbetrieb?**
   b) Welche Werbeträger werden dabei eingesetzt?
4. **Interpretieren Sie das Schaubild auf der vorherigen Seite.**
   a) Warum ist das Fernsehen der bedeutendste Werbeträger?
   b) Welche Werbeträger kommen für Handwerk und kleinere Industriebetriebe infrage?
   c) Nennen Sie Beispiele für Außenwerbung.
5. **Ordnen Sie die folgenden Slogans nach Einzel- und Gemeinschaftswerbung:**
   a) Tapete – Kleb dir eine!
   b) Milch macht müde Männer munter
   c) Mars macht mobil – bei Arbeit, Sport und Spiel
   d) Wenn's um Geld geht – Sparkasse
   e) Schuhe kauft man gut bei Schaller
6. **Welchen Einfluss hat das gewachsene Umweltbewusstsein der Verbraucher auf die Produktgestaltung? Nennen Sie Beispiele.**
7. **Erklären Sie den Unterschied zwischen direktem und indirektem Absatzweg.**
8. **Handelt es sich bei den folgenden Beispielen um einen direkten oder indirekten Absatz?**
   a) Ein Bauer verkauft seinen Weizen an die Mühle.
   b) Die Schuhfabrik verkauft an die Endverbraucher.
   c) Die Weinkellerei verkauft an einen Verbrauchermarkt.
9. **Zeigen Sie die unterschiedlichen Absatzwege auf, die beim Vertrieb von Bier möglich sind.**
10. **Welche Ziele werden mit der Preispolitik verfolgt?**
11. **Welche Möglichkeiten stehen dem Unternehmen für die Preisgestaltung offen?**
12. **Warum ist die Preispolitik ein wichtiges Mittel der Absatzförderung?**
13. **Diskutieren Sie die Aussage „Der Preis entscheidet über den Umsatz".**

16.4 Unternehmensziele

Lösch AG hat Unternehmensziele erreicht

Chemie-Konzern mit Umsatz und Ergebnis zufrieden

Der Chemiekonzern Lösch AG weist in seinem Geschäftsbericht einen höheren Gewinn als im Vorjahr aus. Nach Angaben des Unternehmens ist der Gewinn um 4 % auf 600 Millionen € gestiegen. Ausschlaggebend für das gute Ergebnis war die hohe Inlandsnachfrage, während das Geschäft im Ausland durch die Schwankungen des US-Dollars leicht zurückging. Die Prognose für das Inlandsgeschäft ist aufgrund der guten Konjunkturlage optimistisch.
Im Bereich Farben und Lacke ist der Chemiekonzern weiterhin Marktführer. Trotz der starken Konkurrenz konnte der Marktanteil auf 23,7 % (Vorjahr 21,9 %) gesteigert werden. Wegen Engpässen bei der Lieferung von Rohstoffen konnte im ersten Halbjahr die Nachfrage nicht sofort befriedigt werden.
Für die notwendigen Investitionen im Umweltschutz hat das Unternehmen im letzten Jahr bereits 105 Millionen € ausgegeben, weitere 80 Millionen € werden dieses Jahr folgen.
Die eingeleiteten Maßnahmen zur Kostenreduzierung zeigten bereits Wirkung. Durch neue Anlagen konnten die Lohnkosten verringert werden. Ein Sozialplan ermöglicht es, dass 700 Mitarbeiter des Konzerns in den vorzeitigen Ruhestand gehen konnten, ohne große Einkommensverluste hinnehmen zu müssen.

1. Nennen Sie das wichtigste Ziel des Unternehmens.
2. a) Welche anderen Ziele verfolgt das Unternehmen?
b) Weshalb ist Umweltschutz ein Unternehmensziel?
3. Von welchen Entwicklungen ist das Erreichen der Unternehmensziele abhängig?
4. Welche „Maßnahmen zur Kostenreduzierung“ hat das Unternehmen ergriffen?

Unternehmen verfolgen verschiedene Ziele. Hauptziel erwerbswirtschaftlicher Unternehmen ist es, Gewinne zu erwirtschaften. Der Gewinn ergibt sich aus der Summe der Erlöse abzüglich der Summe der Aufwendungen.

Gewinnerzielung

Gewinn = Erlöse – Aufwendungen

Aufwendungen sind z. B. Löhne und Gehälter, Steuern oder Treibstoffkosten. Der Gewinn steht den Kapitalgebern zur Verfügung; er ist der Lohn für die Unternehmertätigkeit, für die Bereitstellung von Kapital und die Übernahme des Risikos. Dabei bleibt es den Eigentümern überlassen, wie viel Gewinn sie entnehmen und wie viel sie wieder in das Unternehmen investieren. Investitionen sind notwendig, um das Unternehmen zu erhalten, zu erweitern oder neue Anlagen anzuschaffen. Nur dadurch kann das Unternehmen konkurrenzfähig bleiben.

Weitere Unternehmensziele

Neben dem Gewinnstreben verfolgt ein Unternehmen noch weitere nachrangige Ziele:

- **Umsatzsteigerung**
- **Erhöhung des Marktanteils**
- **Bedarfsdeckung**
- **Kostenreduzierung**
- **soziale Verantwortung**

Umweltschutz als Unternehmensziel

Auch das Ziel des Umweltschutzes ist in den letzten Jahren wichtiger geworden. Dies ist einerseits die Folge von erhöhten Umweltauflagen. Andererseits haben viele Unternehmen den Schutz der Umwelt als notwendig erkannt und nutzen ihre Investitionen in diesem Bereich zur Werbung und Imagepflege.

Ob die Unternehmensziele erreicht werden, hängt in erster Linie von der Leitung und den Mitarbeitern ab. Daneben beeinflussen außerbetriebliche Entwicklungen das Erreichen dieser Ziele. Solche Entwicklungen sind z. B. der Konjunkturverlauf, politische Ereignisse, das Rohstoffangebot oder die Konkurrenzsituation.

Ziel gemeinwirtschaftlicher Betriebe: Gemeinversorgung

Auch der Staat hat eigene Unternehmen. Vorrangiges Ziel dieser **gemeinwirtschaftlichen Betriebe** ist nicht die Gewinnerzielung, sondern die Versorgung der Bevölkerung mit wichtigen Waren und Dienstleistungen. Solche staatlichen Betriebe sind z. B. Wasserwerke oder Krankenhäuser. Um das Ziel der **Marktversorgung** zu erreichen, arbeiten diese Einrichtungen zum Teil auch unrentabel.

Viele der gemeinwirtschaftlichen Betriebe erwirtschaften keine Gewinne. Sie sind jedoch verpflichtet, ihre Aufwendungen durch die Erlöse abzudecken. Diese **Kostendeckung** wird aber nicht immer erreicht. In der Regel bleiben z. B. der Öffentliche Personennahverkehr oder die Theater „Zuschussbetriebe“, d. h., die öffentlichen Träger müssen die Verluste durch Zuschüsse ausgleichen.

1. **Erklären Sie den Unterschied zwischen erwerbswirtschaftlichen und gemeinwirtschaftlichen Betrieben.**
2. **Warum sind Gewinne für ein Unternehmen wichtig?**
3. **Wie lässt sich der Anspruch des Unternehmers auf Gewinn begründen?**
4. **Erläutern Sie den Unterschied zwischen Bedarfsdeckung und Marktversorgung.**
5. **Nennen Sie Betriebe, die das Ziel des Umweltschutzes in den Vordergrund stellen.**
6. **Im Öffentlichen Personennahverkehr sind in den letzten Jahren etliche stillgelegte Strecken wieder in Betrieb genommen worden.**
   a) **Welches Ziel verfolgten die Verkehrsbetriebe damit?**
   b) **Beurteilen Sie dies im Hinblick auf die Aufgabe des ÖPNV, die dieser als gemeinwirtschaftlicher Betrieb hat.**

16.5 Betriebliche Kennziffern

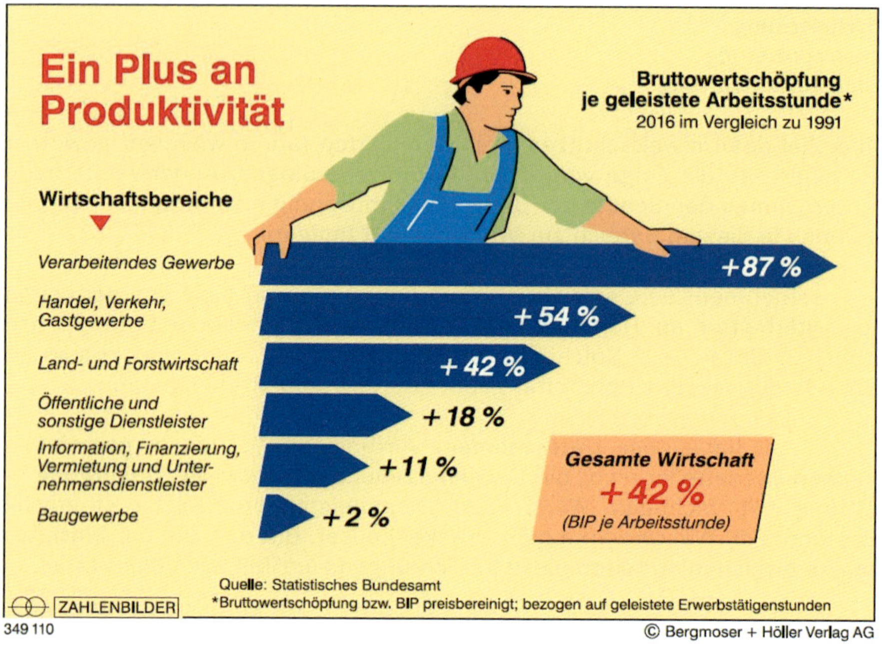

1. **Welches Verhältnis wird durch die Produktivität ausgedrückt?**
2. **Worauf lässt sich die unterschiedliche Produktivität in den verschiedenen Wirtschaftsbereichen (Branchen) zurückführen?**

Die Leistungsfähigkeit eines Betriebes lässt sich an verschiedenen Daten ablesen: Umsatz, Kapitaleinsatz, Kosten, Gewinn, Arbeitsstunden, Materialeinsatz, Maschinenlaufzeit, Produktionsmengen usw. Das Verhältnis verschiedener Daten zueinander ergibt die betrieblichen Kennziffern, die Auskunft über die Leistung eines Betriebes geben. Die wichtigsten Kennziffern sind:

Betriebliche Kennziffern

Produktivität | **Wirtschaftlichkeit** | **Rentabilität**

Die betrieblichen Kennziffern sind einzeln wenig aussagekräftig. Nur in ihrer Gesamtheit und über einen längeren Zeitraum betrachtet geben sie die Leistungsfähigkeit von einzelnen Betrieben, Branchen oder einer Volkswirtschaft wieder.

Produktivität

Die Produktivität misst das Verhältnis von Produktionsergebnis (Mengen, Stückzahl) und eingesetzten Mitteln (Arbeitsstunden, Material, Maschinen):

$$\text{Produktivität} = \frac{\text{Produktionsergebnis (Output)}}{\text{eingesetzte Mittel (Input)}}$$

Nach der Art der eingesetzten Mittel erhält der Betrieb die Kennziffern für:

- **Arbeitsproduktivität (Produktionsergebnis : Arbeitsstunden)**
- **Materialproduktivität (Produktionsergebnis : Materialmenge)**
- **Maschinenproduktivität (Produktionsergebnis : Maschinenstunden)**

Arbeitsproduktivität

Die wichtigste Größe ist die Arbeitsproduktivität. Die Zunahme der Arbeitsproduktivität beruht auf verschiedenen Ursachen. Eine höhere Arbeitsleistung kommt z. B. durch eine größere körperliche Leistung der Arbeitskräfte, durch den Einsatz neuer Maschinen oder durch Verbesserung der eingesetzten Materialien zustande.

Beispiel: In der Kartonagenfabrik wurden bisher in acht Arbeitsstunden 4 800 Kartons produziert. Durch eine neue Maschine und weniger Ausschuss können in der gleichen Arbeitszeit jetzt 7 200 Kartons hergestellt werden.

Arbeitsproduktivität bisher

$$\frac{4\,800 \text{ Kartons}}{8 \text{ Stunden}} = 600 \text{ Kartons in 1 Std.}$$

Arbeitsproduktivität jetzt

$$\frac{7\,200 \text{ Kartons}}{8 \text{ Stunden}} = 900 \text{ Kartons in 1 Std.}$$

Die Arbeitsproduktivität hat sich somit um 50 % erhöht.

Die Arbeitsproduktivität spielt auch als Kennziffer für Tarifverhandlungen eine wesentliche Rolle. Die Gewerkschaften argumentieren vor allem, dass sich die Einkommen der Arbeitnehmer an der Arbeitsproduktivität orientieren müssen.

Wirtschaftlichkeit

Ein Betrieb arbeitet wirtschaftlich, wenn seine Erlöse höher sind als die bei der Produktion anfallenden Kosten. Die Leistungen werden nach dem Wert (Erlös) der Waren oder Dienstleistungen zu Marktpreisen ermittelt.

$$\textbf{Wirtschaftlichkeit} = \frac{\textbf{Erlös}}{\textbf{Kosten}}$$

Je höher das Ergebnis über der Kennziffer 1 liegt, umso größer ist die Wirtschaftlichkeit. Der Betrieb kann die Wirtschaftlichkeit erhöhen, indem er die Kosten senkt oder einen höheren Verkaufserlös für seine Produkte erzielt.

Beispiel: Die Kartonagenfabrik hatte im letzten Jahr einen Erlös von 5,1 Millionen €. Die Kosten betrugen 4,25 Millionen €. Durch Einsparungen und weniger Ausschuss konnten die Kosten bei gleichem Erlös auf 4,08 Millionen € gesenkt werden.

Wirtschaftlichkeit bisher

$$\frac{5{,}1 \text{ Mio. €}}{4{,}25 \text{ Mio. €}} = 1{,}2$$

Wirtschaftlichkeit jetzt

$$\frac{5{,}1 \text{ Mio. €}}{4{,}08 \text{ Mio. €}} = 1{,}25$$

Rentabilität

Wenn ein Sparer sein Geld bei der Bank anlegt, so erhält er dafür Zinsen. Der Unternehmer, der Kapital ins Unternehmen einbringt, erwartet ebenfalls eine Verzinsung. Wie hoch der Zins ist, hängt vom Gewinn des Unternehmens ab. Durch das Verhältnis von Gewinn zum eingesetzten Kapital lässt sich die Verzinsung oder Rentabilität eines Betriebes errechnen:

$$\textbf{Rentabilität} = \frac{\textbf{Gewinn x 100 \%}}{\textbf{eingesetztes Kapital}}$$

Beispiel: Ein Betrieb mit einem Gesamtkapital von 2,5 Millionen € hat im letzten Jahr einen Gewinn von 180 000,00 € erzielt.

$$\text{Rentabilität} = \frac{180\,000{,}00\text{ € x }100\,\%}{2\,500\,000{,}00\text{ €}} = 7{,}2\,\%$$

Die betriebliche Kennziffer Rentabilität ist nur aussagekräftig im Vergleich mit den Zinsen, die von den Banken für das eingesetzte Kapital gezahlt würden. Erst dann kann beurteilt werden, ob sich das unternehmerische Risiko auch gelohnt und der Betrieb rentabel gearbeitet hat.

1. An welchen Daten kann die Leistungsfähigkeit eines Betriebes abgelesen werden?
2. a) Was versteht man unter der Maschinenproduktivität?
b) Wodurch kann sie gesteigert werden?
c) Welchen Einfluss hat eine höhere Maschinenproduktivität auf die Arbeitsproduktivität?
3. Durch einen Verbesserungsvorschlag können in der Papierfabrik aus zwei Tonnen Zellstoff statt 30 Rollen jetzt 32 Rollen Papier hergestellt werden.
a) Errechnen Sie die alte und neue Produktivität.
b) Um wie viel Prozent hat sich die Produktivität erhöht?
4. Worin besteht der Unterschied zwischen den Kennziffern „Produktivität" und „Wirtschaftlichkeit"?
5. Durch welche Maßnahmen kann ein Betrieb seine Wirtschaftlichkeit erhöhen?
6. In der Papierfabrik konnten durch Verbesserungsvorschläge die Kosten von bisher 220 000,00 € auf 200 000,00 € gesenkt werden. Die Erlöse erhöhten sich von 210 000,00 € auf 260 000,00 €.
a) Errechnen Sie die Wirtschaftlichkeit vor und nach den Verbesserungsmaßnahmen.
b) Arbeitet die Fabrik wirtschaftlich?
7. Ein Betrieb hat 87 500,00 € erwirtschaftet. Sein Kapitaleinsatz betrug 1,25 Millionen €.
a) Wie hoch ist die Rentabilität des Betriebes?
b) Vergleichen Sie die Kennziffer mit den momentanen Marktzinsen der Banken. Hat sich das Risiko für den Unternehmer gelohnt?
8. Warum sind die betrieblichen Kennziffern allein wenig aussagekräftig?

HEIZUNG
LÜFTUNG • KLIMA

renommiertes Unternehmen (seit 1947) mit hervorragendem Kundenstamm, bundesweit tätig, in Rheinland-Pfalz zu verkaufen, hoher Umsatz durch Serviceverträge, eigenentwickelte Produkte, hoher Auftragsbestand, 26 qualifizierte Mitarbeiter.

Gut eingeführter eleganter **FRISEURSALON** (7 Plätze), mit gehobenem Stammpublikum, engagiertem, gut ausgebildetem Personal und aus ge zeich - neter Rendite, in zentraler Lage einer attraktiven Ge - meinde südlich von Ko - blenz. Nr. 8807

HOLZVERARBEITENDES UNTERNEHMEN

seit 1910 im südl. Odenwald, Palettenfabrikation • Dachstuhlkonstruktionen, Planung • Herstellung • Montagen, wirtschaftlich gesichertes Unternehmen mit ausbaufähiger Struktur, ausmangelnder Unternehmensnachfolge zu verkaufen.

BUCHBINDEREI

und Kartonagen, Baden-Württemberg, gut eingeführt, sehr gute Auslastung, sehr gute Erträge, hochmotiviertes Mit ar - beiter team, zu verkaufen, auch für Existenzgründer geeignet.

HOLZBAU • INNENAUSBAU • TREPPENBAU

im südpfälzischen Raum, Werkhalle, Büro, Bahnanschluss möglich, hohe Rendite, langjähr. Kundschaft, guter Maschinenpark, aus pers. Gründen zu verkaufen.

HANDLUNGSIMPULSE

A Einen Behördenführer erstellen

Die Gründung oder Übernahme eines Unternehmens erfordert die Anmeldung bei verschiedenen Behörden.

Erstellen Sie in Gruppenarbeit einen Behördenführer für Existenzgründer in Ihrem Berufsfeld. Führen Sie darin alle wichtigen Behörden Ihrer Region mit Adressen und Ansprechpartnern auf.

B Eine Checkliste für Existenzgründer erarbeiten

Jeder, der ein Unternehmen gründen oder übernehmen will, sollte sich die Chancen und Risiken vor Augen führen.

Erarbeiten Sie in Gruppenarbeit eine Checkliste für Existenzgründer in Ihrem Berufsfeld.

C Einen Gesellschaftsvertrag entwerfen

Sie wollen zusammen mit einem Partner bzw. einer Partnerin ein Unternehmen übernehmen und es in Form einer OHG weiterführen.

Entwerfen Sie einen Gesellschaftsvertrag für die neue OHG. Achten Sie auf möglichst eindeutige Vereinbarungen, um Streitigkeiten oder Unklarheiten zu vermeiden.

HANDLUNGSIMPULSE

D Ein Glossar erstellen

Unter einem Glossar versteht man ein Wörterverzeichnis mit Erklärungen. Der Vorteil: schnelle, sachliche und knappe Informationen zu alphabetisch angeordneten Fachbegriffen.

Erstellen Sie ein Glossar „Daten und Fakten über Unternehmensformen“.

E Eine Stellenbeschreibung anfertigen

„Die richtigen Mitarbeiterinnen und Mitarbeiter am richtigen Platz.“ Dies ist das Ziel für den betrieblichen Personaleinsatz. Als Grundlage hierfür dienen Stellenbeschreibungen, in denen die wesentlichen Anforderungen, Aufgaben und Zuständigkeiten aufgeführt werden.

Erstellen Sie in tabellarischer Form eine Stellenbeschreibung für Ihren Ausbildungs- oder zukünftigen Arbeitsplatz.

F Eine Stellenanzeige verfassen

Suchen Sie für Ihren Betrieb neue Mitarbeiterinnen und Mitarbeiter, indem Sie eine Stellenanzeige verfassen.

G Werbemittel gestalten

Gestalten Sie für Ihren Betrieb eine Werbung, in der Sie für dessen Produkte bzw. Dienstleistungen werben.

Wählen Sie das für Ihren Betrieb geeignete Werbemittel aus, z. B.
- **Plakat,**
- **Prospekt,**
- **Anzeige oder**
- **Radio-Spot.**

H Einen Schnäppchen-Führer herausgeben

Das Preis-Leistungs-Verhältnis ist für den Verbraucher das Kriterium seiner Kaufentscheidung.

Erstellen Sie einen „Schnäppchen-Führer“, indem Sie
- **eine begrenzte Produktpalette festlegen,**
- **gemeinsame Bewertungskriterien (z. B. Preis, Qualität, Service, Garantie, Lieferbedingungen usw.) erarbeiten, die Sie auf einem Bewertungsbogen festhalten,**
- **in Expertenteams die Untersuchung durchführen,**
- **die Ergebnisse präsentieren und als Schnäppchen-Führer herausgeben.**

17 Verhältnis zwischen Arbeitnehmer und Arbeitgeber

Bureau-Ordnung

zur Beachtung des Personals

Aus einer «Büroordnung» des Jahres 1853

Die Kleidung muss einfach sein. Das Personal wird sich nicht in hellen Farben bewegen und Strümpfe nur tragen, wenn sie in Ordnung sind. Mäntel und Überschuhe dürfen im Büro nicht getragen werden, Hüte nur bei kaltem Wetter.

Dem Personal steht der Ofen zur Verfügung. Es wird empfohlen, dass jedes Mitglied des Personals bei Kälte täglich vier Pfund Kohle mitbringt.

Kein Mitglied des Personals darf den Raum ohne Erlaubnis verlassen. Man darf austreten und das Personal darf dafür den Garten unterhalb der zweiten Tür benutzen. Er muss aber in gutem Stand gehalten werden.

Während der Bürostunden darf nicht gesprochen werden.

Die Sucht nach Tabak, Wein oder Alkohol ist eine menschliche Schwäche und dem gesamten Personal verboten.

Das Personal bringt seine eigenen Schreibfedern mit. Ein neuer Anspitzer steht auf Antrag zur Benützung zur Verfügung. Es wird ein Senior bestimmt, der für die Sauberkeit des Hauptbüros und des Privatbüros verantwortlich ist. Alle Jungen und Junioren melden sich bei ihm 40 Minuten vor dem Gebet und bleiben nach Arbeitsschluss zur Verfügung.

Unsere Firma hat die Arbeitsstunden verkürzt. Das Personal braucht jetzt nur noch an den Wochentagen zwischen 7 Uhr vormittags und 7 Uhr nachmittags anwesend zu sein. Der Sonntag dient dem Kirchendienst. Sollte es jedoch erforderlich sein, wird auch am Sonntag gearbeitet.

Nachdem nun die Arbeitsstunden so drastisch vermindert wurden, ist die Aufnahme von Nahrung zwischen 11.30 Uhr und Mittag erlaubt. Die Arbeit darf dafür nicht eingestellt werden.

Die Eigentümer betonen hiermit noch einmal die Großzügigkeit der neuen Arbeitsgesetze. Sie erwarten aber eine wesentliche Steigerung der Arbeitsleistung zum Ausgleich für diese fast utopischen Bedingungen.

1. **Welches Verhältnis zwischen Arbeitgeber und Arbeitnehmer spiegelt diese Büroordnung aus dem 19. Jahrhundert wider?**
2. **Warum konnte der Arbeitgeber solche einseitigen Bestimmungen verordnen?**
3. **In welchen Bereichen haben die Arbeitnehmer heute die Möglichkeit, mitzubestimmen?**

17.1 Mitbestimmung und Mitwirkung der Arbeitnehmer im Betrieb

Aufgrund des neuen Tarifvertrages wird die Wochen-Arbeitszeit verlängert. Im mittelständischen Betrieb Alufelgen GmbH herrscht Aufregung unter den Arbeitnehmern. Die Geschäftsleitung hat im Aushang folgende Regelung für die Arbeitszeitverlängerung angekündigt: Die tägliche Arbeitszeit endet jetzt statt um 17:15 Uhr erst um 17:30 Uhr. Die Arbeitnehmer wollen aber, dass die Tarifregelung nicht dazu führt, dass ihr Arbeitsende erst um 17:30 Uhr ist. Sie wünschen mit großer Mehrheit, dass der Arbeitsbeginn 15 Minuten früher erfolgt und das Ende der Arbeitszeit wie bisher um 17:15 Uhr ist.

1. **Wird durch die angekündigte Maßnahme die Arbeitszeitverlängerung umgesetzt?**
2. **Welche Möglichkeiten haben die Arbeitnehmer, ihre Interessen gegenüber der Geschäftsleitung durchzusetzen?**

Betriebsverfassungsgesetz

Arbeitgeber und Arbeitnehmer haben unterschiedliche Interessen. Um aber wirtschaftlichen Erfolg zu erzielen, sind beide Seiten – Kapital und Arbeit – auf die Zusammenarbeit angewiesen. Das bedeutet auch, dass die Arbeitnehmer auf Entscheidungen im Betrieb Einfluss nehmen können. Das **Betriebsverfassungsgesetz** regelt, in welchen Fragen die Belegschaft mitbestimmen kann.

Das wichtigste Organ der betrieblichen Interessenvertretung ist der **Betriebsrat**. Er vertritt die Belegschaft gegenüber der Geschäftsleitung und hat folgende allgemeine Aufgaben:

Allgemeine Aufgaben des Betriebsrates

Der Betriebsrat
- **wacht u. a. über die Einhaltung von Gesetzen, Tarifverträgen und Betriebsvereinbarungen,**
- **beantragt Maßnahmen, die im Interesse von Belegschaft und Betrieb sind,**
- **fördert die Eingliederung von Menschen mit Behinderung, ausländischen Arbeitnehmern und von sonstigen schutzbedürftigen Personen,**
- **kümmert sich um die Interessen der jugendlichen Arbeitnehmer.**

Dabei hat der Betriebsrat unterschiedliche Einflussmöglichkeiten und Rechte, die Interessen der Belegschaft zu vertreten:

Möglichkeiten und Rechte der Mitbestimmung

1. ***Mitbestimmung in sozialen Angelegenheiten***
   Die Zustimmung des Betriebsrates ist unbedingt erforderlich. Betriebsleitung und Betriebsrat können Vorschläge unterbreiten, denen beide Seiten zustimmen müssen.
2. ***Mitwirkung bei personellen Maßnahmen***
   Der Betriebsrat hat nur ein eingeschränktes Mitbestimmungsrecht. Er kann seine Zustimmung nur verweigern, wenn gegen gesetzliche Regelungen verstoßen wurde.
3. ***Informations- und Beratungsrecht in wirtschaftlichen Angelegenheiten***
   Über anstehende wirtschaftliche Entscheidungen muss der Betriebsrat rechtzeitig und umfassend informiert und angehört werden. Ein Widerspruch bleibt aber ohne Wirkung.

Rechte des Betriebsrates bei betrieblichen Angelegenheiten

Mitwirkung und Mitbestimmung der Arbeitnehmer nach dem Betriebsverfassungsgesetz

Mitbestimmungsrechte	Mitwirkungsrechte	Beratungsrechte
Soziale Angelegenheiten (§ 87) ▪ Betriebsordnung ▪ Lage der Arbeitszeit und der Pausen ▪ Urlaubsplan ▪ Gruppenarbeit ▪ Unfallverhütung ▪ betriebliche Berufsbildung ▪ betriebliche Sozialeinrichtungen ▪ Weiterbildung Beurteilungsgrundsätze (§ 94) Personalfragebogen	Personelle Einzelmaßnahmen (§ 99) ▪ Einstellungen ▪ Ein- und Umgruppierungen ▪ Versetzungen Durchführung betrieblicher Bildungsmaßnahmen (§ 98) Kündigungen (§ 102) Umweltschutz (§ 89) Fremdenfeindlichkeit (§ 104)	Wirtschaftliche Angelegenheiten (§ 106) z. B. wirtschaftliche und finanzielle Lage, Produktion, Absatz, Investitionen, Rationalisierungen durch den vom Betriebsrat bestimmten Wirtschaftsausschuss Gestaltung des Arbeitsplatzes (§ 90) ▪ Neu-, Um-, Erweiterungsbauten ▪ technische Anlagen ▪ Arbeitsverfahren

Das Betriebsverfassungsgesetz erlaubt es nicht, dass der Betriebsrat zum Streik aufruft; Maßnahmen des Arbeitskampfes (Streik und Aussperrung) können nur durch die Tarifpartner (Gewerkschaften und Arbeitgeberverbände) eingeleitet werden.

Betriebsvereinbarung

Über Maßnahmen vor allem in sozialen Angelegenheiten können Betriebsrat und Geschäftsleitung Betriebsvereinbarungen abschließen. Hierzu zählen Vereinbarungen wie z. B. die Gestaltung des Arbeitsplatzes, die Betriebsordnung oder die Urlaubs- und Pausenregelung. Betriebsvereinbarungen müssen von beiden Seiten unterschrieben, schriftlich festgehalten und im Betrieb ausgehängt werden. Eine besondere Betriebsvereinbarung ist der Sozialplan. Bei Massenentlassungen oder Stilllegungen werden nach sozialen Gesichtspunkten u. a. Abfindungen und Ruhestandsregelungen vereinbart.

Betriebsvereinbarungen dürfen den Tarifverträgen nicht zuwiderlaufen, sondern ergänzen diese und passen sie an die betriebliche Situation an. Es gilt:

Gesetze	Tarifverträge	Betriebsvereinbarung	Einzelarbeitsvertrag
Staat	Gewerkschaften und Arbeitgeberverbände	Betriebsrat und Geschäftsleitung	Arbeitnehmer und Arbeitgeber

nur Verbesserungen, keine Verschlechterungen →

Vertretungsorgane der Arbeitnehmer

1. **Auf welchem Weg können die Jugendlichen und Auszubildenden im Betrieb ihre Interessen vertreten?**
2. **Welches Organ spielt für die Mitbestimmung im Betrieb die entscheidende Rolle?**
3. **Nennen Sie die weiteren Organe und beschreiben Sie deren Aufgaben bei der Mitbestimmung im Betrieb.**

Betriebsrat

Die Interessen der Arbeitnehmer im Betrieb werden durch den Betriebsrat vertreten. In Betrieben mit mindestens fünf Arbeitnehmern, von denen drei wählbar sein müssen, kann nach dem Betriebsverfassungsgesetz (BetrVG) ein Betriebsrat gewählt werden.

Aktives und passives Wahlrecht

Wahlen finden alle vier Jahre zwischen dem 1. März und dem 31. Mai statt. Wahlberechtigt sind alle Arbeitnehmer über 18 Jahre. Gewählt werden kann jeder Arbeitnehmer, der mindestens sechs Monate im Betrieb beschäftigt ist. Für Betriebe mit fünf bis 100 Mitarbeitern gilt ein vereinfachtes Wahlverfahren.

Größe

Die Größe des Betriebsrates ist abhängig von der Anzahl der wahlberechtigten Arbeitnehmer. Er hat z. B. bei 51 bis 100 Wahlberechtigten fünf, bei 1 001 bis 1 500 Wahlberechtigten 15 Betriebsratsmitglieder. In Betrieben mit fünf bis 20 Wahlberechtigten besteht der Betriebsrat aus einer Person.

Für die Belegschaft kann der Betriebsrat während der Arbeitszeit Sprechstunden einrichten. In größeren Betrieben werden Betriebsratsmitglieder von ihrer beruflichen Tätigkeit freigestellt. Die Sachkosten für die Arbeit des Betriebsrates trägt der Arbeitgeber.

Der Anteil von Frauen und Männern im Betriebsrat sollte ihrem Anteil in der Belegschaft entsprechen. Geschlechterquote

Leitende Angestellte sind von der Betriebsratswahl ausgeschlossen, da sie die Interessen der Arbeitgeber mitvertreten. Um jedoch dieser Gruppe im Unternehmen die Möglichkeit der Mitwirkung zu geben, sieht das Betriebsverfassungsgesetz einen Sprecherausschuss für leitende Angestellte vor, wenn mindestens zehn leitende Angestellte im Betrieb beschäftigt sind. Sprecherausschuss

Das Betriebsverfassungsgesetz gilt für alle erwerbswirtschaftlichen Unternehmen. Im öffentlichen Dienst gilt das Personalvertretungsgesetz; die Mitbestimmungs- und Mitwirkungsrechte des Personalrates sind vergleichbar mit denen des Betriebsrates.

Betriebsversammlung
Jedes Kalendervierteljahr muss der Betriebsrat eine Betriebsversammlung während der Arbeitszeit einberufen. An ihr können alle Betriebsangehörigen und die Geschäftsleitung teilnehmen. Die Versammlung ist nicht öffentlich. In ihr werden Angelegenheiten besprochen, die den Betrieb direkt betreffen. Der Betriebsrat muss seinen Tätigkeitsbericht vorlegen. Die Betriebsversammlung kann dem Betriebsrat Anträge unterbreiten und zu seinen Beschlüssen Stellung nehmen.

Einigungsstelle
Zur Beilegung von Meinungsverschiedenheiten zwischen Arbeitgeber und Betriebsrat kann eine Einigungsstelle gebildet werden. Sie besteht aus einer gleichen Anzahl von Beisitzern, die vom Betriebsrat und Arbeitgeber bestellt werden. Der „neutrale" Vorsitzende ist von beiden Seiten zu ernennen. Entscheidungen werden mit Stimmenmehrheit gefasst; bei Pattsituation stimmt der Vorsitzende mit ab.

Wirtschaftsausschuss
In Unternehmungen mit mehr als 100 Beschäftigten ist ein Wirtschaftsausschuss zu bilden. Ihm gehören ein Betriebsratsmitglied und weitere Beschäftigte des Unternehmens an. Die drei bis sieben Mitglieder des Wirtschaftsausschusses werden vom Betriebsrat bestimmt. Sie haben die Aufgabe, wirtschaftliche Angelegenheiten mit der Geschäftsleitung zu beraten und den Betriebsrat zu unterrichten. Solche Angelegenheiten sind z. B. Rationalisierungsvorhaben oder Stilllegung von Betrieben.

Jugend- und Auszubildendenvertretung
Jugendliche Arbeitnehmer und Auszubildende haben zum Teil andere Interessen und Probleme als ältere Arbeitnehmer. So spielen z. B. Fragen zur Ausbildungsordnung oder zum Jugendarbeitsschutzgesetz für Jugendliche eine besondere Rolle. Aus diesem Grunde ist es möglich, bei mindestens fünf wahlberechtigten Jugendlichen oder Auszubildenden eine Jugend- und Auszubildendenvertretung (JAV) zu wählen.

Wahlberechtigt sind alle Auszubildenden bis 25 Jahre sowie jugendliche Arbeitnehmer bis 18 Jahre. Gewählt werden können Auszubildende und Arbeitnehmer bis 25 Jahre. Gewählt wird alle zwei Jahre in der Zeit vom 1. Oktober bis 30. November. Wahlen und Wahlrecht

Die Jugend- und Auszubildendenvertretung muss vom Betriebsrat in allen Fragen, die sie betreffen, umfassend und rechtzeitig informiert werden. Ein Mitglied kann an den Sitzungen des Betriebsrates teilnehmen, in Jugendfragen hat die gesamte Vertretung Teilnahme- und Stimmrecht.

§ 70 BetrVG

§ 70 BetrVG (1) Die Jugend- und Auszubildendenvertretung hat folgende allgemeine Aufgaben:

1. Maßnahmen, die den in § 60 Abs. 1 genannten Arbeitnehmern dienen, insbesondere in Fragen der Berufsbildung und der Übernahme der zu ihrer Berufsausbildung Beschäftigten in ein Arbeitsverhältnis, beim Betriebsrat zu beantragen;

1a. Maßnahmen zur Durchsetzung der tatsächlichen Gleichstellung der in § 60 Abs 1 genannten Arbeitnehmer entsprechend § 80 Abs. 1 Nr. 2a und 2b beim Betriebsrat zu beantragen;

2. darüber zu wachen, dass die zu Gunsten der in § 60 Abs. 1 genannten Arbeitnehmer geltenden Gesetze, Verordnungen, Unfallverhütungsvorschriften, Tarifverträge und Betriebsvereinbarungen durchgeführt werden;

3. Anregungen von in § 60 Abs. 1 genannten Arbeitnehmern, insbesondere in Fragen der Berufsbildung, entgegenzunehmen und, falls sie berechtigt erscheinen, beim Betriebsrat auf eine Erledigung hinzuwirken. Die Jugend- und Auszubildendenvertretung hat die betroffenen in § 60 Abs. 1 genannten Arbeitnehmer über den Stand und das Ergebnis der Verhandlungen zu informieren;

4. die Integration ausländischer, in § 60 Abs. 1 genannter Arbeitnehmer im Betrieb zu fördern und entsprechende Maßnahmen beim Betriebsrat zu beantragen.

(2) Zur Durchführung ihrer Aufgaben ist die Jugend- und Auszubildendenvertretung durch den Betriebsrat rechtzeitig und umfassend zu unterrichten. Die Jugend- und Auszubildendenvertretung kann verlangen, dass ihr der Betriebsrat die zur Durchführung ihrer Aufgaben erforderlichen Unterlagen zur Verfügung stellt.

1. Vergleichen Sie die Bestimmungen der Büroordnung von 1853 (siehe S. 186) mit der heutigen Rechtslage.
2. Nennen Sie die allgemeinen Aufgaben des Betriebsrates.
3. Erläutern Sie den Unterschied zwischen Mitbestimmung und Mitwirkung.
4. Welche Rechte hat der Betriebsrat bei folgenden Maßnahmen?
a) Einstellung eines Facharbeiters b) Festlegung der Betriebsferien
c) ordentliche Kündigung eines Angestellten d) Planung des Personalbedarfs
5. Kann der Betriebsrat einen Streik vorbereiten?
6. Was versteht man unter einem Sozialplan?
7. Wer ist nach dem Betriebsverfassungsgesetz für den Betriebsrat
a) wahlberechtigt? b) wählbar?
8. Nennen Sie die Aufgaben
a) der Betriebsversammlung, b) der Einigungsstelle,
c) des Wirtschaftsausschusses, d) der Jugend- und Auszubildendenvertretung.
9. Wer hat für die Jugend- und Auszubildendenvertretung
a) aktives Wahlrecht? b) passives Wahlrecht?

17.2 Mitbestimmung auf Unternehmensebene

Zukunft der Arbeit

Politische Demokratie muss durch wirtschaftliche und soziale Demokratie auch in der Arbeitswelt ergänzt und gefestigt werden. Die Mitbestimmung hat sich bewährt. Nur dadurch konnten tiefgreifende Strukturveränderungen sozialverträglich gestaltet werden. Auf neue Herausforderungen – von der Globalisierung bis zu ökologischen Fragen – gehen die Mitbestimmungsrechte der Arbeitnehmerinnen und Arbeitnehmer bisher nicht genügend ein. Eine zukunftsorientierte Politik der Unternehmen erfordert mehr Mitbestimmungsrechte der Arbeitnehmerinnen und Arbeitnehmer und ihrer Gewerkschaften. [...]
Der Ausbau der Beteiligungs- und Mitbestimmungsrechte am Arbeitsplatz ist überfällig. Neue Managementstrategien fordern mehr Beteiligung der Arbeitnehmerinnen und Arbeitnehmer sowie Team- und Gruppenarbeit. [...]
Die Gewerkschaften setzen sich für eine Unternehmenspolitik ein, die Rentabilität mit sozialen und ökologischen Belangen und mit regionalpolitischer Verantwortung verbindet. Dies erfordert den Ausbau institutionalisierter Mitbestimmung auf Unternehmensebene und eine paritätische Besetzung der Aufsichtsräte. Die Montanmitbestimmung bleibt Maßstab für den Ausbau und die Weiterentwicklung der Mitbestimmung.

Zukunft der Arbeit. Deutscher Gewerkschaftsbund, Grundsatzprogramm, S. 13.

1. **Inwiefern gehört die Mitbestimmung auf Unternehmensebene zu einer demokratischen Gesellschaft?**
2. **Wie sieht die paritätische Mitbestimmung in der Montanindustrie aus?**
3. **Inwiefern geht die Mitbestimmung auf Unternehmensebene über die betriebliche Mitbestimmung des Betriebsrates hinaus?**

Der Betriebsrat bleibt bei Entscheidungen in wirtschaftlichen Angelegenheiten weitgehend ohne Einfluss, da er nur ein Recht auf Information und Beratung hat. Die eigentlichen Entscheidungen in den Großunternehmen über wichtige wirtschaftliche Weichenstellungen, z. B. Investitionen, Betriebsauslagerungen oder Rationalisierungen, fallen in den Vorständen und Aufsichtsräten. Von solchen Maßnahmen sind natürlich auch die Arbeitnehmer betroffen.

Drei Formen der Mitbestimmung

Damit sie auch in diesen für sie wichtigen Fragen mitbestimmen können, müssen sie in den Entscheidungsgremien beteiligt sein. Der Gesetzgeber hat hierfür drei Formen der Mitbestimmung auf Unternehmensebene geschaffen. Die Form der Mitbestimmung richtet sich nach der Anzahl der Beschäftigten und dem Wirtschaftszweig.

Beteiligung in Unternehmen mit 501 bis 2 000 Beschäftigten

Drittel-beteiligung

In Kapitalgesellschaften mit weniger als 2 000 Beschäftigen gilt für die Besetzung der Aufsichtsräte die „Drittelbeteiligung". Das bedeutet, dass im Aufsichtsrat die Arbeitnehmer ein Drittel, die Kapitalvertreter zwei Drittel der Mitglieder stellen. Die Arbeitnehmervertreter werden von der Belegschaft, die Kapitalvertreter durch die Hauptversammlung der Kapitaleigner gewählt. Die „Drittelbeteiligung" wurde bereits im Betriebsverfassungsgesetz von 1952 geregelt.

Mitbestimmung in Großunternehmen mit über 2 000 Beschäftigten

Mitbestimmungs-gesetz 1976

Während bei kleineren Unternehmen die „Drittelbeteiligung" keine echte Mitbestimmung auf Unternehmensebene darstellt, wird durch das Mitbestimmungsgesetz von 1976 ein zahlenmäßiges Gleichgewicht (Parität) erreicht. Im Aufsichtsrat der Kapitalgesellschaften mit über 2 000 Beschäftigten sitzen gleich viele Arbeitnehmer- und Kapitalvertreter.

Doppel-stimmrecht bei Patt

Zur Arbeitnehmerseite gehört auch ein leitender Angestellter. Der Aufsichtsratvorsitzende wird von den Kapitaleignern gestellt. Er braucht jedoch für seine Wahl eine Zweidrittel-Mehrheit aller Mitglieder des Aufsichtsrates. Bei Stimmengleichheit (Patt) hat der Vorsitzende zwei Stimmen. Aus diesen Gründen bezeichnen die Gewerkschaften diese Form der Mitbestimmung als „scheinparitätische Arbeitnehmerbeteiligung". Denn bei allen strittigen Entscheidungen ist es möglich, dass die Arbeitnehmerseite durch die Kapitaleigener überstimmt wird. Außerdem fühlt sich ein leitender Angestellter oft wegen seiner Führungsaufgaben mehr der Unternehmensführung und den Kapitaleignern als den Arbeitnehmern verpflichtet. Das Mitbestimmungsgesetz von 1976 wird dennoch von den Gewerkschaften als Fortschritt angesehen.

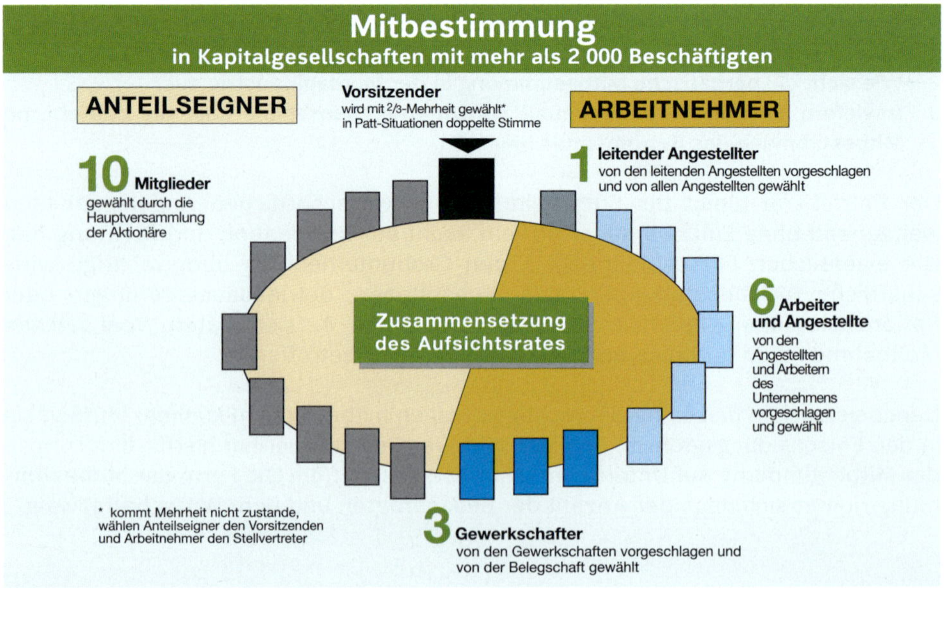

Mitbestimmung im Montan-Bereich

Zum Montan-Bereich gehören Unternehmen des Bergbaus und der Eisen und Stahl erzeugenden Industrie. Die Schwerindustrie war ein kriegswichtiger Wirtschaftszweig und innerbetrieblich zum Teil straff organisiert. Nach dem Zweiten Weltkrieg sollten u. a. durch die Mitbestimmung der Arbeitnehmerseite in diesem Industriebereich offenere Ordnungsformen und mehr wirtschaftliche Einflussnahme möglich werden. So wurde bereits 1951 eine paritätische Mitbestimmung in den Unternehmen der Montanindustrie mit mehr als 1 000 Beschäftigten eingeführt.

Paritätische Mitbestimmung

Im Aufsichtsrat sitzen gleich viele Kapital- und Arbeitnehmervertreter. Zusätzlich wird von beiden Seiten ein „neutraler" Vorsitzender in den Aufsichtsrat gewählt. So kann es nie zu einer Patt-Situation kommen. Bei der Montanmitbestimmung handelt es sich deshalb um eine echte paritätische Mitbestimmung.

Zudem sind die Arbeitnehmer auch im Vorstand durch den Arbeitsdirektor an der Geschäftsführung beteiligt. Der Arbeitsdirektor ist vorwiegend für personelle und soziale Angelegenheiten im Vorstand zuständig.

1. **Warum ist es für Arbeitnehmer wichtig, auch auf Unternehmensebene mitbestimmen zu können?**
2. **Diskutieren Sie über die folgenden Aussagen:**
   a) **„Demokratie darf nicht vor den Fabriktoren enden."**
   b) **„Wer das Risiko trägt, muss auch entscheiden."**
   c) **„Wer von den Arbeitnehmern Verantwortung verlangt, darf ihnen die Mitbestimmung nicht verweigern."**
3. **Welche Formen der Mitbestimmung auf Unternehmensebene gibt es?**
4. **Erklären Sie den Begriff „Drittelbeteiligung".**
5. a) **Beschreiben Sie die Zusammensetzung des Aufsichtsrates nach dem Mitbestimmungsgesetz in Großunternehmen.**
   b) **Wer entscheidet bei Patt-Situationen?**
6. **Wieso bezeichnen die Gewerkschaften das Mitbestimmungsgesetz von 1976 als „scheinparitätische Mitbestimmung"?**
7. **Nennen Sie den Bereich, für den die Montanmitbestimmung gilt.**
8. **Aus welchen Gründen wurde zuerst in der Montanindustrie die paritätische Mitbestimmung eingeführt?**
9. a) **Durch wen sind die Arbeitnehmer in der Montanindustrie auch im Vorstand vertreten?**
   b) **Welche Aufgaben hat dieses Vorstandsmitglied?**

17.3 Sozialpartner im Wirtschafts- und Arbeitsleben

1. **Wem gehören die Kopfbedeckungen?**
2. **Inwiefern ist es sinnvoll, dass beide Seiten sich zu Gesprächen treffen?**
3. **Über welche Themen wird dabei gesprochen und verhandelt?**

Arbeitnehmer und Arbeitgeber haben gemeinsame, aber auch unterschiedliche Interessen. Gemeinsam setzen sich die Sozialpartner beispielsweise für die Sicherung von Arbeitsplätzen und die Erhaltung von Unternehmen oder die Beibehaltung des „sozialen Friedens" ein. Unterschiedliche Auffassungen und Interessen zeigen sich in den Tarifverhandlungen, wo es um Fragen der Entlohnung oder der Arbeitsbedingungen geht. In der sozialen Marktwirtschaft haben die Sozialpartner sowohl ihre Interessen zu vertreten als auch für das Gemeinwohl Verantwortung zu tragen.

Sozialpartner

Vor allem für den einzelnen Arbeitnehmer ist es schwierig, seine Belange allein durchzusetzen. Deshalb haben sich bereits im 19. Jahrhundert Arbeitnehmer zu Interessenverbänden, den Gewerkschaften, zusammengeschlossen. Auch die Unternehmer gründeten bereits Ende des vergangenen Jahrhunderts erste Unternehmensverbände.

Die Arbeitnehmerorganisationen

Ziel der Gewerkschaften ist die ständige Verbesserung der Arbeits- und Lebensbedingungen der Arbeitnehmer. Um dieses Ziel zu erreichen, müssen die Gewerkschaften die Interessen ihrer Mitglieder sowohl gegenüber den Arbeitgebern als auch gegenüber dem Staat durchsetzen.

Gewerkschaftliche Aufgaben und Ziele

Wichtige Aufgaben und Ziele der Gewerkschaften sind:

- **Abschluss von Tarifverträgen**
- **gerechte Einkommens- und Vermögensverteilung**
- **Humanisierung der Arbeit**
- **Mitbestimmung**
- **Kontrolle wirtschaftlicher Macht**
- **Ausbau des Systems der sozialen Sicherung**
- **Verbesserung der beruflichen Bildung und Weiterbildung**
- **Umweltschutz**

Mitgliederzahlen der Gewerkschaften

Von den rund 32 Millionen sozialversicherungspflichtig Beschäftigten sind etwa 25 % gewerkschaftlich organisiert. Die mit Abstand größte Arbeitnehmerorganisation ist der DGB (Deutscher Gewerkschaftsbund).

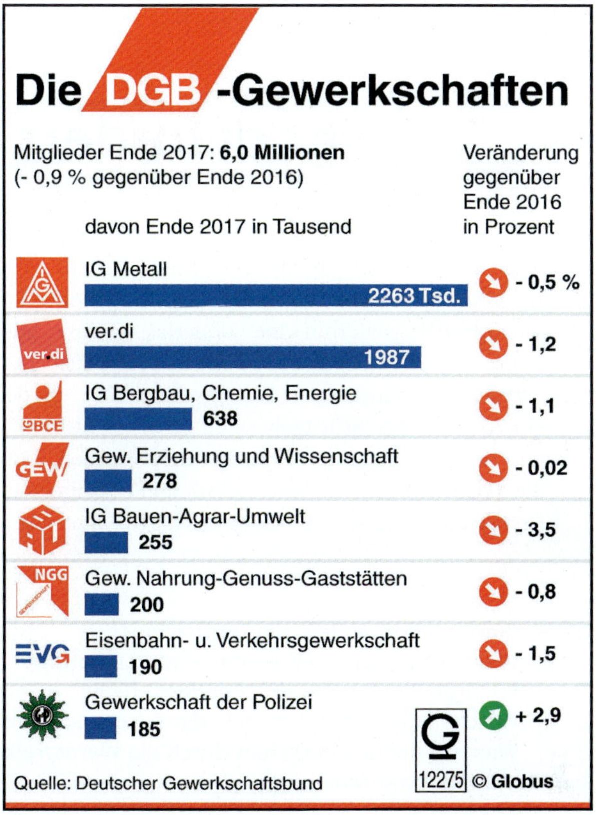

Arbeitgeberverbände

Die Interessen der Arbeitgeber vertritt die „Bundesvereinigung der Deutschen Arbeitgeberverbände“ (BDA). Unter diesem Dachverband sind die Fachverbände aus allen Wirtschaftszweigen organisiert, z. B. Gesamtverband Metall, Hauptverband der Deutschen Bauindustrie usw. Die Fachverbände sind die Partner der Gewerkschaften bei den Tarifverhandlungen.

Um wirtschafts- und sozialpolitisch Einfluss nehmen zu können, haben sich Unternehmer und Selbstständige in Branchenverbänden zusammengeschlossen. Ansprechpartner dieser Verbände ist der Staat. Einflussreichster Verband im produzierenden Gewerbe ist der „Bundesverband der Deutschen Industrie“ (BDI). Die Interessen des Handwerks werden vom „Zentralverband des Deutschen Handwerks“ vertreten.

17.4 Tarifverträge

ver.di fordert 4,2 %

Die Tarifverhandlungen in der Druckindustrie sind in einer schwierigen Phase. Auch in der dritten Verhandlungsrunde ist kein Durchbruch erfolgt. Die Gewerkschaft fordert weiterhin eine Lohnerhöhung von 4,2 % und eine Anhebung in den unteren Lohngruppen. Dagegen liegt ein Angebot der Arbeitgeber von 1,9 % auf dem Tisch. Am Dienstag endet die Friedenspflicht für den Lohn- und Gehaltstarifvertrag. Die Gewerkschaft ver.di hat deshalb schon für die kommende Woche Warnstreiks angekündigt, falls sich die Arbeitgeber nicht bewegen. Beide Tarifpartner wollen nach Aussage ihrer Sprecher einen Arbeitskampf vermeiden und suchen einen Kompromiss.

In der diesjährigen Tarifrunde wird nicht nur über Lohn und Gehalt verhandelt. Es geht auch um eine neue Urlaubsregelung. Dazu haben die Arbeitgeber den Manteltarifvertrag aufgekündigt.

1. a) **Worüber verhandeln die Tarifpartner?**
   b) **Welche Tarifverträge werden dadurch berührt?**
2. a) **Erklären Sie den Begriff „Friedenspflicht".**
   b) **Welche Folgen hat das Ende der Friedenspflicht?**
   c) **Was will die Gewerkschaft durch die Warnstreiks erreichen?**
3. **Wie könnte Ihrer Meinung nach ein Kompromiss aussehen?**

Allein die Tarifpartner, Gewerkschaften und Arbeitgeberverbände, haben das Recht, Tarifverträge abzuschließen. Dabei darf sich der Staat nicht einmischen. Die Tarifparteien sind in ihren Verhandlungen autonom, d. h. unabhängig und eigenständig; dies bezeichnet man als **Tarifautonomie**.

Tarifverträge sind ein Kompromiss aus den Forderungen der Gewerkschaften einerseits und den Angeboten der Arbeitgeber andererseits. Es gibt mehrere Arten von Tarifverträgen. Die beiden wichtigsten sind der **Lohn- und Gehaltstarifvertrag** sowie der **Manteltarifvertrag**.

Ecklohn

Im Lohn- und Gehaltstarifvertrag werden Löhne und Gehälter, insbesondere der Ecklohn, festgelegt. Der Ecklohn ist der Grundlohn eines Facharbeiters; nach ihm errechnen sich durch Zu- und Abschläge alle anderen Löhne. Auch die Ausbildungsvergütungen für Auszubildende sind Gegenstand des Lohn- und Gehaltstarifvertrages. In der Regel gelten die Vereinbarungen für eine Laufzeit von zwölf Monaten. Der **Rahmentarifvertrag** regelt Qualifikationsanforderungen und ihre Eingruppierungen in Lohngruppen.

Die Arbeitsbedingungen, wie Arbeitszeit, Urlaub, Mehrarbeit, Nachtarbeit, Sonn- und Feiertagsarbeit, Rationalisierungsschutz usw., werden im Manteltarifvertrag festgehalten. Diese Rahmenbedingungen werden für einen längeren Zeitraum vereinbart, Manteltarifverträge haben deshalb meist eine **Laufzeit** über mehrere Jahre.

Funktion von Tarifverträgen

Tarifverträge haben im Wesentlichen drei Funktionen:

- ***Schutzfunktion:* Der einzelne Arbeitnehmer soll gegenüber dem wirtschaftlich stärkeren Arbeitgeber bei der Festlegung der Arbeitsbedingungen vor einseitigen Forderungen geschützt werden. Der Tarifvertrag dient der Chancengleichheit zwischen der Arbeitnehmer- und der Arbeitgeberseite.**
- ***Ordnungsfunktion:* Anstelle vieler Einzelarbeitsverträge wird durch den kollektiven Arbeitsvertrag eine Vereinheitlichung und Überschaubarkeit erreicht. Dadurch werden die Personalkosten für die Unternehmen berechenbarer.**
- ***Friedensfunktion:* Während der Laufzeit der Tarifverträge sind Arbeitskämpfe untersagt. Die Friedenspflicht verbietet Streik oder Aussperrung zur Durchsetzung anderer tariflicher Regelungen.**

Tarifbindung

Für alle Mitglieder der Gewerkschaft und des Arbeitgeberverbandes ist ein neuer Tarifvertrag bindend. Jedes Gewerkschaftsmitglied hat also einen unmittelbaren Anspruch auf die im Tarifvertrag vorgesehenen Leistungen und Bestimmungen. Voraussetzung ist aber, dass sein Arbeitgeber ebenfalls tarifgebunden ist. Mit einem Arbeitnehmer, der nicht der Gewerkschaft angehört, könnte ein tarifgebundener Arbeitgeber auch durch einen Einzelarbeitsvertrag z. B. einen niedrigeren Lohn vereinbaren. Die meisten Arbeitgeber behandeln allerdings nicht organisierte Arbeitnehmer wie Gewerkschaftsmitglieder. Denn durch eine Schlechterstellung würden sie diese „in die Arme der Gewerkschaft treiben".

Ohne rechtliche Wirkung bleibt der Tarifvertrag in Betrieben, die nicht im Arbeitgeberverband organisiert sind. Der Geltungsbereich eines Tarifvertrages ist begrenzt auf den Tarifbezirk (**Flächentarifvertrag**) oder eine Branche (**Branchentarifvertrag**). Zudem besteht bei Großunternehmen, z. B. bei VW, die Möglichkeit, mit den Gewerkschaften einen sogenannten **Haustarifvertrag** auszuhandeln, der nur für das Unternehmen gültig ist.

Allgemeinverbindlichkeit

Durch eine staatliche **allgemein verbindliche Erklärung** kann ein Tarifvertrag auch auf nicht tarifgebundene Arbeitnehmer und Arbeitgeber übertragen werden. Die allgemein verbindliche Erklärung wird mit Zustimmung der Tarifpartner durch den Bundesarbeitsminister bzw. die zuständigen Landesminister vorgenommen.

Von den Bestimmungen des Tarifvertrages kann nur abgewichen werden, wenn im Einzelarbeitsvertrag für den Arbeitnehmer günstigere Arbeitsbedingungen vorgesehen sind. Tarifverträge beinhalten also Mindestleistungen. Manche Betriebe zahlen übertarifliche Löhne und Gehälter.

1. **Informieren Sie sich, welche Gewerkschaft und welcher Arbeitgeberverband für Ihren Betrieb Tarif- und Sozialpartner sind.**
2. **Katharina lernt Friseurin. Sie ist nicht sicher, ob ihr Ausbildungsvertrag dem Tarifvertrag entspricht. Wo kann sie sich informieren?**
3. **Entscheiden Sie, ob die folgenden Vereinbarungen im Lohn- oder im Manteltarifvertrag geregelt sind:**
   a) Urlaub b) Ausbildungsvergütung c) Arbeitszeit
   d) Ecklohn e) Nachtarbeit f) Weihnachtsgeld

17.5 Arbeitskampf

1. **Was bedeutet**
   a) Streik? b) Aussperrung?
2. **Wann werden diese Maßnahmen in der Tarifrunde eingesetzt?**
3. **Welche Ziele verfolgen die Tarifpartner mit Streik oder Aussperrung?**

Schlichtung

Ziel von Tarifverhandlungen ist es, einen neuen Tarifvertrag abzuschließen. Häufig werden die Tarifverhandlungen durch **Warnstreiks** begleitet. Warnstreiks sind kurze Arbeitsniederlegungen mit dem Ziel, Druck auf die Arbeitgeber auszuüben. Kommt in den Verhandlungen kein Kompromiss zustande, kann ein Sozialpartner diese als gescheitert erklären. Um einen Arbeitskampf zu vermeiden, ist ein Schlichtungsverfahren möglich. Ein neutraler **Schlichter** versucht, zwischen den Positionen der Gewerkschaft und dem Arbeitgeberverband zu vermitteln. Das Ergebnis ist ein Schlichtungsspruch. Stimmen beide Seiten dem Vorschlag des Schlichters zu, kommt es zum Abschluss eines neuen Tarifvertrages.

Wenn die Schlichtung ohne Erfolg bleibt, droht ein Arbeitskampf, um Druck auf den Tarifpartner auszuüben. Arbeitskämpfe und Warnstreiks sind nur nach Ablauf der Friedenspflicht zulässig.

Urabstimmung

Das Kampfmittel der Gewerkschaft ist der Streik. Durch die Arbeitsniederlegung verleihen die Arbeitnehmer ihren Forderungen mehr Gewicht. Bevor die Gewerkschaft zum Streik aufruft, findet in der Regel eine Urabstimmung statt. Die organisierten Arbeitnehmer werden in dieser Abstimmung befragt, ob sie streiken wollen. Sprechen sich mehr als 75 % für Arbeitskampfmaßnahmen aus, können die Gewerkschaften einzelne Betriebe bestreiken.

Das Kampfmittel der Arbeitgeber ist die **Aussperrung**. Dabei werden die Arbeitnehmer von ihrer Arbeitspflicht ohne Bezahlung freigestellt. Werden bestreikte Betriebe für alle Arbeitnehmer geschlossen, handelt es sich um eine Abwehraussperrung. Eine Angriffsaussperrung von Arbeitnehmern, deren Betrieb nicht bestreikt wird, ist nur zulässig, wenn sie sich nach dem Grundsatz der Verhältnismäßigkeit richtet.

Der Arbeitskampf endet, wenn in neuen Verhandlungen ein Ergebnis erzielt wird. Hierzu müssen 25 % der Gewerkschaftsmitglieder in einer Urabstimmung dem Kompromiss zustimmen. In einigen Einzelgewerkschaften ist eine höhere Quote notwendig. Die Tarifkommission der Gewerkschaft kann sich über das Ergebnis der Urabstimmung hinwegsetzen.

Ablauf eines Arbeitskampfes

Arbeitskämpfe sind sowohl für die Arbeitgeber als auch für die Arbeitnehmer mit wirtschaftlichen Einbußen verbunden, z. B. Produktions- und Gewinnausfall bzw. Lohnausfall und Ruhen der Sozialleistungen. Ein gewerkschaftlich organisierter Arbeitnehmer erhält von seiner Gewerkschaft „Streikgeld“.

Wirtschaftliche Folgen

1. **Nennen Sie die Aufgaben und Ziele der Gewerkschaften.**
2. **In welcher Gewerkschaft sind Arbeitnehmer Ihres Berufes organisiert?**
3. **Erklären Sie die unterschiedlichen Aufgaben von BDA und BDI.**
4. **Erläutern Sie die Begriffe „Tarifautonomie“ und „Friedenspflicht“.**
5. **Welche Funktionen haben Tarifverträge?**
6. **Beschreiben Sie den Ablauf eines Schlichtungsverfahrens.**
7. **Welche wirtschaftlichen Folgen hat ein Arbeitskampf?**

17.6 Arbeitsgerichtsbarkeit

Bundesarbeitsgericht bestätigt Kündigung

Spielbankbesuch kostet Banklehre

Der Besuch einer Spielbank hat einen jungen Mann aus Berlin den Ausbildungsplatz als Bankkaufmann gekostet. Das Bundesarbeitsgericht wies entgegen allen Vorinstanzen seine Klage gegen die Bank ab.

Das Geldinstitut hielt den Mann wegen eines Spielbankbesuchs für ungeeignet und kündigte den einige Monate vorher abgeschlossenen Ausbildungsvertrag, bevor der Berliner seine Lehrzeit überhaupt angetreten hatte.

Der Mann hatte vor Beginn seines vertraglich vereinbarten Ausbildungsverhältnisses bereits als Aushilfskraft bei der Bank gearbeitet und dabei anderen Mitarbeitern erzählt, dass er zusammen mit seinem älteren Bruder eine Spielbank besucht habe. Kollegen hinterbrachten dies dann der Direktion des Geldinstituts.

Das Arbeitsgericht und das Landesarbeitsgericht in Berlin sahen in dem Spielbankbesuch keinen Kündigungsgrund. Sie verurteilten die Bank übereinstimmend dazu, den Mann trotzdem als Bankkaufmann auszubilden und den Berufsausbildungsvertrag zu erfüllen.

Gegen diese Urteile legte die Bank beim höchstinstanzlichen Bundesarbeitsgericht in Erfurt Revision ein, die nun Erfolg hatte. Der junge Mann muss jetzt auch die gesamten Prozesskosten bezahlen.

1. **Halten Sie das Gerichtsurteil für gerecht? Begründen Sie Ihre Meinung.**
2. **Zeigen Sie den Weg durch die Instanzen der Arbeitsgerichtsbarkeit auf.**
3. **Erklären Sie, was Revision bedeutet.**

Zuständigkeit

Im Arbeitsleben gibt es immer wieder Fälle, in denen Meinungsverschiedenheiten zwischen Arbeitgeber und Arbeitnehmer oder Betriebsrat auftreten. Meistens können sie in Gesprächen oder Verhandlungen gelöst werden. Ist dies jedoch nicht möglich, bleibt nur der Weg zum Arbeitsgericht. Das Arbeitsgericht ist zuständig für Streitigkeiten im Bereich des Arbeitsrechts. Dazu gehören z. B. Arbeits- und Tarifverträge, Mitbestimmungs- und Betriebsverfassungsgesetz, Kündigungs- und Jugendarbeitsschutzgesetz.

Gütliche Einigung

Vor der eigentlichen Verhandlung muss der Vorsitzende des Arbeitsgerichtes versuchen, die Parteien zu einer gütlichen Einigung zu bringen.

Instanzen

Berufung und Revision müssen im Urteil ausdrücklich zugelassen sein. Die Berufung ist ein Rechtsmittel zur Nachprüfung eines Urteils vor der nächsthöheren Instanz, dem Landesarbeitsgericht. Revision vor dem Bundesarbeitsgericht bedeutet eine Überprüfung des Urteils in letzter Instanz; dabei dürfen – anders als bei der Berufung – keine neuen Tatsachen vorgebracht werden.

Die Klage vor dem Arbeitsgericht muss schriftlich eingereicht oder vor dem Gericht mündlich zu Protokoll gegeben werden. Die Klageschrift wird dem Beklagten zugestellt. Bei den Gerichtsverhandlungen können beide Seiten entweder persönlich oder durch einen Verbandsvertreter ihre Interessen wahrnehmen. Über die Zulassung von Anwälten entscheidet der Vorsitzende des Amtsgerichts. Beim Landes- und Bundesarbeitsgericht besteht Anwaltszwang.

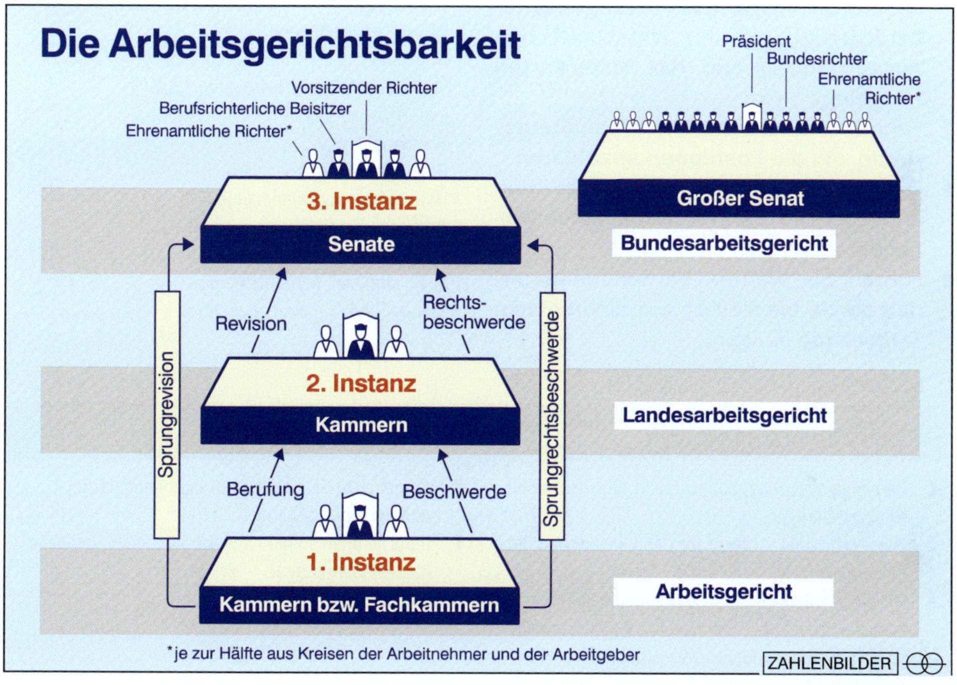

1. **Für welche Fälle sind die Arbeitsgerichte zuständig?**
2. **Wie kann der Gang zum Arbeitsgericht vermieden werden?**
3. **Welchen Zweck verfolgt die gütliche Einigung?**
4. **Erläutern Sie die Zusammensetzung der einzelnen Instanzen.**
5. **Warum sind Arbeitgeber- und Arbeitnehmervertreter als ehrenamtliche Laien richter an den Arbeitsgerichten vertreten?**
6. **Marco (19, Mitglied der IG Metall) hat vor dem Arbeitsgericht wegen Nichterfüllung des Arbeitsvertrages Klage eingereicht.**
   Welche Möglichkeiten hat Marco, seine Interessen vor Gericht zu vertreten?
7. **Erklären Sie den Unterschied zwischen Berufung und Revision.**

A Planspiel „Tarifverhandlungen“

Spielen Sie den Ablauf von Tarifverhandlungen in einem Planspiel.

- **Bilden Sie zwei Gruppen: Gewerkschaft und Arbeitgeber.**
- **In den Gruppen (Tarifkommissionen) werden die Ausgangsforderungen unter Berücksichtigung der wirtschaftlichen Ausgangsbasis und der Rollenkarten festgelegt.**
- **Führen Sie eine erste Verhandlungsrunde, um die Positionen abzuklären.**
- **Die Tarifkommissionen beraten und legen die Strategie für die nächsten Verhandlungen fest.**
- **Führen Sie weitere Verhandlungsrunden durch, bis sie sich auf einen neuen Tarifvertrag einigen.**

Wirtschaftliche Ausgangsbasis

(Prognosen)

Wirtschaftswachstum: 1,5 %
Arbeitslosenquote: 6,5 % (sinkend)
Verbraucherpreise: Anstieg um 1,5 %
Exportzuwachs: 5–6 %
Welthandel: plus 7–7,5 %
Produktionssteigerung: 3 %
Unternehmensgewinne: plus 5 %
Arbeitnehmereinkommen: minus 0,4 %
Zinsen: durchschnittlich 5,5 %
Sozialabgaben: Rentenvers. plus 1 %
Steuern und Abgaben: plus 1,5 %

Rollenkarte Gewerkschaft

- Vergangenheit zeigt: Lohnverzicht führt zu keinen Neueinstellungen.
- Lohnverzicht ist schlecht für den Konsum und die Binnennachfrage.
- Für die Wettbewerbsfähigkeit sind die Lohnstückkosten entscheidend. Hier liegt die Bundesrepublik im Vergleich mit anderen Industrieländern im Durchschnitt.
- Lohnnebenkosten (= Sozialabgaben) sollten gesenkt werden; doch hierauf haben die Tarifpartner keinen Einfluss.
- Arbeitssicherung muss Vorrang haben; Mittel: Abbau von Überstunden.
- Unternehmen sollen verstärkt ausbilden und mehr Azubis übernehmen.

Rollenkarte Arbeitgeber

- Wettbewerbssituation auf den internationalen Märkten verschlechtert sich zunehmend.
- Gewinne müssen im Unternehmen wieder investiert werden.
- Lohnkosten und Lohnnebenkosten gefährden die Wettbewerbsfähigkeit.
- Flexibilisierung und Erhöhung der Arbeitszeiten, um die Maschinenlaufzeiten zu erhöhen.
- Sonderzahlungen (Urlaubs- und Weihnachtsgeld) belasten über Gebühr.
- Krankenstand (7 %) ist zu hoch; eine Senkung auf 5 % ist notwendig, z. B. durch Abzug von Urlaubstagen oder Kürzung der Lohnfortzahlung.

B Ein Ablaufdiagramm erstellen

In vielen Betrieben gibt es noch keinen Betriebsrat.

Erstellen Sie ein Ablaufdiagramm für die Vorbereitung einer Betriebsratswahl. Nehmen Sie dazu das Betriebsverfassungsgesetz und die Wahlordnung zu den Betriebsratswahlen zu Hilfe.

C Eine Podiumsdiskussion durchführen

Podiumsdiskussionen eignen sich sehr gut dazu, Standpunkte deutlich zu machen. Führen Sie eine Podiumsdiskussion an Ihrer Schule durch, indem Sie zu einem aktuellen Streitthema (z. B. über Ausbildungsfragen, Lohn und Gehalt, Arbeitszeit, Mitbestimmung)

- **Arbeitgebervertreter und**
- **Gewerkschaftsvertreter**

einladen.

Bereiten Sie sich auf die Diskussion vor, um Fragen an die Vertreter stellen zu können. Dokumentieren Sie die wichtigsten Ergebnisse der Veranstaltung (z. B. Pressemitteilung, Fotos).

D Rollenspiel „Fichte gegen Brummig“

Der Energieelektroniker M. Fichte (Mitglied der IG Metall) klagt gegen seinen Arbeitgeber Brummig auf Zahlung von 500,00 € Weihnachtsgratifikation. Er begründet die Klage damit, dass ihm laut Betriebsvereinbarung eine Gratifikation von 1 000,00 € zustehe, Brummig aber nur 500,00 € bezahlt habe. Brummig erklärt in seiner Klagebeantwortung, laut Tarifvertrag habe Fichte nur einen Anspruch auf 500,00 €.

Sammeln Sie in Gruppenarbeit Argumente für den Kläger Fichte und den Beklagten Brummig.

Spielen Sie in Rollen die Verhandlung vor dem Arbeitsgericht, indem Sie die Plädoyers halten und ein mögliches Urteil begründen.

E Eine Gerichtsverhandlung besuchen

Besuchen Sie mit Ihrer Lerngruppe eine Verhandlung beim Arbeitsgericht.

Bereiten Sie den Besuch vor, indem Sie sich vorab über den Streitfall informieren. Protokollieren Sie die Verhandlung stichwortartig und diskutieren Sie über das Urteil.

Grundlagen und Probleme der Wirtschaft

18 Volkswirtschaftliche Grundlagen und Zusammenhänge

18.1 Bedürfnisse, Bedarf und Güter

1. **Nicht alle Wünsche können in Erfüllung gehen. Wie verhalten Sie sich, um möglichst viele Wünsche Wirklichkeit werden zu lassen?**
2. **Um welche Bedürfnisse muss sich jeder Mensch zuerst sorgen?**

Jeder Mensch, gleich wann, wo und wie er lebt, hat Wünsche bzw. **Bedürfnisse**, die er befriedigen möchte. Doch nicht alle Wünsche können erfüllt werden, da die Geldmittel nicht ausreichen. Um sich möglichst viele Bedürfnisse und Wünsche erfüllen zu können, muss der Mensch wirtschaftlich handeln. Das heißt, er muss die vorhandenen knappen Mittel sinnvoll zur Bedürfnisbefriedigung einsetzen.

Existenzbedürfnisse

Bedürfnisse sind nicht alle gleichwertig. Es gibt Grundbedürfnisse, die jeder Mensch zum Leben braucht. Dazu gehören Nahrung, Kleidung und Wohnung. Es ist aber eine Tatsache, dass ein Teil der Weltbevölkerung auch diese **Existenzbedürfnisse** kaum befriedigen kann. Hungerkatastrophen zeugen davon.

Kulturbedürfnisse

Daneben gibt es Bedürfnisse, die zwar nicht lebensnotwendig sind, aber zum Leben in einer Gesellschaft normalerweise dazugehören. Diese **Kulturbedürfnisse** sind je nach Kulturkreis unterschiedlich. Kulturbedürfnisse sind z. B. Bildung, Unterhaltung und Kunst. Massenbedürfnisse wie Telefon, Auto, Fernseher oder Waschmaschine gehören bei uns heute ebenfalls zu den Kulturbedürfnissen.

Luxusbedürfnisse

Weitergehende Bedürfnisse werden als Luxusbedürfnisse bezeichnet. Sie können von den meisten Bürgern nicht befriedigt werden. Was Luxusbedürfnisse sind, lässt sich jedoch nicht genau bestimmen. Dies hängt von verschiedenen Gesichtspunkten ab, wie z. B. dem Lebensstandard, den wirtschaftlichen Verhältnissen oder dem technischen Fortschritt. Viele frühere Luxusbedürfnisse sind heute zu Kulturbedürfnissen geworden. Galt z. B. ein Computer vor 25 Jahren noch als Luxus, so ist er heute in den meisten Haushalten zu finden.

Vom Bedürfnis zum Bedarf

Bedürfnisse ändern sich und werden durch die Werbung beeinflusst. Ziel der Werbung ist es, den Verbraucher zu informieren und zum Kauf anzuregen. Ist der Verbraucher bereit, für ein Bedürfnis Geld auszugeben, wird aus dem Bedürfnis ein **Bedarf**, der auf dem Markt zur Nachfrage nach Gütern führt.

Freie und wirtschaftliche Güter

Die meisten **Güter** sind knapp, sodass damit wirtschaftlich gehandelt werden muss. Nur wenige Güter sind unbegrenzt, frei verfügbar und kostenlos. Zu den freien Gütern zählen z. B. Luft, Sonne und in manchen Gebieten Wasser. Auch freie Güter können zu wirtschaftlichen Gütern werden, z. B. die Luft, wenn sie in der Raumfahrt oder beim Tauchen gebraucht wird. Die wirtschaftlichen Güter lassen sich in Sachgüter, Dienstleistungen und Rechte einteilen.

Sachgüter

Ge- und Verbrauchsgüter

Sachgüter sind Waren, die gebraucht oder verbraucht werden. Werden sie zur Herstellung von anderen Gütern eingesetzt, handelt es sich um **Produktionsgüter**, dienen sie dem Verbrauch der privaten Haushalte, werden sie als **Konsumgüter** bezeichnet. So ist ein Auto für den Verbraucher ein Konsumgut, während es für ein Unternehmen als Firmenwagen ein Produktionsgut ist. Das Auto ist aber für beide ein Gebrauchsgut; dagegen ist das Benzin für das Fahrzeug ein Verbrauchsgut. Als **Verbrauchsgüter** gelten alle Güter, die einmal benutzt werden; **Gebrauchsgüter** sind mehrmals benutzbar und längerlebig.

Dienstleistungen

Viele Güter werden als **Dienstleistungen** angeboten. Die Leistungen von Krankenhäusern, Versicherungen, Reisebüros, Schulen, Handel oder Banken sind Dienste, die als wirtschaftliche Güter in Anspruch genommen werden können. Die Nachfrage nach Dienstleistungen ist in den letzten Jahren gegenüber den Sachgütern deutlich größer geworden. Erklärbar ist dies u. a. durch den gewachsenen Lebensstandard und den größeren Bedarf nach Freizeitgestaltung. Deshalb bezeichnet man unsere Volkswirtschaft auch als **Dienstleistungsgesellschaft**.

Rechte

Wirtschaftliche Güter sind z. B. auch Computersoftware, Bücher oder Filme. Sie gründen auf geistigen Leistungen, die als **Rechte** geschützt werden. Urheberrechte, Patente, Lizenzen und eingetragene Markennamen sind als Rechte auch wirtschaftliche Güter, die gekauft und verkauft werden.

1. **Warum muss der Mensch „wirtschaften"?**
2. **Zählen die folgenden Güter zu den Existenz-, Kultur- oder Luxusbedürfnissen?**
   a) Handy b) Motoryacht c) Kaffee
   d) Fernseher e) Ausbildung f) MP3-Player
3. **„Zu oft sind für viele Menschen Existenzbedürfnisse Luxusbedürfnisse."**
   Erläutern Sie diese Aussage.
4. **Erklären Sie den Zusammenhang von Bedürfnis, Bedarf und Nachfrage.**
5. **Wodurch unterscheiden sich wirtschaftliche und freie Güter?**
6. **„Ein Gut kann sowohl Konsum- als auch Produktionsgut sein."**
   Erläutern Sie dies an Beispielen.
7. **Erläutern Sie den Unterschied zwischen einem Ge- und einem Verbrauchsgut.**
8. **Ordnen Sie nach Sachgut und Dienstleistung:**
   a) Der Friseur schneidet einem Kunden die Haare.
   b) Der Friseur fertigt ein Haarteil für einen Kunden an.
   c) Die Kfz-Mechanikerin repariert die Bremsen eines Autos.
   d) Bernd mietet sich eine Wohnung.
9. **Wieso handelt es sich bei einer Raubkopie um Diebstahl?**

Wie Kunden zum Konsum verführt werden

Sehen, Hören, Riechen, Fühlen: Die Werbeindustrie und ihre Experten für Neuromarketing rüsten zum Großangriff auf alle unsere Sinne. Anregende Lichteffekte, berauschende Düfte, bezaubernde Musik verführen zum Kaufen – das aber auf unaufdringliche Art. Willkommen in der schönen neuen Warenwelt!

Erlebniswelten, Rabatte und Niedrigpreise, Düfte und Musik und nicht zuletzt Licht, das die Waren im besten Licht erscheinen lässt: Immer neue Marketinginstrumente sollen den zahlungskräftigen Kunden unbewusst zum Kaufen animieren. Der Marktschreier ist out, Kaufen wird zum „Event".

Jeder Deutsche hat ungefähr 3.000 Markenkontakte täglich, das heißt, er wird mit circa 3.000 Plakaten, Litfaßsäulen, Spam-Mails, Fernsehspots und Zeitungsanzeigen bombardiert. Logisch, dass die einzelnen Produkte in der Werbeflut untergehen. Deshalb will die Branche nun mit raffinierteren Sinnesreizen eine zusätzliche Dimension erschließen. [...]

Granitza, Eckart: Wie Kunden zum Konsum verführt werden. In: www.welt.de. 11.04.2008. Abgerufen unter: www.welt.de/wissenschaft/article1891620/Wie-Kunden-zum-Konsum-verfuehrt-werden.html [02.07.2018].

Der Verkäufer und der Elch

Kennt ihr das Sprichwort „Dem Elch eine Gasmaske verkaufen"?

Das sagt man in Schweden von jemandem, der sehr tüchtig ist, und ich möchte jetzt erzählen, wie es zu diesem Sprichwort gekommen ist.

Es gab einmal einen Verkäufer, der war dafür berühmt, dass er allen alles verkaufen konnte.

Er hatte schon einem Zahnarzt eine Zahnbürste verkauft, einem Bäcker ein Brot und einem Obstbauern eine Kiste Äpfel.

„Ein wirklich guter Verkäufer bist du aber erst", sagten seine Freunde zu ihm, „wenn du einem Elch eine Gasmaske verkaufst."

Da ging der Verkäufer so weit nach Norden, bis er in einen Wald kam, in dem nur Elche wohnten.

„Guten Tag", sagte er zum ersten Elch, den er traf, „Sie brauchen bestimmt eine Gasmaske."

„Wozu?", fragte der Elch. „Die Luft ist gut hier."

„Alle haben heutzutage eine Gasmaske", sagte der Verkäufer.

„Es tut mir leid", sagte der Elch, „aber ich brauche keine."

„Warten Sie nur", sagte der Verkäufer, „Sie brauchen schon noch eine."

Und wenig später begann er mitten in dem Wald, in dem nur Elche wohnten, eine Fabrik zu bauen.

„Bist du wahnsinnig?", fragten seine Freunde.

„Nein", sagte er, „ich will nur dem Elch eine Gasmaske verkaufen."

Als die Fabrik fertig war, stiegen so viel giftige Abgase aus dem Schornstein, dass der Elch bald zum Verkäufer kam und zu ihm sagte: „Jetzt brauche ich eine Gasmaske."

„Das habe ich gedacht", sagte der Verkäufer und verkaufte ihm sofort eine. „Qualitätsware!", sagte er lustig.

„Die andern Elche", sagte der Elch, „brauchen jetzt auch Gasmasken. Hast du noch mehr?" (Elche kennen die Höflichkeitsform mit „Sie" nicht.)

„Da habt ihr Glück", sagte der Verkäufer, „ich habe noch Tausende."

„Übrigens", sagte der Elch, „was machst du in deiner Fabrik?"

„Gasmasken", sagte der Verkäufer.

Hohler, Franz: Ein eigenartiger Tag. In: Lesebuch. Darmstadt: Luchterhand 1979, S. 74 – 75.

10. Erläutern Sie, mit welchen Mitteln Neuromarketing Bedürfnisse des Verbrauchers weckt.

11. Zeigen Sie auf, inwiefern in der Satire „Der Verkäufer und der Elch" Bedürfnisse und Bedarf kritisch beleuchtet werden.

18.2 Sharing-Economy: Teilen, Tauschen und Verleihen

Analysieren Sie die Abbildung:

1. **Was versteht man unter Peer-Sharing?**
2. **Welche Produkte und Dienstleistungen werden mit den einzelnen Symbolen beschrieben?**

Das Konsumverhalten wandelt sich. Immer mehr Menschen teilen und tauschen ihr Eigentum mit anderen. Ihre Bedürfnisse befriedigen sie nicht mehr, indem sie immer neue Waren kaufen. Vielmehr wird der Bedarf dadurch gedeckt, indem sie Güter und Dienstleistungen gemeinsam nutzen: „Nutzen statt Besitzen".

Das Prinzip der gemeinsamen Nutzung wird als „**Sharing Economy**" bezeichnet. Wenn auch die Bezeichnung neu ist, so hat es schon immer dieses wirtschaftliche Prinzip des gemeinsamen Wirtschaftens gegeben. Ein Beispiel ist die mittelalterliche Allmende, wo Wiesen, Wälder oder Seen von allen nach klaren Regeln genutzt wurden. Die Allmende-Wirtschaft hat sich in manchen Gegenden bis heute erhalten.

Sharing hat mittlerweile viele Lebensbereiche erreicht. So werden z. B. Autos, Wohnraum, Kleidung, Maschinen und Werkzeuge, Kinderspielzeug oder Versicherungen geteilt. Dabei ist das sogenannte **Peer-to-Peer-Sharing** von großer Bedeutung. Privatpersonen treten dabei entweder als Anbieter oder als Nachfrager von Gütern und Dienstleistungen auf. Die Vermittlung erfolgt dabei über eine Internetplattform oder Apps. Damit können Güter nicht nur zwischen Freunden und Bekannten, sondern auch mit „fremden" Menschen geteilt werden. Für die Nutzung zahlen die Nachfrager zumeist einen Preis an den privaten Anbieter. Viele Onlineplattformen verlangen eine Vermittlungsgebühr.

Noch nutzen relativ wenige die Möglichkeiten des Sharings. Aber jeder Dritte kann sich vorstellen, am Sharing teilzunehmen. Diese Art des Konsumierens hat damit erhebliche Wachstumspotentiale.

Die wesentlichen Vorteile des Sharings sind:

- **Finanziell: Geld sparen und Geld verdienen**
- **Nachhaltig: Umwelt- und Ressourcen schonen**
- **Sozial: Möglichkeit, neue Menschen kennenzulernen und das Gefühl gemeinschaftliche Ziele zu verfolgen**

Abbildung 4: **Nutzungsabsicht für Peer-to-Peer Sharing allgemein**

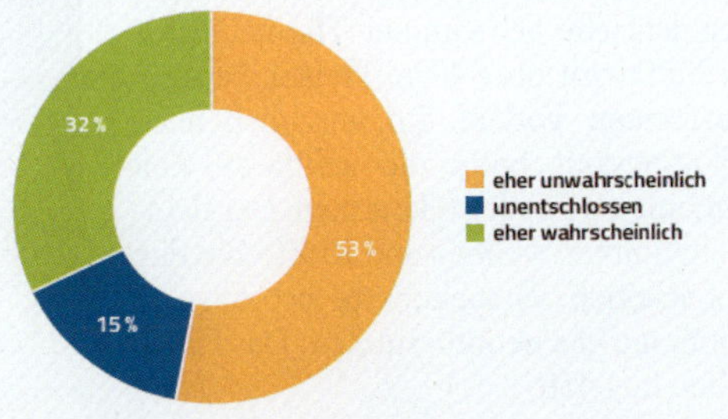

N=2.001, Onlinebefragung, Stichprobe ab 16 Jahren, Zustimmung anhand einer 7er-Skala von 1-„sehr wahrscheinlich" bis 7-„sehr unwahrscheinlich", Skalenpunkte 1 bis 3: eher unwahrscheinlich, Skalenpunkt 4: unentschlossen, Skalenpunkte 5 bis 7: eher wahrscheinlich.

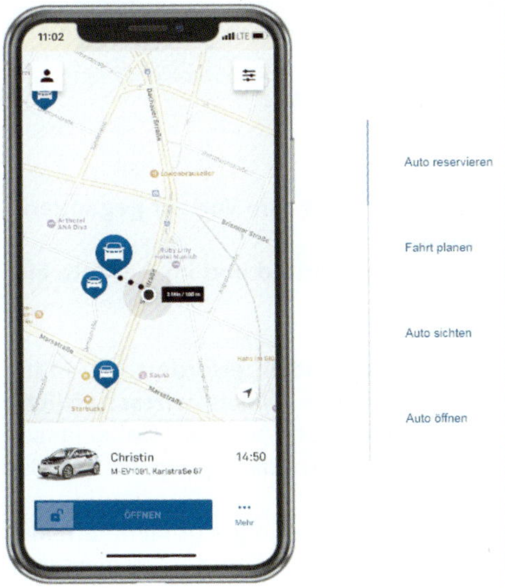

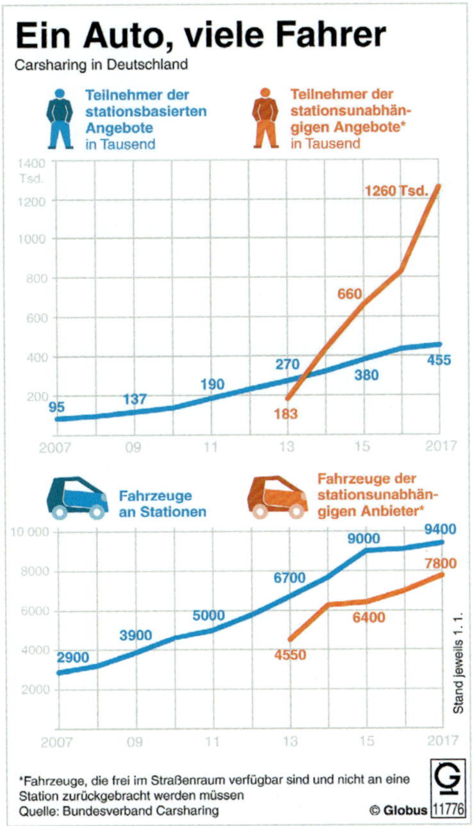

18.3 Ökonomisches Prinzip

Statt Gold nur Neunter bei Olympia

Bei den Olympischen Spielen in Los Angeles galt der deutsche Schwimmer Thomas Fahrner als Mitfavorit über 400m Freistil. Fahrner gewann seinen Vorlauf. Im anschließenden Qualifikationslauf hätte die achtbeste Zeit gereicht, um ins Finale zu kommen. Der deutsche Schwimmer wollte seine Kräfte für den Endlauf schonen, verspekulierte sich aber. Er schwamm nur die neuntbeste Zeit. Das Finale fand ohne ihn statt.

Im B-Finale hingegen schwamm Thomas Fahrner olympischen Rekord und damit schneller als der Olympiasieger George Dicarlo (USA) im A-Finale. Trotz Bestzeit wurde Fahrner nur Neunter.

Olympia '84: Thomas Fahrner – schneller als der Olympiasieger und doch nur Neunter.

1. **Mit welcher Überlegung ist der Schwimmer an den Start zum Vorlauf gegangen?**
2. **Welches Ziel hatte Thomas Fahrner im B-Finale?**
3. **Vergleichen Sie, wie der Schwimmer seine Kräfte im Vorlauf und im B-Finale eingesetzt hat.**

Der Fall des Schwimmers zeigt, dass wirtschaftliches Handeln erfordert, die Mittel richtig einzusetzen, um die gesteckten Ziele zu erreichen. Dieses **wirtschaftliche (ökonomische) Prinzip** gilt für private Haushalte wie für Unternehmen. Dabei lassen sich zwei Formen des ökonomischen Prinzips unterscheiden: das Maximal- und das Minimalprinzip.

Minimal- und Maximalprinzip

Beim Minimalprinzip soll ein bestimmtes Ziel mit möglichst geringen (minimalen) Mitteln erreicht werden. Beim Maximalprinzip soll ein höchstmögliches (maximales) Ergebnis mit einem bestimmten Mitteleinsatz erzielt werden.

In den Unternehmen finden beide Prinzipien ihre Anwendung. Umsatz und Gewinn richten sich in der Regel nach dem Maximalprinzip, während z.B. beim Einsatz von Rohstoffen und Energie das Minimalprinzip (Sparprinzip) gilt. Gerade umweltschonendes Produzieren erfordert dieses Sparprinzip.

Auch die privaten Haushalte bedienen sich der beiden wirtschaftlichen Prinzipien. Indem z.B. der Verbraucher Angebote vergleicht, um möglichst preiswert einzukaufen, wendet er das Minimalprinzip an. Der Sparer sucht nach dem Maximalprinzip die beste Anlageform für seine Ersparnisse.

18.4 Produktionsfaktoren

Wer verpachtet Weinberg?

Wir stellen ein:
- Facharbeiter (m/w/d)
- Auszubildende (m/w/d)

500 000,00 €
für Geschäftsbeteiligung gesucht

1. **Was wird in den Anzeigen gesucht?**
2. **Wer hat die Anzeigen aufgegeben?**
3. **Zu welchem Zweck werden die gesuchten „Mittel" gebraucht?**

Arbeit, Boden, Kapital

Um Güter herzustellen oder Dienstleistungen anzubieten, werden die drei Mittel Arbeit, Boden (Natur) und Kapital benötigt. Diese werden als **Produktionsfaktoren** bezeichnet. Benötigt werden sie alle drei, je nach Produktion überwiegt aber der eine oder andere Faktor. So ist z. B. beim Landwirt der Boden, bei einer Schneiderin hingegen die menschliche Arbeitskraft der wichtigste Produktionsfaktor.

Für Güter, die der Mensch herstellt, werden Rohstoffe aus der Natur benötigt. Dabei müssen bestimmte Rohstoffe, wie z. B. Erdöl, Metalle oder Kohle, abgebaut werden; sie sind nur begrenzt vorhanden. Dagegen lassen sich z. B. Holz, Getreide oder Pflanzenöle durch Anbau als Rohstoffe erneuern. Für alle Rohstoffe gilt, dass wir sie umweltschonend und umweltbewusst nutzen müssen, um die Grundlage des Wirtschaftens und unseres Lebens zu erhalten. In diesem Zusammenhang spielt das **Recycling** (Wiederverwertung) eine immer größere Rolle.

Zum Produktionsfaktor **Boden** zählt auch der Standort für die Gebäude und Anlagen von Betrieben. Für die Wahl eines Standortes sind verschiedene Gesichtspunkte ausschlaggebend, z. B. Verkehrsanbindung, Internetanschluss, Kunden- oder Lieferantennähe, Umweltauflagen, verfügbare Arbeitskräfte, Steuersätze, staatliche Fördermittel und Energiekosten.

Wahl des Standortes

Standort	Beispiele
Absatzorientiert	Supermarkt am Stadtrand, Fachgeschäft in der Fußgängerzone
Verkehrsorientiert	Stahlindustrie an Wasserwegen
Rohstofforientiert	Bergwerke, Wasserkraftwerke
Energieorientiert	Zementwerk

Arbeit ist jede Tätigkeit des Menschen, durch die Güter produziert und Dienstleistungen bereitgestellt werden. Zum Produktionsfaktor Arbeit zählen sowohl geistige als auch körperliche Tätigkeiten. In den hochentwickelten Industrieländern spielen die Qualität der Arbeitskräfte und das technische Wissen (Know-how) eine immer wichtigere Rolle. Zudem verliert der Produktionsfaktor Arbeit in der industriellen Produktion an Bedeutung, während er im Dienstleistungsbereich an Bedeutung gewinnt. Dies hat seine Gründe in der zunehmenden Automation und Rationalisierung.

Sach- und Geldkapital

Hierzu benötigen die Unternehmen Maschinen und Anlagen, für die große Geldmittel erforderlich sind. Geldmittel sind für die Unternehmen Geldkapital. Wird Geld in Gebäude, Anlagen und Maschinen investiert, entsteht Sachkapital. Geld- und Sachkapital gehören zum dritten Produktionsfaktor **Kapital**.

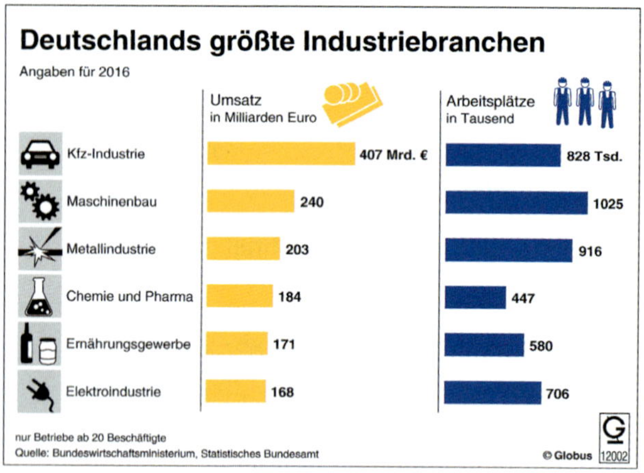

Während die Produktionsfaktoren Arbeit und Boden als natürliche Mittel vorhanden sind, muss der Produktionsfaktor Kapital erst „geschaffen" werden. Dies geschieht durch Sparen und Konsumverzicht der Haushalte bzw. Gewinnentnahme der Unternehmen. Fast alle Unternehmen benötigen neben dem Eigenkapital vor allem bei größeren Investitionen Kredite und Fremdkapital.

Wirtschaften bedeutet, die drei Produktionsfaktoren Boden, Arbeit und Kapital sinnvoll und optimal einzusetzen. Die technische Entwicklung hat zu einer Verlagerung zugunsten des Produktionsfaktors Kapital geführt. Vor allem in der Produktion wird menschliche Arbeit durch Sachkapital ersetzt.

Vgl. Kap. 19.4

Dies hat auf der einen Seite zur Humanisierung der Arbeit und zur Arbeitszeitverkürzung beigetragen. Auf der anderen Seite verschärft sich das Problem der Arbeitslosigkeit.

1. **Welches ökonomische Prinzip wird angewandt? Begründen Sie Ihre Entscheidung.**
   a) **Facharbeiter Lux macht einen Verbesserungsvorschlag, sodass aus 1 m² Blech statt acht Teilen nun neun Teile gestanzt werden können.**
   b) **Ein Akkordarbeiter schafft fünf % über der Normalleistung.**
   c) **Sie wollen en Notebook kaufen und haben 500,00 € zur Verfügung.**
2. **Warum kann das Minimalprinzip auch als Sparprinzip bezeichnet werden?**
3. **Auf welche drei Arten kann der Produktionsfaktor Boden genutzt werden?**
4. **„Wir brauchen die Natur. Die Natur braucht uns nicht." Was soll mit diesem Slogan ausgedrückt werden?**
5. **Erläutern Sie das Prinzip der „Economyklasse".**
6. **Erläutern Sie an Beispielen den Unterschied von Geld- und Sachkapital.**

18.5 Der Wirtschaftskreislauf

Das Ehepaar Schweizer hat die Ein- und Ausgaben eines Monats zusammengestellt:

Einnahmen:		Ausgaben:	
Nettogehalt:	1 455,00 €	Miete und Nebenkosten:	460,00 €
Wohngeld:	45,00 €	Nahrung:	338,00 €
		Kleidung:	175,00 €
		Kfz-Steuer:	112,00 €
		Kreditrate:	55,00 €
		Sonstiges:	285,00 €
		Sparen:	75,00 €
Summe:	1 500,00 €	Summe:	1 500,00 €

1. **Woher bezieht das Ehepaar Schweizer seine Einnahmen?**
2. a) **An wen sind die Zahlungen für die Grundbedürfnisse zu leisten?**
   b) **Wohin fließen die restlichen Ausgaben?**
3. **Zeigen Sie den Kreislauf von Geld und Leistungen nach dem Haushaltskonto auf.**

Güter- und Geldkreislauf

Jeder Haushalt verfügt über Einnahmen, mit denen er Güter und Dienstleistungen bezahlen kann. Die Einnahmen werden vor allem als Entgelt für Arbeitsleistungen erzielt. Dazu stellen die Haushalte den Unternehmen ihre Arbeitskraft zur Verfügung. Die Unternehmen stellen Güter her oder bieten Dienstleistungen an. Diese werden wiederum von den Haushalten gekauft. So entsteht ein Güter- und ein Geldkreislauf zwischen Haushalten und Unternehmen.

Der einfache Wirtschaftskreislauf

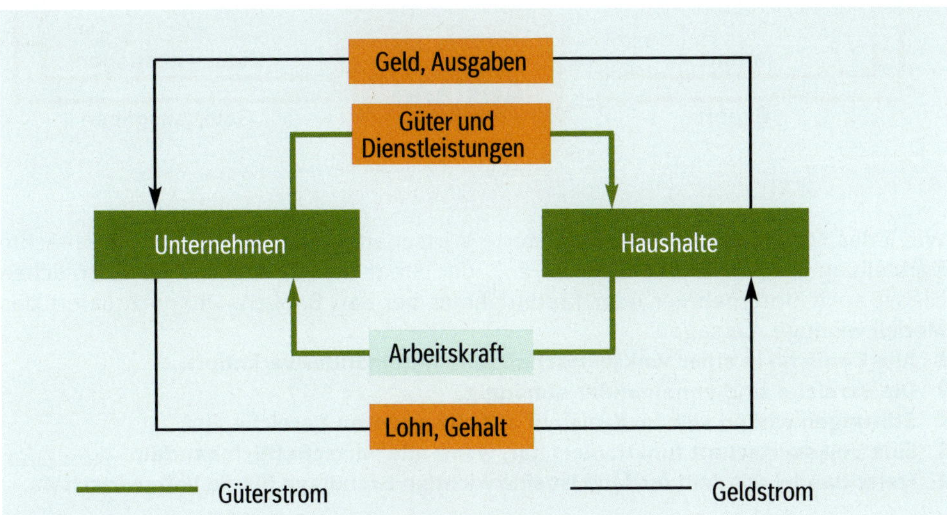

Haushalte und Unternehmen bilden die Zellen der Volkswirtschaft, in denen produziert und konsumiert wird. Neben den Haushalten und Unternehmen spielen der Staat, die Banken und das Ausland bei den Güter- und Geldströmen eine wichtige Rolle. Das Grundmodell des einfachen Wirtschaftskreislaufes muss also um diese Bereiche erweitert werden.

Der erweiterte Wirtschaftskreislauf

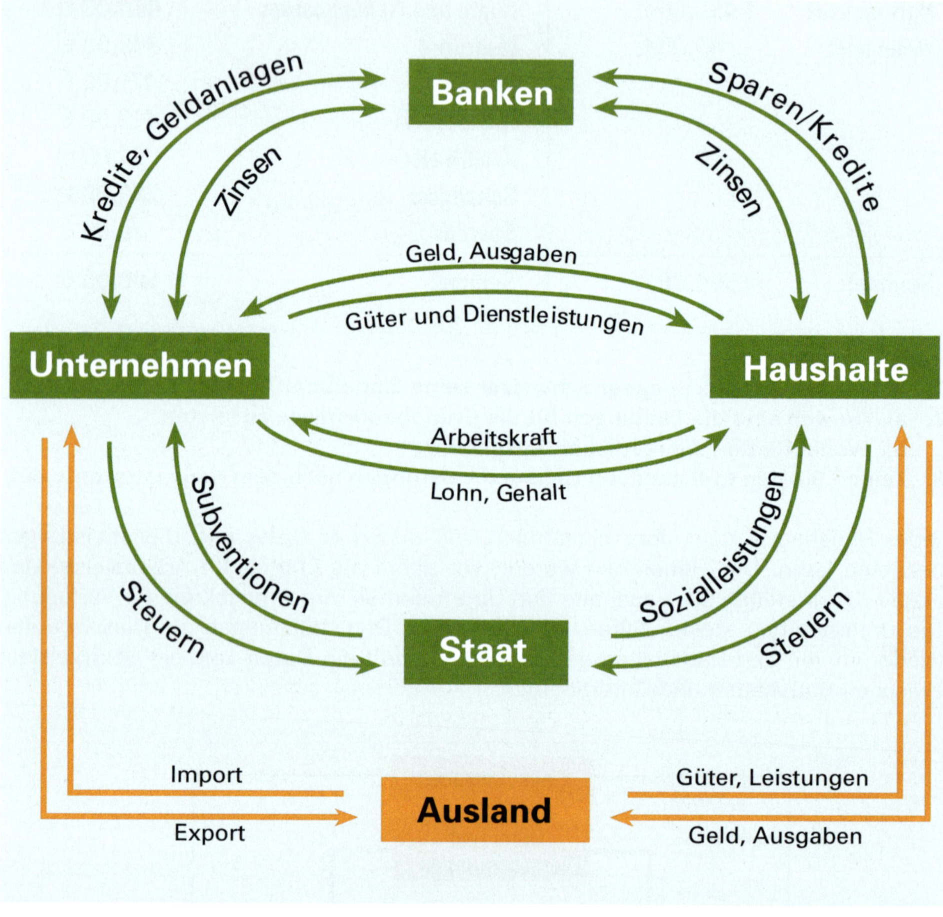

Wie jedes Modell ist auch der erweiterte Wirtschaftskreislauf nur eine vereinfachte Darstellung der Wirklichkeit. So ist z.B. der Staat als Arbeitgeber im öffentlichen Dienst auch Unternehmer oder Kreditnehmer bei den Banken. Dennoch liefert das Modell wichtige Aussagen:

- **Alle Bereiche in einer Volkswirtschaft sind miteinander verknüpft.**
- **Die Bereiche sind voneinander abhängig.**
- **Störungen wirken sich im Kreislauf auf alle anderen Bereiche aus.**
- **Eine Volkswirtschaft funktioniert nur, wenn alle wirtschaftlich handeln.**
- **Freier Handel mit dem Ausland ist eine wichtige Grundlage für die Volkswirtschaft.**

18.6 Arten und Funktionen des Geldes

In allen vier Anzeigen spielt Geld eine Rolle.

1. **Welche unterschiedlichen Aufgaben übernimmt das Geld?**
2. **„Kochbücher oder Bares" – Wo liegen die Vorteile, mit Geld zu bezahlen?**

„Geld regiert die Welt." Diese Redewendung weist auf die Bedeutung und Macht des Geldes hin. Tatsächlich hat das Geld in Wirtschaft und Gesellschaft wichtige Funktionen.

Geld ist allgemein anerkanntes Zahlungsmittel, mit dem Güter und Dienstleistungen gekauft werden können. Der Staat bestimmt, welches Geld in seinem Hoheitsgebiet als **gesetzliches Zahlungsmittel** zugelassen ist.

Voraussetzung für die Funktion als gesetzliches Zahlungsmittel

Damit Geld auch seine Funktion als gesetzliches Zahlungsmittel erfüllen kann, muss es

- **im Verhältnis zur Wirtschaftskraft stehen,**
- **wertbeständig und**
- **allgemein anerkannt sein.**

In wirtschaftlichen Krisensituationen kann Geld seine Funktion als Zahlungsmittel verlieren. Dann wird häufig auf „Ersatzwährungen" ausgewichen, wie z. B. auf die sogenannte Zigarettenwährung nach dem Zweiten Weltkrieg.

Geld erleichtert den Handel mit Waren und Dienstleistungen. Mit Geld ist es möglich, Ware gegen Geld problemlos zu tauschen. Das umständliche Tauschen von Ware gegen Ware ist überflüssig; Geld hat die Funktion eines **Tauschmittels** übernommen.

„Alles hat seinen Preis." Preise werden in Geldeinheiten (Euro, Cent) ausgedrückt. Geld ermöglicht es, den Wert von Waren und Dienstleistungen zu bestimmen und zu vergleichen. Das Geld hat die Funktion eines **Wertmaßstabes** und Rechenmittels.

„Geld stinkt nicht." Der Mensch bewahrt Waren für Notfälle auf. Waren können verderben. Deshalb ist Geld als Vorsorge für Notfälle zum Aufbewahren besser geeignet. Sinnvoll ist es, Geld bei Kreditinstituten aufzubewahren, da es hier – anders als in Omas Sparstrumpf – Zinsen bringt und seine Funktion als **Wertaufbewahrungsmittel** erhalten kann. Geld zu sparen ist aber nur dann angebracht, wenn es stabil und wertbeständig bleibt.

„Geld geschenkt – gut geschenkt!" Statt Waren lassen sich auch Geldbeträge verschenken. Dabei wird Geld ohne Gegenleistung auf eine andere Person übertragen. Dies ist z. B. beim Taschengeld oder einem Geschenkgutschein der Fall. Geld hat die Funktion eines **Wertübertragungsmittels**.

Arten des Geldes

Zum Bargeld gehören Münzgeld und Banknoten. Während mit Münzen schon vor Jahrtausenden bezahlt wurde, ist die **Banknote** erst im 17. Jahrhundert entstanden. Die Banknote diente zunächst nur als Quittung für hinterlegte Münzen. Heute wird der Wert einer Banknote nicht mehr durch Edelmetalle, sondern durch die Wirtschaftskraft einer Volkswirtschaft gedeckt. Die Europäische Zentralbank ist allein berechtigt, Euro-Banknoten auszugeben, die Deutsche Bundesbank bringt diese in der Bundesrepublik Deutschland in Umlauf.

Dagegen ist für die Ausgabe des **Münzgeldes** die Bundesregierung zuständig. Die Münzen werden in staatlichen Münzstätten geprägt. Während früher bei Gold- und Silbermünzen der Metallwert dem Münzwert entsprach (Kurantmünzen), ist dies bei den heutigen Münzen (Scheidemünzen) nicht mehr der Fall.

Vgl. Kap. 9.2

Mehr als zwei Drittel des umlaufenden Geldes bestehen weder aus Banknoten noch aus Münzgeld. Es ist lediglich auf den Konten bei den Kreditinstituten notiert. Dieses **Buch-** oder **Giralgeld** kann zu Bargeld werden, z. B. wenn der Kontoinhaber Geld abhebt. Der überwiegende Teil aber wird z. B. durch Überweisungen von Konto zu Konto bargeldlos gebucht. Buchgeld hat gegenüber dem Bargeld einige Vorteile: Es ist sicher, bequem und schnell zu handhaben.

1. Nennen Sie die Funktionen des Geldes.
2. Welche Funktion hat das Geld in den folgenden Fällen?
   a) Marco hat von seiner Tante 5 000,00 € geerbt.
   b) Sie kaufen sich eine Tafel Schokolade.
   c) Der Einzelhändler zeichnet seine neuen Waren aus.
   d) Sie lassen vom Arbeitgeber Ihre vermögenswirksamen Leistungen für einen Bausparvertrag überweisen.
   e) Der Arbeitgeber führt Ihre Lohnsteuer an das Finanzamt ab.
3. Welche Bedingungen muss ein gesetzliches Zahlungsmittel erfüllen?
4. Erklären Sie den Unterschied zwischen Kurant- und Scheidemünzen.
5. Wie entsteht Buchgeld?
6. Wer hat das Recht, Euro-Banknoten auszugeben?

18.7 Der Geldwert

Verbraucherpreisindex		
Jahr	Index	Veränderung in % gegenüber Vorjahr
2010	100	---
2013	105,7	1,6
2014	106,6	0,9
2015	106,9	0,3
2016	107,4	0,5
2017	109,3	1,8

Vgl. Deutsche Bundesbank (Hrsg.): Monatsbericht. 03.05.2018.

1. **Was bedeutet die Steigerung des Preisindexes für den Wert des Geldes?**
2. **Wieso ist trotz der Wertminderung des Geldes der Lebensstandard in der Bundesrepublik Deutschland gestiegen?**

Der Wert des Geldes richtet sich nach seiner **Kaufkraft**, dem Gegenwert an Waren und Dienstleistungen, den der Verbraucher für sein Geld erhält. Die Kaufkraft ist u.a. abhängig von der Preisentwicklung. Dies bedeutet, dass bei steigenden Preisen Kaufkraft und Geldwert sinken und bei fallenden Preisen steigen. Viele Waren und Dienstleistungen sind in den letzten Jahren wesentlich teurer geworden, z.B. Mieten, Kosten für das Auto oder ein Haarschnitt beim Friseur. Andere Güter sind billiger geworden oder haben sich im Preis kaum verändert.

Erst durch einen Vergleich der gesamten Lebenshaltungskosten mit den Kosten aus zurückliegenden Monaten oder Jahren kann eine Aussage über die Entwicklung der Preise und der Kaufkraft gemacht werden.

Dazu ermittelt das Statistische Bundesamt aufgrund der Preisentwicklung die Lebenshaltungskosten und weist ihre Veränderungen gegenüber dem Basisjahr aus.

Als Maßstab wird ein **Warenkorb** benutzt, der alle Güter und Dienstleistungen eines bundesdeutschen Durchschnittshaushaltes enthält. Der Warenkorb enthält rund 750 Güter, deren Preisentwicklung vom Statistischen Bundesamt laufend verfolgt wird. So lässt sich der **Preisindex** (Anzeiger) für die Lebenshaltungskosten errechnen. Weil sich die Verbrauchsgewohnheiten ändern und neue Produkte angeboten werden, muss der Warenkorb immer wieder neu zusammengestellt werden.

Außenwert

Preisindex und Kaufkraft sind nicht gleichzusetzen mit dem Lebensstandard. Wohlstand misst sich nicht allein in Preisen. So können z.B. Lohn- und Gehaltssteigerungen die Kaufkraft erhalten oder erhöhen. Der Außenwert einer Währung ist nicht nur von der Kaufkraftentwicklung und ihrem Binnenwert abhängig, sondern auch von der Kaufkraft und der wirtschaftlichen Entwicklung in anderen Ländern.

18.8 Inflation und Deflation

1. **Warum wurden 1923 Fünf-Milliarden-Mark-Scheine gedruckt?**
2. **Wieso war der „Milliardär" dennoch kein reicher Mann?**

Viel Geld muss nicht immer auch viel wert sein. Der Geldwert ist abhängig von der angebotenen Gütermenge. Wird in einer Volkswirtschaft mehr Geld gedruckt, als Waren und Dienstleistungen vorhanden sind, verliert das Geld seinen Wert. Diese Geldentwertung wird als **Inflation** bezeichnet. Eine Inflation gab es z. B. in der Weimarer Republik. Deutschland konnte die hohen Kriegsschulden nicht bezahlen. Als die Franzosen durch den Einmarsch ins Ruhrgebiet ihren Forderungen Nachdruck verleihen wollten, kam es zu einem Generalstreik. Der Staat konnte die Streikenden nur dadurch unterstützen, indem er Tag und Nacht Geld druckte.

Inflation = Geldmenge > Gütermenge

Ursachen und Folgen der Inflation

Inflation hat mehrere Ursachen und Folgen. So können z. B. Staatsverschuldung oder zu hohe Lohnabschlüsse der Tarifpartner zu einer Geldentwertung führen. Folgen der Inflation sind u. a. steigende Preise, sinkende Kaufkraft, höhere Lohnforderungen, Verluste bei Sparern oder eine Flucht in Sachwerte.

Steigt der Preisindex nur gering, so spricht man von einer **schleichenden Inflation**. Niedrige Inflationsraten sind in einer Volkswirtschaft kaum zu vermeiden, zumal auch Einflüsse des Außenhandels eine Rolle spielen. Erfolgt die Geldentwertung dagegen schnell und in großen Sprüngen, handelt es sich um eine sogenannte **galoppierende Inflation**.

Verändert sich das Verhältnis von Geld- und Gütermenge zugunsten der Waren und Dienstleistungen, so steigt der Wert des Geldes. Dies wird als **Deflation** bezeichnet.

Deflation = Geldmenge < Gütermenge

Ursachen und Folgen der Deflation

Die Deflation ist in den Volkswirtschaften selten. Sie kann z. B. durch strikte Sparmaßnahmen des Staates ausgelöst werden. Deflation bedeutet, dass die Preise fallen. Dies hat allerdings auch negative Auswirkungen. Die Nachfrage sinkt, die Produktion geht zurück, der Staat nimmt weniger Steuern ein; vor allem steigt durch den Rückgang des Wirtschaftswachstums die Gefahr von Arbeitslosigkeit.

In den Jahren 1930 und 1931 hat die Regierung Brüning durch ihre Deflationspolitik versucht, die deutsche Wirtschaft international konkurrenzfähiger zu machen. Dies sollte durch Einkommens- und Preissenkungen geschehen. Die gleichzeitig eingeleiteten Arbeitsbeschaffungsmaßnahmen kamen nicht mehr zum Tragen. Die Folge war eine Massenarbeitslosigkeit.

Ein Gleichgewicht zwischen Geld- und Gütermenge ist in einer Volkswirtschaft der Idealfall. Die Europäische Zentralbank, die Deutsche Bundesbank und die Bundesregierung versuchen, durch ihre Politik diesem Idealzustand möglichst nahezukommen. Geldwertstabilität ist wichtig für das Vertrauen der Haushalte und Unternehmen gegenüber dem Staat und der Wirtschaft.

Es hat sich gezeigt, dass ein Stillstand in der Wirtschaftsentwicklung (Stagnation) weder Preissenkungen noch Preisstabilität zur Folge haben muss. Im Gegenteil kann eine Stagnation dazu führen, dass die Unternehmen durch höhere Preise ihre Gewinne sichern wollen. Dies führt zu einer Inflation. Diese Situation wird als **Stagflation** (**Stag**nation + In**flation**) bezeichnet.

1. **Von welchem Verhältnis ist der Geldwert abhängig?**
2. **Erklären Sie die Begriffe „Inflation", „Deflation", „Stagflation".**
3. **Worin liegen die Ursachen für eine Inflation?**
4. **Welche Folgen hat die Inflation?**
5. **Erläutern Sie den Unterschied zwischen einer schleichenden und einer galoppierenden Inflation.**
6. **Warum flüchten die Bürger bei hoher Inflation in Sachwerte?**
7. **Wieso kann eine Deflation leicht zur Massenarbeitslosigkeit führen?**
8. **Geldwertstabilität ist das wichtigste Ziel der Europäischen Zentralbank. Worauf führen Sie dies zurück?**
9. **Trotz Wirtschaftsstillstand kann es zur Inflation kommen. Begründen Sie dies.**
10. **Beschreiben Sie die aktuelle Entwicklung des Geldwertes in der Bundesrepublik Deutschland und in Europa.**

18.9 Die Währung

Auslandswährungen – Frankfurt, 21. Dezember 2018 – Quelle: www.goyax.de									
Kurse für 1 Euro Aus Sicht der Bank	**Sorten** Ankauf/Verkauf		**Devisen** Geld/Brief		**Kurse für 1 Euro** Aus Sicht der Bank	**Sorten** Ankauf/Verkauf		**Devisen** Geld/Brief	
Ägypt. £	17,39	28,25	19,9350	21,4350	Norw. Kronen	9,51	10,31	9,9098	9,9578
Austr. Dollar	1,54	1,66	1,5994	1,6194	Poln. Zloty	3,83	4,59	4,2620	4,3100
Bras. Real	3,72	5,08	4,2122	4,5122	Russ. Rubel	71,46	90,46	77,8180	78,8180
Brit. Pfund	0,88	0,93	0,8989	0,9029	Schw. Kronen	9,82	10,68	10,2520	10,3000
China Yuan	7,15	8,80	7,8363	7,9363	Schweizer Franken	1,09	1,17	1,1286	1,1326
Dän. Kronen	7,22	7,72	7,4478	7,4878	Singapur Dollar	1,46	1,67	1,5583	1,5703
Hongkong Dollar	8,27	9,51	8,8893	8,9893	Südafr. Rand	15,57	17,28	16,3690	16,6090
Japan. Yen	122,20	130,99	126,7100	127,1900	Thail. Baht	33,24	40,34	36,5100	38,1100
Kanad. Dollar	1,48	1,60	1,5393	1,5513	Tschech. Kronen	24,45	26,96	25,4380	26,2380
Malayische Ringgit	3,82	5,66	4,6391	4,9391	Tunes. Dinar	2,78	4,85	3,4475	3,4675
Marokkan. Dirham	9,37	13,05	10,5580	10,6380	Türk. Lira	5,11	6,80	6,0478	6,0978
Mexik. Peso	20,79	25,09	22,6730	22,9130	Ungar. Forint	302,62	337,62	319,4000	324,6000
Neuseeld. Dollar	1,59	1,78	1,6819	1,7059	US-Dollar	1,10	1,18	1,1389	1,1449

Vgl. Die Rheinpfalz, Nr. 297 vom 22. Dezember 2018.

Neunzehn europäische Staaten gehören der Währungsunion an und haben den Euro als gemeinsames Zahlungsmittel eingeführt. Das gesetzliche Zahlungsmittel eines Staates oder einer Staatengemeinschaft wird als **Währung** bezeichnet. Die nationalen Währungen von Belgien, Deutschland, Estland, Finnland, Frankreich, Griechenland, Irland, Italien, Lettland, Litauen, Luxemburg, Malta, Niederlande, Österreich, Portugal, Slowakei, Slowenien, Spanien und Zypern sind durch den Euro abgelöst worden.

Die Einführung des Euro war keine Währungsreform, sondern eine Währungsumstellung. Bei Reisen in Länder, die nicht zur Währungsunion gehören, ist es weiterhin erforderlich, die Währung des Landes zu kaufen. Für das Wechseln verlangen die Banken und Wechselstuben Gebühren. Dies drückt sich in den verschiedenen Preisen von An- und Verkaufskurs aus.

Wechselkurs

Der Preis für die ausländische Währung ist der **Wechselkurs**. An der Devisenbörse wird der amtliche Kurs der Währungen nach Angebot und Nachfrage täglich neu festgelegt. Der Wechselkurs drückt den Wert einer Währung gegenüber ausländischen Währungen aus. Sinkt der Außenwert einer Währung, so spricht man von einer Abwertung, steigt der Außenwert, so handelt es sich um eine Aufwertung.

Bei einer Aufwertung werden Einfuhren billiger und Ausfuhren teurer. Für eine exportabhängige Wirtschaft ist dies ein Nachteil. Denn die Produkte werden entweder im Ausland für die dortigen Käufer teurer oder müssen wegen der Konkurrenz billiger angeboten werden. Dagegen wird ein Urlaub im Ausland billiger.

18.10 Kreditaufnahme

Simon hat seinen Autokauf mithilfe eines Kredits seiner Hausbank finanziert. Die Bank verlangt eine Sicherungsübereignung.

2. Sicherungsübereignung

Der Darlehnsnehmer übereignet der Bank hiermit Kraftfahrzeug

genaue Bezeichnung des Sicherungsguts

Marke	Typ	Art/Aufbau	Erstzulassung	PS-kW/ccm
VW	Golf	PKW	01.03.2018	
Fahrgestell-Nr.	**Amtliches Kennzeichen**	**Kraftfahrzeug-Anhänger-Brief Nr.**		
D52627	GTH-JM 88	778889		

Darlehnsnehmer und Bank sind darüber einig, dass das Eigentum am Sicherungsgut, Bestandteilen und Zubehör mit dem Tag des Vertragsabschlusses auf die Bank übergeht. Die Übergabe des Sicherungsguts wird gemäß § 930 BGB durch die Vereinbarung ersetzt, dass es der Darlehnsnehmer unentgeltlich und sorgfältig für die Bank verwahrt. Befindet sich das Sicherungsgut im Besitz eines Dritten, so tritt der Darlehnsnehmer hiermit seinen Herausgabeanspruch an die Bank ab.

1. **Wie sichert die Bank ihren Kredit ab?**
2. **Welchen Vorteil hat die Kredit-Finanzierung für Simon?**

Im erweiterten Wirtschaftskreislauf lenken die Banken den Geldstrom, indem sie Spareinlagen als Kredite an Unternehmen und Haushalte weiterleiten. Ob ein Unternehmen einen neuen Betrieb errichtet, ein Handwerksmeister neue Maschinen anschafft oder eine Familie ein Eigenheim baut, viele Anschaffungen lassen sich nur über Kredite finanzieren.

Kredite lassen sich nach verschiedenen Gesichtspunkten unterscheiden, z. B. nach dem Kreditnehmer (Verbraucher- oder Unternehmenskredit), nach der Laufzeit (kurz-, mittel-, langfristig), nach der Sicherheit (Dispositionskredit, Bürgschaft, Hypothek) oder nach der Verwendung (Konsum- oder Investitionskredit).

Dispositionskredit

Der Dispositionskredit erlaubt dem Inhaber eines Girokontos, sein Konto bis zu einer bestimmten Höhe (meist das Zwei- bis Dreifache des Monatseinkommens) zu überziehen. Deshalb heißt dieser Kredit auch Überziehungskredit. Wenn der Giroinhaber sein Konto überzieht, muss er bei seiner Bank keine ausdrückliche Genehmigung einholen. Nur wenn der Kredit in Anspruch genommen wird, fallen Zinsen an, die dann aber meist verhältnismäßig hoch sind.

Kontokorrentkredit

Anders als beim Dispositionskredit wird beim Kontokorrentkredit ein Vertrag zwischen Bank und Kreditnehmer abgeschlossen. Kreditnehmer sind in der Regel Unternehmen, die ihr Geschäftskonto bis zu einer vereinbarten Höhe zu einem festgelegten Zins überziehen dürfen.

Ratenkredit
Ratenvertrag
Vgl. Kap. 13.11

Für größere Anschaffungen im privaten Bereich wird oft ein Ratenkreditvertrag abgeschlossen. Dabei muss die Kreditsumme in festgelegten Raten mit Zinsen zurückgezahlt werden. Der Kreditgeber ist verpflichtet, die tatsächlichen Kosten des Ratenkredits anzugeben; dieser „effektive Jahreszins“ ermöglicht es, Kreditangebote zu vergleichen.

Kreditfähigkeit

Kreditwürdigkeit

Die Banken geben nur unter bestimmten Voraussetzungen und Sicherheiten Kredite. Kreditfähig ist jede voll geschäftsfähige natürliche und juristische Person. Vor der Kreditvergabe prüft der Kreditgeber, ob der Kreditnehmer kreditwürdig ist. Dies ist dann gegeben, wenn die Bank davon ausgehen kann, dass der Schuldner den Kredit zurückzahlen kann. Informationen über die Kreditwürdigkeit geben Auskunfteien, z. B. die SCHUFA (Schutzgemeinschaft für allgemeine Kreditsicherung) oder die Creditreform.

Bei manchen Kreditverträgen verlangen die Kreditgeber zusätzliche Sicherheiten. Dazu zählen Sicherungsübereignung, Bürgschaft, Lohn- und Gehaltsabtretung, Pfand und Hypothek.

Sicherungsübereignung

Bei der Sicherungsübereignung wird eine Sache an den Kreditgeber übereignet. Der Kreditnehmer bleibt im Besitz der Sache. Dies wird z. B. bei einem Anschaffungskredit für ein Kraftfahrzeug vereinbart. Die Bank behält den Kfz-Brief bis zur Rückzahlung des Kredits und ist damit Eigentümer, während der Schuldner das Fahrzeug als Besitzer benutzen darf.

Lohn- und Gehaltsabtretung

Eine eher moderne Form der Kreditsicherung ist die Lohn- und Gehaltsabtretung. Der Kreditnehmer vereinbart mit dem Gläubiger, dass ein bestimmter Teil seines Einkommens an den Kreditgeber abgetreten wird. Dies kann allerdings nur bis zur Höhe des nicht pfändbaren Lohnes erfolgen. Der Arbeitgeber muss an den Kreditgeber nur dann Zahlungen vom Lohn oder Gehalt leisten, wenn der Schuldner seinen Zahlungsverpflichtungen nicht nachkommt.

Bürgschaft

Die Sicherheit für einen Kredit wird bei der Bürgschaft durch eine weitere Person garantiert. In einem Vertrag wird festgelegt, dass eine dritte Person (Bürge) für die Schulden bei Ausfall des Schuldners haftet. Der Bürge muss die Schuld bezahlen, wenn der Schuldner seinen Verpflichtungen nicht nachkommt.

Hypothek

Größere und längerfristige Kredite werden häufig durch eine **Hypothek** abgesichert. So dient z. B. beim Erwerb eines Grundstückes oder Hauses das Grundstück als Sicherheit. Die Belastung durch eine Hypothek muss im Grundbuch eingetragen werden.

1. Erläutern Sie die Aufgaben der Banken im Wirtschaftskreislauf.
2. a) Welche Vorteile bietet ein Dispositionskredit?
b) Wo liegen die Nachteile?
3. Erklären Sie den Unterschied zwischen Dispositions- und Kontokorrentkredit.
4. Wie können Sie herausfinden, welches Angebot für Ratenkredite das günstigste ist?
5. Was verstehen Sie unter
a) Kreditfähigkeit?
b) Kreditwürdigkeit?
6. Erklären Sie, wer Eigentümer und wer Besitzer einer Sache ist
a) bei der Sicherungsübereignung,
b) beim Pfand.
7. Worüber sollte sich ein Bürge im Klaren sein?
8. Was ist eine Hypothek?

18.11 Der Markt

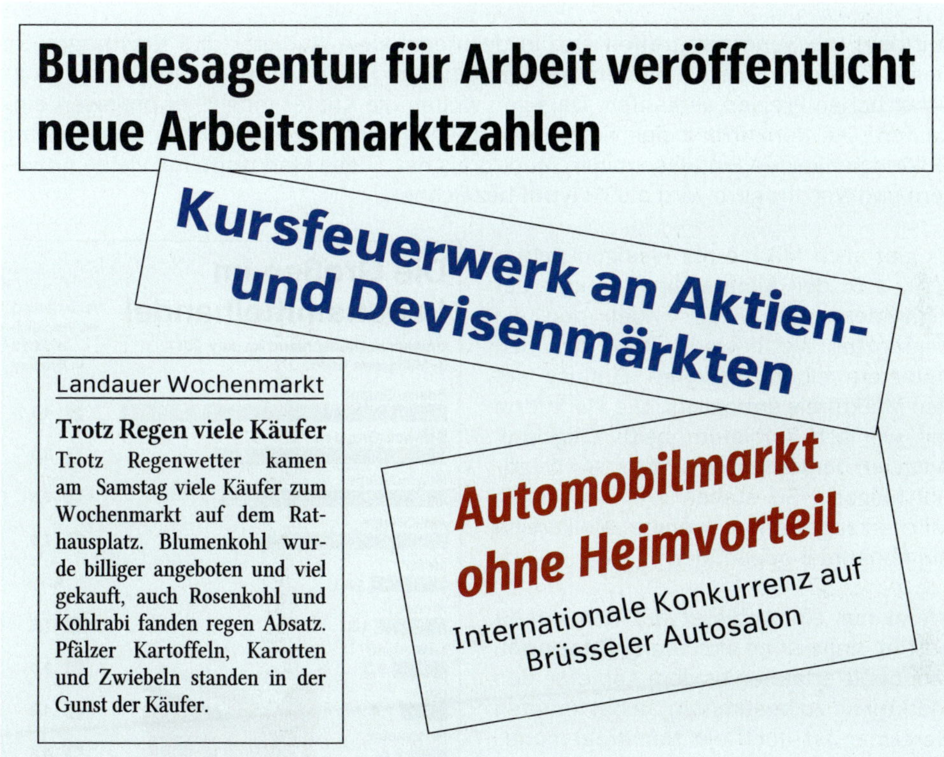

1. **Wieso ist in allen Schlagzeilen von „Märkten" die Rede?**
2. **Was wird auf den jeweiligen Märkten gehandelt?**

In den Städten und Dörfern bildet der Marktplatz den historischen Mittelpunkt der Gemeinden. Hier trafen und treffen sich die Bürger zum Austausch von Nachrichten oder Waren. Heute gibt es viele andere Märkte, auf denen Waren und Dienstleistungen angeboten und nachgefragt werden. Der Markt ist der Ort, an dem sich Angebot und Nachfrage treffen. Durch Angebot und Nachfrage wird der Marktpreis ermittelt.

Markt als Treffpunkt von Angebot und Nachfrage

Je nachdem, welche Güter und Dienstleistungen angeboten werden, lassen sich verschiedene Märkte unterscheiden, z. B.:

Marktarten

1. **Gütermarkt**
   - **Konsumgütermarkt (Automarkt, Supermarkt, Wochenmarkt)**
   - **Produktionsgütermarkt (Hannover Messe, Handwerksmesse, Rohstoffbörse)**
2. **Kapitalmarkt**
   - **Geldkapitalmarkt (Aktien- und Devisenbörse)**
   - **Sachkapitalmarkt (Immobilienmarkt)**
3. **Dienstleistungsmarkt (Arbeitsmarkt, Wohnungsmarkt, Versicherung)**

Marktarten lassen sich auch nach anderen Gesichtspunkten aufgliedern, z. B. räumlich (Großmarkt, EU-Binnenmarkt, Weltmarkt) oder nach den Aufgaben (Absatzmarkt, Beschaffungsmarkt, Export- und Importmarkt).

Marktformen

Auf dem Wochenmarkt treffen sich in der Regel viele Anbieter und Nachfrager. So besteht zwischen den Anbietern ein Wettbewerb. Jeder will möglichst viel zu möglichst hohen Preisen verkaufen. Dagegen wollen die Käufer möglichst preiswert einkaufen. Die Konkurrenz der vielen Marktteilnehmer führt dazu, dass der einzelne Teilnehmer keinen Einfluss auf den Marktpreis hat. Diese Marktform mit vielen Anbietern und Nachfragern wird als **Polypol** bezeichnet.

Es gibt auch Märkte mit wenigen Anbietern, z. B. der Mineralölmarkt oder der Zigarettenmarkt. Dort findet nur ein begrenzter Wettbewerb statt, der den Anbietern einen stärkeren Einfluss auf den Marktpreis ermöglicht. Die Marktform mit wenigen Anbietern heißt **Oligopol**. Auch auf der Nachfrageseite ist ein Oligopol möglich. So stehen z. B. den vielen Milcherzeugern nur wenige Molkereien als Abnehmer gegenüber.

Wenn nur ein Anbieter auf dem Markt auftritt, handelt es sich um ein **Monopol**. Monopole erlauben es dem Anbieter, den Marktpreis zu bestimmen. In bestimmten Bereichen ist auch ein Nachfragemonopol denkbar. So ist der Staat einziger Nachfrager für Wehrtechnik in der Bundesrepublik Deutschland.

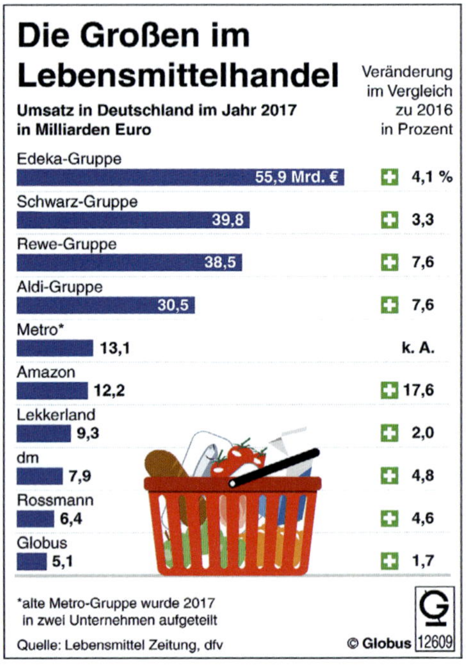

1. **Was versteht man unter einem Markt?**
2. **Nennen Sie Beispiele für**
   a) **einen regionalen Konsumgütermarkt,**
   b) **einen überregionalen Produktionsgütermarkt.**
3. **Erläutern Sie die Marktformen Polypol, Oligopol und Monopol.**
4. **Welche Gefahren lassen sich im Schaubild „Die Großen im Lebensmittelhandel“ erkennen?**

18.12 Preisbildung

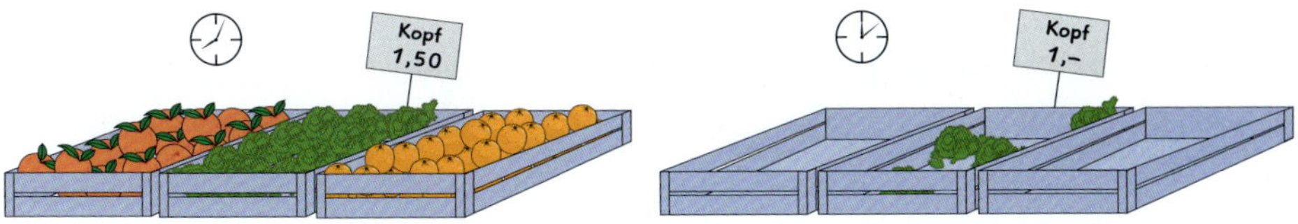

1. **Erklären Sie, warum der Salat kurz vor Ende des Markttages billiger geworden ist.**
2. **Wie kommt der Händler zu „seinem" Marktpreis?**

Preisbildung im Polypol

Der Wochenmarkt ist ein typisches Beispiel für ein Polypol. Einer großen Zahl von Händlern steht eine große Zahl von Käufern gegenüber. Die Waren werden zu einem Preis verkauft, der sich aus Angebot und Nachfrage bildet. Je höher der Preis, um so niedriger ist die Nachfrage. Ist der Salat teuer, werden die Käufer auf andere Produkte ausweichen. Statt Salat gibt es dann Gemüse auf dem Mittagstisch. Die Nachfrage nach Salat steigt, wenn der Preis sinkt.

Der Preis bestimmt auch das Angebot. Bei steigenden Preisen steigt das Angebot, bei sinkenden Preisen wird weniger Ware angeboten. So wird der Händler auf dem Großmarkt mehr Salat einkaufen, wenn er glaubt, auf dem Wochenmarkt regen Absatz zu hohen Preisen zu erzielen.

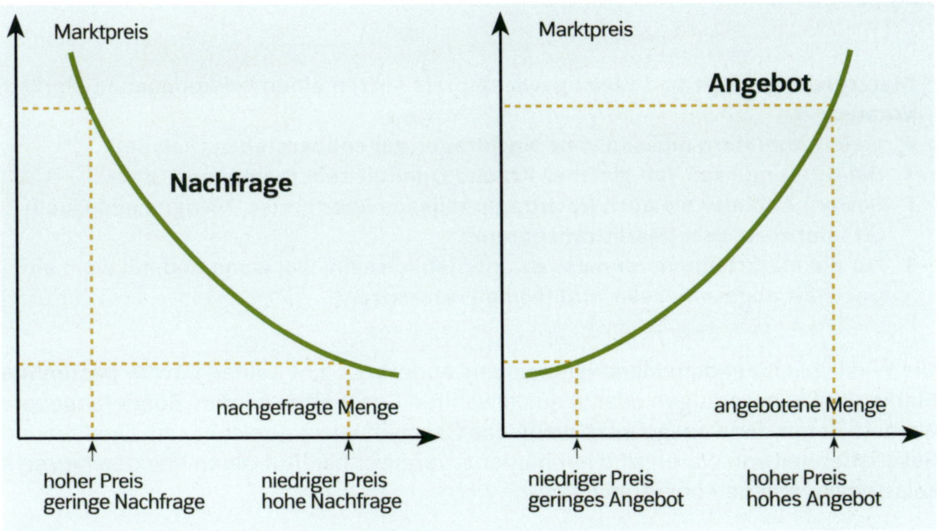

Auf dem Markt kann nur die angebotene Ware verkauft werden, die zu einem bestimmten Preis nachgefragt wird. Der Preis wird sich dort bilden, wo Angebot und Nachfrage gleich groß sind. Zu diesem Gleichgewichtspreis kann die meiste Ware verkauft werden: „Der Gleichgewichtspreis räumt den Markt."

Beispiel für die Bildung des Gleichgewichtspreises

Preis pro Stück Salat	Angebotene Menge in Stück	Nachgefragte Menge in Stück	Verkaufte Menge in Stück
0,80	500	900	500
1,00	550	850	550
1,20	600	800	600
1,40	650	750	650
1,60	700	700	700 **Gleichgewichtspreis**
1,80	750	650	650
2,00	800	600	600
2,20	850	550	550

Die Tabelle zeigt, dass bei niedrigem Preis die nachgefragte Menge größer ist als das Angebot, zu dem die Verkäufer bereit sind, die Ware zu verkaufen. Es entsteht ein Nachfrageüberhang; die Nachfrage kann zu diesem Preis nicht befriedigt werden. Ist die Ware für den Käufer zu teuer, so entsteht ein Angebotsüberhang. Der Anbieter bleibt auf seiner Ware sitzen, falls er nicht den Preis herabsetzt. Nur beim Gleichgewichtspreis ist der Markt im Gleichgewicht.

Vollkommener Markt

Marktgleichgewicht und Gleichgewichtspreis setzen einen vollkommenen Markt voraus:
- **Vielen Anbietern müssen viele Nachfrager gegenüberstehen (Polypol).**
- **Die Güter müssen von gleicher Art und Qualität sein (homogene Güter).**
- **Sowohl Anbieter als auch Nachfrager müssen über Preise, Mengen und Qualität informiert sein (Markttransparenz).**
- **Für die Marktteilnehmer muss es unerheblich sein, wo, wann und mit wem ein Geschäft abgeschlossen wird (keine Präferenzen).**

Die Wirklichkeit auf dem Markt ist meistens anders. Es gibt Käufer, die nur bestimmte Markenartikel bevorzugen oder in ausgewählten Geschäften kaufen. Sonderangebote werden oft nur dann ausgenutzt, wenn das Geschäft leicht erreichbar ist. Qualität und Beschaffenheit von Waren sind nur begrenzt vergleichbar. Auf vielen Märkten herrscht keine vollkommene Konkurrenz.

Preisbildung bei Oligopol

Bei einem Oligopol mit wenigen Anbietern herrscht keine vollkommene Konkurrenz. Dadurch kann der einzelne Anbieter eine wichtigere Rolle bei der Preisbildung spielen. Der Käufer hat wenig Möglichkeiten, die Güter günstiger bei einem anderen Anbieter zu erwerben. Jeder Autofahrer kann dies beim Tanken feststellen. Mit wenigen Ausnahmen sind die Preise für Benzin und Diesel an den Tankstellen gleich.

Ein echter Preiskampf findet nicht statt. Vielmehr übernimmt ein Anbieter die Preisführerschaft und die übrigen Anbieter passen sich der Preisbildung an.

Oligopole verleiten zu Preisabsprachen zwischen den Anbietern. In der Bundesrepublik Deutschland sind solche Preiskartelle nach dem Gesetz gegen Wettbewerbsbeschränkungen verboten. Das Kartellamt versucht, Preisabsprachen zu verhindern bzw. aufzudecken.

Kartelle
Vgl. Kap. 15.6

Ist auf einem Markt nur ein Anbieter, so kann dieser Monopolist den Preis ohne Rücksicht auf Konkurrenten festlegen. Auch bei einem Monopol muss der Anbieter die Nachfrage richtig einschätzen. Bei zu hohen Preisen weichen die Käufer auf Ersatzprodukte aus oder kaufen so wenig, dass die Umsätze und Gewinne zurückgehen.

Preisbildung bei Monopol

Monopole fordern neue Konkurrenz heraus und sind deshalb nur kurzlebig. Dies gilt nicht bei staatlichen Monopolen.

1. **Erläutern Sie folgende Aussagen:**
   a) **Angebot und Nachfrage bestimmen den Preis.**
   b) **Der Preis bestimmt Angebot und Nachfrage.**
2. **Wie bildet sich der Gleichgewichtspreis?**
3. **Was bedeutet „Der Gleichgewichtspreis räumt den Markt"?**
4. **An der Aktienbörse werden für eine Aktie folgende Aufträge notiert:**

Kurs (€)	Kaufaufträge (Stück)	Verkaufsaufträge (Stück)
380	5000	2000
382	4800	2600
384	4400	2800
386	4200	3200
388	4000	4000
390	3600	4400
392	3200	4600
394	2600	4800

   a) **Zeichnen Sie die Angebotskurve.**
   b) **Zeichnen Sie die Nachfragekurve.**
   c) **Ermitteln Sie die Menge der Aktien, die zu den einzelnen Kursen verkauft werden können.**
   d) **Zeichnen Sie in ein Koordinatensystem Angebots- und Nachfragekurve; stellen Sie den Gleichgewichtspreis fest.**
5. **Erklären Sie, wie ein Angebots- bzw. Nachfrageüberhang zustande kommt.**
6. **Welche Voraussetzungen müssen für einen vollkommenen Markt gegeben sein?**
7. **Was ist unter der „Preisführerschaft" beim Oligopol zu verstehen?**
8. **Warum kann auch ein Monopolist die Preise nicht willkürlich festsetzen?**

18.13 Das Bruttoinlandsprodukt

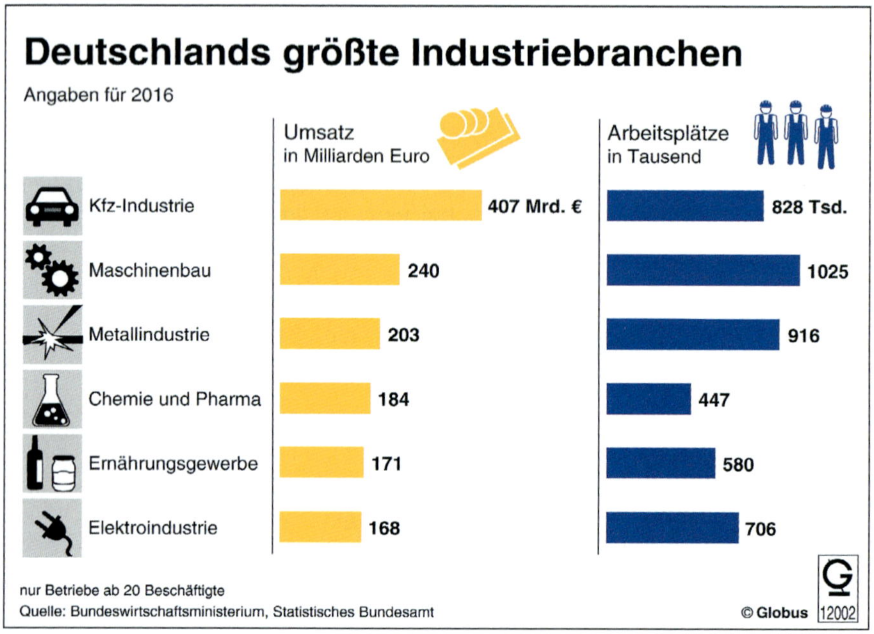

1. **Was wird mit dem Bruttoinlandsprodukt gemessen?**
2. **Erläutern Sie den Unterschied zwischen nominalem und realem Bruttoinlandsprodukt.**
3. a) **Wer trägt zur Erarbeitung des Bruttoinlandsproduktes bei?**
   b) **Wie verteilt sich das Bruttoinlandsprodukt?**
   c) **Wofür verwenden Haushalte, Unternehmen und Staat das Bruttoinlandsprodukt?**

Bruttoinlandsprodukt

Die wirtschaftliche Leistung einer Volkswirtschaft wird durch das Bruttoinlandsprodukt ausgedrückt. Alle in einem Jahr produzierten Güter und Dienstleistungen in einem Land werden bewertet und addiert. Die Summe der Leistungen zu den Marktpreisen ergibt das **nominale Bruttoinlandsprodukt**. Um die Wirtschaftsleistung mit den Vorjahren vergleichen zu können, muss vom nominalen Bruttoinlandsprodukt die Inflationsrate abgezogen werden. Nur das **reale Bruttoinlandsprodukt** gibt Auskunft über die tatsächliche wirtschaftliche Leistung.

Das Bruttoinlandsprodukt wird in den verschiedenen Wirtschaftszweigen erarbeitet: in Land- und Forstwirtschaft, Fischerei, Industrie und Handwerk, Handel und Verkehr sowie in Dienstleistungsbetrieben und beim Staat.

Wertschöpfung

Viele Güter durchlaufen verschiedene Wirtschaftsbereiche und Produktionsstufen. Für die Berechnung des Bruttoinlandsproduktes kann bis zum Endprodukt immer nur die neue Leistung und **Wertschöpfung** berücksichtigt werden. So fallen von der Herstellung bis zum Verkauf eines Buches z. B. Leistungen in der Forstwirtschaft, in der Papierindustrie, von Autoren, im Verlag, in der Druckerei und beim Buchhändler an. Der Beitrag jedes Einzelnen wird ermittelt, indem die Vorleistungen der anderen abgezogen werden.

Vom Bruttoinlandsprodukt zum Volkseinkommen

Bruttoinlandsprodukt (BIP)
\+ Saldo der Erwerbs- und Vermögenseinkommen mit dem Ausland
Bruttonationaleinkommen

Bruttonationaleinkommen	**Nettonationaleinkommen**
– Abschreibungen	– indirekte Steuern
	\+ Subventionen
Nettonationaleinkommen	**Volkseinkommen**

Das Bruttoinlandsprodukt (BIP), vermindert um indirekte Steuern (z. B. Mehrwertsteuer) und Abschreibungen (Wertminderung von Produktionsanlagen) und vermehrt um die staatlichen Subventionen, ergibt das Volkseinkommen. Das Volkseinkommen wird verteilt als Einkommen aus unselbstständiger Arbeit (Löhne und Gehälter) sowie als Einkommen aus Unternehmertätigkeit und Vermögen (Gewinne, Zinsen).

Die in einer Volkswirtschaft erstellten Güter und Dienstleistungen werden für verschiedene Zwecke verwendet: für den privaten Verbrauch, für Investitionen, für Ausgaben des Staates sowie für Import und Export. Je größer der Anteil der Investitionen für die Erhaltung und Erweiterung der Produktionsanlagen ist, umso stärker kann die zukünftige Wirtschaftsleistung steigen.

Die Aussagekraft des Bruttoinlandsproduktes als Maß für die wirtschaftliche Leistung ist nicht unumstritten:

Das BIP hat als Kompass für Wachstum ausgedient

[...] Die Kritik am BIP ist alles andere als neu. Sie ist so alt wie das BIP selber. Ganze Heerscharen von Studierenden wurden in der Einführungsphase auf seine Mängel hingewiesen. Besonders beliebt war der Verweis auf die offensichtlichsten Fehler.

Dazu gehört, dass das BIP steigt, wenn ein Autofahrer einen schweren Unfall verursacht, obwohl dadurch das Wohlbefinden der Gesellschaft nicht zu-, sondern abnimmt. Oder, dass das BIP fällt, wenn eine junge Mutter den Nachhilfelehrer ihrer Kinder heiratet, weil selbst erbrachte Leistungen innerhalb eines gemeinsamen Haushalts im BIP nicht erfasst werden. [...]

Straubhaar, Thomas: Das BIP hat als Kompass für Wachstum ausgedient. In: www.welt.de. 26.01.2016. Abgerufen unter: www.welt.de/wirtschaft/article151493038/Das-BIP-hat-als-Kompass-fuer-Wachstum-ausgedient.html [03.07.2018].

1. **Was versteht man unter dem „Bruttoinlandsprodukt“?**
2. **Weshalb muss bei Vergleichen das reale Bruttoinlandsprodukt verwendet werden?**
3. **Erläutern Sie, wie das Volkseinkommen berechnet wird.**
4. **Warum wird die Aussagekraft des Bruttoinlandsproduktes bezweifelt?**

18.14 Steuern

Sarah will sich ein eigenes Auto kaufen. Mit der „Kfz-Steuer App“ kann Sie die Kfz-Jahressteuer für Ihren Pkw berechnen.

Bundesministerium der Finanzen

Themen Ministerium Service Presse

Digitale Angebote: Soziale Medien, Apps und Rechner

Startseite › Service › Digitale Angebote: Soziale Medien, Apps und Rechner › Kfz-Steuer-App

Kfz-Steuer-App

Mit unserer App „Kfz-Steuer“ können Sie überall und zu jeder Zeit die Kfz-Jahressteuer für Ihren Pkw berechnen. Das ist praktisch beim Neu- oder Gebrauchtwagenkauf. Die Applikation errechnet unverbindlich ihre jährliche Kfz-Steuer durch die Kombination von verschiedenen Angaben wie zum Beispiel der Größe des Hubraums oder der Höhe des CO2-Wertes. Sie möchten wissen, wie viel Kfz-Steuer jährlich für Ihr Auto fällig wird? Mit dieser einfach und übersichtlich gehaltenen App sind Sie bestens informiert. Bitte beachten Sie: Rechtlich ist die Steuerfestsetzung maßgebend. Diese erfolgt durch Ihr zuständiges Hauptzollamt.

› Datenportal
› Publikationen
Gesetze und Gesetzesvorhaben
› Mediathek
Livestream
˅ Digitale Angebote: Soziale Medien, Apps und Rechner
Lohn- und Einkommensteuerrechner
Kfz-Steuer-Rechner
Ministerium per App erkunden

1. **Warum muss Sarah für ihr Auto Kfz-Steuern zahlen?**
2. **Welche Abgaben fallen für die Nutzung des Autos noch an? Wie werden diese gezahlt?**

So vielfältig die Aufgaben des Staates sind, so vielgestaltig sind auch seine Einnahmequellen. Dies sind vor allem **Steuern**, aber auch **Gebühren**, **Beiträge** und **Zölle**. Gebühren fallen an für Leistungen von Behörden, die der einzelne Bürger in Anspruch nimmt. Dazu gehören z. B. Gebühren für das Ausstellen eines Ausweises, Passes und Führerscheins oder Gebühren für Müllabfuhr und Abwasser. Beiträge werden erhoben für Maßnahmen, die mehrere Personen betreffen. Ein Beispiel sind Erschließungsbeiträge für Baugrundstücke. Zölle werden erhoben auf Waren, die aus dem Ausland eingeführt werden. Innerhalb der EU gibt es keine Zölle mehr.

Arten von Abgaben

Die größte Einnahmequelle von Bund, Ländern und Gemeinden sind die Steuern. Anders als bei Gebühren und Beiträgen erhält der Steuerzahler keine direkte Gegenleistung des Staates. So kann der Staat die Einnahmen aus der Kfz-Steuer nicht nur für das Straßennetz, sondern für alle anderen Aufgaben verwenden.

Steuern lassen sich nach verschiedenen Gesichtspunkten unterteilen:

- **Nach der Art und Weise, wo und wie sie gezahlt werden (direkt, indirekt)**
- **Nach dem Gegenstand der Besteuerung (Besitz, Verbrauch, Verkehr)**
- **Nach der Verteilung auf die verschiedenen staatlichen Ebenen (Bund, Länder, Gemeinden)**

Direkte Steuern

Direkte Steuern muss der Steuerzahler direkt an das Finanzamt abführen. Hierzu gehören u. a. die Einkommen- und Lohnsteuer, die Kirchensteuer, die Vermögenssteuer und die Kfz-Steuer. Bei der direkten Besteuerung werden die persönlichen und sachlichen

Verhältnisse berücksichtigt; so steigt beispielsweise mit dem Einkommen die Einkommensteuer, oder umweltschonende Autos werden geringer besteuert.

Umsatzsteuer (Mehrwertsteuer), Energiesteuer, oder Tabaksteuer sind „versteckt" im Kaufpreis enthalten. Bei einem Benzinpreis von 1,38 € pro Liter sind ca. 0,65 € Energiesteuer sowie 0,22 € Mehrwertsteuer fällig; beim Konsum von Sekt fallen 1,02 € pro Flasche Schaumweinsteuer an, pro Zigarette sind ca. 20 Cent Tabaksteuer fällig. Diese indirekten Steuern werden über den Händler an das Finanzamt abgeführt. Im Unterschied zu den direkten Steuern zahlt jeder Bürger den gleichen Steuersatz; wer aber viel konsumiert, der muss auch mehr indirekte Steuern zahlen. Indirekte Steuern

Nach dem Gegenstand der Besteuerung lassen sich die Steuern nach Besitz-, Verkehr- und Verbrauchsteuer unterscheiden. Besitzsteuern werden auf Einkommen erhoben. Die Lohn- und Einkommensteuer ist die größte Einnahmequelle des Staates. Unternehmen zahlen Gewerbesteuer und auf die Gewinne Körperschaftsteuer. Für Zinseinkünfte über dem Sparerfreibetrag werden Kapitalertragsteuern erhoben, Haus- und Grundbesitzer zahlen Grundsteuer. Besitzsteuern

Unter Verkehrsteuern lassen sich die Steuern zusammenfassen, die beim Erwerb oder Verkauf von Waren und Dienstleistungen anfallen. Die wichtigste Verkehrsteuer ist die Mehrwehrtsteuer. Verkehrsteuern

Verbrauchsteuern versteuern den Verbrauch bestimmter Güter. Dazu zählen z. B. die Mineralöl-, Tabak-, Branntwein-, Bier- und Kaffeesteuer. Verbrauchsteuern

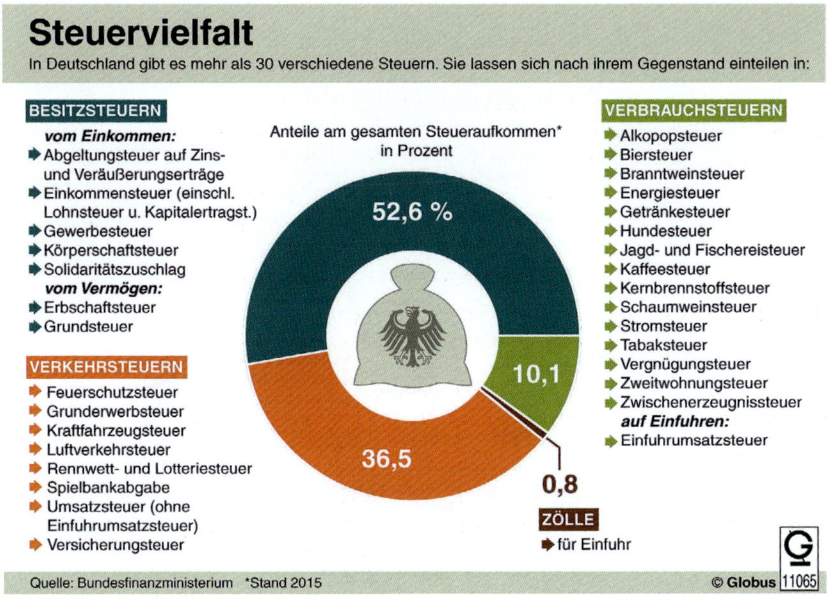

Steuereinnahmen werden auf Bund, Länder und Gemeinden verteilt. Während bestimmte Steuern nur einer staatlichen Ebene zufließen, werden die Gemeinschaftssteuern prozentual aufgeteilt. Auch an die EU werden Steuermittel abgeführt. Überblick über die Steuerarten

18.15 Wirtschaftspolitische Ziele

§ 1 Gesetz zur Förderung der Stabilität und des Wachstums der Wirtschaft

Bund und Länder haben bei ihren wirtschafts- und finanzpolitischen Maßnahmen die Erfordernisse des gesamtwirtschaftlichen Gleichgewichts zu beachten. Die Maßnahmen sind so zu treffen, dass sie im Rahmen der marktwirtschaftlichen Ordnung gleichzeitig zur Stabilität des Preisniveaus, zu einem hohen Beschäftigungsstand und außenwirtschaftlichem Gleichgewicht bei stetigem und angemessenem Wirtschaftswachstum beitragen.

1. **Worauf muss der Staat bei seiner Wirtschafts- und Finanzpolitik achten?**
2. **Nennen und erläutern Sie die vier Ziele, die im Gesetz festgelegt sind.**
3. **Welche Möglichkeiten hat der Staat, diese Ziele zu erreichen?**

Stabilitätsgesetz

Der Staat ist gesetzlich verpflichtet, für die wirtschaftliche Stabilität der Bundesrepublik Deutschland zu sorgen. Dabei muss er verschiedene Ziele im Auge behalten. Nach dem Stabilitätsgesetz sind dies Preisstabilität, Vollbeschäftigung, Wirtschaftswachstum und außenwirtschaftliches Gleichgewicht.

Die Ziele sind nur schwer gleichzeitig zu erreichen. Deshalb spricht man auch vom „Magischen Viereck".

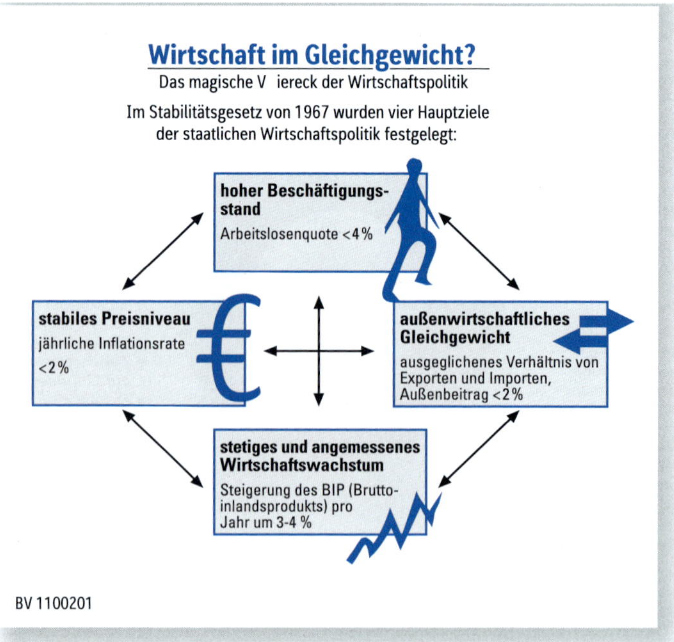

Stabiles Preisniveau

Die Verpflichtung des Staates zur **Preisstabilität** bedeutet, dass er die Inflationsrate niedrig halten muss, um Geldwert und Kaufkraft zu sichern. Steuererhöhungen und zusätzliche Abgaben, aber auch eine hohe Staatsverschuldung gefährden dieses Ziel.

Vollbeschäftigung

Vollbeschäftigung liegt dann vor, wenn die Arbeitslosenquote sehr gering ist. International gilt eine Quote unter 4 % noch als Vollbeschäftigung. Durch Beschäftigungsmaßnahmen und finanzielle Hilfen für Wirtschaftsbranchen kann der Staat für zusätzliche Beschäftigung sorgen.

Angemessenes Wirtschaftswachstum

Das Bruttoinlandsprodukt gibt Auskunft über das **Wirtschaftswachstum**. Ein stetiges wirtschaftliches Wachstum wird als Grundlage für eine stabile Wirtschaftsentwicklung angesehen. Dabei gelten 2 % bis 4 % als angemessenes Wirtschaftswachstum. Kritiker bezweifeln allerdings, dass ein rein quantitatives Wachstum angesichts der Umweltbelastung und der knappen Rohstoffvorräte sinnvoll ist.

Außenwirtschaftliches Gleichgewicht

Die Bundesrepublik Deutschland ist als Industrieland vom Welthandel abhängig. Vor allem Rohstoffe müssen im Ausland gekauft werden. Um die eingeführten Waren bezahlen zu können, werden Waren und Dienstleistungen exportiert. Ein **außenwirtschaftliches Gleichgewicht** liegt dann vor, wenn der Wert der Exporte und Importe gleich groß ist. Die Leistungsbilanz zeigt an, ob dieses Ziel erreicht wird. In der Leistungsbilanz werden neben dem Waren- und Dienstleistungsverkehr mit dem Ausland auch einseitige Übertragungen berücksichtigt. Übertragungen sind z. B. Überweisungen ausländischer Arbeitnehmer oder Beiträge der Bundesrepublik Deutschland an die Europäische Union.

Die Balance zwischen den verschiedenen wirtschaftspolitschen Zielen ist nur sehr schwer zu halten. Wenn sich der Staat zu sehr auf wirtschaftliche Ziele konzentriert, werden andere wichtige Bereiche, wie z. B. die Umwelt, vernachlässigt.

Die Bezeichnung „Magisches Viereck“ drückt es schon aus: Die vier wirtschaftspolitischen Ziele des Stabilitätsgesetzes gleichzeitig zu erreichen, würde an Zauberei grenzen. Maßnahmen des Staates können sich gleichzeitig für das eine Ziel positiv und für ein anderes Ziel negativ auswirken:

Zielkonflikte

- **Durch Ausgabenkürzungen und Sparmaßnahmen kann der Staat die Inflation bekämpfen, um Preisstabilität zu erreichen. Fehlende Staatsaufträge führen zu Produktionsrückgang. Dadurch werden Vollbeschäftigung und Wirtschaftswachstum gefährdet.**
- **Ist der Export wesentlich höher als der Import, kann der Staat durch besondere Hilfen und Vergünstigungen die Einfuhr bestimmter Güter erleichtern. So lässt sich zwar ein außenwirtschaftliches Gleichgewicht erreichen; gleichzeitig aber stellen die importierten Waren eine Konkurrenz für inländische Produkte dar. Dies wirkt sich negativ auf die Auftragslage und Beschäftigung im Inland aus.**
- **Der Staat fördert durch zusätzliche Ausgaben, z.B. im Wohnungsbau und für Umweltschutzmaßnahmen, die Vollbeschäftigung. Dies wirkt sich positiv auf das Wirtschaftswachstum aus, kann aber auch zu Inflation führen.**

Das „Magische Sechseck“

Was nutzt eine Wirtschaftspolitik auf Kosten unserer Umwelt? Ist weniger Wachstum oft nicht ein Mehr an Lebensqualität? Sind wirtschafts- und finanzpolitische Lasten auch gerecht auf allen Schultern verteilt? Diese und ähnliche Fragen müssen beantwortet werden, wenn der Staat die Ziele des „Magischen Vierecks“ verfolgt. Deshalb ist es sinnvoll, dieses Diagramm um die Ziele **lebenswerte Umwelt** und **soziale Gerechtigkeit** zu einem „Magischen Sechseck“ zu erweitern.

Diese zusätzlichen Ziele führen zu zusätzlichen Schwierigkeiten, ein gesamtwirtschaftliches Gleichgewicht zu erreichen. So können strenge Umweltvorschriften den Wirtschaftsstandort und damit Arbeitsplätze gefährden. Umgekehrt schaffen staatliche Investitionen für den Umweltschutz, z. B. der Bau von Kläranlagen, neue Arbeitsplätze und erhöhen das Wirtschaftswachstum sowie die Lebensqualität.

Soziale Gerechtigkeit bedeutet vor allem eine gerechte Einkommens- und Vermögensverteilung. Bei seiner Wirtschafts- und Sozialpolitik muss der Staat dieser sozialen Verantwortung gerecht werden.

1. **Erläutern Sie die vier Ziele des Stabilitätsgesetzes.**
2. **Überprüfen Sie, ob die Ziele zurzeit erreicht werden.**
3. **Wie lässt sich das Wirtschaftswachstum ermitteln?**
4. **a) Erklären Sie, was in der Leistungsbilanz erfasst wird.**
   b) Weshalb soll die Leistungsbilanz ausgeglichen sein?
5. **Erläutern Sie mögliche Zielkonflikte:**
   a) Preisstabilität und Vollbeschäftigung
   b) Außenwirtschaftliches Gleichgewicht und Wirtschaftswachstum
6. **Begründen Sie, warum das „Magische Viereck“ erweitert werden muss.**

18.16 Konjunktur und Konjunkturpolitik

Prognose der Sachverständigen zur wirtschaftlichen Entwicklung

- **Wirtschaftswachstum von 1,5 % bis 2 %**
- **Anstieg der Preissteigerungsrate auf 2 % bis 3 %**
- **Investitionszuwachs um 4,5 % bis 5,5 %**
- **Anstieg der Arbeitslosenquote auf 9,5 %**
- **Einkommenszuwachs um 2 % bis 3 %**

Die Sachverständigen sehen in den anstehenden Lohnrunden sowie in hohen Zinsen Risiken für die wirtschaftliche Entwicklung.

1. **Welche Eckdaten beschreiben die wirtschaftliche Entwicklung?**
2. **Wieso können Lohnrunden und hohe Zinsen ein Risiko für die wirtschaftliche Entwicklung sein?**

Die wirtschaftliche Entwicklung verläuft nicht gleichmäßig. Das Auf und Ab in der Volkswirtschaft wird als **Konjunktur** bezeichnet. Die wichtigsten Eckdaten, wie Wirtschaftswachstum, Beschäftigung, Löhne, Preise, Investitionen oder Zinsen, beschreiben die gesamtwirtschaftliche Entwicklung. Der Konjunkturverlauf lässt sich in verschiedene Phasen einteilen:

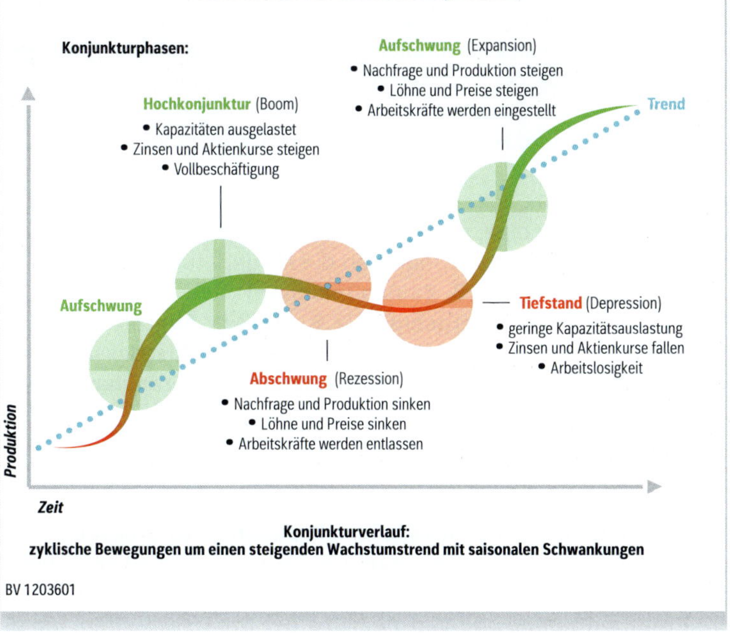

Konjunkturphasen

Langjährige Beobachtungen der wirtschaftlichen Entwicklung zeigen, dass sich bestimmte Phasen im Konjunkturverlauf wiederholen. Es können vier Konjunkturphasen unterschieden werden: Aufschwung (Expansion), Hochkonjunktur, Abschwung (Rezession), Tiefstand (Depression).

Der Konjunkturverlauf kann durch eine gezielte Konjunkturpolitik der Bundesregierung und durch Maßnahmen der Europäischen Zentralbank sowie der Deutschen Bundesbank beeinflusst werden. Dadurch lassen sich extreme Schwankungen in der wirtschaftlichen Entwicklung vermeiden.

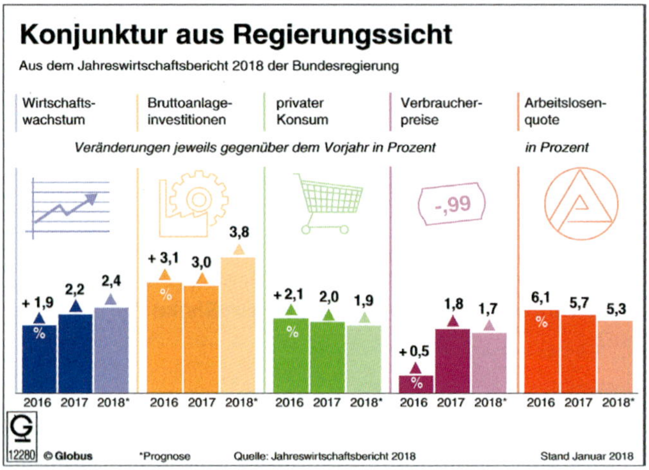

Staatliche Konjunkturpolitik

Die Konjunkturpolitik des Staates beinhaltet vor allem eine gezielte Einnahmen- und Ausgabenpolitik. Diese Fiskalpolitik ist immer gegen den Konjunkturverlauf gerichtet, also „antizyklisch“: In der Phase der Hochkonjunktur versucht der Staat, die Wirtschaftsentwicklung zu bremsen, in der Rezession und Depression dagegen anzukurbeln. Es lassen sich konjunkturbelebende und konjunkturdämpfende Maßnahmen unterscheiden.

Konjunkturbelebende Maßnahmen

Rezession und Depression haben eine hohe Arbeitslosigkeit und ein rückläufiges Wirtschaftswachstum zur Folge; zudem fehlt es an Investitionen und Nachfrage. Der Staat kann durch verschiedene Maßnahmen die Konjunktur beleben:

- **Zusätzliche Staatsaufträge (z. B. Baumaßnahmen)**
- **Gezielte Subventionen an Unternehmen (z. B. erhöhte Abschreibungen), Haushalte (z. B. Energiesparförderung) und öffentliche Träger (z. B. Zuschüsse für Kläranlagen)**
- **Steuersenkungen (z. B. Einkommen-, Körperschaft-, Verbrauchsteuern)**

Konjunkturdämpfende Maßnahmen

In der Hochkonjunktur besteht die Gefahr der Inflation und einer Konjunkturkrise. Durch folgende konjunkturpolitische Maßnahmen kann der Staat die wirtschaftliche Entwicklung abbremsen:

- **Weniger Ausgaben für Staatsaufträge, um Produktion zu drosseln**
- **Geringere Abschreibungsmöglichkeiten, um Investitionen zu verzögern**
- **Steuererhöhungen, um Kaufkraft abzuschöpfen**
- **Geringere Kreditaufnahme und Verringerung der Staatsschulden, um die Inflation zu bekämpfen**

Die Konjunkturpolitik des Staates kann nur begrenzt die wirtschaftliche Entwicklung beeinflussen. In einer Marktwirtschaft ist der Konjunkturverlauf in erster Linie vom Verhalten und von Entscheidungen der Unternehmen und Haushalte abhängig. Zudem spielen weltwirtschaftliche Vorgänge und Abhängigkeiten für die Konjunktur eine bedeutende Rolle. So hat z. B. die „Finanzkrise 2008“ zu einer Rezession in der Bundesrepublik Deutschland geführt. Oft greifen konjunkturpolitische Maßnahmen zu spät oder reichen nicht aus, um die Entwicklung zu steuern.

Grenzen der staatlichen Konjunkturpolitik

Maßnahmen der Europäischen Zentralbank

Neben dem Staat hat die Europäische Zentralbank Mittel, die Konjunktur zu beeinflussen. Dies geschieht, indem sie den Geldumlauf und die Kreditversorgung der Wirtschaft regelt. Wichtigstes Ziel ist dabei, die Währung zu sichern und damit den Wert des Geldes zu erhalten.

1. **Beschreiben Sie die Phasen eines typischen Konjunkturverlaufs.**
2. **Wodurch sind die folgenden Phasen gekennzeichnet?**
   a) **Aufschwung** b) **Abschwung**
3. a) **Wann kommt es zu einer „Konjunkturüberhitzung“?**
   b) **Nennen Sie die Folgen.**
4. **Erläutern Sie die Aussage: „Fiskalpolitik ist immer antizyklisch“.**
5. **Welche Maßnahmen kann der Staat ergreifen, um**
   a) **die Konjunktur zu beleben?** b) **die Konjunktur zu dämpfen?**
6. **Nennen Sie die wichtigste Aufgabe der Europäischen Zentralbank.**
7. **Erklären Sie die folgenden geldpolitischen Maßnahmen der Europäischen Zentralbank und deren Auswirkungen:**
   a) **Senkung der Mindestreserve** b) **Ankauf von Wertpapieren**

A Sich am Börsenspiel beteiligen

Viele Banken und Sparkassen bieten Schulen ein Börsenspiel an. Ziel des Spiels ist es, durch An- und Verkauf von Wertpapieren einen möglichst hohen Kursgewinn einzufahren. Die Spieldaten orientieren sich an den aktuellen Börsennotierungen.

Erkundigen Sie sich bei den Kreditinstituten Ihrer Region über das nächste Börsenspiel und beteiligen Sie sich mit Ihrer Lerngruppe.

B Aktienanalysen durchführen

Analysieren Sie ausgewählte Aktiennotierungen, indem Sie

- **die Kurse über einen längeren Zeitraum beobachten und notieren,**
- **die Notierungen als Kurvendiagramme darstellen,**
- **die zukünftige Entwicklung prognostizieren.**

C Wirtschaftsdaten grafisch darstellen

Sammeln Sie die wichtigsten aktuellen Wirtschaftsdaten der Bundesrepublik. Diese finden Sie in Zeitungen, Zeitschriften, Berichten der Zentralbank, Informationsmaterialien des Wirtschaftsministeriums und in Nachrichtensendungen.

Stellen Sie die Fakten und Zahlen grafisch dar.

D Einen Wirtschaftskommentar verfassen

Werten Sie die wichtigsten Konjunkturdaten der Bundesrepublik unter Berücksichtigung des Stabilitätsgesetzes aus und verfassen Sie einen Kommentar für den Wirtschaftsteil der Zeitung.

E Eine Karikatur zeichnen

Wachstum

Karikaturen sind gezeichnete Kommentare.

Zeichnen Sie eine Karikatur zur aktuellen konjunkturellen Situation der Bundesrepublik Deutschland. (Sie können auch fremde Karikaturen als Vorlage nehmen, sie abändern oder die Untertitel bzw. Sprechblasen neu schreiben.)

F Ein Glossar erstellen

Volkswirtschaftliche Vorgänge und Begriffe sind oft nicht leicht verständlich. Kurze Worterklärungen und Beschreibungen ohne „Fachchinesisch" helfen, auch schwierige Sachverhalte zu verstehen.

Erstellen Sie ein Schüler-Glossar „Geld und Währung".

19 Wandel der Wirtschaft

19.1 Technischer Fortschritt

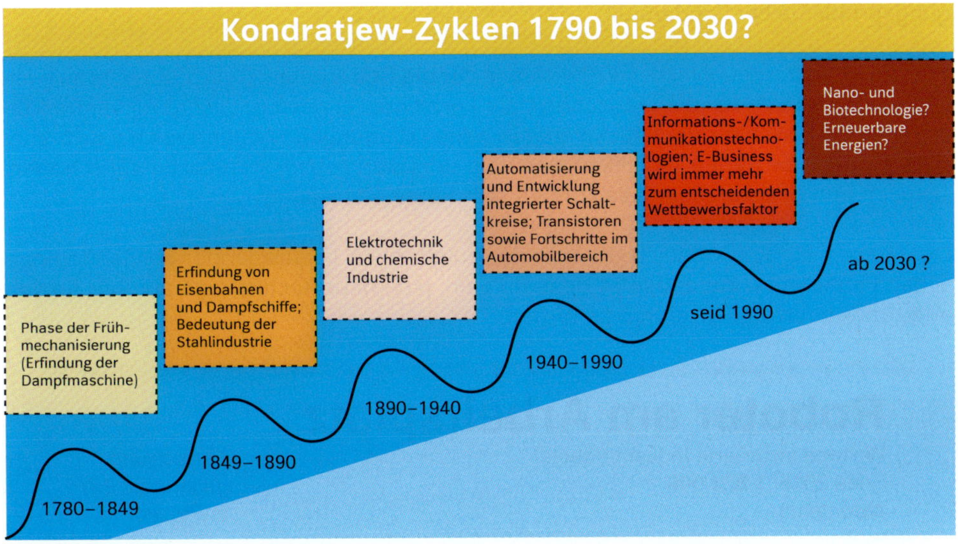

1. **Erklären Sie, wie Weltkonjunktur und technischer Fortschritt zusammenhängen.**
2. **Beschreiben Sie die Auswirkungen von technischen Entwicklungen auf Arbeitsplatz und Betriebe.**
3. **Welche technische Entwicklung verändert zurzeit am nachhaltigsten Beruf und Alltag?**

Wirtschaftliche Entwicklung und technischer Fortschritt sind eng miteinander verknüpft. Erfindungen schaffen neue Produkte und Märkte, neue Arbeitsplätze und Berufe und steigern das Sozialprodukt. Für eine moderne Industriegesellschaft ist es notwendig, technische Entwicklungen zu erkennen und rechtzeitig aufzugreifen, um auf dem Weltmarkt konkurrenzfähig zu bleiben.

Sowohl für die Entstehung als auch für die Weiterentwicklung einer modernen Industriegesellschaft sind technologische Neuerungen von grundlegender Bedeutung. Mit der Erfindung der Dampfmaschine begann die Industrialisierung, die durch den Elektro- und Verbrennungsmotor weiter vorangetrieben wurde. Im Zusammenhang mit dem Fließband und der zunehmenden Automatisierung wird von einer zweiten **industriellen Revolution** gesprochen. Mit der Mikroelektronik wurde mit der Digitalisierung und Automatisierung die dritte technische Revolution eingeleitet, Daneben sind Gen- und Biotechnologie, die Werkstoff- sowie die Umwelttechnologie die Schlüsseltechnologien für das 21. Jahrhundert.

Industrielle Revolution

Vgl. Kap. 19.2

Die vierte industrielle Revolution, auch als **Industrie 4.0** bezeichnet, hat begonnen. In der intelligenten Fabrik der Zukunft (Smart Factory) wird alles mit allem vernetzt und verbunden. Maschinen und Anlagen kommunizieren selbstständig miteinander.

Industrie 4.0
Vgl. Kap. 19.3

Soziale und ökologische Folgen

Jeder technologische Fortschritt hat auch seinen Preis: Betriebszweige und Berufe verändern sich oder müssen der Entwicklung weichen. Technischer Wandel hat immer soziale oder ökologische Folgen, z. B. den Verlust an Arbeitsplätzen oder die Entsorgungsprobleme bei Sondermüll.

Was im Zuge der technischen Entwicklung für die Betroffenen zunächst nachteilig ist, kann sich letztlich für die Menschheit als Fortschritt erweisen. So haben verständlicherweise die Weber oder Drucker gegen neue Erfindungen revoltiert; es hat sich aber gezeigt, dass die neuen Techniken zu einem erhöhten Lebensstandard geführt haben: Textilien und Druckerzeugnisse können sich heute alle leisten.

Der Mensch ist also zugleich Urheber, Nutznießer und Leidtragender des technologischen Fortschritts. Ziel muss es deshalb sein, jede neue Technologie auf ihre Sozial- und Umweltverträglichkeit hin zu prüfen.

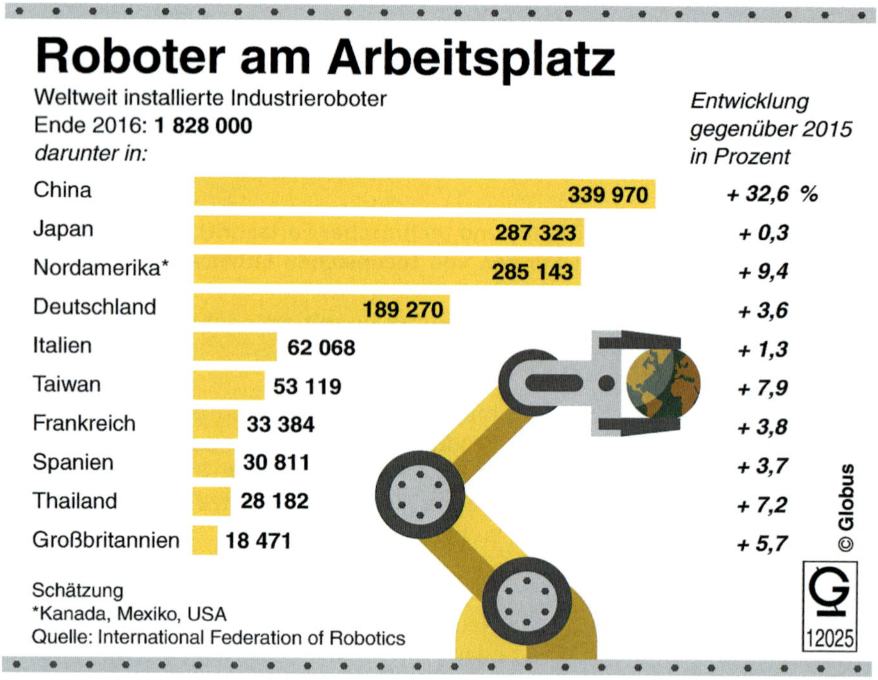

Die positive Einstellung zum Technikeinsatz im Bereich der Arbeitswelt lässt sich dadurch erklären, dass immer mehr Arbeitnehmer in Betrieben an modernen Maschinen arbeiten.

Der technische Wandel betrifft viele Arbeitnehmer. Deshalb fordert der DGB mehr Mitbestimmung für die Arbeitnehmer beim Einsatz neuer Techniken am Arbeitsplatz. Rationalisierungsschutzabkommen sind Beispiele dafür, dass technischer Wandel für Arbeitnehmer nicht zum wirtschaftlichen und sozialen Abstieg führen muss.

19.2 Schlüsseltechnologien heute

Die Zukunft der Technik

Roboter und Androiden
Die Robotik wird sich in den kommenden Jahren zu einer Großindustrie entwickeln - bis 2025 sollen laut dem Toyota-Konzern mit Robotern rund 50 Milliarden US $ umgesetzt werden. In Fabriken werden immer mehr Arbeitsgänge von Robotern übernommen; [...]

Fahrzeugtechnik
[...] Dem Shell-Konzern zufolge könnten Elektroautos im Jahre 2050 wegen ihrer Attraktivität und Kosteneffizienz zur Norm sein. [...]

Energieerzeugung
[...] In den kommenden Jahren [werden] Verfahren zur Nutzung von erneuerbaren Energien wie z. B. Windkraft, Sonnenenergie, Geothermie, Wasserkraft (inkl. Nutzung der Gezeiten) und Biomasse weiterentwickelt werden. Die Internationale Energieagentur (IEA) geht davon aus, dass bis 2030 weltweit mehr als ein Viertel des Verbrauchs durch erneuerbare Energien gedeckt werden kann, [...]

Nanotechnologie
[...] In Zukunft [wird es] Nano-Chips geben, mit denen sich Computer weiter verkleinern lassen, Miniatur-Roboter, die im Blutkreislauf schwimmen, nicht mehr funktionierende Zellen reparieren und Krebszellen zerstören [...].

Gentechnik
Die Gentechnik dürfte vor allem mit Blick auf eine effizientere Landwirtschaft, eine gesündere Ernährung und eine effektivere Produktion nachwachsender Rohstoffe weiterentwickelt werden. [...]

Zukunft der Arbeit. In: Die Zukunft gestalten. Grundsatzprogramm des Deutschen Gewerkschaftsbundes, November 1996, S. 13. Hrsg. v. DGB Bundesvorstand. Unter: www.dgb.de/themen/++co++article-mediapool-a9fa09863177d704d888ed62e1ae6fc5 [06.02.2019]

1. **Welche Bereiche gehören zu den Technologien von morgen?**
2. **Welche Chancen und Risiken sind mit diesen Technologien verbunden?**

Die Schlüsseltechnologien des 21. Jahrhunderts heißen Mikroelektronik, Informationstechnologie, Bio- und Gentechnologie, Werkstoff- und Umwelttechnologie. Eine neue Technologie wird dann zur Schlüsseltechnologie, wenn sie folgende Merkmale aufweist:

Merkmale von Schlüsseltechnologien

- **Sie muss ein breites Anwendungsfeld haben.**
- **Sie bildet die Grundlage für neue Entwicklungen.**
- **Durch ihren Einsatz wird die Produktion kostengünstiger.**
- **Sie hat Auswirkungen auf die Gesellschaft, z. B. auf die Berufswelt.**

Eine wichtige Schlüsseltechnologie, wenn nicht die bedeutendste, ist die **Mikroelektronik**. Die Halbleitertechnik ist die Basistechnik für andere Bereiche. Ohne elektronische Bausteine und Mikrochips sind Fortschritte im Maschinenbau, der Feinmechanik, der Informations- und Kommunikationstechnik, der Optik sowie der Automobilindustrie nicht mehr denkbar. Alte Techniken sind durch den Einsatz elektronischer Bauteile abgelöst worden, weil sie produktiver und kostengünstiger sind. Auch für den Verbraucher sind viele Produkte der Mikroelektronik erschwinglich geworden.

Bio- und Gentechnologie

Mithilfe der **Bio- und Gentechnologie** können Erbinformationen verändert werden. Dadurch eröffnen sich verschiedene Anwendungsbereiche. Erbkrankheiten lassen sich korrigieren oder verhindern, Medikamente (z. B. Insulin) können durch Organismen produziert werden. Mithilfe der Bio- und Genforschung erhoffen sich die Wissenschaftler Fortschritte bei der Behandlung von Krankheiten, insbesondere von Krebs und Aids. In der Landwirtschaft ist es das Ziel der neuen Technologie, Pflanzen und Tiere zu züchten, die weniger anfällig gegen Krankheiten sind und einen höheren Ertrag garantieren. Auch für den Bereich der Umwelt ist die Biotechnologie wichtig. So ist es z. B. gelungen, ölfressende Bakterien zu entwickeln oder Abwässer biologisch aufzubereiten.

Die Bio- und Gentechnologie ist nicht unumstritten, weil sie massiv in die Natur eingreift. Um Risiken und Missbrauch zu begrenzen, hat die Bundesrepublik ein Gentechnikgesetz verabschiedet.

Werkstofftechnologie

Die **Werkstofftechnologie** beschäftigt sich z. B. mit neuen Legierungen, Glas- und Kohlefasern oder mit der Lasertechnik. Es entstehen zum Teil völlig neue Produkte, wobei Rohstoffe eingespart werden können. Auch die Raumfahrt wird für die Erforschung und Anwendung neuer Werkstoffe genutzt.

Umwelttechnologie

Mit den Umweltproblemen und dem wachsenden Umweltbewusstsein hat auch die Bedeutung der **Umwelttechnologie** zugenommen. Neue Formen der Speicher- und Energietechnik können umweltverträgliche Energieformen erschließen; hierzu zählen Solar-, Wind- oder Gezeitenkraftwerke. Weitere Bereiche der Umwelttechnologie sind u. a. die Recyclingtechnik, Filteranlagen, Katalysatoren, Altlastensanierung, Lärm- und Gewässerschutzmaßnahmen.

Die technischen Veränderungen vollziehen sich in einem geradezu atemberaubenden Tempo. Das Telefon gab es 55 Jahre, bis 50 Millionen Menschen es nutzten. Das Fernsehen brauchte nur mehr 13 Jahre, um diese Nutzerzahl zu erreichen. Dem Internet gelang es bereits in drei Jahren.

Wie gut ist die Bundesrepublik auf die neuen Techniken vorbereitet? Experten befürchten, dass Deutschland ausgerechnet in den größten Wachstumsfeldern gegenüber den globalen Konkurrenten zurückliegt: Informations- und Biotechnologie. Spitzenplätze im Bereich Umwelt und Mobilität können dieses Defizit nicht ausgleichen. Für alle Schlüsseltechnologien gilt, dass enorme Anstrengungen in der Forschung nötig sind. Dies übersteigt oft die Möglichkeiten einzelner Unternehmen. Um die Wettbewerbsfähigkeit der Volkswirtschaft zu erhalten und zu stärken, unterstützen die Bundesrepublik Deutschland und die EU viele Forschungsprogramme.

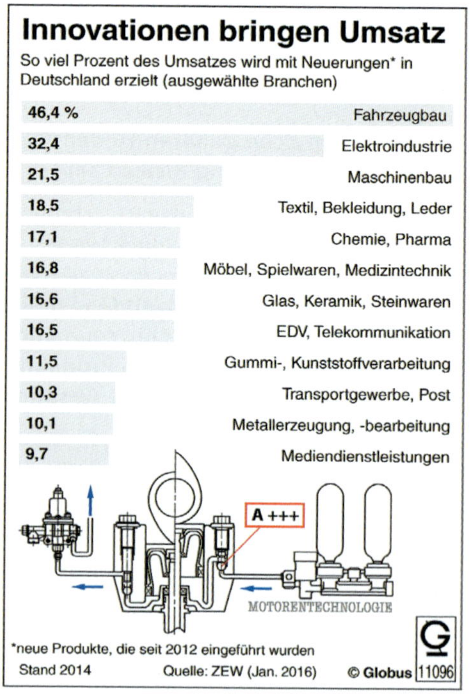

19.3 Industrie 4.0

Schuhe selbst gestalten – Industrie 4.0 macht's möglich

Was mit den neuen Produktionsabläufen einer Smart Factory möglich ist, wird an der personalisierten Schuhgestaltung deutlich. Mit einem Online-Konfigurator lassen sich Schuhe ganz einfach und mit wenigen Mausklicks individuell gestalten. Zunächst wird ein Basismodell ausgesucht. Danach kann sich die Kundin oder der Kunde nach einem Baukastenprinzip die einzelnen Teile des Schuhs selbst designen: die Materialien und die Lederart, die Farben von Vorder- und Hinterkappe, vom Rand, der Sohle, den Nähten, der Quaste oder den Schnürsenkeln und vieles mehr. Selbst ein eigener Schriftzug oder ein Monogramm kann hinzugefügt werden. Aufgrund der vielen Farbkombinationen entsteht mitunter ein Unikat. Und das zum gleichen Preis wie beim Schuh aus dem Regal mit vorgefertigtem Design. Wie ist das möglich?

Die Antwort ist die Zusammenführung von Produktion und digitaler Welt. Dies wird auch als Industrie 4.0 bezeichnet. Was das bedeutet wird am weiteren Weg des selbst gestalteten Schuhs deutlich.

Nachdem das Design erstellt ist, bestellt die Kundin oder der Kunde den Schuh. Die Daten werden über das Internet an den Hersteller übermittelt. Diese Daten begleiten den Schuhrohling vom Auftrag über die Produktion bis zur Auslieferung und Rechnungsabwicklung. Der Schuh weiß sozusagen wie er aussehen soll und gibt im Produktionsprozess alle Daten an die Maschinen weiter. Nicht mehr ein Zentralrechner steuert die Prozesse, sondern „intelligente Gegenstände". Man spricht in diesem Zusammenhang vom Internet der Dinge. So teilt der Schuhrohling der Maschine z. B. mit, dass die Vorderkappe aus Lackleder in Bordeaux-Rot sein soll. Die Maschine erfasst diesen Wunsch und fordert ein entsprechendes Lederteil an. D. h. auch die Logistik ist in die Vernetzung mit aufgenommen. Wenn Teile knapp werden, kann die Maschine sogar selbstständig neue Ware bestellen. Ist der Schuh nach den Wünschen des Kunden schließlich fertiggestellt, wird von den Maschinen der Versand in die Wege geleitet und der Paketdienst beauftragt. Gleichzeitig wird die Rechnung erstellt.

Der Mensch übernimmt in dieser smarten Fabrik immer weniger Arbeit in der Produktion, aber neue Aufgaben in der Kontrolle und Prozessbeobachtung. Auch arbeiten Roboter und Menschen „Hand in Hand". Dank verbesserter Sensorik sind Roboter und Mitarbeiter nicht mehr voneinander getrennt, sondern handeln „rücksichts- und verständnisvoll" gemeinsam. So „übergibt" die Maschine den fast fertigen Schuh einem Mitarbeiter, der dann noch die Quaste einfädelt, ein Vorgang, den der Roboter noch nicht selbständig ausführen kann.

Der Kunde wird fortlaufend per Internet über den Stand seiner Bestellung informiert. So erfährt er z.B., dass die Bestellung eingegangen ist, wie der Fortgang der Produktion ist oder wann der Schuh per Paketdienst bei ihm zu Hause ankommt.

?

1. **Was versteht man unter Industrie 4.0?**
2. **Was ist unter dem „Internet der Dinge" zu verstehen?**

Vierte Industrielle Revolution

Nach der **Mechanisierung** Ende des 18. Jahrhunderts, der **Elektrifizierung** Ende des 19. Jahrhunderts und der **Automatisierung** in den 70er Jahren des 20. Jahrhunderts steht nun die vierte industrielle Revolution an, auch als „Industrie 4.0" bezeichnet.

Industrie 4.0 ist die Zusammenführung von Produktion und digitaler Welt (Cyber-Physical-System). Alles ist mit allem digital vernetzt: der Kunde mit dem Hersteller, der Hersteller mit dem Zulieferer, die Produktionsanlagen untereinander, das Produkt mit den Maschinen, der Mensch mit dem Roboter. Möglich wird dies durch leistungsfähige Sensoren, Kommunikationsnetzwerke und Elektronik. Die Produkte steuern sich selbst durch die Produktionsanlagen. Die Produkte und Anlagen mit ihren Daten und dem intensivejn Datenaustausch sind „intelligent". Man spricht deshalb auch vom „**Internet der Dinge**". Die Fabrik der Zukunft ist „smart" und intelligent. Deshalb wird sie auch als „**Smart Factory**" bezeichnet. Datensicherheit und Datenschutz werden immer wichtiger.

Die Vorteile der intelligenten Fabrik sind u.a.:

- **Die Produktion wird flexibler, Kundenwünsche können kostengünstig individuell erfüllt werden.**
- **Die Produktion erfolgt auf Nachfrage, nicht „auf Lager".**
- **Kosten und Ressourcen können eingespart werden.**
- **Störungen und Fehler werden von den „intelligenten" Anlagen erkannt und können schneller behoben werden.**
- **Änderungen können in Echtzeit vorgenommen werden.**
- **Wertschöpfungsketten lassen sich leichter optimieren.**

Mensch und Maschine arbeiten „Hand in Hand"

Vgl. Kap. 19.4

Die Entwicklung zur Industrie 4.0 hat auch Auswirkungen auf die Arbeit und Arbeitsplätze.

19.4 Arbeiten in der Informationsgesellschaft und der Industrie 4.0

„Hello Muelheim, Orlando calling ..."

Früher arbeiteten die engsten Kollegen im Nebenzimmer. Heute sitzen sie immer öfter verstreut über diverse Zeit- und Klimazonen. Multinationale Teams gelten als kreativ und kostensparend. Doch das virtuelle Arbeiten mit Kollegen rund um den Globus hat seine Tücken.

Orlando/Florida 7:30 Uhr Ortszeit. Siemens-Ingenieur Ken Lancaster fährt seinen PC hoch. Sofort ploppen ihm Dutzende Mails seiner engsten Teamkollegen entgegen. Denn diesseits des großen Teichs haben die Siemensianer längst ihre Mittagspause beendet. In Mühlheim an der Ruhr ist es 13:30 Uhr. „Hi Ken, hier ist es kalt und regnerisch. Freu mich auf das Barbecue bei euch nächste Woche", mailt Christian Scholz, Leiter der Abteilung Engine Integration, auf Englisch. Dann geht's per Videoschalte in technische Details. Schließlich stemmen die beiden mit 250 Siemens-Kollegen an fünf Standorten ein ehrgeiziges Projekt: Sie entwickeln die größte Gasturbine der Welt. Die erste geht bald im bayrischen Irsching ans Netz.

Arbeiteten die engsten Kollegen früher im Nebenzimmer, sitzen sie heute immer öfter verstreut über diverse Zeit- und Klimazonen. Virtuelle, bunt gemischte Teams – sie sind die logische Konsequenz der globalen Arbeitsteilung: Produktion oder Backoffice-Funktionen wandern ins kostengünstigere Ausland. Und durch Zukäufe und Fusionen wachsen auch Mittelständler weit über die Landesgrenzen. So kommt der Controller im Schwäbischen plötzlich zu Abteilungskollegen in Polen oder Indien, mit denen er täglich eng zusammenarbeiten muss – auf Englisch, versteht sich. [...]

Rein technisch betrachtet, ist Teamarbeit über viele Zeitzonen heute kein Problem: E-Mail, Instand Messenger, Skype, Video- und Net-Konferenzen machen's möglich. Der direkte Kontakt tritt beim modernen Büromenschen ohnehin immer mehr in den Hintergrund. So kommunizieren bereits vier von zehn Kollegen überwiegend virtuell miteinander, das heißt, ohne sich zu sehen oder zu hören. [...]

Wer Kollegen in völlig fremden Kulturen hat, braucht besonders feine Antennen. Der Inder Samir Malhotra etwa, der bei IBM in Bangalore im Rechnungswesen arbeitet, hat so seine Erfahrungen gemacht: „Europäer haben oft eine sehr direkte Art, Dinge anzusprechen. Wir Inder fühlten uns anfangs manchmal angegriffen oder beleidigt." Sein polnischer Teamkollege Tomasz Mordarski in Krakau weiß das zu nehmen: „Ein Inder würde nie Negatives ansprechen. Das muss man wissen, sonst erkennt man Schwierigkeiten erst, wenn sie zu einem Riesenproblem geworden sind." [...]

Terpitz, Katrin: „Hello Muelheim, Orlando calling [...] ". In: www.handelsblatt.com. 26.11.2007. www.handelsblatt.com/unternehmen/management/virtuelle-teams-hello-muelheim-orlando-calling-/2898086.html [03.07.2018].

?

1. **Was ist unter virtuellen Teams zu verstehen?**
2. **a) Welche technischen Einrichtungen machen die virtuelle Arbeit möglich?**
   b) Wie funktionieren diese?
3. **Welche Schwierigkeiten und Probleme können bei der virtuellen Arbeit auftreten?**

Treibende Kraft in unserem nachindustriellen Zeitalter ist die Informations- und Kommunikationstechnologie. Im weiteren Verlauf des 21. Jahrhunderts wird die Bedeutung körperlicher Kraft und vieler heute noch geübter Fertigkeiten und Routinearbeiten weiter abnehmen. Wissen und der Umgang damit werden zu den wichtigsten Rohstoffen für die Arbeitswelt von morgen und zur Wohlstandsquelle der Zukunft.

Das wirkt sich massiv auf die einzelnen Unternehmen und ihre Betriebsstätten aus. Zudem wird auch die globale Zusammenarbeit grundlegend verändert.

Lernende Unternehmen

Nicht mehr zeitgemäße Strukturen in den Betrieben verschwinden. Arbeitsabläufe werden immer komplexer und die Firmen müssen immer schneller auf Marktveränderungen reagieren. Dies führt dazu, dass Firmen sich in ihrem Inneren auflösen. Je nach Bedarf werden neue Teams und Projektgruppen zusammengesetzt, verändert oder wieder aufgelöst. In diesem Zusammenhang spricht man von einem **lernenden Unternehmen**.

Virtuelle Unternehmen

In sogenannten **virtuellen Unternehmen** werden die Produkte und Dienstleistungen mithilfe moderner Kommunikationsmittel wie E-Mail, Internet, Mobilfunk und Video abgewickelt. Damit werden diese Unternehmen unabhängig von einem festen Standort. So geht bildlich gesprochen die Sonne über vielen vernetzten Arbeitsvorgängen innerhalb eines Unternehmens nicht unter. Was Projektteams in Fernost entwerfen, wird – wenn dort der Tag endet – in Europa aufgegriffen und später am immer noch gleichen Tag in Amerika fortgeführt.

Die Arbeits- und Lebenswelt des Arbeitnehmers verändert sich. Festgefügte und festgeschriebene Berufsfelder, Beschäftigungs-, Laufbahn- und Entlohnungsmuster gehören ebenso der Vergangenheit an wie das alte Schema „Ausbildung – Beschäftigung – Rente". Der Vollzeit-Arbeitnehmer weicht dem Typus des **„Lebensunternehmers"**. Damit ist gemeint, dass sich der Arbeitnehmer ständig den neuen Anforderungen und Veränderungen stellt, seinen individuellen Arbeits- und Lebenspfad sucht und findet. So setzt sich das Arbeitsleben wie ein Puzzle aus verschiedenen Erwerbstätigkeiten, Zeiten der Fort- und Weiterbildung sowie der Nichterwerbstätigkeit zusammen. Wie das lernende Unternehmen ist der „Lebensunternehmer" ein **lebenslang lernender Mitarbeiter**, der seine Fähigkeiten auf einem freien Arbeits- und Auftragsmarkt präsentieren muss und seine Stärken und Schwächen einzuschätzen versteht.

Industrie 4.0

In der Industrie 4.0 fallen einfache Arbeitsplätze weg, dafür werden neue Spezialisten gebraucht, welche die intelligenten Anlagen und Roboter programmieren, mit diesen kommunizieren, sie kontrollieren und beobachten. Tablets und Smartphones werden zu neuen Werkzeugen in der „Smart Factory". Kenntnisse in der Informationstechnik und von Kommunikationssystemen werden wichtiger. Die räumliche und zeitliche Flexibilität nimmt zu.

Arbeiten 4.0
Neue Perspektiven für unsere Arbeitsgesellschaft

Kommen Taxis, Busse und LKWs bald ohne Fahrer aus? Sind Roboter die besseren Chirurgen? Wird Bargeld überflüssig und wir bezahlen nur noch mit dem Handy? Werden Häuser und Siedlungen mittels 3-D-Druckern gebaut?

Entlang solcher Fragen werden derzeit Zukunftsszenarien einer „digitalen Revolution" diskutiert. Deren Grundlagen sind immer leistungsfähigere IT-Systeme, hochentwickelte Robotik und Sensorik, 3-D-Drucker, Clouds und riesige Datensammlungen, die, Big Data sei Dank, miteinander kombiniert erstaunliche Vorhersagen ermöglichen. [...]

Brauchen wir angesichts der aktuellen technologischen Trends, gesellschaftlichen Entwicklungen und Veränderungen am Arbeitsmarkt ein neues Leitbild von Arbeit? Wie kann es aussehen?

Arbeiten 4.0 beschreibt nicht die heutige Normalität in den Betrieben. Vielmehr zeigt Arbeiten 4.0 neue Perspektiven und Gestaltungschancen in der Zukunft auf. Der Titel „Arbeiten 4.0" knüpft damit an die aktuelle Diskussion über die vierte industrielle Revolution19 (Industrie 4.0) an, rückt aber die Arbeitsformen und Arbeitsverhältnisse ins Zentrum – nicht nur im industriellen Sektor, sondern in der gesamten Arbeitswelt. [...]

Arbeiten 4.0 wird vernetzter, digitaler und flexibler sein. Wie die zukünftige Arbeitswelt im Einzelnen

aussehen wird, ist noch offen. Seit Beginn des 21. Jahrhundert stehen wir vor einem erneuten grundlegenden Wandel der Produktionsweise.

Die wachsende Vernetzung und zunehmende Kooperation von Mensch und Maschine ändert nicht nur die Art, wie wir produzieren, sondern schafft auch ganz neue Produkte und Dienstleistungen. Durch den kulturellen und gesellschaftlichen Wandel entstehen neue Ansprüche an Arbeit, auch die Nachfrage nach Produkten und Dienstleistungen verändert sich.

Welche Auswirkungen diese Entwicklungen auf die Organisation von Arbeit und sozialer Sicherung haben, ist zwar offen, aber – wie in den vorhergehenden Phasen auch – durch Gesellschaft und Politik gestaltbar. Wir stehen am Beginn neuer Aushandlungsprozesse zwischen Individuen, Sozialpartnern und dem Staat.

Bundesministerium für Arbeit und Soziales: Grünbuch - Arbeiten 4.0, veröff. im April 2015, S. 6-35. Abgerufen unter: https://issuu.com/support.bmaspublicispixelpark.de/docs/gruenbuch-arbeiten-vier-null?e=26749784/43070407 [14.01.2019].

1. Welche neuen Ansprüche entstehen mit der Arbeit 4.0 in Ihrem Berufsfeld?
2. Wie kann ein neues Leitbild von Arbeit aussehen?

?

19.5 Berufliche Weiterbildung

Sina ist Tischlerin im dritten Ausbildungsjahr. Der Beruf macht ihr Spaß. Sie hat neben der Ausbildung bereits zwei Fortbildungsveranstaltungen besucht: einen CNC-Maschinenkurs beim Berufsfortbildungswerk und einen Robotik-Kurs bei der Handwerkskammer. Die Kurse haben Sina mit den neuesten Entwicklungen und Techniken vertraut gemacht. Sie will sich nach der Ausbildung weiterqualifizieren; ihr Ziel ist es, Meisterin im Tischlerhandwerk zu werden. Über die Möglichkeiten und Wege hat sie noch keine genauen Vorstellungen. Deshalb hat Sina sich bei der Arbeitsagentur über eine berufliche Weiterbildung informiert. Vom Berufsberater hat sie eine Broschüre erhalten, die einen Überblick über Weiterbildungswege gibt:

Meister/-in (Industrie oder Handwerk)	**Staatlich geprüfte/-r Techniker/-in**	**Bachelor of Engineering Hochschule** (Fachhochschule)
Vorbereitungslehrgang (Vollzeit-, Teilzeitunterricht)	Fachschule für Techniker a) Vollzeitschule 4 Halbjahre*) oder b) Teilzeitschule ca. 8 Halbjahre	Hochschule (Fachhochschule) Studiengang Holztechnik Regelstudienzeit 7 Semester
Mehrjährige praktische berufliche Tätigkeit (für Industriemeister auch ohne Berufsabschluss)	a) 2 Jahre Berufspraxis b) 1 Jahr Berufspraxis	1 Jahr Fachoberschule oder Berufskolleg oder Vorbereitungskurs zum Erwerb der Fachhochschulreife
	*) Je nach schulischer Vorbildung entweder Erwerb des mittleren Bildungsabschlusses oder der Fachhochschulreife möglich	Mittlerer Bildungsabschluss

Berufliche Weiterbildung (beispielhafte Darstellung)

↑

Anerkannter beruflicher Abschluss

1. **Bei welchen Einrichtungen hat Sina Fortbildungsmaßnahmen besucht?**
2. **Warum ist es sinnvoll, sich wie Sina während und nach der Berufsausbildung fortzubilden?**
3. **Welchen Weg der beruflichen Weiterbildung muss Sina einschlagen, um ihr Berufsziel zu erreichen?**
4. **Zeigen Sie die Wege auf, die Sina gehen muss, wenn sie an der Fachhochschule Holztechnik studieren will.**

Weiterbildung

Wer seine Berufsausbildung abgeschlossen hat, wird seine Kenntnisse und Fähigkeiten ständig erweitern und den neuen Anforderungen am Arbeitsplatz anpassen müssen. Die berufliche Weiterbildung hat deshalb in den letzen Jahren immer mehr an Bedeutung gewonnen. Sich beruflich auf dem Laufenden zu halten setzt „lebenslanges Lernen“ voraus.

Die Beweggründe und Ziele beruflicher Weiterbildung sind verschieden. Weiterbildungsmaßnahmen dienen vor allem dazu,

Gründe und Ziele beruflicher Weiterbildung

- **mit dem technischen Fortschritt mitzuhalten,**
- **beruflich aufzusteigen,**
- **mehr Einkommen zu erzielen,**
- **eine größere Zufriedenheit im Beruf zu erreichen,**
- **den Arbeitsplatz zu sichern,**
- **auf dem Arbeitsmarkt mobil und flexibel zu bleiben.**

Die Weiterbildung im gewerblich-technischen Bereich hat in der Form der Meisterprüfung eine lange Tradition. Heute stehen dem Arbeitnehmer auch andere Wege offen, sich zu qualifizieren. So bieten z. B. Höhere Berufsfachschulen eine Assistentenausbildung, die Fachschulen den Abschluss zum staatlich geprüften Techniker oder die Fachhochschulen Diplomabschlüsse an. Für viele berufliche Qualifizierungen sind höhere schulische Abschlüsse Voraussetzung.

Umschulung

Während Fort- und Weiterbildungsmaßnahmen auf der Grundlage des ausgeübten Berufes erfolgen, bedeutet Umschulung eine Qualifizierung für einen neuen Beruf. Für eine Umschulung gibt es Gründe, die entweder durch den Arbeitsmarkt bedingt sind oder beim Beschäftigten selbst liegen.

Arbeitsmarktbedingte Gründe

Arbeitsmarktbedingte Gründe könnten z. B. sein:

- **Die bisherige Tätigkeit wird durch technische Entwicklungen weitgehend überflüssig (Lochkartenbearbeiter/-in in der EDV, Teilzeichner/-in, Wagner).**
- **Der Betrieb wird geschlossen, Ersatzarbeitsplätze in der Region fehlen.**
- **Veränderte Verbrauchergewohnheiten erfordern betriebliche Änderungen (Tankwart, Selbstbedienung im Einzelhandel).**

Persönliche Gründe

Persönliche Gründe für die Umschulung sind z. B.:

- **Allergien oder berufsbedingte Krankheiten erfordern einen Berufswechsel.**
- **Wegen eines Unfalles wird im Rahmen einer beruflichen Rehabilitation eine Umschulung notwendig.**
- **Nach längerer Pause aus familiären Gründen (z. B. Kindererziehung) muss ein Beruf neu erlernt werden.**

Über die Möglichkeiten zu Weiterbildung und Umschulung informieren die Arbeitsagenturen sowie die Träger beruflicher Fort- und Weiterbildung.

Förder-maßnahmen durch die Arbeitsagentur

Berufliche Weiterbildung kostet Geld. Im SGB III – Arbeitsförderung werden die Leistungen und Förderkriterien beschrieben. Von Fall zu Fall gewährt die Agentur für Arbeit Zuschüsse u. a. für Lernmittel, Fahrtkosten und Lehrgangsgebühren, Verpflegungs- und Unterbringungskosten.

Um die finanziellen Hilfen nach dem SGB III in Anspruch nehmen zu können, müssen bestimmte Voraussetzungen erfüllt sein. Deshalb ist es ratsam, sich zuerst bei der zuständigen Arbeitsagentur zu informieren. Der Antrag auf Förderung muss vor Beginn der Maßnahme schriftlich gestellt werden. Dem Arbeitnehmer wird das Vorliegen der Voraussetzungen für eine Förderung mit einem Bildungsgutschein bescheinigt. Der vom Arbeitnehmer ausgewählte Träger hat der Agentur für Arbeit den Bildungsgutschein vor Beginn der Maßnahme vorzulegen.

BAföG

Für bestimmte Weiterbildungsmaßnahmen hilft der Staat durch finanzielle Förderung nach dem **Bundesausbildungsförderungsgesetz** (BAföG). Gefördert werden z. B. Bildungsgänge an höheren Berufsfachschulen, Fachoberschulen, Kollegs, Fachhochschulen, Meisterkurse und Universitäten. Informationen geben die Ämter für Ausbildungsförderung bei den Landkreisen und kreisfreien Städten sowie die Arbeitsagentur.

1. **Nennen Sie Gründe und Ziele für eine berufliche Weiterbildung.**
2. **Welche Möglichkeiten haben Sie, sich in Ihrem Beruf weiterzubilden?**
3. **Erklären Sie den Unterschied zwischen Weiterbildung und Umschulung.**
4. **In welchen Fällen ist eine Umschulung erforderlich?**
5. **Welche finanziellen Fördermaßnahmen können für eine berufliche Weiterbildung in Anspruch genommen werden?**

20 Wirtschaftsordnungen

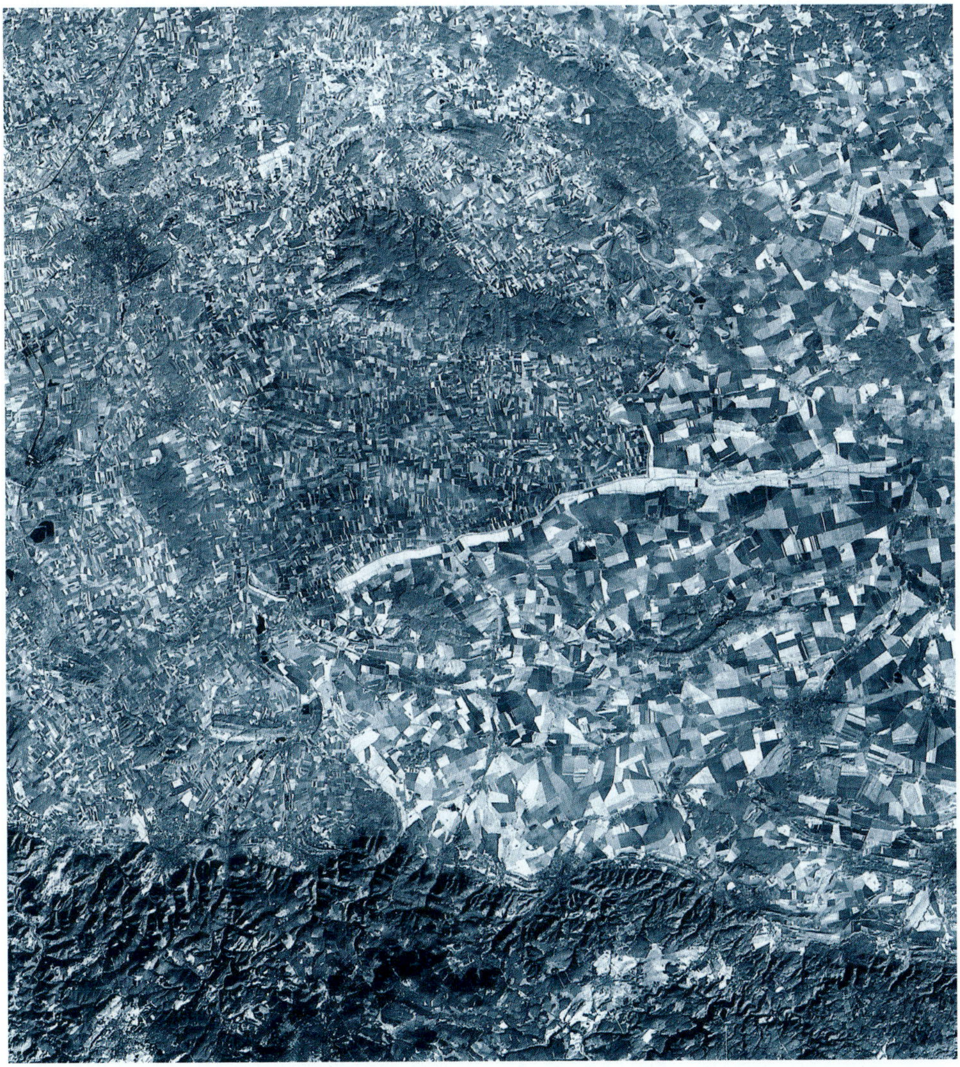

Das Satellitenbild entstand vor der Vereinigung der beiden deutschen Staaten.

1. Woran lässt sich der Grenzverlauf zwischen Ost- und Westdeutschland erkennen?
2. Wieso verdeutlicht das Luftbild auch zwei Wirtschaftsordnungen?
3. Erläutern Sie die Unterschiede dieser Wirtschaftsordnungen.

20.1 Wirtschaftsordnungen im Modell

Das politische und das wirtschaftliche System eines Staates stehen in engem Zusammenhang. Je freier das politische System, umso freier ist auch die Wirtschaftsordnung. Grundsätzlich muss jede Wirtschaftsordnung Antworten geben auf folgende Fragen:

Grundfragen der Wirtschaftsordnungen

- **Wer besitzt die Produktionsmittel? (Eigentumsform)**
- **Wie werden Preise und Löhne gebildet? (Preis-, Lohnbildung)**
- **Wer entscheidet, was und wie viel produziert wird? (Entscheidung, Planung)**
- **Welches Ziel verfolgen die Betriebe? (Wirtschaftsziel)**

Ausgehend von diesen Fragen lassen sich zwei Modelle von Wirtschaftsordnungen unterscheiden, die gegensätzliche Antworten anbieten: die freie Marktwirtschaft und die zentrale Planwirtschaft.

Das Modell der freien Marktwirtschaft

Die freie Marktwirtschaft setzt auf die freie Entfaltungsmöglichkeit des Einzelnen. Unternehmen, Banken und Haushalte können in eigener Verantwortung und ohne Einfluss des Staates entscheiden und planen. Ziel der Unternehmen ist es, einen möglichst hohen Gewinn zu erzielen. Die Haushalte streben nach möglichst hohen Einkommen, die sie für sich maximal zu nutzen versuchen. Für die Gewinn- und Nutzenmaximierung gilt das Leistungsprinzip.

Modell der freien Marktwirtschaft

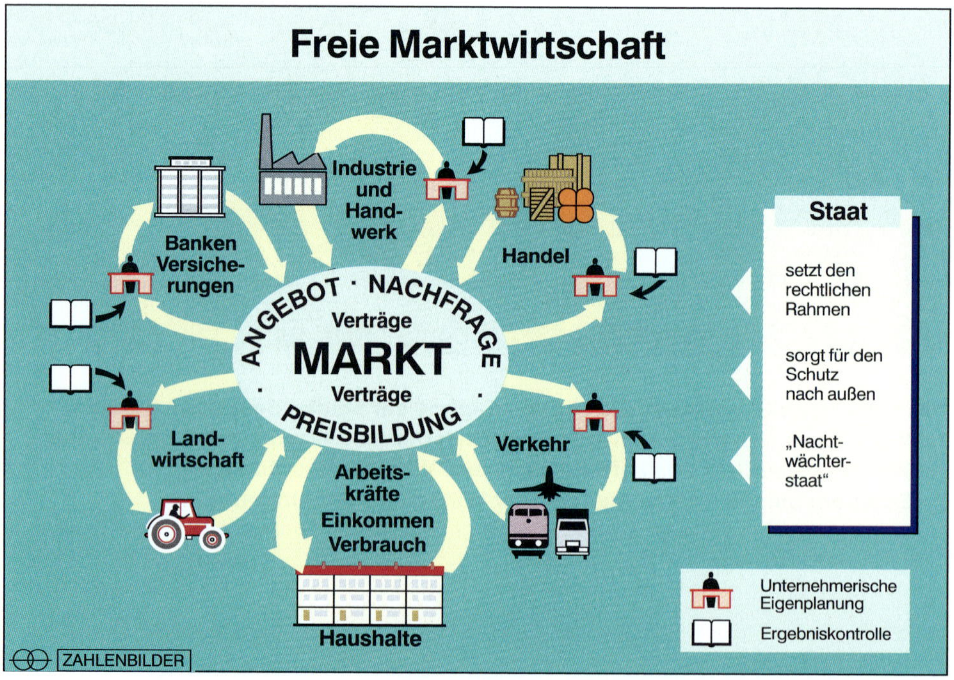

Im freien Wettbewerb treffen Angebot und Nachfrage auf freien Märkten aufeinander, wo sich der Marktpreis bildet.

Nachtwächterstaat

Der Staat mischt sich in das Wirtschaftsgeschehen nicht ein. Diese passive Haltung haben Kritiker mit der Aufgabe eines Nachtwächters verglichen. Die Rolle des Staates beschränkt sich auf den rechtlichen Rahmen und den Schutz nach außen. Er garantiert das Recht auf Eigentum, die Vertragsfreiheit und sorgt für Recht und Ordnung.

Das Modell der zentralen Planwirtschaft

Anders als bei der Marktwirtschaft steht nicht die Einzelperson, sondern die Gesellschaft im Vordergrund. Deshalb kann auch nicht der Einzelne frei entscheiden und planen. An die Stelle des Marktes tritt der Plan. Eine staatliche Planungsbehörde bestimmt, was, wo und wie viel produziert wird. In einem Volkswirtschaftsplan werden Planziele und der Einsatz der Produktionsfaktoren festgeschrieben. Die einzelnen Betriebe sind verpflichtet, die Pläne zu erfüllen.

Da auf den Märkten kein Wettbewerb stattfindet, müssen die Preise durch die Planungsbehörde festgelegt werden. Der Staat orientiert sich bei der Preisbildung an politischen Vorgaben, z. B. Grundnahrungsmittel sehr preiswert und Luxusartikel sehr teuer zu verkaufen. Dahinter steckt das Ziel, jeden Bürger wirtschaftlich gleichzustellen (soziale Gerechtigkeit).

Modell der zentralen Planwirtschaft

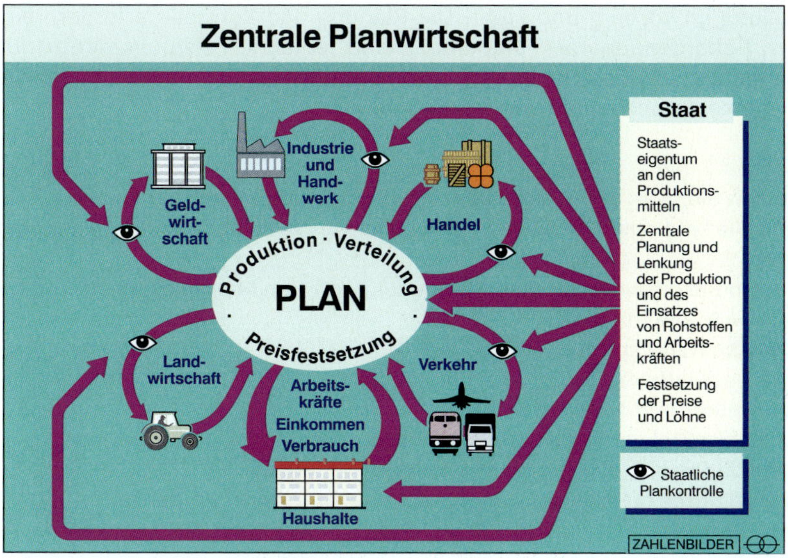

Der Staat kann nur entscheiden, wenn er auch Eigentümer der Produktionsmittel ist. Deshalb setzt das Modell der zentralen Planwirtschaft oder der Zentralverwaltungswirtschaft Staatseigentum voraus.

Aufgabe des Staates ist es, die Planerfüllung zu überwachen und zu kontrollieren.

Vor- und Nachteile der Modelle

Die größte Schwäche der **freien Marktwirtschaft** wurde im Verlaufe der industriellen Revolution im 19. Jahrhundert deutlich: Dem technischen und wirtschaftlichen Fortschritt standen auf der anderen Seite Massenarbeitslosigkeit, Kinderarbeit und fehlende soziale Absicherung gegenüber.

Das Leistungsprinzip und die Freiheit des Einzelnen steigern den Leistungswillen und fördern den Wohlstand. Allerdings können im System der freien Marktwirtschaft Leistungsschwache und Leistungsunfähige am Wohlstand nicht teilhaben. Bei Konjunkturschwankungen werden viele Arbeitnehmer arbeits- und brotlos. Der freie Wettbewerb führt dazu, dass die stärkeren Wirtschaftsteilnehmer immer mächtiger werden; es kommt zu Unternehmenskonzentrationen und Monopolen. Dadurch, dass jeder frei entscheiden kann, wie, was und wo er produziert, entstehen gravierende Umweltprobleme und werden Rohstoffe verschwendet.

Marktformen
Vgl. Kap. 18.11

Das Modell der **zentralen Planwirtschaft** beschneidet die Freiheit des Einzelnen zugunsten der Planvorgaben. Der Staat als oberste Planungs- und Lenkungsbehörde garantiert jedem Arbeit und soziale Sicherheit. Dies bedeutet aber auch, dass der Einzelne über Beruf und Arbeitsplatz nicht frei entscheiden kann. Sicherheit bei gleichzeitiger Bevormundung kennzeichnen die zentrale Planwirtschaft.

Fehlender Wettbewerb mindert die Leistungsbereitschaft und Risikobereitschaft der staatlichen Betriebe. Es wird zu wenig in technische Entwicklungen investiert, weil die Planerfüllung im Vordergrund steht. Die Planung und Kontrolle erfordern einen aufwendigen Behördenapparat. Fehlplanung und fehlende Leistungsanreize führen zu einer Mangelwirtschaft; sichtbares Zeichen dafür waren in den ehemaligen Ostblock-Staaten die Käuferschlangen vor den Geschäften.

1. **Erläutern Sie, was unter einer Wirtschaftsordnung zu verstehen ist.**
2. **Zeigen Sie, wie das politische System und die Wirtschaftsordnung zusammenhängen.**
3. **Erläutern Sie die wesentlichen Merkmale der freien Marktwirtschaft und die der zentralen Planwirtschaft:**
   a) **Welche Rolle spielt der Einzelne?**
   b) **Wer ist im Besitz der Produktionsmittel?**
   c) **Wer plant und entscheidet?**
   d) **Welches Ziel verfolgen die Betriebe, die Haushalte und der Staat?**
   e) **Wie bilden sich die Preise und Löhne?**
4. **Was wird durch die Bezeichnung „Nachtwächterstaat" an der freien Marktwirtschaft kritisiert?**
5. **Stellen Sie Vorteile und Nachteile der Wirtschaftsordnungen gegenüber.**
6. **Was ist die größte Schwäche**
   a) **der freien Marktwirtschaft?**
   b) **der zentralen Planwirtschaft?**

20.2 Die soziale Marktwirtschaft

Staat soll Wohnungsmarkt regeln

Mieterbund mahnt staatliches Handeln an

Dem Wohnungsmarkt droht nach Angaben des Deutschen Mieterbundes (DMB) eine erneute und ernsthafte Krise. Eindeutige Warnzeichen und konkrete Fakten seien bisher nicht ernst genommen oder nicht ausreichend berücksichtigt worden.

Laut DMB fehlen schon heute rein rechnerisch bei einer Gegenüberstellung von Wohnungen und Haushalten rund eine Million Wohnungen in Deutschland. Dies sei die Folge des jahrelangen Stillstandes in der Wohnungspolitik und die Reaktion auf unterbliebene Reformen.

Die Wohnungspolitik brauche jetzt wieder hohe Priorität und müsse endlich ihrer sozialen Verantwortung gerecht werden. Insbesondere im sozialen Mietwohnungsbau bestehe Handlungsbedarf. Zudem müsse das Wohngeld angepasst und erhöht werden.

1. Nach welchen Regeln funktioniert der Wohnungsmarkt in der Marktwirtschaft?
2. a) Warum soll der Staat in den Wohnungsmarkt eingreifen?
b) Durch welche Maßnahmen soll dies geschehen?
3. Um welche Wirtschaftsordnung handelt es sich?

Die Bundesrepublik Deutschland ist ein demokratischer und sozialer Bundesstaat. Das Grundgesetz garantiert in seinen Grundrechten die persönliche Freiheit und das Privateigentum. Dem politischen System entspricht demnach im Wesentlichen die Marktwirtschaft als Wirtschaftsordnung. In der Verfassung finden sich aber auch wichtige Einschränkungen, welche die wirtschaftlichen Freiheiten begrenzen. So heißt es im

Grundgesetz:

Art. 14 Abs. 2 und 3 GG
(2) Eigentum verpflichtet. Sein Gebrauch soll zugleich dem Wohle der Allgemeinheit dienen.
(3) Eine Enteignung ist nur zum Wohle der Allgemeinheit zulässig. [...]

Artikel 14 Grundgesetz

Im **Sozialstaat** ist die Regierung verpflichtet, in das wirtschaftliche Geschehen einzugreifen, wenn soziale Korrekturen notwendig sind.

Das Beispiel des Wohnungsmarktes zeigt deutlich, dass es sinnvoll ist, das Prinzip der Freiheit auf dem Markt mit dem des sozialen Ausgleichs zu verbinden. Damit Bezieher niedriger Einkommen eine angemessene Wohnung mieten können, fördert der Staat den sozialen Wohnungsbau und begrenzt durch Gesetze Mieterhöhungen, z. B. durch die sogenannte Mietpreisbremse.

Die Wirtschaftsordnung der Bundesrepublik verbindet die Vorteile der freien Marktwirtschaft mit der Aufgabe des Staates, für soziale Gerechtigkeit und Sicherheit zu sorgen. Diese Wirtschaftsordnung wird als **soziale Marktwirtschaft** bezeichnet. Sie wurde nach dem Zweiten Weltkrieg u.a. von Alfred Müller-Armack und Ludwig Erhard, dem „Vater der sozialen Marktwirtschaft", entwickelt und politisch durchgesetzt.

Modell der sozialen Marktwirtschaft

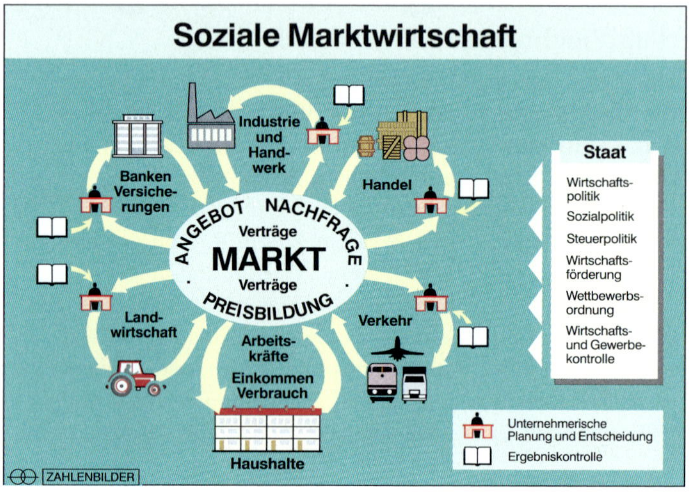

In der sozialen Marktwirtschaft bleiben die Grundsätze der freien Marktwirtschaft erhalten: Privateigentum, freier Wettbewerb und Vertragsfreiheit, Preisbildung durch Angebot und Nachfrage sowie Entscheidungs- und Planungsfreiheit der Unternehmen und Haushalte.

Anders als der „Nachtwächterstaat" spielt der Staat in der Wirtschaftsordnung der sozialen Marktwirtschaft aber eine aktive Rolle. Er greift durch sozial- und wettbewerbspolitische Maßnahmen sowie durch seine Konjunktur- und Strukturpolitik in die Wirtschaft ein.

Soziales Netz

Durch **sozialpolitische Maßnahmen** will der Staat einen Ausgleich zwischen den wirtschaftlich Stärkeren und Schwächeren schaffen. Das „soziale Netz" sichert die Arbeitnehmer und Bürger durch die Sozialversicherungen vor den Risiken der Arbeitslosigkeit und Krankheit, des Alters und der Pflege sowie bei Unfall ab. Zu den sozialpolitischen Maßnahmen gehören u.a. auch Kindergeld, Wohngeld, Sozialhilfe, Wohnungsbauförderung und Ausbildungshilfen. Sozialpolitik will Steuermittel zugunsten von sozial Schwächeren umverteilen. Ein wichtiger Bereich sind zudem die Mitbestimmungs- und Mitwirkungsrechte der Arbeitnehmer.

Verbraucherschutz

Der freie Wettbewerb kann dazu führen, dass die wirtschaftlich Stärkeren eine zu große Macht am Markt erlangen. Es besteht die Gefahr von Monopolen und Preisabsprachen. Hier greift der Staat durch **wettbewerbspolitische Maßnahmen** ein. Das Gesetz gegen Wettbewerbsbeschränkungen (Kartellgesetz) soll Preisabsprachen und Unternehmenskonzentrationen verhindern. Das Bundeskartellamt in Berlin überwacht, kontrolliert und verbietet Unternehmenszusammenschlüsse. Um den Verbraucher zu schützen, wurde die Vertragsfreiheit zum Teil eingeschränkt. Beispiele sind das Gesetz gegen den unlauteren Wettbewerb, das Gesetz über die Allgemeinen Geschäftsbedingungen, das Produkthaftungsgesetz und die Preisangabenverordnung.

Schwankungen in der wirtschaftlichen Entwicklung sind ein Merkmal der Marktwirtschaft. Zu starke Konjunkturschwankungen versucht der Staat durch eine **Konjunkturpolitik** zu verhindern. Nach dem Stabilitätsgesetz ist der Staat verpflichtet, für Preisstabilität, einen hohen Beschäftigungsstand, Wirtschaftswachstum und außenwirtschaftliches Gleichgewicht zu sorgen. Instrumente der staatlichen Konjunkturpolitik sind fiskal- und geldpolitische Maßnahmen.

Der Staat hat in der sozialen Marktwirtschaft dafür Sorge zu tragen, dass alle Bürger gleichwertige Lebensbedingungen haben. Durch Subventionen und Fördermaßnahmen werden gezielt strukturell benachteiligte Gebiete wirtschaftlich gestärkt. So werden die neuen Bundesländer durch Strukturhilfen besonders unterstützt, um den Lebensstandard an den der alten Bundesländer heranzuführen. Gefördert werden z. B. der Ausbau der Verkehrswege, die Erschließung von Gewerbegebieten oder Industrieansiedlungen. Andere **strukturpolitische Maßnahmen** der Europäischen Union zielen mit dem Struktur- und Investitionsfonds darauf ab, Wachstum und Beschäftigung zu fördern und die Regionen zu stärken.

Umweltpolitische Maßnahmen werden immer mehr zum Bestandteil der staatlichen Wirtschaftspolitik. Die Freiheit der Marktwirtschaft soll dort ihre Grenzen finden, wo die Umwelt durch wirtschaftliches Handeln gefährdet wird. Beispiele für staatliche Eingriffe sind das Verbot verschiedener Pestizide, die Einführung von Energiesparlampen, die Verpackungsverordnung oder das „Gesetz zum Schutz vor schädlichen Umwelteinwirkungen durch Luftverunreinigung, Geräusche, Erschütterungen und ähnliche Vorgänge".

1. **Welcher Leitgedanke liegt der sozialen Marktwirtschaft zugrunde?**
2. **Wer gilt als der „Vater der sozialen Marktwirtschaft" in der Bundesrepublik Deutschland?**
3. **Erläutern Sie, worin sich der „Nachtwächterstaat" und der Sozialstaat unterscheiden.**
4. **Erklären und begründen Sie folgende sozialpolitische Maßnahmen des Staates:**
   a) Kindergeld b) BAföG c) Sozialhilfe
5. **Welche Risiken werden durch die staatliche Sozialpolitik vor allem vermindert?**
6. **„Steuerpolitik ist Umverteilung." Erläutern Sie diese Aussage.**
7. **Welche Grundsätze der freien Marktwirtschaft werden durch die Mitbestimmungsrechte der Arbeitnehmer eingeschränkt?**
8. **Wann greift der Staat in den freien Wettbewerb ein?**
9. **Nennen Sie Maßnahmen des Staates**
   a) zum Schutz des freien Wettbewerbs,
   b) zum Schutz des Verbrauchers.
10. **Erläutern Sie, was zur Konjunkturpolitik des Staates zählt.**
11. **Was ist Ziel der staatlichen Strukturpolitik?**
12. **Nennen Sie strukturpolitische Maßnahmen.**
13. **Führen Sie Beispiele für umweltpolitische Maßnahmen an.**

21 Strukturen der deutschen und europäischen Wirtschaft

21.1 Wirtschaftsstruktur der Bundesrepublik Deutschland

Bevölkerung:	82,2 Mio.
Fläche:	357 000 km^2
Bevölkerungsdichte:	230 Einwohner je km^2
Erwerbstätige:	ca. 44,5 Mio.

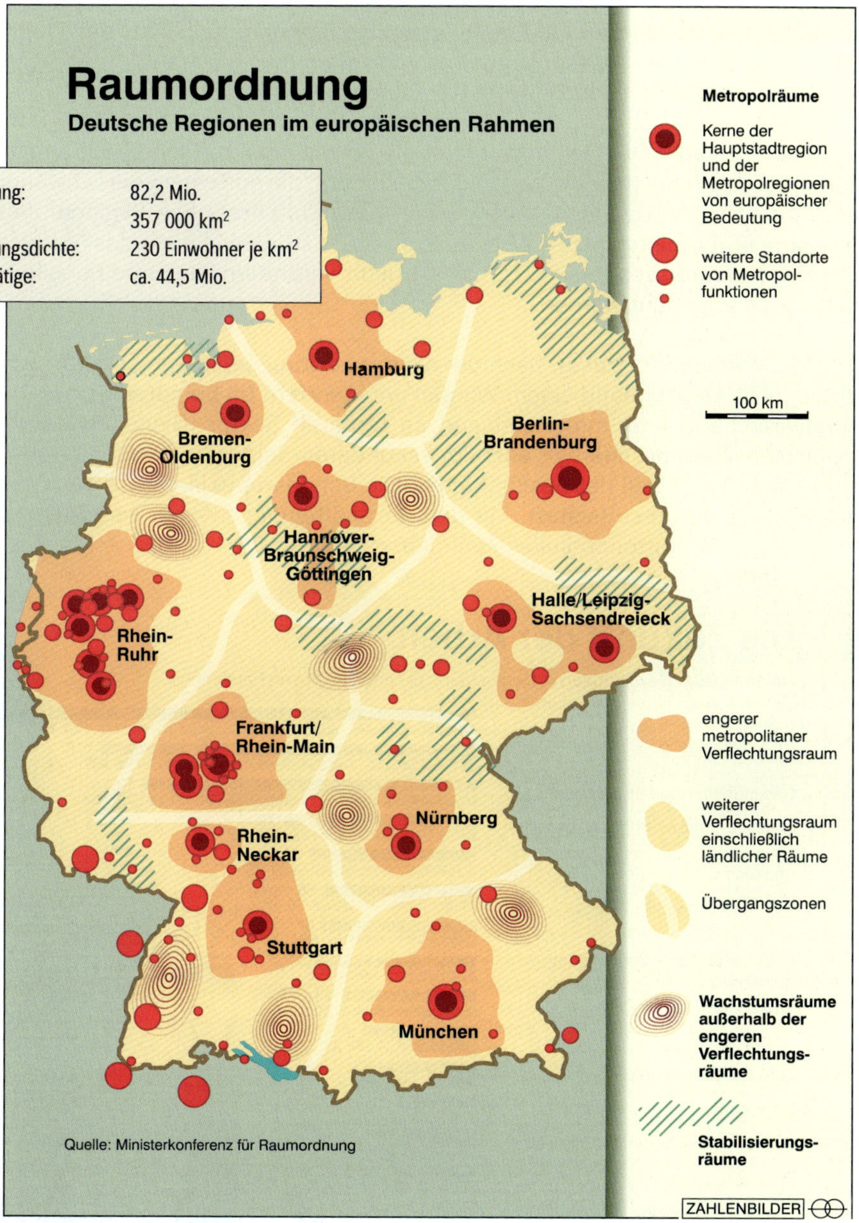

1. a) **Nennen Sie Ballungsgebiete in der Bundesrepublik Deutschland.**
   b) **Welche Gebiete sind ländlich geprägt?**
2. **Worauf ist die unterschiedliche Siedlungsdichte zurückzuführen?**

Die Bundesrepublik Deutschland hat keine einheitliche Siedlungs- und Wirtschaftsstruktur. Die Ursache hierfür liegt in der unterschiedlichen Verteilung der Produktionsstandorte und in der unterschiedlichen Infrastruktur. Gute Verkehrsanbindungen sind oft für die Ansiedlung von Betrieben entscheidend. Das Rhein-Main-Gebiet zeigt dies besonders deutlich: Der Autobahn- und Eisenbahnknotenpunkt, der Flughafen als Drehscheibe und die Wasserwege Rhein und Main machen Frankfurt und das Umland zu einem wirtschaftlichen Zentrum der Bundesrepublik.

Infrastruktur

Wirtschaftsstruktur

In vielen Gebieten Deutschlands bleibt die Wirtschaftskraft hinter anderen Regionen zurück. Dies gilt auch für die neuen Bundesländer, die außerdem die Umwandlung von der Plan- zur Marktwirtschaft verkraften mussten. Ländlichen Regionen fehlt es an Industrie und Arbeitsplätzen. Aber auch alte Industriegebiete wie das Ruhrgebiet oder das Saarland müssen ihre Wirtschaftsstruktur verändern, weil traditionelle Produktionszweige abgebaut werden.

Strukturwandel

Was die Wirtschaftsstruktur nach der Art der Leistungserstellung betrifft, ist die Bundesrepublik Deutschland einem Wandel unterworfen. Im primären Sektor (Land- und Forstwirtschaft) sind immer weniger, im tertiären Sektor (Dienstleistungen) immer mehr Menschen beschäftigt; auch im sekundären Sektor (Industrie, Bergbau, Handwerk) sinkt der Anteil der Beschäftigten. Die Bundesrepublik ist auf dem Weg in eine **Dienstleistungsgesellschaft**. Mit den Beschäftigungsanteilen verändern sich auch die Anteile am Bruttonationaleinkommen.

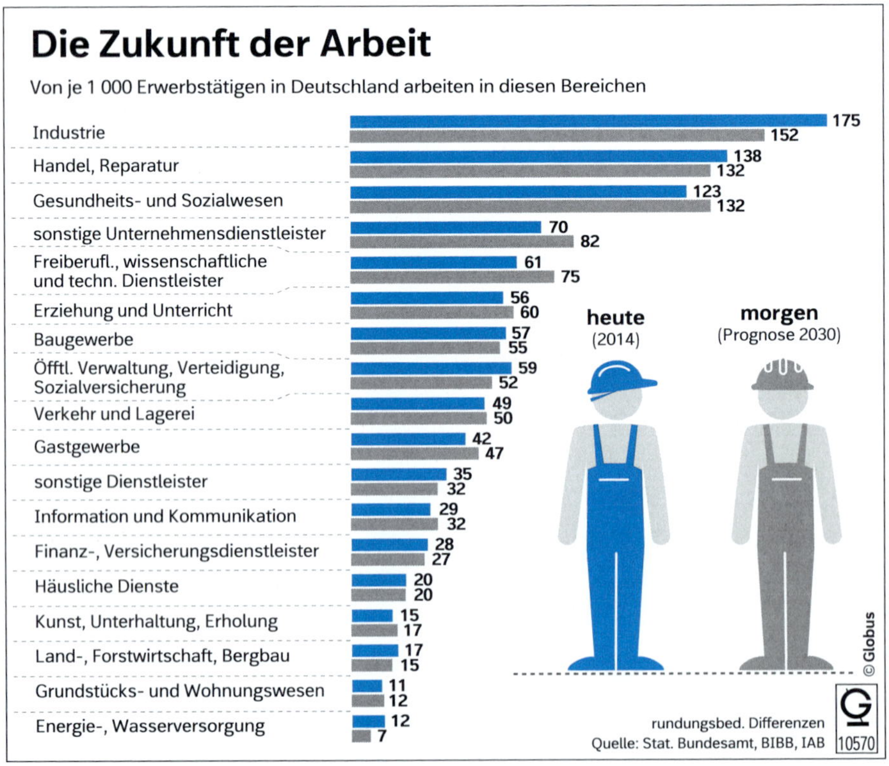

Exportabhängigkeit

Die Bundesrepublik Deutschland ist einer der größten Exporteure der Welt. Auf dem Weltmarkt sind Waren „Made in Germany“ sehr gefragt. Dabei machen Autos, Maschinen, chemische und elektronische Produkte mehr als die Hälfte der Exporte aus. Die meisten Güter gehen in die Länder des europäischen Wirtschaftsraums und in die USA; Frankreich ist dabei noch immer der wichtigste Handelspartner Deutschlands.

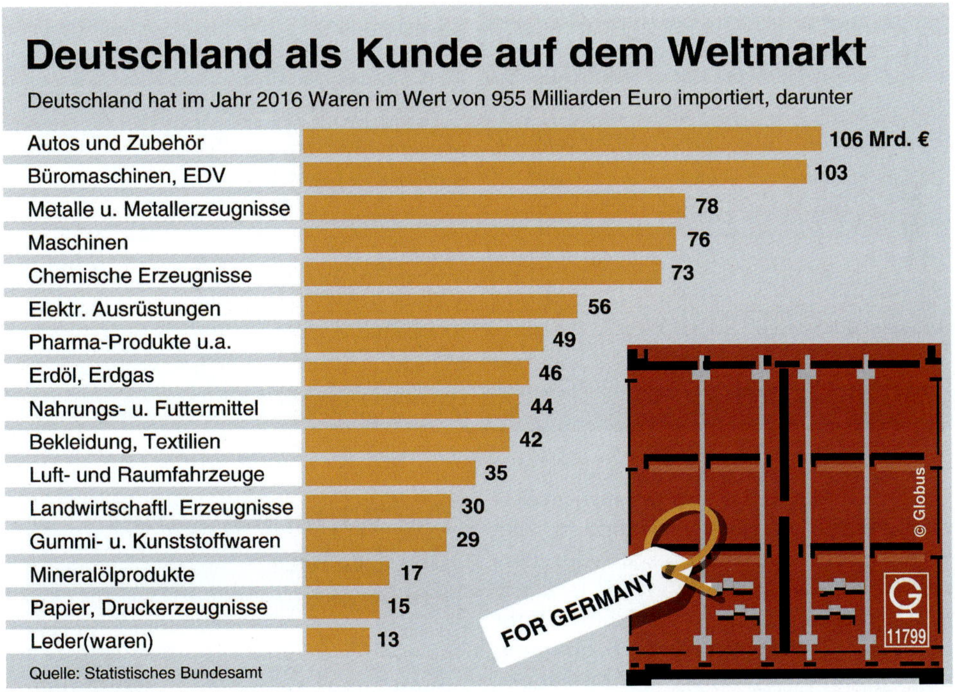

Rohstoffabhängigkeit

Als Industrieland ist die Bundesrepublik Deutschland auf Rohstoffe angewiesen. Wichtige Rohstoffe sind Metalle, Nahrungsmittel und Öl. Deutschland selbst ist ein rohstoffarmes Land und besitzt außer Kohle keine nennenswerten Vorräte. Umso mehr ist es als zweitgrößter Rohstoffverbraucher der Welt von Einfuhren abhängig, die vor allem aus Entwicklungsländern stammen. Hundertprozentige Importanteile bestehen z. B. bei Bauxit, Chrom, Kobalt, Kupfer, Mangan, Nickel, Platin und Zinn.

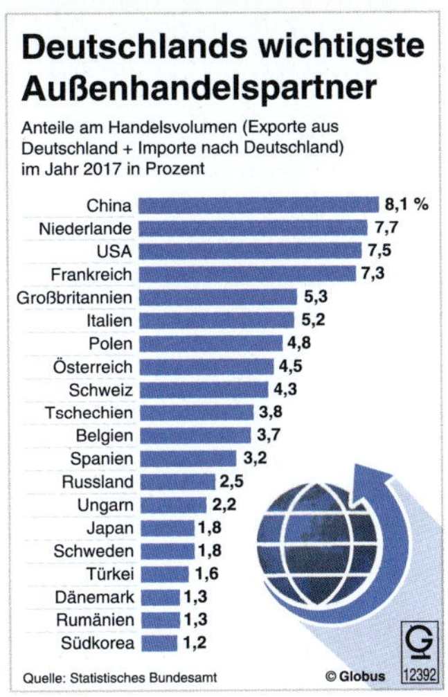

Neben Rohstoffen bezieht die Bundesrepublik Deutschland aus dem Ausland beispielweise auch Fertigprodukte und Nahrungsmittel. Die Ausfuhren übersteigen aber die Einfuhren, was zu einer positiven Handelsbilanz führt.

21.2 Wirtschaftsstruktur der Bundesländer (am Beispiel des Freistaates Thüringen)

Die Bundesrepublik Deutschland ist ein Bundesstaat. Die Bundesländer weisen große Unterschiede in der Fläche, der Einwohnerzahl und der Bevölkerungsdichte auf.

Fläche und Bevölkerung nach Ländern

Bundesland	Fläche in 1.000 km²	Bevölkerung in Mio.
Nordrhein-Westf.	34,1	17,9
Bayern	70,5	12,8
Baden-Württemb.	35,8	10,9
Niedersachsen	47,6	7,9
Hessen	21,1	6,1
Sachsen	18,4	4,0
Rheinland-Pfalz	19,8	4,0
Berlin	0,9	3,5
Schlesw.-Holstein	15,8	2,9
Brandenburg	29,5	2,5
Sachsen-Anhalt	20,4	2,3
Thüringen	16,2	2,2
Hamburg	0,8	1,8
Mecklenb.-Vorp.	23,2	1,6
Saarland	2,6	1,0
Bremen	0,4	0,7
Zusammen	**357,0**	**82,2**

Zudem sind die Länder in ihrer Wirtschaftsstruktur sehr verschieden. Die Struktur und Wirtschaftskraft der einzelnen Bundesländer lässt sich u. a. am Bruttoinlandsprodukt je Einwohner ablesen. Dabei fällt eine Dreiteilung auf, wobei die neuen Bundesländer zwar am Ende der Skala liegen, aber in den letzten Jahren aufgeholt haben. Länder, denen es gelungen ist, Industriezweige mit neuen Technologien anzusiedeln, profitieren offensichtlich, während der Strukturwandel andere Länder belastet. Auch in den Arbeitsmarktdaten schlägt sich dies nieder.

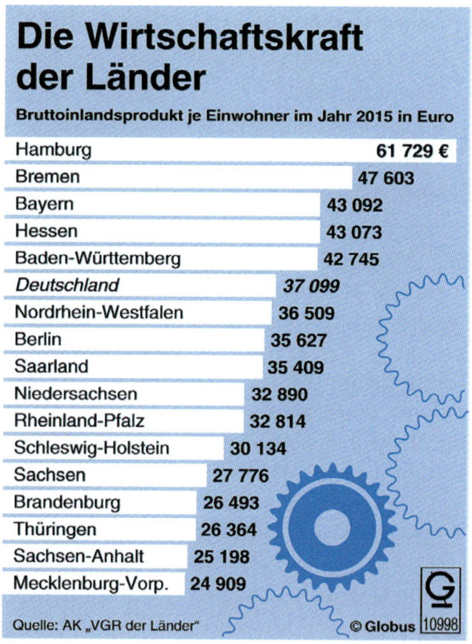

Am Beispiel des Landes Thüringen können typische und charakteristische Merkmale eines Flächenlandes aufgezeigt werden.

In Europa nimmt Thüringen eine zentrale Lage ein. Es liegt in der Mitte Deutschlands und ist mit 16 127 Quadratkilometern das kleinste neue Bundesland. In der Landeshauptstadt Erfurt leben ca. 213 000 Menschen. Erfurt ist die größte Stadt Thüringens. Die Stadt verfügt über ein gut ausgebautes Netz von Autobahnen, Bundesstraßen, Schienen und Flughafen.

Etwa jeder dritte Thüringer lebt in einer der Städte an der Verbindungslinie Eisenach-Altenburg. Hier liegen die fünf großen Städte Gotha, Erfurt, Weimar, Jena und Gera. Wichtigste Wirtschaftsstandorte sind Eisenach, Waltershausen und Hermsdorf. Von den 2,2 Millionen Einwohnern Thüringens befinden sich mehr als 1 Million Menschen in einem Erwerbsverhältnis. Im Jahr 2017 waren 6,1 % arbeitslos.

Thüringen im Überblick

Thüringen ist bekannt für seinen Waldreichtum. Es trägt auch den Beinamen „Grünes Herz Deutschlands".

Wirtschaftszweige

Was für die gesamte Bundesrepublik gilt, zeigt sich aber auch im Land Thüringen: Die Zahl der Erwerbstätigen im primären Sektor der Land-, Forstwirtschaft und Fischerei nimmt ab, während im tertiären Bereich immer mehr Erwerbstätige arbeiten. So waren 2017 nur noch ca. 2 % in der Land- und Forstwirtschaft tätig. Im produzierenden Gewerbe arbeiteten 32,6 % der Erwerbstätigen, während im Handel, Gastgewerbe und Verkehr sowie im sonstigen Dienstleistungssektor 65,5 % tätig waren.

Mittelthüringen gilt als Wirtschaftsraum einer hochtechnisierten Industrie. Eisenach in Westthüringen ist Standort einer der modernsten Produktionsstätten für den Automobilbau, während Nord- und Westthüringen geprägt sind vom Kalibergbau. Aber auch das Handwerk und der Tourismus sind wichtige Stützen der thüringischen Wirtschaft. Die Thüringer Wirtschaftsstruktur wird vor allem durch kleine und mittelständische Unternehmen geprägt. Diese können schnell und flexibel auf die Märkte reagieren.

Der Freistaat verfügt über eine vielfältige und leistungsfähige Industriestruktur. Zu den fünf umsatzstärksten Branchen des verarbeitenden Gewerbes zählen:

Wichtige Branchen

- **Ernährungsgewerbe**
- **Herstellung von Kraftwagen und Kraftwagenteilen**
- **Herstellung von Metallerzeugnissen**
- **Herstellung von Geräten der Elektrizitätserzeugung, -verteilung u. Ä.**
- **Herstellung von Gummi- und Kunststoffwaren**

Weitere wichtige Branchen sind:

- **Maschinenbau**
- **Herstellung von Büromaschinen, Datenverarbeitungsgeräten und -einrichtungen**
- **Glasgewerbe, Keramik, Verarbeitung von Steinen und Erden**
- **Medizin-, Mess-, Steuer- und Regelungstechnik, Optik**
- **Chemische Industrie**

Zu den industriellen Schwerpunkten Thüringens zählen die

Industrielle Schwerpunkte

- **Automobilherstellung und Zulieferung in Eisenach und Umgebung (Opel Automobile GmbH Robert Bosch GmbH, Truck Lite Europe GmbH),**
- **Mikroelektronik und Mikrosystemtechnik in Erfurt und Umgebung (Melexis GmbH, Erfurt; X-FAB Semiconductor Foundries AG, Erfurt),**
- **Informationstechnik in Sömmerda und Jena (Fujitsu Technology Solutions GmbH, Sömmerda; Intershop Communications AG, Jena),**
- **Optik und Optoelektronik in Jena bzw. Ostthüringen (Jenoptik, Zeiss, Schott, LDT u. a.),**
- **Pharmazie, Medizintechnik und Biotechnologie in Jena (Jenapharm, Carl Zeiss Meditec AG), Solartechnik (PV Crystalox Solar plc).**

Wenn Sie sich über die Wirtschaftsstruktur und aktuellen Daten Ihres Bundeslandes informieren möchten, so können Sie dies über die jeweiligen Statistischen Landesämter tun. Die Anschriften und Internet-Adressen können Sie der folgenden Übersicht entnehmen.

Statistische Landesämter

Statistisches Bundesamt
65189 Wiesbaden
Tel.: (06 11) 75-24 05
Fax: (06 11) 75-33 30
www.destatis.de

Statistisches Landesamt Baden-Württemberg
70158 Stuttgart
Tel.: (07 11) 6 41-28 33
Fax: (07 11) 6 41-29 73
www.statistik-bw.de

Bayerisches Landesamt für Statistik und Datenverarbeitung
80288 München
Tel.: (0 89) 21 19-0
Fax: (0 89) 2 11 94 10
www.statistik-bayern.de

Statistisches Landesamt Berlin
10306 Berlin
Tel.: (0 30) 90 21-0
Fax: (0 30) 90 21-36 55
www.statistik-berlin.de

Landesamt für Datenverarbeitung und Statistik Brandenburg
Postfach 601052, 14410 Potsdam
Tel.: (03 31) 39-0
Fax: (03 31) 39-5 21
www.ds-bb.de

Statistisches Landesamt Bremen
28195 Bremen
Tel.: (04 21) 3 61-25 01
Fax: (04 21) 3 61-4 31
www.bremen.de/info/statistik

Statistisches Amt für Hamburg und Schleswig-Holstein
20453 Hamburg
Tel.: (0 40) 4 28 31-0
Fax: (0 40) 4 28 31-17 00
www.statistik-nord.de

Hessisches Statistisches Landesamt
65175 Wiesbaden
Tel.: (06 11) 38 02-8 02
Fax: (06 11) 38 02-8 90
www.hsl.de

Statistisches Amt Mecklenburg-Vorpommern
Postfach 120135, 19018 Schwerin
Tel.: (03 85) 48 01-0
Fax: (03 85) 48 01-41 23
www.statistik-mv.de

Niedersächsisches Landesamt für Statistik
Postfach 910764, 30427 Hannover
Tel.: (05 11) 98 98-11 32
Fax: (05 11) 98 98-41 23
www.nls.niedersachsen.de

Landesamt für Datenverarbeitung und Statistik Nordrhein-Westfalen
Postfach 101105, 40002 Düsseldorf
Tel.: (02 11) 94 49-01
Fax: (02 11) 44 20 06
www.lds.nrw.de

Statistisches Landesamt Rheinland-Pfalz
56128 Bad Ems
Tel.: (0 26 03) 71-0
Fax: (0 26 03) 71-31 50
www.statistik-rlp.de

Statistisches Landesamt Saarland
Postfach 103044, 66030 Saarbrücken
Tel.: (06 81) 5 01-00
Fax: (06 81) 5 01-59 21
www.statistik.saarland.de

Statistisches Landesamt des Freistaates Sachsen
Postfach 1105, 01911 Kamenz
Tel.: (0 35 78) 33 19 13
Fax: (0 35 78) 33 19 21
www.statistik.sachsen.de

Statistisches Landesamt Sachsen-Anhalt
Postfach 201156, 06012 Halle
Tel.: (03 45) 23 18-0
Fax: (03 45) 23 18-9 01
www.stala.sachsen-anhalt.de

Thüringer Landesamt für Statistik
Postfach 900163, 99104 Erfurt
Tel.: (03 61) 37-9 00
Fax: (03 61) 37-8 46 99
www.statistik.thueringen.de

21.3 Der europäische Binnenmarkt

1. Was bewirken Zollschranken?
2. Welche Vorteile haben offene Grenzen in der Europäischen Union?

Wenn ein Käse aus dem Allgäu nach Hamburg verkauft wird, ist das Binnenhandel. Wird er nach Mailand verkauft, war das bis 1993 Außenhandel, also Export und Import. In der Europäischen Union ist mit dem Wegfall der Zollschranken zwischen den Mitgliedsstaaten ein gemeinsamer Binnenmarkt entstanden. Der deutsche Käse wird also nicht mehr ins „Ausland" exportiert, wenn er in Italien verkauft wird. In der Europäischen Union ist ein Binnenmarkt entstanden, der den freien Personen-, Waren-, Dienstleistungs- und Kapitalverkehr ermöglicht. Die EU hat nur noch eine gemeinsame Außengrenze und einen gemeinsamen Außenzoll.

Ein Binnenmarkt entsteht noch nicht, wenn Staaten untereinander sämtliche Zölle beseitigen. Auch dann bleiben ihre Grenzen unter staatlicher Kontrolle und Gesetzgebung. So war früher z. B. in Deutschland die Einfuhr von Rohmilchkäse verboten unter Hinweis auf das hier gültige Lebensmittelrecht. Angesichts der neuen Verhältnisse müssen Hunderte von unterschiedlichen Bestimmungen und Normen geändert, aufgehoben, angepasst oder gegenseitig anerkannt werden. Grundsätzlich gilt, dass jeder EU-Staat für in seinem Land hergestellte Waren bestimmte Vorschriften und Normen festlegen kann; er darf jedoch Produkten aus anderen EU-Ländern nicht die Einfuhr verweigern, wenn sie EU-weiten Mindestanforderungen genügen.

Ähnliche Probleme machen unterschiedliche Steuern und Steuersätze. Für den gewerblichen Warenverkehr innerhalb der EU werden die Grenzkontrollen und -formalitäten durch ein Meldesystem der steuerpflichtigen Unternehmen ersetzt, die Kontrollen werden also von der Grenze in die Betriebe verlagert. Langfristiges Ziel einer Europäischen Union ist die Annäherung im Steuersystem.

Für den privaten Einkauf im Binnenmarkt gibt es keine Grenzkontrollen für Gepäck und Waren mehr. Alles, was Verbraucher in einem anderen Land kaufen, können sie mit nach Hause nehmen, ohne an der Grenze anzuhalten oder irgendeine Erklärung abzugeben. Einzige Bedingung ist, dass die Waren zum eigenen Ver- oder Gebrauch bestimmt sind. Eine Sonderregelung gibt es noch für Autos. Der freie Warenverkehr gilt auch für Spirituosen, Zigaretten, Benzin oder Diesel.

Der Europäische Binnenmarkt

ist der gemeinsame Binnenmarkt der Mitgliedstaaten der Europäischen Union (EU). Er umfasst derzeit 28 Länder mit über 500 Millionen Einwohnern und einer Wirtschaftsleistung von rund 15 Billionen Euro.

Grundlage sind die **vier Freiheiten**, die im Vertrag über die Arbeitsweise der Europäischen Union (AEU-Vertrag) als Ziele festgelegt sind:

Freier Warenverkehr
Keine Zölle und mengenmäßigen Beschränkungen, Angleichung von Normen, freier Wettbewerb

Freier Dienstleistungsverkehr
Grenzüberschreitendes Angebot von Dienstleistungen wie Transport, Energie, Telekommunikation, Versicherungen, Handwerk etc.

Freier Personenverkehr
Keine Grenzkontrollen, Niederlassungsfreiheit (Wohnort/Arbeitsplatz), Anerkennung von Berufs- u. Schulabschlüssen

Freier Kapitalverkehr
Freie Geld- und Kapitalbewegungen, gemeinsamer Markt für Finanzdienstleistungen (Bankgeschäfte u. a.), Unternehmensbeteiligungen in der EU

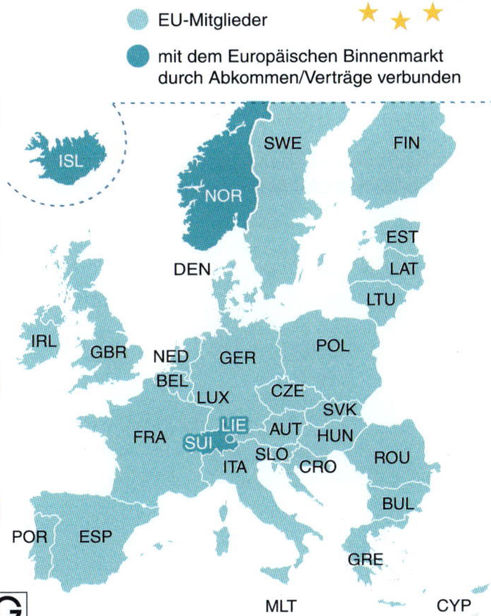

Stand 2017 © Globus 12115 Quelle: Europäische Kommission, EU

Europaweites Einkaufen und freier Warenverkehr machen auch einen europäischen Verbraucherschutz notwendig. Verbraucherschutzverbände beklagen allerdings, dass sich die EU bei ihren Verordnungen oft nur auf „niedrigem Niveau" für den Verbraucherschutz einsetzt.

Europäischer Verbraucherschutz

Europäischer Verbraucherschutz

Allgemeine Produktsicherheit – Haftung für fehlerhafte Produkte
Innerhalb der EU haften alle Hersteller für fehlerhafte Produkte. Sie sind verpflichtet, die Verbraucher auf mögliche Gefahren hinzuweisen und die Produkte entsprechend zu kennzeichnen.

Kundenschutz beim Teleshopping
Der Verbraucher kann bei allen Vertragsabschlüssen innerhalb von zwei Wochen ohne Strafe und Angaben von Gründen vom Vertrag zurücktreten. Verträge müssen
- falls nicht ausdrücklich anders vereinbart
- innerhalb von 31 Tagen erfüllt werden.

Kennzeichnungspflicht für neuartige Lebensmittel
Gentechnisch veränderte Lebensmittel müssen gekennzeichnet werden. Produkte mit neuartigen Substanzen, die Allergien verursachen können, müssen gekennzeichnet werden.

Arzneimittel
Arzneimittel für den persönlichen Gebrauch dürfen aus der EU eingeführt werden, auch wenn sie in Deutschland nicht zugelassen sind.

Europäischer Arbeitsmarkt

Der offene europäische Arbeitsmarkt birgt auch Risiken. Das Lohngefälle und die unterschiedliche soziale Absicherung der Arbeitnehmer können zu Wettbewerbsverzerrungen führen. Ziel muss deshalb auch eine europäische Sozialunion sein. Ähnliches gilt für den Umweltschutz.

Um das Gefälle innerhalb der EU zu verringern, werden wirtschaftlich schwache Regionen durch Strukturfonds gefördert. Probleme ergeben sich auch durch die Osterweiterung der Europäischen Union.

Die Europäische Union

	Beitrittsjahr	Einwohner 2016[1] in Mio.	BIP[1,2] 2016 pro Kopf in Tausend Euro
Belgien	1958	11,4 Mio.	34,2 Tsd. €
Deutschland	1958	82,8	35,7
Frankreich	1958	67,0	30,3
Italien	1958	60,6	27,9
Luxemburg	1958	0,6	77,4
Niederlande	1958	17,1	37,5
Dänemark	1973	5,7	36,4
Großbritannien	1973	65,8	31,2
Irland	1973	4,8	53,2
Griechenland	1981	10,8	19,5
Portugal	1986	10,3	22,4
Spanien	1986	46,5	26,5
Finnland	1995	5,5	31,7
Österreich	1995	8,8	36,7
Schweden	1995	10,0	35,9
Estland	2004	1,3	21,5
Lettland	2004	2,0	19,0
Litauen	2004	2,8	21,9
Malta	2004	0,4	27,6
Polen	2004	38,0	20,1
Slowakei	2004	5,4	22,4
Slowenien	2004	2,1	24,1
Tschechien	2004	10,6	25,7
Ungarn	2004	9,8	19,5
Zypern	2004	0,9	23,6
Bulgarien	2007	7,1	13,9
Rumänien	2007	19,6	17,2
Kroatien	2013	4,2	17,3

11892 © Globus [1]zum Teil vorläufig oder geschätzt, [2]kaufkraftbereinigt Quelle: Eurostat

Vgl. Kap. 18.9

Wichtig für den Wirtschaftsraum der Europäischen Union ist eine gemeinsame Währung. Mit dem Euro wurde die Wirtschafts- und Währungsunion in Europa konsequent fortgeführt. Er ist heute in 19 EU-Ländern gesetzliches Zahlungsmittel. Die unterschiedliche wirtschaftliche Entwicklung und Staatsverschuldung einzelner Euro-Länder hat zu einer Euro-Krise geführt.

1. **Welche Staaten sind Mitglied der EU?**
2. **Nennen Sie die „vier Freiheiten" des EU-Binnenmarktes.**
3. **Welche Vorteile ergeben sich aus dem Binnenmarkt**
   a) **für die Verbraucher?**
   b) **für die Unternehmen?**
4. **Beschreiben Sie die Risiken und Probleme des europäischen Marktes.**
5. **Erläutern Sie die Bedeutung des europäischen Wirtschaftsraumes.**

21.4 Globaler Strukturwandel

1. **Auf welche Entwicklungen wird mit diesen Aussagen hingewiesen?**
2. **Was bedeutet das für die Wirtschaft der Bundesrepublik und den Standort Deutschland?**

Lange Zeit galt für den Welthandel: Die Güter gehen zum Markt. Das bedeutet, dass die Industrieländer die Waren und Dienstleistungen zu Hause produzieren, um sie dann auf dem Weltmarkt zu exportieren. Dieses Muster hat sich im Zuge der Globalisierung entscheidend verändert.

Globalisierung

Unter **Globalisierung** wird eine zunehmende Verflechtung des Welthandels verstanden, was mit einer fortschreitenden internationalen Arbeitsteilung und verstärktem Wettbewerb einhergeht.
Auch die neuen Informations- und Kommunikationstechnologien sowie der Abbau von Handelsschranken tragen dazu bei, die weltweite wirtschaftliche Vernetzung noch schneller voranzutreiben.

Direktinvestitionen

Die Liberalisierung der Märkte und der Abbau staatlicher Vorschriften in den einzelnen Ländern **(Deregulierung)** führen dazu, dass nicht nur Waren und Dienstleistungen fast überall verkauft und gekauft werden können. Auch Kapital kann ungehindert dorthin fließen, wo es entweder als Investition in ein Unternehmen **(Direktinvestitionen)** oder auf den Finanzmärkten gute Renditen verspricht.

WTO

Die Liberalisierung der Weltmärkte hat zur Gründung der Welthandelsorganisation **WTO** (World Trade Organization) geführt. Rund 160 Länder sind Mitglied der WTO. Ihre Aufgabe ist es, den freien Welthandel zu gewährleisten, Wettbewerbsverzerrungen zu unterbinden, bei internationalen Streitigkeiten einzugreifen und Handelskriege zu verhindern. Wer gegen Bestimmungen des freien Handels verstößt, kann verklagt werden. So müssen die USA den Verkauf von Thunfisch aus Mexiko zulassen – auch wenn mexikanische Fischer mit Netzen fischen, in denen Delfine sterben. Oder Mexiko kann selbst Gegenmaßnahmen ergreifen.

Diese Entscheidung der WTO entspricht zwar dem Grundsatz des freien Handels, zeigt aber auch, dass ökologische Aspekte auf der Strecke bleiben. Dies gilt auch häufig für soziale Folgen: So müssen Arbeiter für Hungerlöhne auf Plantagen arbeiten, während Arbeitnehmer in den Industriestaaten entlassen werden. Weil Löhne in den Entwicklungsländern niedrig sind, müssen Kinder in den armen Ländern verstärkt arbeiten, damit die Familien überleben können. Die Bauern der EU leiden unter Konkurrenzdruck der billigen Importe, z. B. aus Afrika. Mit der Finanz- und Wirtschaftskrise 2008 hat der Welthandel einen empfindlichen Rückschlag erlitten. Kritiker führen die ungebremste Globalisierung und fehlende staatliche Rahmenbedingungen als Ursache für diese Entwicklung an.

In letzter Zeit häufen sich deshalb die Widerstände gegen die globale Freiheit des Handels und des Kapitals. Verstärkt ist es zu Protestaktionen gegen die Politik der WTO gekommen. Immer mehr werden **protektionistische Maßnahmen** (Handelsbeschränkungen, Schutzzölle) zum Schutz der eigenen Wirtschaft ergriffen.

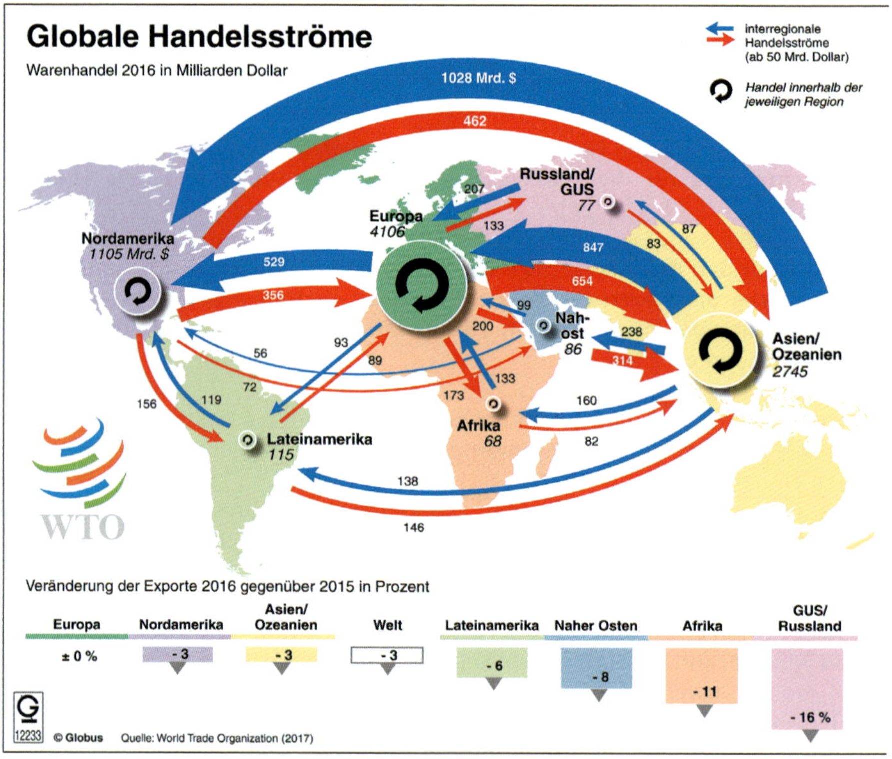

1. **Was ist unter Globalisierung zu verstehen?**
2. **Welche Ursachen hat die Globalisierung?**
3. **Die Grafik „Globale Handelsströme" zeigt, dass Lateinamerika und Afrika im weltweiten Handel nur eine Nebenrolle spielen. Führen Sie Gründe hierfür an.**
4. **„Billige Arbeitskräfte und Kinderarbeit, so grausam es sich anhört, sind häufig die Alternative zu gar keiner Arbeit und Hunger."**
   Diskutieren Sie diese Position im Hinblick auf die geforderten Sozialstandards der WTO.

22 Wirtschaft in Verantwortung für Umwelt und Entwickungsländer

Die Umwelt wird überfordert

Belastung durch Industrieländer – andere Wirtschaftsweisen notwendig

Die Bundesregierung hat eingeräumt, dass Deutschland und die anderen Industriestaaten über ihre ökologischen Verhältnisse leben.

Auf der nördlichen Erdhälfte überfordere der Verbrauch an Rohstoffen und Energie bereits jetzt die globalen Ökosysteme. Die Lebensweise in den industrialisierten Ländern sei weiterhin mit einem Ressourcenverbrauch verbunden, der nicht nur deren eigene Umwelt belaste, sondern auch in den Entwicklungsländern erhebliche Probleme mit sich bringe. Nach Ansicht der Bundesregierung müssen die Industrieländer auch deswegen „neue Wirtschafts- und Lebensstile" entwickeln, weil sich die Entwicklungsländer an ihnen orientieren und gleiche Produktions- und Konsummuster anstreben. Dies sei nur dann längerfristig ökonomisch tragbar, wenn die Industrieländer einen grundlegenden Wandel zur Erhaltung der Umwelt und Naturreserven einleiten. Das bedeute, durch Verhaltensänderungen beim Energieverbrauch, beim Transportwesen, durch Entwicklung und Einsatz umweltschonender Techniken, durch ressourcenschonende, umweltverträgliche Produktionsprozesse ein Modell für eine umweltverträgliche Entwicklung zu schaffen.

Handlungsbedarf ergibt sich für die Bundesregierung nicht zuletzt aus der erwarteten Zunahme der Weltbevölkerung auf 8,5 Milliarden Menschen bis zum Jahr 2025. Wenn sich nichts ändere, werde das zu einem Anstieg der Nachfrage nach Energie und Rohstoffen sowie zu einer massiven Zunahme der Schadstoffemissionen führen. Das könne zu regionalen Katastrophen führen.

1. **Wodurch wird die Umwelt besonders überfordert?**
2. **Welche Wirtschaftsweisen sind notwendig, um eine weltweite Umweltkatastrophe zu verhindern?**
3. a) **Vor welchen Problemen stehen die Entwicklungsländer?**
   b) **Inwiefern sind die Industrieländer mitverantwortlich?**

22.1 Ökologie und Ökonomie

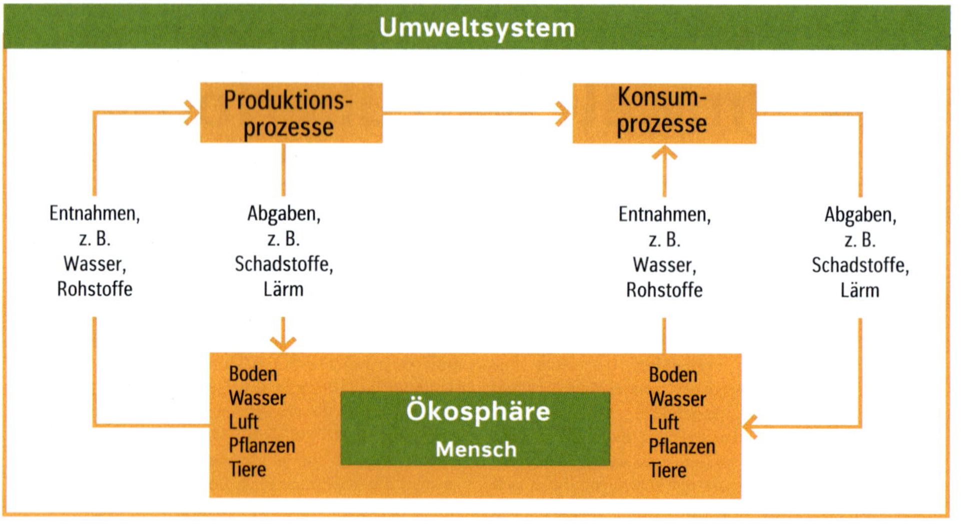

Vgl. Kap. 18.5

Im Modell des **Wirtschaftskreislaufs** wird die Umwelt nicht berücksichtigt. Die wachsenden Umweltprobleme machen aber deutlich, dass Ökonomie und Ökologie miteinander verknüpft sind. Der Mensch greift vor allem durch Rohstoffverbrauch und Umweltbelastung in die Umwelt ein.

Immer mehr Menschen wollen immer besser leben. So wachsen ständig Produktion und Konsum, wozu immer mehr Rohstoffe und Energie verbraucht werden. Dieses wirtschaftliche Handeln – vor allem der Industriestaaten – überfordert die Umwelt.

Wirtschaftliches Wachstum wird auf Kosten der Umwelt und Natur erkauft. Umweltbelastungen wie Treibhauseffekt, Zerstörung der Ozonschicht, Verseuchung von Boden und Wasser, Luftverschmutzung und Waldsterben sind nur einige Folgen dieses wirtschaftlichen Handelns.

Eine bedrohliche Folge des weltweiten wirtschaftlichen Wachstums ist die Klimaveränderung. Auf mehreren UN-Klimakonferenzen wurden Schritte gegen die Erderwärmung beschlossen. Kernziel ist es, die Erderwärmung auf deutlich unter zwei Grad zu begrenzen. Die EU und Deutschland haben sich verpflichtet, bis 2030 mindestens vierzig Prozent weniger Treibhausgase auszustoßen als 1990.

Instrumente der Umweltpolitik

Umweltpolitik umfasst mehrere Instrumente, die auf ein umweltschonendes Verhalten und Wirtschaften einwirken:

- ***Gebote und Verbote:* So setzt der Staat mit der Technischen Anleitung zur Reinhaltung der Luft (TA Luft) Grenzwerte der zulässigen Emissionen (Abgase) und Imissionen (Einleitungen) von Schadstoffen fest.**

- *Umweltverträglichkeitsprüfung:* **Bestimmte Betriebe und Anlagen (z. B. Raffinerien, Kraftwerke) müssen vor ihrer Genehmigung nachweisen, welche Auswirkungen auf die Umwelt zu erwarten sind.**
- *Technikfolgenabschätzung:* **Chancen, Risiken und Alternativen müssen vor der Einführung neuer Techniken untersucht werden (z. B. Kraftstoffstudie).**
- *Wirtschaftliche Anreize:* **Umweltverträgliche und umweltschonende Produkte werden steuerlich begünstigt (z. B. Kfz-Steuerbegünstigung für E-Fahrzeuge).**
- *Selbstverpflichtung und Zusagen:* **Die Wirtschaft verpflichtet sich zu umweltschonenden Maßnahmen (z. B. der Grüne Punkt).**

Das Umweltbewusstsein ist in den letzten Jahren sehr viel größer geworden. Die Bundesrepublik Deutschland steht bei den Ausgaben für den Umweltschutz weltweit mit an der Spitze. Mehr als 1,6 % des Bruttoinlandsproduktes werden für den Umweltschutz ausgegeben. Der Anteil wird in den nächsten Jahren vermutlich noch steigen.

Den Preis für den hohen ökologischen Standard in der Bundesrepublik bezahlen vor allem die Produzenten und Konsumenten. Der staatliche Anteil an den Umweltschutzausgaben beträgt lediglich etwas mehr als ein Viertel der Gesamtkosten.

Umweltschutztechnik als Exportgut

Der Verbraucher kann durch sein wirtschaftliches Handeln viel zum Schutz der Umwelt beitragen. Schon beim Einkauf sollte auf umweltverträgliche Produkte, die z. B. den Blauen Engel tragen, geachtet werden. Vor allem durch Energiesparen und Abfallvermeidung kann der Verbraucher aktiven Umweltschutz betreiben. Rohstoffe und Energie können durch Recycling von Papier, Glas, Metall und Kunststoffen eingespart bzw. wiedergewonnen werden. Sammelcontainer erleichtern das umweltbewusste Handeln des Verbrauchers.

Selbst in den Discountern finden Verbraucher Bio-Produkte. Die Nachfrage nach ökologisch verträglichen und nachhaltig angebauten Lebensmitteln steigt stetig. Immer mehr landwirtschaftliche Betriebe stellen auf ökologische Landwirtschaft um und behaupten sich am Markt. Hier wird auch deutlich, dass Ökologie und Ökonomie keine Gegensätze sein müssen.

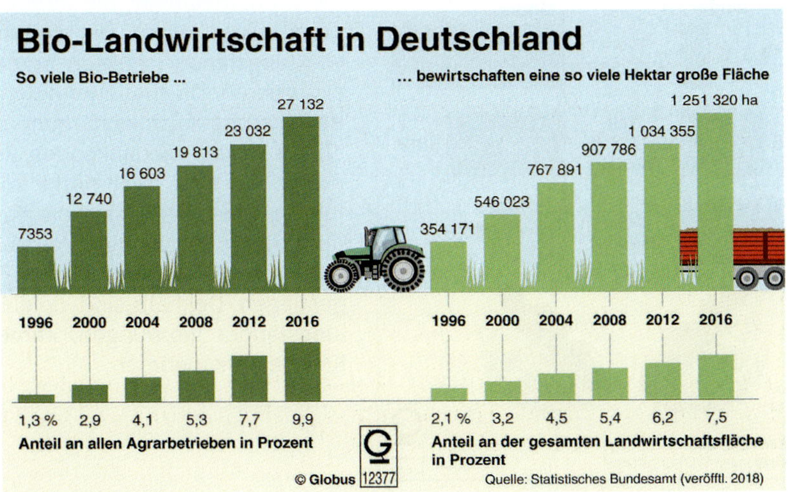

22.2 Das Nord-Süd-Gefälle

1. **Worauf will der Karikaturist aufmerksam machen?**
2. **Wieso sind die reichen Industrieländer und die ärmsten Entwicklungsländer (Least Developed Countries) miteinander „verkettet“?**

Das Ungleichgewicht zwischen den reichen Industriestaaten und den armen Entwicklungsländern wird als **Nord-Süd-Gefälle** bezeichnet. Das Gefälle zeigt sich vor allem in der Wirtschaftsleistung und der Bevölkerungsentwicklung.

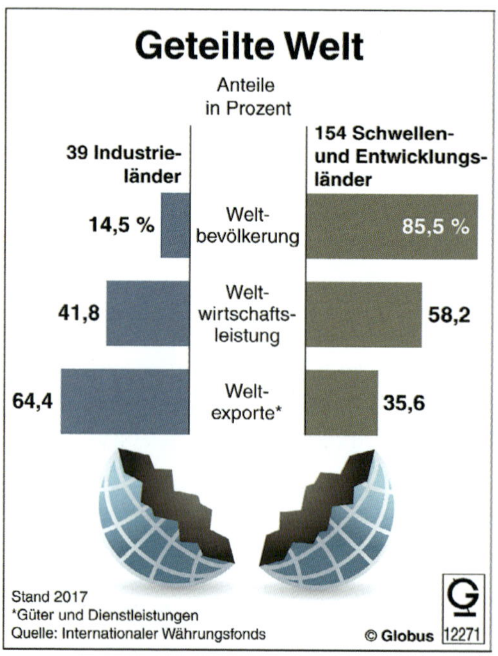

Das oft einzige Kapital der Entwicklungsländer sind ihre Rohstoffe. Um überleben zu können, sind die Länder gezwungen, dieses Kapital zu exportieren. Hauptabnehmer der Rohstoffe sind die Industrieländer, die ihrerseits Fertigprodukte liefern. Die ärmsten Entwicklungsländer müssen immer mehr exportieren. Dies ist zum einen auf die Bevölkerungsexplosion, zum anderen aber auch auf die sinkenden Rohstoffpreise auf dem Weltmarkt zurückzuführen. Gleichzeitig sind die Kosten für den Import von Energie, Nahrungsmitteln und Fertigprodukten ständig gestiegen. Deshalb sind viele Entwicklungsländer gezwungen, immer mehr Kredite aufzunehmen.

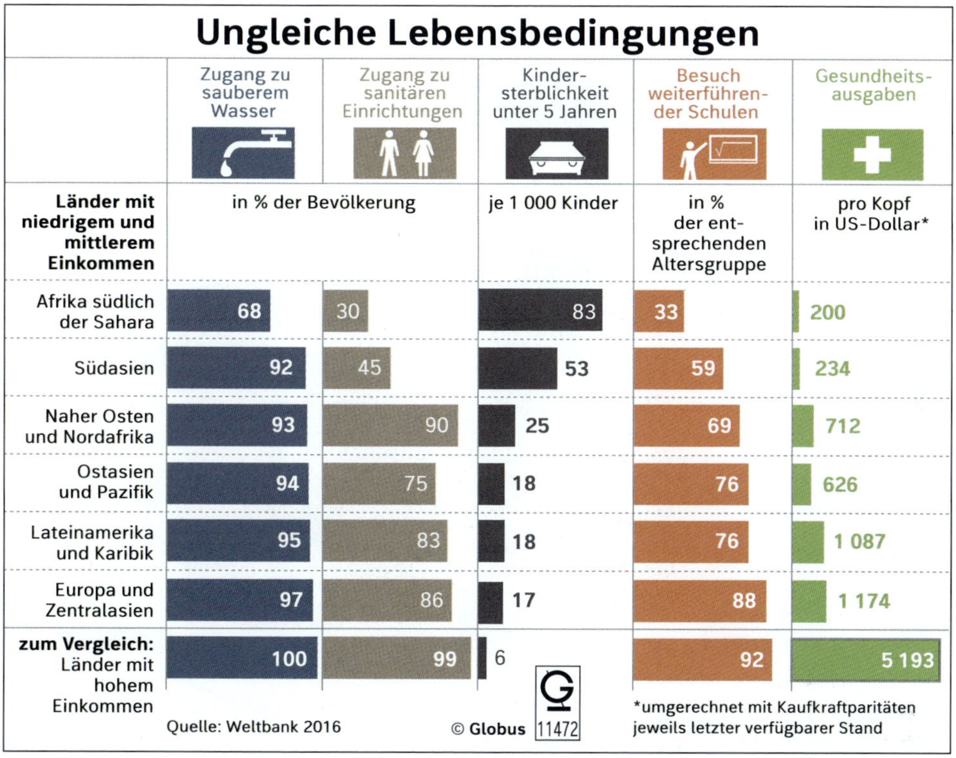

Die Hoffnung, die Kredite durch steigende Wirtschaftsleistung zurückzahlen zu können, hat sich nicht erfüllt. Hohe Zinsen, steigende Ölpreise, der Dollarverfall und die niedrigeren Erlöse aus dem Verkauf der Rohstoffe sind dafür in erster Linie verantwortlich. Hinzu kommt, dass viele Industrieländer durch Zollschranken und Subventionen ihre Märkte gegen Produkte aus den Entwicklungsländern abschotten. Ein Beispiel ist der Agrarmarkt in der Europäischen Union. Auch falsche Entwicklungen in den ärmsten Ländern, z. B. Groß- und Prestigeprojekte oder hohe Militärausgaben, haben die Schuldenkrise verschärft.

Die Verschuldung und der Zwang zu immer größeren Rohstoffausfuhren haben in vielen Entwicklungsländern zu massiven Umweltschäden geführt. Zum Teil wirken sich diese Umweltprobleme weltweit aus. Die Abholzung der Regenwälder ist dafür ein erschreckendes Beispiel. Hieran wird aber auch deutlich, dass die reichen Industriestaaten Mitverantwortung tragen müssen. Sie können wesentlich dazu beitragen, die ungerechte Weltwirtschaftsordnung zu verändern und die Schere zwischen Arm und Reich zu verkleinern. Sinnvolle Entwicklungshilfe muss die Ursachen für das Nord-Süd-Gefälle beseitigen:

Entwicklungshilfe

- **Stabile und höhere Rohstoffpreise durch Rohstoffabkommen und Rohstofffonds**
- **Öffnung der Märkte in den Industrieländern für Produkte aus den Entwicklungsländern**
- **Entschuldung der ärmsten Länder**
- **Entwicklungshilfe als Hilfe zur Selbsthilfe**

Logogramm zum wirtschaftlichen Handeln

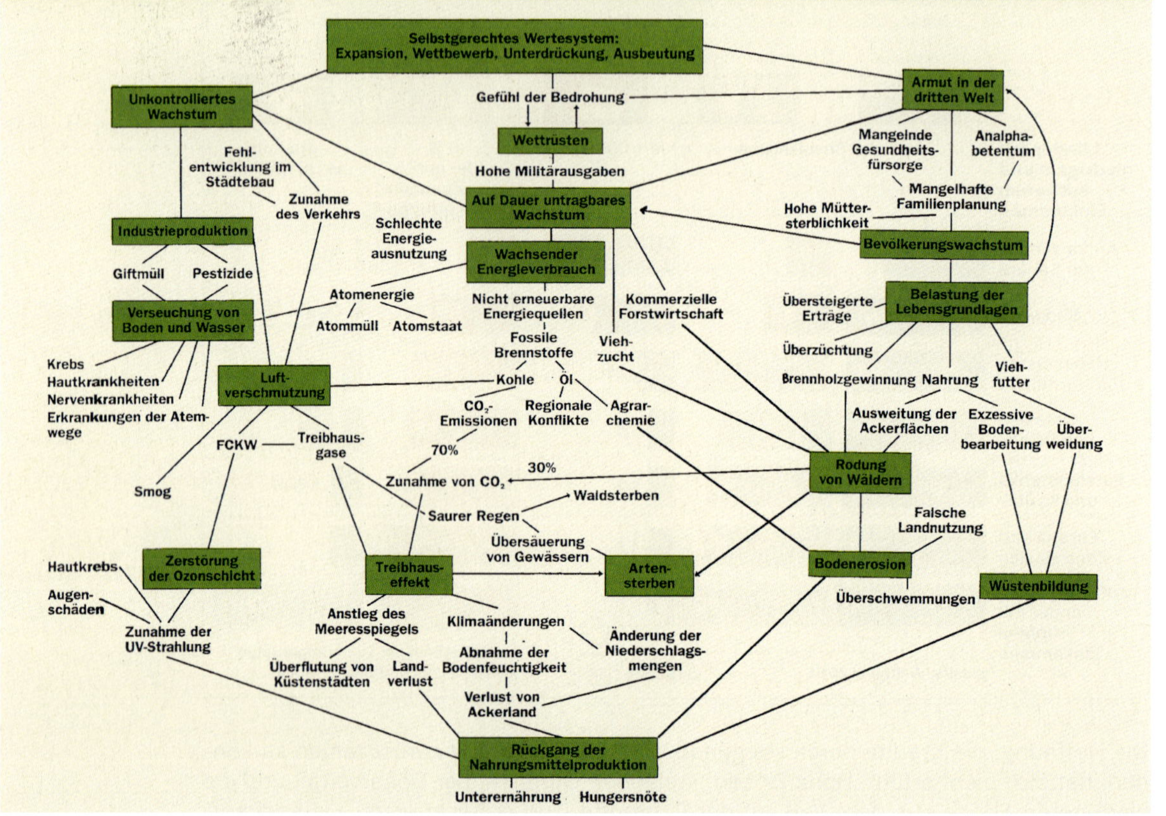

o. A.: Logogramm zum wirtschaftlichen Handeln. In: natur, 1/00. S. 36–37 hrsg. v. Katja Kohlhammer
Lizenzgeber: Konradin Medien GmbH, Leinfelden-Echterdingen.

Wirtschaftliches Handeln ist nicht losgelöst von politischen, sozialen und ökologischen Folgen. Verantwortungsvolles Wirtschaften muss also diese Bereiche immer miteinbeziehen – und dies weltweit.

1. **Das Logogramm hat die Form eines Globus. Was soll dadurch verdeutlicht werden?**
2. **a) Führen Sie die Ursachen und Folgen des Bevölkerungswachstums an.**
   b) Welche Bereiche werden dabei berührt?
   c) Erklären Sie am Beispiel der Rodung von Wäldern, dass Probleme der Entwicklungsländer unsere Probleme sind.
   d) Welche Verantwortung erwächst daraus für unser wirtschaftliches Handeln?
3. **Erläutern Sie die wichtigsten Instrumente der Umweltpolitik.**
4. **Erklären Sie, warum sich Umweltschutz auch wirtschaftlich „rentiert“.**
5. **Was ist unter dem Nord-Süd-Gefälle zu verstehen?**
6. **Welcher Zusammenhang besteht zwischen Problemen der ärmsten Ländern der Welt und Umweltschäden?**
7. **Wie muss eine sinnvolle Entwicklungshilfe aussehen?**

A Eine Foto-Dokumentation erstellen

Berufe wandeln sich immer schneller.
Sammeln Sie Bilder, die Ihr Berufsfeld in der Vergangenheit und in der Gegenwart darstellen.

Erstellen Sie eine Foto-Dokumentation über den Wandel Ihres Berufes unter dem Motto „Mein Beruf im Wandel der Zeit".
Sie können die Foto-Dokumentation durch kurze Texte ergänzen.

B Zukunftswerkstatt „Mein Arbeitsplatz 2030"

Arbeitsplatz und Beruf sind einem ständigen Wandel unterworfen. Das ruft Ängste hervor. In einer Zukunftswerkstatt sollen diese bedrohlichen Entwicklungen durch positive Lösungen verhindert werden. Ziel von Zukunftswerkstätten ist die Erkenntnis, dass die Zukunft eigentlich noch offen ist und gestaltet werden kann.
Führen Sie eine Zukunftswerkstatt „Mein Arbeitsplatz 2030" durch.
Die Leitfrage lautet: „Welche Sorgen und Ängste habe ich, wenn ich an meinen zukünftigen Arbeitsplatz denke?"

Gehen Sie dabei wie folgt vor:

- **Notieren Sie Ihre Ängste und Sorgen stichwortartig auf Zettel (auf jedem Zettel ein Stichwort) und heften Sie die Zettel an eine Pinwand. Keine Diskussion!**
- **Ordnen Sie die Zettel nach Schwerpunkten.**
- **Bilden Sie zu den Schwerpunktthemen Arbeitsgruppen.**
- **Formulieren Sie in der Gruppe die Ängste und Sorgen positiv um. Alle Ideen und Utopien sind erlaubt, Kritik ist verboten.**
- **Entfernen Sie mit den positiven Ideen die „alten" Ängste, indem Sie diese Zettel abnehmen.**
- **Versuchen Sie, aus den positiven Begriffen einen Text zu formulieren, in dem der Arbeitsplatz 2030 beschrieben wird.**

C Einen Aufkleber gestalten

Für die Idee des Umweltschutzes lohnt es sich zu werben.
Gestalten Sie einen Aufkleber oder Button, der auf ein Umweltproblem aufmerksam macht und zum Umdenken auffordert.

D Eine Collage anfertigen

Das wirtschaftliche Ungleichgewicht zwischen Industriestaaten und den ärmsten Ländern der Welt wächst.
Fertigen Sie eine Collage an, die dieses Problem thematisiert.

Sachwortverzeichnis

Bildquellenverzeichnis

akg-images GmbH, Berlin: Lewis W. Hine 24
AVERY ZWECKFORM GmbH, Oberlaindern / Valley: 83, 84
Bayerisches Landesamt für Steuern, München: 55
Bergmoser + Höller Verlag AG, Aachen: Zahlenbilder 35, 45, 67, 70, 75, 145, 156, 169, 182, 190, 195, 203, 256, 257, 260, 263
Beuth Verlag GmbH, Berlin: 47, 47, 47, 47, 47, 47, 47, 47, 47, 47, 47, 47, 47
Biermann-Schickling, Birgitt, Hannover: 247
Bundesagentur für Arbeit, Nürnberg: 66
Bundesministerium der Finanzen, Berlin: 57, 58, 58
Bundesministerium für Arbeit und Soziales, Berlin: 251
Bundesministerium für Wirtschaft und Energie, Berlin: 152, 153, 154, 232
Bundesverband deutscher Banken e. V., Berlin: 90
Deutsche Postbank AG, Bonn: 91
Deutsche Rentenversicherung Bund, Berlin: 62
DGB Bundesvorstand, Berlin: 193
DIHK Deutscher Industrie- und Handelskammertag e. V., Berlin: 16, 102
DLR Deutsches Zentrum für Luft- und Raumfahrt, Köln: 255
DriveNow GmbH & Co. KG, München: 211
EURO Kartensysteme GmbH, Frankfurt am Main: 87
Europäische Kommission, Berlin: 46
Galas, Elisabeth, Bad Breisig: 114
Haitzinger, Horst, München: 278
Hanel, Walter, Bergisch Gladbach: 241
Hans Soldan GmbH, Essen: 130
Hild, Claudia, Angelburg: 88
Institut für ökologische Wirtschaftsforschung (IÖW), Berlin: 211
integra Software Services PVT Ltd, Pondicherry: 97, 112, 119, 119, 135, 185, 194, 215, 216, 227, 234, 237, 243, 276, 280
iStockphoto.com, Calgary: FARBAI 88; hocus-focus 207; Rklfoto 200
IW Medien - Institut der deutschen Wirtschaft Köln Medien GmbH, Köln: 37
KUKA Aktiengesellschaft, Augsburg: 248
Löffler, Reinhold, Dinkelsbühl: 68
Murschetz, Luis, München: 275
Picture-Alliance GmbH, Frankfurt/M.: Baumgarten, Ulrich 196, 206; dpa-infografik 15, 26, 26, 52, 56, 60, 61, 65, 67, 71, 73, 74, 77, 91, 92, 93, 128, 135, 142, 142, 149, 152, 178, 197, 201, 211, 214, 226, 230, 233, 238, 239, 244, 246, 264, 265, 265, 266, 271, 272, 274, 277, 278, 279; Haid, Rolf 178; Hollemann, Holger 99; imageBROKER 200, 220; Kjer, Inga 143; picture-alliance / dpa 212; Rose, Klaus 99, 281; Siemens AG 242
RAL gemeinnützige GmbH, Bonn: 277
Siemens Archiv, Berlin: 242, 242
Stiftung Warentest, Berlin: 109
stock.adobe.com, Dublin: 32, 34, 36, 39; .shock 242; Franz Titel; alswart Titel; Andrey Lavrishchev 207; Artalis-Kartographie 267; Boris Franz 175; Calado 270; contrastwerkstatt Titel, 9; currahee_shutter 206; dani kreienbühl 174; ehrenberg-bilder 9; Eichinger, Julien 262; Fabian 148; Firma V 9; FM2 85; georgerudy 86; goodluz 112, 119; Grinvalds, Kaspars 80; Halfpoint 99; industrieblick 9, 99, 99; Ingo Bartussek 281; JackF 149; juliabatsheva 210; Kleemann, Kurt Titel; Klemens Oezelt 207; Lantelme, Jörg 149; Loocid GmbH 207; monkey business 9, 9; Nataliya

Hora 175; norikko 146; pdesign 193; Petrus Bodenstaff 161; Photographee.eu 11; Raths, Alexander 63; ratpack223 207; Rido 99; runzelkorn 31; Sergey Ryzhov 206; Stockwerk-Fotodesign 80; svort 80; SyB 240; Tyler Olson – SimpleFoto 31; vege 80; violetkaipa 206; WavebreakmediaMicro 41, 112, 119; will1803 273
TÜV Rheinland Cert GmbH, Köln-Poll: 46
VDE Prüf- und Zertifizierungsinstitut GmbH, Offenbach: 46, 46, 46
Volkswagen Media Services, Wolfsburg: 168
Western Union International, Wien: 82
Wetterauer, Oliver, Stuttgart: 38, 42, 42, 43, 235, 254
Wilk, Jacek, Myslakowice: 94
YPS – York Publishing Solutions Pvt. Ltd.: 137, 227, 252

Wir arbeiten sehr sorgfältig daran, für alle verwendeten Abbildungen die Rechteinhaberinnen und Rechteinhaber zu ermitteln. Sollte uns dies im Einzelfall nicht vollständig gelungen sein, werden berechtigte Ansprüche selbstverständlich im Rahmen der üblichen Vereinbarungen abgegolten.